Buch-Updates
Registrieren Sie dieses Buch auf unserer Verlagswebsite. Sie erhalten dann Buch-Updates und weitere, exklusive Informationen zum Thema.

Galileo BUCH UPDATE

Und so geht's
- > Einfach **www.galileocomputing.de** aufrufen
- <<< Auf das Logo **Buch-Updates** klicken
- > Unten genannten **Zugangscode** eingeben

Ihr persönlicher Zugang zu den Buch-Updates 06GP64721583

Christian Friedrich

Einstieg in VBA mit Excel

Für Exel 97, 2000, 2003 und XP

Galileo Computing

Liebe Leserin, lieber Leser,

Sie haben sich entschieden, Visual Basic für Applikationen, kurz VBA, zu lernen. Dieses neue Buch von Christian Friedrich wird Sie dabei von Anfang an begleiten. Erfahrungen mit einer anderen Programmiersprache sind nicht erforderlich, denn unser Autor erklärt Ihnen Schritt für Schritt alles, was Sie wissen müssen, um schnell eigene Lösungen in VBA zu entwickeln.

Dieses Buch ist ein Einstieg in VBA. Das heißt nicht, dass alles, was schwierig ist, weggelassen, sondern, dass es optimal für Programmieranfänger aufbereitet wurde. Auch wenn Ihre Anwendungen später an Komplexität gewinnen, wird Sie dieses Buch weiterhin begleiten und Sie z. B. bei der Umsetzung objektorientierter Lösungen unterstützen. Fundierte Programmierkenntnisse am Ende des Buches, viele Beispiele und leicht nachvollziehbare Schritte: So haben wir uns das optimale Einsteigerbuch vorgestellt, das Sie nun in den Händen halten.

Wenn Sie Gefallen an diesem Buch gefunden haben und Ihre Kenntnisse nun vertiefen oder ausbauen möchten, empfehle ich Ihnen einen Blick in unser weiteres Programm. Hier finden Sie beispielsweise vom selben Autor ein Excel-Buch zur professionellen VBA-Programmierung. Neugierig? Dann schauen Sie doch mal auf die Begleit-CD-ROM des Buches. Hier finden Sie zwei weiterführende Kapitel als PDF-Datei.

Mit viel Sorgfalt haben Autor und Verlag dieses Buch produziert. Ein perfektes Buch kann es leider dennoch nicht geben. Ich freue mich daher, wenn Sie sich mit Ihren kritischen Anmerkungen an mich wenden oder den Kontakt zum Autor auf seiner Webseite **www.workstream.de** suchen.

Und nun viel Freude bei der Excel-Programmierung

Ihr Stephan Matteschek
Lektorat Galileo Computing

stephan.matteschek@galileo-press.de
www.galileocomputing.de

Galileo Press • Rheinwerkallee 4 • 53227 Bonn

Auf einen Blick

Der Name Galileo Press geht auf den italienischen Mathematiker und Philosophen Galileo Galilei (1564–1642) zurück. Er gilt als Gründungsfigur der neuzeitlichen Wissenschaft und wurde berühmt als Verfechter des modernen, heliozentrischen Weltbilds. Legendär ist sein Ausspruch »Eppur se muove« (Und sie bewegt sich doch). Das Emblem von Galileo Press ist der Jupiter, umkreist von den vier Galileischen Monden. Galilei entdeckte die nach ihm benannten Monde 1610.

Lektorat Stephan Mattescheck
Korrektorat Harriet Gehring
Einbandgestaltung Barbara Thoben, Köln
Herstellung Vera Brauner
Titelbild Barbara Thoben, Köln
Satz SatzPro, Krefeld
Druck und Bindung Koninklijke Wöhrmann B.V., Zutphen, Niederlande

Dieses Buch wurde gesetzt aus der Linotype Syntax Serif (9,5/13,5 pt) in FrameMaker.
Gedruckt wurde es auf fein holzhaltigem Naturpapier.

Gerne stehen wir Ihnen mit Rat und Tat zur Seite:
stephan.mattescheck@galileo-press.de bei Fragen und Anmerkungen zum Inhalt des Buches
service@galileo-press.de für versandkostenfreie Bestellungen und Reklamationen
stefan.krumbiegel@galileo-press.de für Rezensions- und Schulungsexemplare

Bibliografische Information Der Deutschen Bibliothek
Die Deutsche Bibliothek verzeichnet diese Publikation in der Deutschen Nationalbibliografie; detaillierte bibliografische Daten sind im Internet über http://dnb.ddb.de abrufbar.

ISBN 3-89842-647-5

1. Auflage 2005, 1. korrigierter Nachdruck 2006

Inhalt

Vorwort

Aller Anfang ist schwer! Das dachten sich mein Verlag Galileo Press und ich als wir überlegten, ein Buch über die VBA-Programmierung in Microsoft Office Excel 2003 zu schreiben, das speziell auf die Bedürfnisse von Einsteigern in die objektorientierte Programmierung zugeschnitten ist. Die Vorgaben waren klar: Wissensvermittlung in kleinen Schritten und ein beispielorientierter Aufbau der Inhalte. Zudem habe ich mir die Maxime gesetzt, den Schwierigkeitsgrad zu senken und nicht das Niveau. Damit soll das Buch Anreize für verschiedene Lesergruppen bieten: vom Einsteiger, der zum ersten Mal eine Programmiersprache erlernt, bis zum Umsteiger, der bereits Erfahrungen mit anderen Programmiersprachen sammeln konnte. Sie können also von diesem Buch nicht mehr und auch nicht weniger erwarten, als die Gewissheit, nach der Lektüre umfassende und fundierte Kenntnisse in der Programmiersprache VBA und der Programmierung von Microsoft Office Excel 2003 erworben zu haben.

Das Buch gliedert sich in zwei große Bereiche, wobei sich der erste Bereich ausschließlich mit der Vorstellung der Programmiersprache VBA befasst. Dabei kommt es mir nicht nur auf die Vermittlung der Konzepte von VBA an, sondern auch darauf, dass Sie einen guten Programmierstil entwickeln. Zahlreiche Praxistipps helfen Ihnen dabei, die Klippen und Untiefen, die sich bei der täglichen Programmierarbeit ergeben, sicher zu umschiffen. Außerdem lernen Sie gleich im ersten Kapitel, wie ein Softwareprojekt erfolgreich angelegt und durchgeführt wird.

Der zweite große Bereich des Buches befasst sich mit der Erstellung von Applikationen in Microsoft Office Excel 2003. Dabei lernen Sie, wie Sie in VBA mit Arbeitsmappen, Tabellen und Diagrammen umgehen oder wie Sie eigene Formulare und Dialogfenster erstellen. Das Wissen, das Sie in den einzelnen Kapitel erwerben, wird Sie in die Lage versetzen, auch komplexe Applikationen in Microsoft Office Excel 2003 zu realisieren.

Aber das Buch bietet noch mehr. Am Ende der Kapitel finden Sie Aufgaben und Übungen, mit denen Sie den Inhalt des jeweiligen Kapitels rekapitulieren und vertiefen können. Die Lösungen zu den Aufgaben und Übungen finden Sie im Anhang des Buches, so dass Sie Ihr Wissen objektiv überprüfen können. Ebenfalls zur Ausstattung des Buches gehört eine CD-ROM, auf der Sie nicht nur alle Programmbeispiele des Buches finden, sondern auch zahlreiche nützliche Tools rund um die VBA-Programmierung.

Ich möchte Sie noch auf einen besonderen Service für die Leser meines Buches aufmerksam machen. Auf meiner Website **http://www.workstream.de/** finden Sie nicht nur zahlreiche Informationen rund um die Microsoft Office-Produkte und die VBA-Programmierung, sondern auch ein eigens für meine Leser eingerichtetes Diskussionsforum, in dem ich persönlich Ihre Fragen zu VBA beantworte. Natürlich können Sie das Diskussionsforum auch dazu benutzen, um Lob, Anregungen und Kritik zu äußern.

Nun bleibt mir nichts weiter zu tun, als Ihnen viel Freude mit diesem Buch zu wünschen! Und ich bin mir sicher, dass Sie beim Lesen des Buches feststellen werden: Aller Anfang ist leicht!

Christian Friedrich
Markgröningen, im Mai 2005

Teil I
Einführung

1 Wie ein Programm entsteht

In diesem Kapitel werden Sie nicht nur Ihre ersten Schritte in der Programmiersprache VBA machen, sondern auch eine Methode erlernen, mit der Sie nahezu jedes beliebige Softwareprojekt erfolgreich zu Ende bringen können. Am Ende dieses Kapitels werden Sie nicht nur wissen, wie ein Programm entsteht, sondern auch Ihre erste Applikation programmiert haben.

Microsoft Office Excel 2003 ist eines der vielseitigsten Anwendungsprogramme, die es gibt. Als Tabellenkalkulation konzipiert, lassen sich mit dem Programm große Mengen von Daten tabellarisch erfassen und auswerten. Zur Auswertung der Daten stehen nicht nur Summenberechnungen zur Verfügung, sondern eine Vielzahl von Tabellenfunktionen aus den Bereichen Finanzmathematik, Statistik, Matrizenrechnung und anderen. Diese Funktionen machen Microsoft Office Excel 2003 zu einem unentbehrlichen Helfer, sowohl für kaufmännische als auch für naturwissenschaftlich-technische Anwendungen. Großartig sind auch die Möglichkeiten von Microsoft Office Excel 2003, die tabellarisch erfassten Datenbestände grafisch aufzubereiten. Zu diesem Zweck stehen verschiedene Diagrammtypen mit zahlreichen Formatierungsmöglichkeiten zur Verfügung.

Was aber Microsoft Office Excel 2003 zu einem wirklich universell einsetzbaren Anwendungsprogramm macht, ist die integrierte Programmiersprache Visual Basic für Applikationen, kurz VBA. Mit VBA lässt sich die ohnehin schon üppige Funktionsvielfalt von Microsoft Office Excel 2003 noch erweitern und den individuellen Bedürfnissen des Benutzers anpassen. Mit VBA und Microsoft Office Excel 2003 erstellte Lösungen werden als Applikationen oder Programme bezeichnet. Wie so eine Applikation erstellt wird, werde ich Ihnen in diesem Kapitel zeigen. Dabei werden Sie nicht nur einen Einblick bekommen, wie sich das Zusammenwirken von Microsoft Office Excel 2003 und VBA gestaltet, sondern Sie werden auch eine strukturierte Vorgehensweise erlernen, die bei der Durchführung eines jeden VBA-Projekts hilfreich ist.

In diesem Kapitel soll ein Kassenbuch entwickelt werden, quasi ein Klassiker unter den Excel-Applikationen. Das Kassenbuch soll dabei helfen, monetäre Ein- und Ausgaben zu verwalten und den Überblick über den aktuellen Saldo zu behalten. Das Eingabeformular der fertigen Applikation ist in Abbildung 1.1 zu sehen.

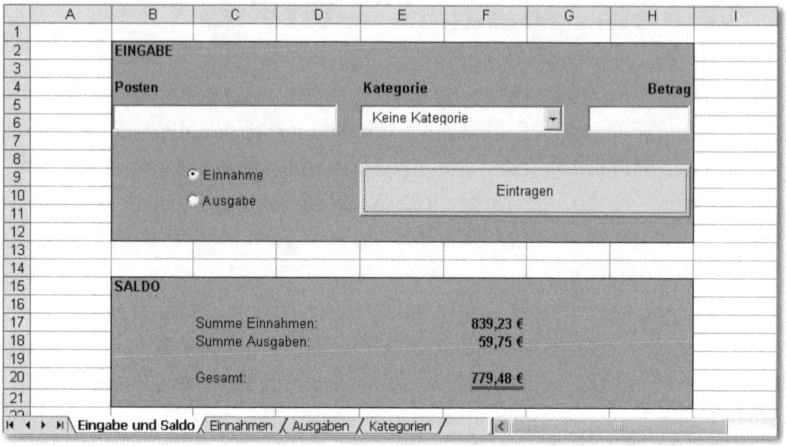

Abbildung 1.1 Vorschau auf die fertige Applikation »Kassenbuch«

In das Kassenbuch sollen Einnahmen und Ausgaben eingegeben werden, die auch noch einer bestimmten Kategorie zugeordnet werden können. Die Kategorien sollen ebenfalls in dem Kassenbuch frei definiert werden können. Um die Übersicht über den aktuellen Kassenstand zu behalten, werden die Saldi von Einnahmen und Ausgaben sowie der Gesamtsaldo angezeigt.

Vielleicht juckt es Ihnen bereits in den Fingern, dieses Softwareprojekt in Angriff zu nehmen, denn die meisten Programmierer neigen dazu, sofort den Editor zu starten und die ersten Programmzeilen zu schreiben, sobald sich die Idee zu einem Programm ergibt. Ich kann das durchaus verstehen, denn schließlich bin ich selbst Programmierer. Sie sollten jedoch noch etwas Geduld haben und sich erst einmal einige wenige theoretische Kenntnisse aneignen, die ich Ihnen im nächsten Unterkapitel vermitteln werde. Mit diesen Kenntnissen werden Sie in der Lage sein, ein beliebiges Softwareprojekt erfolgreich zu Ende zu bringen. Dabei werden Sie feststellen, dass Sie dazu kein abgeschlossenes Informatikstudium benötigen, sondern lediglich etwas Planung und ein strukturiertes Vorgehen. Ganz nebenbei programmieren Sie auch noch Ihr erstes Programm in VBA (Visual Basic für Applikationen).

1.1 Das Wasserfall-Modell

Wie bereits erwähnt, geht es nicht ganz ohne ein wenig Theorie, und so werde ich Ihnen eines der gängigsten Modelle aus der Informatik vorstellen, nach denen Softwareprojekte in Phasen unterteilt und durchgeführt werden. Das Wasserfall-Modell wurde bereits 1970 von W. W. Royce zur Handhabung großer Softwaresysteme entwickelt. Obwohl der Autor selbst nie den Begriff Wasserfall-Modell verwendet hat, so erinnern die Grafiken, die er zur Beschreibung seines Modells erstellt hatte, intuitiv an einen Wasserfall. Sie können sich das bildlich vorstellen, denn wie ein Wassertropfen in einem Wasserfall durchläuft das Softwareprojekt die einzelnen Phasen des Modells. Daraus ergeben sich zwei Grundaussagen des Modells: Erstens durchläuft das Softwareprojekt die Projektphasen in der festgelegten, sequentiellen Reihenfolge, und zweitens befindet sich das gesamte Projekt lediglich in einer dieser Phasen, das heißt, es findet ein definierter Übergang von einer Projektphase in die nächste statt. Allerdings hat Royce in seinem Modell Rücksprünge in frühere Projektphasen vorgesehen, um Probleme, die in einer Projektphase auftreten, in der vorangegangenen Projektphase zu eliminieren. Damit hat Royce den Grundstein für das Spiral-Modell (nach B. Boehm, entwickelt 1986) gelegt, welches heute vielfach Verwendung in der modernen Softwareentwicklung findet und das Wasserfall-Modell in einigen Bereichen abgelöst hat. Allerdings möchte ich im Rahmen dieses Buches nicht weiter auf das Spiral-Modell eingehen, sondern mich auf das weitaus einfacher zu verstehende und zu verwendende Wasserfall-Modell beschränken.

Oben habe ich bereits von den Projektphasen des Wasserfall-Modells gesprochen, ohne jedoch auf deren Bezeichnungen und Funktionen näher einzugehen. Tatsächlich variieren in der einschlägigen Literatur die Bezeichnungen und die Anzahl der Projektphasen. Ich bevorzuge die Unterteilung in fünf Projektphasen, so wie in Abbildung 1.2 zu sehen ist.

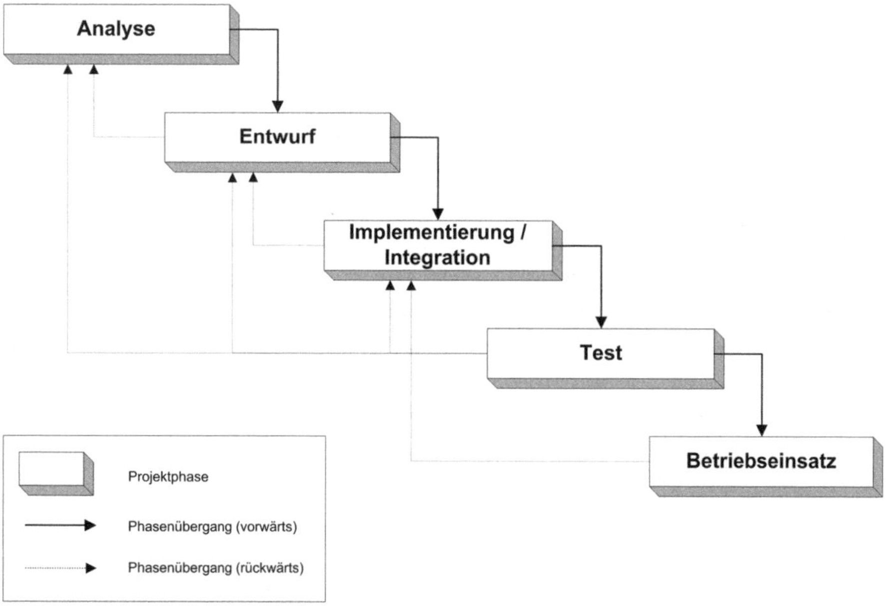

Abbildung 1.2 Grafische Darstellung des Wasserfall-Modells

Wie in Abbildung 1.2 gut zu erkennen, zeigen die Pfeile mit der durchgezogenen Linie den Übergang von einer Projektphase in die nächste an. Die Pfeile mit der punktierten Linie stehen für die erlaubten Rücksprünge in eine frühere Projektphase. Wie Sie der Abbildung entnehmen können, ist ein Rücksprung nicht in jede beliebige Projektphase erlaubt. So kann zum Beispiel kein Rücksprung von der Projektphase *Betriebseinsatz* in die Projektphasen *Entwurf* oder *Analyse* erfolgen, denn das würde bedeuten, dass die Software, die sich bereits im Einsatz befindet, nicht den Anforderungen genügt. Beim Schulaufsatz hieße das: Thema verfehlt!

Nachdem Sie nun die Grundzüge des Wasserfall-Modells kennen, ist es an der Zeit, das Modell auf ein konkretes Projekt anzuwenden. In den folgenden Unterkapiteln soll mit Hilfe des Wasserfall-Modells ein Programm entwickelt werden, von der Idee bis zum Betriebseinsatz. Die Unterkapitel sind dabei natürlich nach Projektphasen aufgeteilt.

1.2 Phase I: Analyse

In der Projektphase *Analyse* muss nun erst einmal festgestellt werden, ob das Projekt überhaupt durchführbar ist und welche Anforderungen das Projekt mit sich bringt. Sofern Sie Software im Kundenauftrag entwickeln, müssen Sie zusätzlich ein gemeinsames Verständnis von dem Projekt zwischen dem Kunden und Ihnen als Entwickler herausarbeiten. Eine Dokumentation der jeweiligen Ergebnisse ist in jeder Projektphase ein unbedingtes Muss, allerdings wird im Rahmen dieses Beispielprojektes darauf verzichtet. Betrachten Sie dieses Kapitel selbst als Dokumentation.

Da die Durchführbarkeit des Projektes bejaht werden kann und Sie das Kassenbuch auch nicht für einen Kunden entwickeln, bleiben in der ersten Projektphase nur noch die Anforderungen zu klären. Die einzige und zugleich wichtigste Anforderung ist so selbstverständlich und offensichtlich, dass Sie vielleicht gar nicht darauf kommen. Die Anforderung lautet: Das Kassenbuch soll mit Microsoft Office Excel 2003 und VBA realisiert werden. Diese Festlegung ist wichtig, denn in der Praxis könnte das Kassenbuch auch in einer anderen Programmiersprache realisiert werden. In diesem Buch geht es jedoch ausschließlich um die Programmierung von Microsoft Office Excel 2003 mit der Programmiersprache VBA, also werden wir uns auch für das Kassenbuch dieser Technologien bedienen.

1.3 Phase II: Entwurf

Nachdem nun die Anforderungen geklärt sind und die Analyse abgeschlossen ist, kann mit dem Entwurf begonnen werden. In der Projektphase *Entwurf* werden die einzelnen Komponenten eines Programms bestimmt und deren Funktionen festgelegt. Häufig wird in dieser Projektphase auch noch ein Prototyp erstellt. Der Prototyp dient dazu, die Benutzeroberfläche des Programms zu entwerfen. Der Prototyp enthält jedoch keine Funktionen, die zur Ausführung des Programms benötigt werden. Es handelt sich also um eine leere Hülle, vergleichbar mit einem Auto, bei dem zwar die Karosserie vorhanden ist, nicht aber der Motor, die Elektronik und die Innenausstattung.

Zunächst einmal gilt es also festzustellen, welche Komponenten für ein Kassenbuch benötigt werden. Mit Sicherheit wird eine Benutzeroberfläche benötigt, die in diesem Fall Formular genannt wird. Über das Formular kann der Benutzer seine Einnahmen und Ausgaben eingeben. Bei der Eingabe sollen der Betrag und eine Bezeichnung für den Buchungsdatensatz erfasst werden. Darüber hinaus sollen die Buchungsdatensätze einer bestimmten Kategorie zugeordnet werden können, zum Beispiel die Ausgaben für die Wohnung oder für den Urlaub. Neben den Benutzereingaben soll das Formular auch die Anzeige der aktuellen Saldi von Einnahmen und Ausgaben sowie den Gesamtsaldo ermöglichen. Abbildung 1.3 zeigt den Prototyp für das Formular *Eingabe und Saldo*.

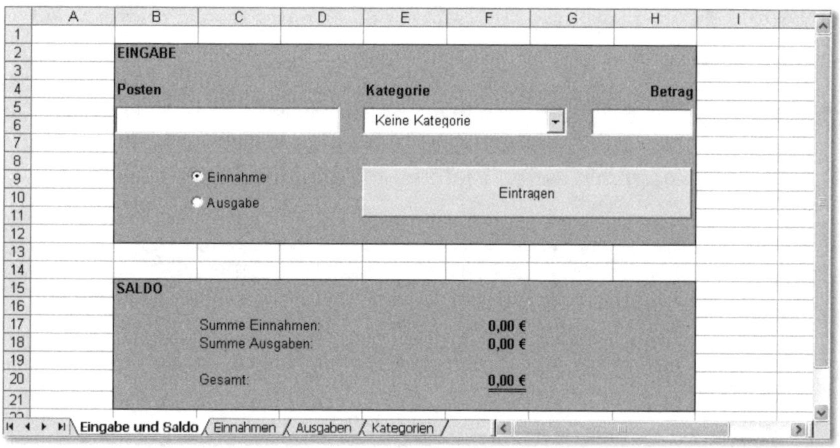

Abbildung 1.3 Prototyp des Formulars »Eingabe und Saldo«

Zwei weitere Komponenten des Kassenbuchs sind die Listen mit den Einnahmen und den Ausgaben. In diesen Listen werden die Buchungsdatensätze angezeigt, die über das Formular *Eingabe und Saldo* eingegeben wurden. Dabei werden die Buchungsdatensätze in der Reihenfolge der Eingabe aufgelistet, der aktuellste Buchungsdatensatz steht damit immer am Ende der jeweiligen Liste. Da die Listen *Einnahmen* und *Ausgaben* gleich aufgebaut sind, genügt es, einen einzigen Prototyp zu erstellen. Der Prototyp für die Liste *Ausgaben* ist in Abbildung 1.4 dargestellt.

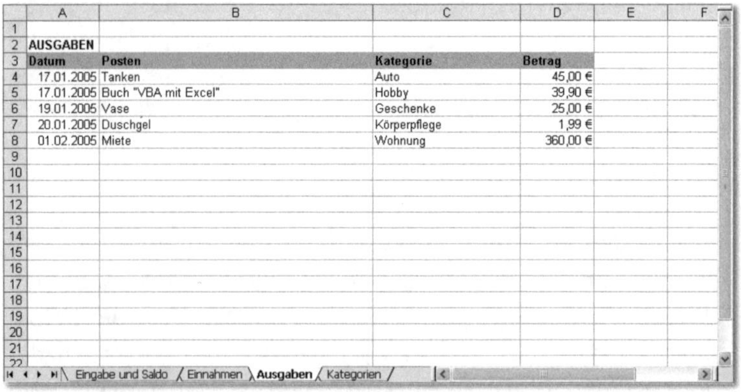

AUSGABEN			
Datum	**Posten**	**Kategorie**	**Betrag**
17.01.2005	Tanken	Auto	45,00 €
17.01.2005	Buch "VBA mit Excel"	Hobby	39,90 €
19.01.2005	Vase	Geschenke	25,00 €
20.01.2005	Duschgel	Körperpflege	1,99 €
01.02.2005	Miete	Wohnung	360,00 €

Abbildung 1.4 Prototyp der Liste »Ausgaben«

Ein Prototyp kann zur Veranschaulichung durchaus schon Daten enthalten. Für den Prototyp der Liste *Ausgaben* wurden fünf Buchungsdatensätze eingegeben. Diese Eingabe erfolgte natürlich von Hand, denn in der Projektphase *Entwurf* gibt es noch keine programmierten Funktionen, welche die Eintragungen vornehmen könnten.

Wie bereits erwähnt, klassifiziert das Formular *Eingabe und Saldo* die einzelnen Buchungsdatensätze anhand einer Kategorie. Die verfügbaren Kategorien sollen beliebig ergänzt werden können. Dafür wird eine weitere Liste benötigt, nämlich die Liste *Kategorien*, deren Prototyp in Abbildung 1.5 zu sehen ist.

Kategorien
Keine Kategorie
Auto
Wohnung
Garten
Reisen
Sport
Lebensmittel
Körperpflege
Geschenke
Hobby
Steuern
Zinseinnahmen
Mieteinnahmen
Verkäufe
Erbschaft

Abbildung 1.5 Prototyp der Liste »Kategorien«

Damit sind alle Komponenten des Kassenbuchs bestimmt und deren jeweilige Benutzeroberflächen durch entsprechende Prototypen dargestellt. Doch der Entwurf muss auch die Beziehungen zwischen den Komponenten definieren. So wird zum Beispiel der Eintrag eines Buchungsdatensatzes in die Listen *Einnahmen* oder *Ausgaben* immer mit dem aktuellen Datum versehen. In Tabelle 1.1 sind noch einmal alle Funktionen der jeweiligen Komponenten zusammengefasst. Eine solche Tabelle eignet sich hervorragend als Checkliste für die Projektphasen *Implementierung und Integration* und *Test* um sicherzustellen, dass alle Funktionen implementiert wurden und auch genau so funktionieren, wie es in der Projektphase *Entwurf* festgelegt wurde.

Komponente	Entwurfsspezifikation
Eingabe und Saldo	▶ Formular mit Eingabefeldern für Posten, Betrag und Kategorie ▶ Optionsfelder zur Unterscheidung der Buchungsdatensätze in Einnahmen und Ausgaben ▶ Anzeige der Saldi von Einnahmen und Ausgaben ▶ Anzeige des Gesamtsaldos ▶ Eintragen der Buchungsdatensätze in die Listen *Einnahmen* und *Ausgaben* ▶ Zu jedem Buchungsdatensatz wird das aktuelle Eingabedatum hinzugefügt
Einnahmen	▶ Anzeige der Buchungsdatensätze für Einnahmen ▶ Die Buchungsdatensätze werden in der Reihenfolge der Eingabe sortiert, und zwar der aktuellste Buchungsdatensatz am Ende der Liste ▶ Es werden zu jedem Buchungsdatensatz Eingabedatum, Posten, Kategorie und Betrag angezeigt
Ausgaben	▶ Anzeige der Buchungsdatensätze für Ausgaben ▶ Die Buchungsdatensätze werden in der Reihenfolge der Eingabe sortiert, und zwar der aktuellste Buchungsdatensatz am Ende der Liste ▶ Es werden zu jedem Buchungsdatensatz Eingabedatum, Posten, Kategorie und Betrag angezeigt
Kategorien	▶ Eingabe von Kategorien ▶ Bestehende Kategorien können beliebig ergänzt und geändert werden ▶ Anzeige und Auswahl der Kategorien im Formular *Eingabe und Saldo* ▶ Anzeige der ausgewählten Kategorie im Buchungsdatensatz der Liste *Einnahmen* beziehungsweise *Ausgaben*

Tabelle 1.1 Entwurfsspezifikationen der einzelnen Komponenten

1.4 Phase III: Implementierung und Integration

Mit dem fertigen Entwurf können Sie nun in die Projektphase eintreten, die umgangssprachlich als Programmierung bezeichnet wird. Wie Sie aus der Bezeichnung dieser Projektphase erkennen können, gibt es zwei Aspekte zu berücksichtigen, nämlich die Implementierung, also die Programmierung der einzelnen Komponenten, die in der Projektphase *Entwurf* bestimmt wurden, und die Integration, also das Zusammenfügen der einzelnen Komponenten zu einer funktionalen Einheit, der Applikation. Bei der Integration müssen Sie darauf achten, dass Funktionen, die mit mehreren Komponenten zusammenwirken, korrekt von den einzelnen Komponenten verarbeitet werden.

Lassen Sie uns nun mit der Implementierung der Komponenten beginnen. Falls noch nicht geschehen, starten Sie das Programm Microsoft Office Excel 2003 mit einer leeren Arbeitsmappe. Dazu wählen Sie den Menübefehl **Datei · Neu...** aus, oder Sie verwenden die Tastenkombination [Strg] + [N]. Im Aufgabenbereich *Neue Arbeitsmappe*, der in der Grundeinstellung auf der rechten Seite eingeblendet wird, klicken Sie nun auf *Leere Arbeitsmappe*. Für das Kassenbuch benötigen Sie vier Tabellenblätter. Die Anzahl der Tabellenblätter in der leeren Arbeitsmappe kann jedoch variieren. Wenn Sie zu viele Tabellenblätter haben, dann klicken Sie mit der rechten Maustaste auf den Registerfalz des jeweils letzten Tabellenblatts und wählen aus dem Kontextmenü den Befehl **Löschen** aus. Entfernen Sie auf diese Weise so viele Tabellenblätter, bis nur noch vier übrig sind. Für den Fall, dass die leere Arbeitsmappe zu wenige Tabellenblätter enthält, gehen Sie ähnlich vor. Sie klicken wiederum mit der rechten Maustaste auf den Registerfalz des letzten Tabellenblatts und wählen diesmal den Befehl **Einfügen...** aus dem Kontextmenü aus.

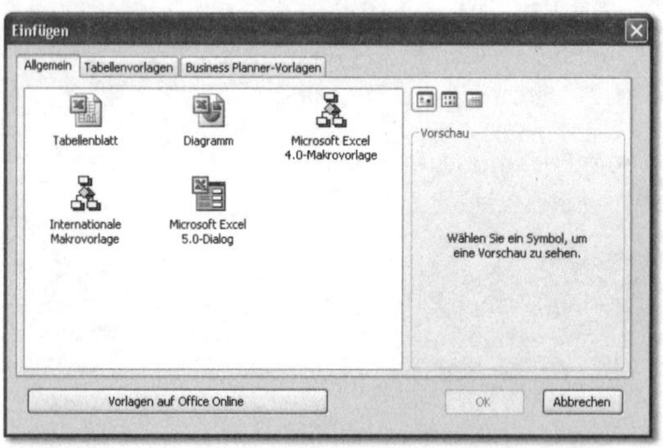

Abbildung 1.6 Das Dialogfenster »Einfügen«

In dem Dialogfenster **Einfügen**, das Sie in Abbildung 1.6 sehen können, klicken Sie nun auf die Registerkarte *Allgemein* und wählen dort das Element

Tabellenblatt aus. Anschließend verwenden Sie die Schaltfläche **OK**, um das neue Tabellenblatt in die Arbeitsmappe einzufügen.

Nun sollte Ihre Arbeitsmappe vier Tabellenblätter enthalten, die Sie wie in Abbildung 1.7 benennen sollten.

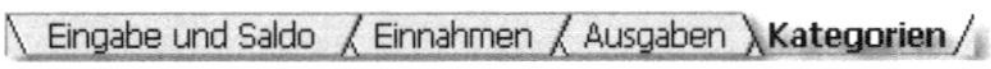

Abbildung 1.7 Die Namen der vier Tabellenblätter

Um den Namen eines Tabellenblatts zu ändern, führen Sie einen Doppelklick auf den Registerfalz des entsprechenden Tabellenblatts aus und geben den neuen Namen ein. Die so präparierte Arbeitsmappe können Sie nun unter **Datei · Speichern unter...** speichern. Als Dateinamen wählen Sie am besten *Kassenbuch.xls*.

Nach diesen Vorbereitungen können wir nun damit beginnen, das Formular auf dem Tabellenblatt *Eingabe und Saldo* zu erstellen, und zwar gemäß den Vorgaben des Prototyps aus Abbildung 1.3. Sollte Ihr Formular nicht exakt so aussehen wie in Abbildung 1.3, so ist das nicht weiter schlimm, solange Sie sich bei den Steuerelementen an die Vorgaben halten.

Markieren Sie mit der Maus den Zellbereich *B2:H12* auf dem Tabellenblatt *Eingabe und Saldo* und klicken Sie mit der rechten Maustaste in den markierten Bereich. Aus dem Kontextmenü rufen Sie den Menübefehl **Zellen formatieren...** auf. Es öffnet sich das Dialogfenster **Zellen formatieren**, wie in Abbildung 1.8 zu sehen.

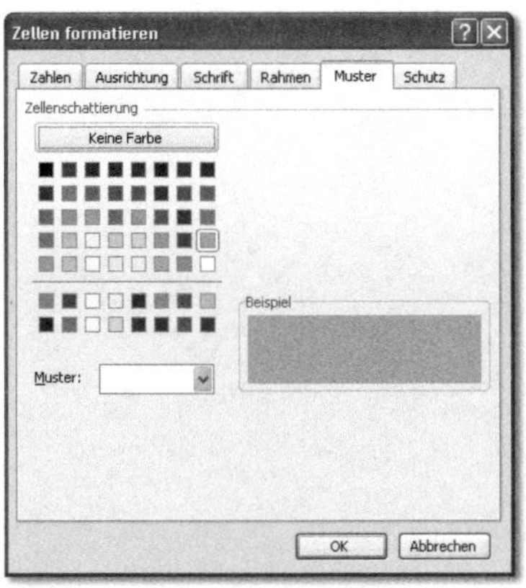

Abbildung 1.8 Das Dialogfenster »Zellen formatieren«

Aktivieren Sie nun die Registerkarte *Muster* und wählen Sie für die Zellenschattierung den hellsten Grauton aus. Anschließend wechseln Sie auf die Registerkarte *Rahmen*. Hier klicken Sie im Abschnitt *Voreinstellungen* auf die Schaltfläche **Außen** und wählen die Linienart im Abschnitt *Linien* aus. Für den Prototyp wurde die letzte Linienart in der linken Spalte verwendet. Abbildung 1.9 verdeutlicht noch einmal die Auswahl. Nachdem Sie die beschriebenen Einstellungen vorgenommen haben, können Sie das Dialogfenster mit der Schaltfläche **OK** schließen.

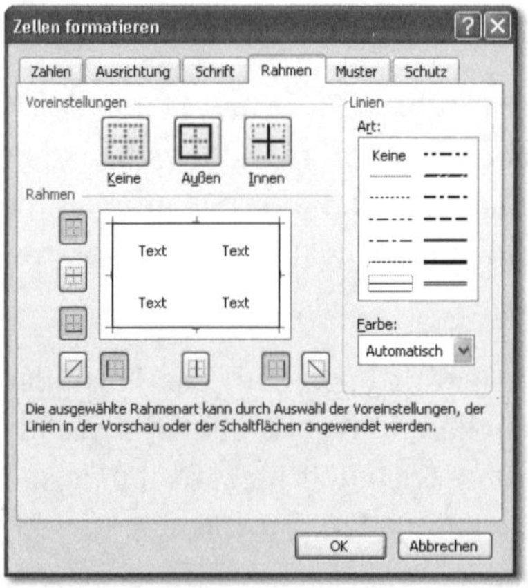

Abbildung 1.9 Auswählen der Rahmenart und der Rahmenstärke

Die soeben beschriebenen Zellformatierungen führen Sie ebenfalls für den Zellbereich *B15:H21* durch. Als Nächstes können Sie die Beschriftung des Formulars einfügen. Dazu klicken Sie einfach auf die entsprechende Zelle und tippen den Text ein. In Tabelle 1.2 sind die Zellen, die beschriftet werden sollen, der entsprechende Text und die Formatierung des Textes aufgeführt.

Zelle	Text	Format
B2	EINGABE	fett
B4	Posten	fett
E4	Kategorie	fett
H4	Betrag	fett, rechtsbündig
B15	SALDO	fett
C17	Summe Einnahmen:	Standard
C18	Summe Ausgaben:	Standard
C20	Gesamt:	Standard

Tabelle 1.2 Beschriftung der Zellen im Formular »Eingabe und Saldo«

Da in einem Kassenbuch vornehmlich mit Währungsbeträgen gearbeitet wird, sollten diese Beträge entsprechend formatiert werden, das heißt, zwei Dezimalstellen und ein Währungssymbol sollen angezeigt werden. Das gilt insbesondere für die Anzeige der Saldi auf dem Formular *Eingabe und Saldo*, wie im Prototyp in Abbildung 1.3 zu sehen. Markieren Sie deshalb die Zellen *F17*, *F18* und *F20*, indem Sie die Zellen bei gedrückter Taste Strg nacheinander anklicken. Klicken Sie nun mit der rechten Maustaste in eine der markierten Zellen und rufen Sie erneut das Dialogfenster **Zellen formatieren** auf. Dieses Mal benötigen Sie die Registerkarte *Zahlen*, so wie es Abbildung 1.10 zeigt. In dem Listenfeld *Kategorie* klicken Sie auf den Eintrag *Währung*. Dadurch werden neue Steuerelemente auf der Registerkarte angezeigt. Für die Anzahl der Dezimalstellen geben Sie den Wert *2*, ein und als Währungssymbol wählen Sie das Symbol € aus. Natürlich können Sie auch ein anderes Währungssymbol auswählen, falls Sie das Kassenbuch in einem anderen Währungsraum einsetzen wollen. Die Auswahl eines anderen Währungssymbols stellt keinerlei Beeinträchtigung für die korrekte Funktionsweise des Kassenbuchs dar. Verwenden Sie nun wiederum die Schaltfläche **OK**, um das Dialogfenster zu schließen.

Abbildung 1.10 Auswählen des Zellformats für Währungsbeträge

Wie in der Buchhaltung üblich, werden Endergebnisse doppelt unterstrichen. Der Gesamtsaldo ist ein solches Endergebnis, deshalb soll der Währungsbetrag in der Zelle *F20* entsprechend formatiert werden. Klicken Sie deshalb in die Zelle *F20*, so dass nur diese Zelle alleine markiert ist. Danach rufen Sie auf die bekannte Art und Weise das Dialogfenster **Zellen formatieren** auf. Diesmal benötigen Sie die Registerkarte *Schrift*, um die Formatierung vorzunehmen. Abbildung 1.11 zeigt die Einstellungen auf der Registerkarte *Schrift*.

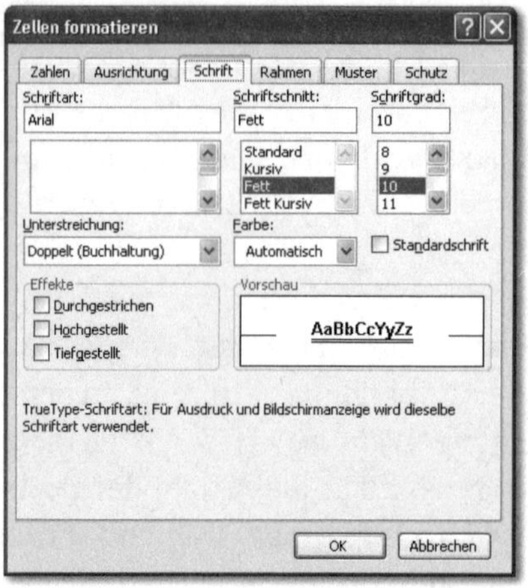

Abbildung 1.11 Einstellungen auf der Registerkarte »Schrift«

Die für dieses Beispiel wichtige Formatierung finden Sie in dem Kombinationsfeld *Unterstreichung*. Dort wählen Sie den Eintrag *Doppelt (Buchhaltung)* aus und schließen das Dialogfenster mit der Schaltfläche **OK**. Damit sind nun alle Formatierungen zur Gestaltung des Formulars *Eingabe und Saldo* abgeschlossen. Allerdings werden noch keine Beträge in den Zellen *F17*, *F18* und *F20* angezeigt, so wie im Prototyp in Abbildung 1.3 zu sehen. Diese werden erst später angezeigt, wenn die Programmierung des Formulars vollständig ist.

Wenn Sie Ihr eigenes Formular *Eingabe und Saldo* mit dem Prototyp aus Abbildung 1.3 vergleichen, so werden Sie feststellen, dass die wichtigsten Bestandteile dieses Formulars noch fehlen, nämlich die Steuerelemente zur Eingabe der Buchungsdatensätze. Als Steuerelemente werden alle Elemente einer Benutzeroberfläche bezeichnet, die der Interaktion mit dem Benutzer dienen. Dazu zählen Textfelder, Kontrollkästchen oder Befehlsschaltflächen. Für das Formular *Eingabe und Saldo* werden zwei Textfelder für die Eingabe des Postens und des Betrags, ein Kombinationsfeld zur Anzeige der Kategorien, zwei Optionsfelder für die Charakterisierung des Buchungsdatensatzes (Einnahme oder Ausgabe) und eine Schaltfläche zur Eintragung des Buchungsdatensatzes benötigt.

In Microsoft Office Excel 2003 können Sie zwei verschiedene Sätze von Steuerelementen verwenden. Auf die Unterschiede zwischen diesen beiden Sätzen möchte ich an dieser Stelle nicht eingehen, merken Sie sich im Moment nur, dass für das Formular *Eingabe und Saldo* die ActiveX-Steuerelemente verwendet werden. Die ActiveX-Steuerelemente befinden sich auf der Symbolleiste **Steuerelement-Toolbox**, die Sie über den Menübefehl **Ansicht · Symbolleisten · Steuerelement-Toolbox** einblenden können. Die Symbolleiste wird unterhalb der Tabellenblätter eingeblendet.

Abbildung 1.12 Die Symbolleiste »Steuerelement-Toolbox«

Damit Sie Steuerelemente in das Formular *Eingabe und Saldo* einfügen können, müssen Sie den Entwurfsmodus aktivieren. Mit der linken Schaltfläche auf der Symbolleiste **Steuerelement-Toolbox** können Sie den Entwurfsmodus aktivieren oder beenden. Ob der Entwurfsmodus aktiv ist, können Sie daran erkennen, dass die linke Schaltfläche orangefarbig hinterlegt ist, so wie in Abbildung 1.12 zu sehen. Der Entwurfsmodus wird aber automatisch aktiviert, sobald Sie auf eine der Schaltflächen klicken, die ein Steuerelement darstellen. Die Steuerelement-Schaltflächen beginnen mit der vierten Schaltfläche von links und enden bei der zweiten Schaltfläche von rechts. Wenn Sie den Mauszeiger über eine der Schaltflächen bewegen und dort ruhig verharren, dann wird Ihnen der Name des Steuerelements als Tooltip angezeigt.

Abbildung 1.13 Die Schaltfläche »Textfeld« mit Tooltip

Als Erstes fügen Sie nun die Textfelder für Posten und Betrag in das Formular ein. Wie Sie die entsprechende Schaltfläche auf der Symbolleiste **Steuerelement-Toolbox** finden, habe ich Ihnen gerade beschrieben. Außerdem zeigt Ihnen Abbildung 1.13, welche die richtige Schaltfläche ist. Klicken Sie die Schaltfläche **Textfeld** an und führen Sie den Mauszeiger an die Stelle im Formular, an der die linke obere Ecke des Textfelds beginnen soll. Drücken Sie nun die linke Maustaste und halten Sie diese gedrückt, während Sie den Mauszeiger an die Stelle im Formular bewegen, an der sich die rechte untere Ecke des Textfelds befinden soll. Fügen Sie nun auf dieselbe Weise ein zweites Textfeld für den Betrag ein.

Der Vorgang des Einfügens von Steuerelementen ist für alle Steuerelemente derselbe, so dass Sie keine Schwierigkeiten haben sollten, die anderen Steuerelemente einzufügen. Fügen Sie als Nächstes das Kombinationsfeld für die Kategorien ein, danach zwei Optionsfelder für Einnahme und Ausgabe und zum Schluss die Befehlsschaltfläche zum Eintragen der Buchungsdatensätze. Vergleichen Sie dabei die Anordnung der Steuerelemente immer mit dem Prototyp aus Abbildung 1.3.

Nun haben Sie zwar alle Steuerelemente in das Formular eingefügt, aber noch sind einige Einstellungen vorzunehmen. So zeigt zum Beispiel die Befehlsschaltfläche den Text *CommandButton1* an, und die Beschriftung der Optionsfelder lautet *OptionButton1* und *OptionButton2*. Merkmale, wie die Beschriftung von Steuerelementen, werden als Eigenschaften bezeichnet. Die Eigenschaften eines Steuerelements können im Eigenschaftenfenster verändert werden. Um das Eigenschaftenfenster aufzurufen, klicken Sie im Entwurfsmodus auf ein Steuerelement, zum Beispiel auf die Befehlsschaltfläche, und klicken anschließend in der Symbolleiste **Steuerelement-Toolbox** auf die Schaltfläche **Eigenschaften**, das ist die zweite Schaltfläche von links. Abbildung 1.14 zeigt das Eigenschaftenfenster für die Befehlsschaltfläche an.

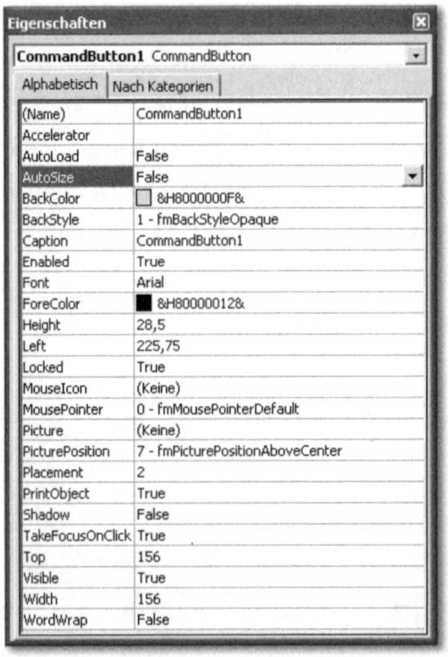

Abbildung 1.14 Das Eigenschaftenfenster

Anzahl und Art der Eigenschaften variieren, je nachdem, welches Steuerelement ausgewählt ist. Es gibt aber auch Eigenschaften, die jedes Steuerelement besitzt, so zum Beispiel *Left*, *Top*, *Height* und *Width*, mit denen Position und Größe des Steuerelements festgelegt werden. Ebenfalls eine Eigenschaft, die Sie bei allen Steuerelementen finden, ist die Eigenschaft *Name*. Mit der Eigenschaft *Name* können Sie jedem Steuerelement einen Namen geben, der es eindeutig identifiziert. Natürlich können Sie auch die generischen Namen, wie *CommandButton1*, *CommandButton2* oder *OptionButton10*, verwenden, jedoch werden Sie schon nach kurzer Zeit nicht mehr wissen, welche Befehlsschaltfläche sich hinter dem Namen *CommandButton7* verbirgt. In dem Formular ist zwar nur eine Befehlsschaltfläche vorhanden, dennoch soll der Name abgeändert werden. Klicken Sie im Eigenschaftenfenster in die Zelle rechts neben der Bezeichnung *(Name)*, geben Sie als Namen für die Befehlsschaltfläche *cmdEintragen* ein und schließen Sie die Eingabe mit der Taste ↵ ab. Von nun an werden Sie diese Befehlsschaltfläche in Ihrem Programmtext immer unter diesem

Namen ansprechen. Für den Benutzer des Formulars ist dieser Name jedoch unsichtbar. Sichtbar ist dagegen die Eigenschaft *Caption*, mit der die Beschriftung der Befehlsschaltfläche festgelegt wird. Tragen Sie in die entsprechende Zelle im Eigenschaftenfenster das Wort *Eintragen* ein.

Das Ändern der Eigenschaften der anderen Steuerelemente erfolgt analog, deshalb beschränke ich mich darauf, die zu ändernden Eigenschaften und deren Werte in tabellarischer Form (vergleiche Tabelle 1.3) aufzuführen.

Tipp: Eigenschaftenfenster nicht schließen

Wenn Sie die Eigenschaften mehrerer Steuerelemente ändern möchten, dann müssen Sie nicht jedes Mal das Eigenschaftenfenster schließen und nach Auswahl des nächsten zu bearbeitenden Steuerelements wieder öffnen. Lassen Sie das Eigenschaftenfenster geöffnet und klicken Sie das nächste Steuerelement an. Die geänderten Eigenschaften werden automatisch gespeichert, und die aktuellen Werte und Eigenschaften des ausgewählten Steuerelements werden angezeigt.

Steuerelement	Eigenschaft	Wert
Textfeld »Posten«	`(Name)`	txtPosten
	`Height`	20,25
	`Left`	60,75
	`Top`	57
	`Width`	163,5
Textfeld »Betrag«	`(Name)`	txtBetrag
	`Height`	20,25
	`Left`	404,25
	`Top`	57
	`Width`	74,25
Kombinationsfeld »Kategorie«	`(Name)`	cboKategorie
	`Height`	20,25
	`Left`	240
	`ListFillRange`	Kategorien!B3:B17
	`Text`	keine Kategorie

Tabelle 1.3 Veränderte Eigenschaften und Werte der Steuerelemente

Steuerelement	Eigenschaft	Wert
	`Top`	57
	`Width`	147,75
Optionsfeld »Einnahme«	`(Name)`	optEinnahme
	`Caption`	Einnahme
	`GroupName`	groupType
	`Height`	16,5
	`Left`	114
	`Top`	99
	`Width`	99,75
Optionsfeld »Ausgabe«	`(Name)`	optAusgabe
	`Caption`	Ausgabe
	`GroupName`	groupType
	`Height`	16,5
	`Left`	114
	`Top`	117
	`Width`	99,75
Befehlsschaltfläche »Eintragen«	`(Name)`	cmdEintragen
	`Caption`	Eintragen
	`Height`	36,75
	`Left`	240
	`Top`	99
	`Width`	238,5

Tabelle 1.3 Veränderte Eigenschaften und Werte der Steuerelemente (Forts.)

Sobald Sie die Werte der Eigenschaften der Steuerelemente im Formular *Eingabe und Saldo* angepasst haben, sind Sie mit der Erstellung des Formulars fertig. Nun können Sie die Formatierungen an den Listen *Einnahmen*, *Ausgaben* und *Kategorien* vornehmen. Wechseln Sie dazu auf das Tabellenblatt *Einnahmen*. Die Formatierungen der Liste *Einnahmen* sind nicht so umfangreich wie die des Formulars *Eingabe und Saldo*, schon allein wegen des Fehlens von Steuerelementen. Wie die Formatierungen vorzunehmen sind, habe ich bereits ausführlich am Beispiel des Formulars *Eingabe und Saldo* beschrieben, so dass ich jetzt nur die benötigten Formatierungen aufzählen werde.

Wenn Sie sich den Prototyp der Liste *Ausgaben* aus Abbildung 1.4 noch einmal vor Augen führen, der ja mit der Liste *Einnahmen* weitgehend übereinstimmt, so werden Sie feststellen, dass die Spalten unterschiedlich breit sind. Die Standardbreite einer Spalte beträgt 80 Pixel. Die Spalte *B* soll jedoch eine Breite von 300 Pixel und die Spalte *C* eine Breite von 160 Pixel erhalten, um die Informationen der Buchungsdatensätze vollständig anzeigen zu können. Die Spaltenbreite können Sie an der Trennlinie zwischen zwei Spaltenköpfen verändern. Bewegen Sie den Mauszeiger über die Trennlinie, bis sich das Cursorsymbol verändert, und drücken Sie dann die linke Maustaste. Solange Sie die Maustaste gedrückt halten, können Sie die Spaltenbreite verändern, indem Sie den Mauszeiger nach links oder rechts bewegen. Der Tooltip, der dabei eingeblendet wird, zeigt Ihnen unter anderem auch die Breite der Spalte in Pixel an. So können Sie die Breite der Spalte pixelgenau einstellen.

Nachdem die Spalten die vorgesehene Breite haben, markieren Sie die Zellen *A3:D3* und färben diese grau ein. Als Nächstes können Sie schon die Beschriftung der Zellen vornehmen, nähere Angaben dazu finden Sie in Tabelle 1.4.

Zelle	**Text**	**Format**
A2	EINNAHMEN	fett
A3	Datum	fett
B3	Posten	fett
C3	Kategorie	fett
D3	Betrag	fett

Tabelle 1.4 Beschriftung der Zellen der Liste »Einnahmen«

Auch in der Liste *Einnahmen* sollen die Werte der Spalte *Betrag* als Währungsbeträge dargestellt werden. Um die ganze Spalte mit der entsprechenden Formatierung zu versehen, klicken Sie auf den Spaltenkopf der Spalte *D*. Dadurch werden alle Zellen der Spalte *D* markiert. Klicken Sie nun mit der rechten Maustaste in eine der markierten Zellen und rufen Sie aus dem Kontextmenü den Befehl **Zellen formatieren...** auf. Auf der Registerkarte *Zahlen* nehmen Sie dann die Einstellungen zur Darstellung von Währungsbeträgen mit zwei Dezimalstellen und dem Währungssymbol € vor, so wie Sie es bereits auf dem Formular *Eingabe und Saldo* gemacht haben. Damit wäre die Liste *Einnahmen* bereits fertig gestellt.

Genauso wie mit der Liste *Einnahmen* verfahren Sie auch bei der Liste *Ausgaben*. Wechseln Sie auf das Tabellenblatt *Ausgaben* und führen Sie die erforderlichen Formatierungen durch. Der einzige Unterschied zur Liste *Einnahmen* ergibt sich bei der Beschriftung der Zellen. Die Beschriftungen für die Liste *Ausgaben* sind in Tabelle 1.5 aufgeführt.

Zelle	Text	Format
A2	AUSGABEN	fett
A3	Datum	fett
B3	Posten	fett
C3	Kategorie	fett
D3	Betrag	fett

Tabelle 1.5 Beschriftung der Zellen für die Liste »Ausgaben«

Damit bleibt nur noch die Liste *Kategorien* übrig. Da diese Liste nur die Werte enthält, die im Kombinationsfeld `cboKategorien` angezeigt werden sollen, kann auf Formatierungen verzichtet werden. Vergrößern Sie lediglich die Spalte *B* auf 240 Pixel und geben Sie die Beispielkategorien aus Tabelle 1.6 ein.

Zelle	Text	Format
B2	Kategorien	fett
B3	keine Kategorie	Standard
B4	Auto	Standard
B5	Wohnung	Standard
B6	Garten	Standard
B7	Reisen	Standard
B8	Sport	Standard
B9	Lebensmittel	Standard
B10	Körperpflege	Standard
B11	Geschenke	Standard
B12	Hobby	Standard
B13	Steuern	Standard
B14	Zinseinnahmen	Standard
B15	Mieteinnahmen	Standard
B16	Verkäufe	Standard
B17	Erbschaft	Standard

Tabelle 1.6 Beschriftung der Zellen der Liste »Kategorien«

Somit wäre die Erstellung der Formulare und Listen für das Kassenbuch abgeschlossen. Sie können jetzt den Entwurfsmodus beenden, indem Sie in der Symbolleiste **Steuerelement-Toolbox** auf die Schaltfläche **Entwurfsmodus beenden** klicken und mal ausprobieren, was bereits funktioniert. Wechseln Sie dazu auf das Tabellenblatt *Eingabe und Saldo* und geben Sie ein paar Daten in das Formular ein. Da Sie sich nicht mehr im Entwurfsmodus befinden, werden die Steuerelemente beim Anklicken nicht mehr ausgewählt, sondern zeigen das typische Verhalten von Steuerelementen, wie Sie es von zahlreichen Applikationen für Microsoft Windows kennen.

Ihnen wird sicherlich auffallen, dass die Einträge aus der Liste *Kategorien* bereits im Kombinationsfeld `cboKategorien` angezeigt werden, obwohl Sie noch keine Zeile Programmtext geschrieben haben. Das liegt an der Eigenschaft `ListFillRange`, für die Sie den Wert *Kategorien!B3:B17* eingegeben haben. Mit `ListFillRange` wird ein Zellbereich festgelegt, dessen Werte im Kombinationsfeld angezeigt werden sollen. In diesem Fall ist das der Zellbereich *B3:B17* auf dem Tabellenblatt *Kategorien*. Der Name des Tabellenblatts und der Zellbereich werden durch ein Ausrufungszeichen miteinander verbunden. Wenn Sie wollen, können Sie nun Ihre eigenen Kategorien definieren oder die vorhandenen ergänzen. Vergessen Sie jedoch nicht, den Zellbereich der Eigenschaft `ListFillRange` anzupassen, falls sich die Anzahl der Kategorien ändern sollte.

Nun ist es an der Zeit, dass Sie Ihre ersten Erfahrungen mit der Programmiersprache VBA (Visual Basic für Applikationen) machen und die Funktionen des Kassenbuchs programmieren. Um Programmtext in VBA zu schreiben, benötigen Sie den Visual Basic Editor (VBE). Den VBE können Sie auf verschiedene Weisen starten. Sie können die Schaltfläche **Code anzeigen** auf der Symbolleiste **Steuerelement-Toolbox** verwenden oder den Menübefehl **Extras · Makro · Visual Basic-Editor**. Am schnellsten geht es natürlich mit der Tastenkombination `Alt` + `F11`. Abbildung 1.15 zeigt den Visual Basic Editor mit den verschiedenen Arbeitsbereichen.

Das Fenster auf der linken Seite des VBE, der Projekt-Explorer, zeigt unter anderem die Tabellenblätter an, die das Kassenbuch enthält. Da sich die Steuerelemente auf dem Tabellenblatt *Eingabe und Saldo* befinden, muss der Programmtext ebenfalls dort eingegeben werden. Führen Sie deshalb einen Doppelklick auf den Eintrag *Tabelle1 (Eingabe und Saldo)* im Projekt-Explorer aus. Im rechten oberen Fenster, dem Code-Fenster, wird nun der Programmtext für das ausgewählte Element, also für *Tabelle1 (Eingabe und Saldo)* angezeigt. Da jedoch noch kein Programmtext eingegeben wurde, ist dieses Fenster leer. Oberhalb des Code-Fensters sehen Sie zwei Kombinationsfelder.

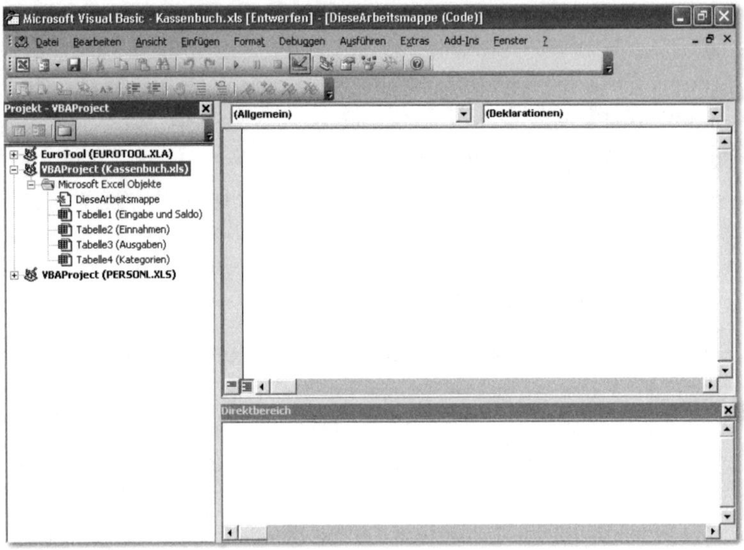

Abbildung 1.15 Der Visual Basic Editor (VBE)

Wählen Sie aus dem linken Kombinationsfeld den Eintrag `cmdEintragen` aus. Durch diese Auswahl wird der Inhalt des Kombinationsfeldes auf der rechten Seite angepasst. Wählen Sie nun aus dem rechten Kombinationsfeld den Eintrag `Click` aus.

Abbildung 1.16 Auswahl von Steuerelement und Ereignisprozedur

Was genau hat diese Auswahl zu bedeuten? In dem fertigen Kassenbuch sollen die eingegebenen Daten immer dann als Buchungsdatensätze abgespeichert werden, wenn die Befehlsschaltfläche `cmdEintragen` angeklickt wird. Das Anklicken der Befehlsschaltfläche löst eine Ereignisprozedur `Click` aus. Durch die Auswahl von `cmdEintragen` und `Click` aus den beiden Kombinationsfeldern wurde der Prozedurrumpf für diese Ereignisprozedur im Code-Fenster erstellt.

```
Private Sub cmdEintragen_Click()

End Sub
```

Listing 1.1 Prozedurrumpf für die Ereignisprozedur »Click«

Ein Prozedurrumpf ist nur eine leere Hülle, die noch mit dem entsprechenden Programmtext gefüllt werden muss. Dieser Programmtext muss natürlich eine

Verarbeitung der eingegebenen Daten gemäß der Entwurfsspezifikation ermöglichen. Die Prozedur sollte deshalb so aussehen wie in Listing 1.2.

```
Private Sub cmdEintragen_Click()
   Dim wksWorksheet As Worksheet
   Dim rngUsedRange As Range
   Dim lngRows As Long
   'Buchungsdatensätze schreiben
   If optEinnahme.Value = True Then
      Set wksWorksheet = ThisWorkbook.Worksheets("Einnahmen")
   Else
      Set wksWorksheet = ThisWorkbook.Worksheets("Ausgaben")
   End If
      Set rngUsedRange = wksWorksheet.UsedRange
      lngRows = rngUsedRange.Rows.Count
      wksWorksheet.Cells(lngRows + 2, 2).Value = txtPosten.Text
      wksWorksheet.Cells(lngRows + 2, 3).Value = _
      cboKategorie.Value
      wksWorksheet.Cells(lngRows + 2, 4).Value = txtBetrag.Text
End Sub
```

Listing 1.2 Vollständige Ereignisprozedur cmdEintragen_Click()

In Listing 1.2 werden zunächst ein paar Variablen deklariert, die für die Verwendung innerhalb der Prozedur benötigt werden. Sie erkennen die Variablendeklarationen an dem Schlüsselwort `Dim`. Danach wird festgestellt, ob es sich bei dem zu speichernden Buchungsdatensatz um eine Einnahme oder eine Ausgabe handelt. In der `If`-Anweisung wird dazu der Wert des Optionsfelds `optEinnahme` abgefragt. Ist der Wert `True`, dann wird zur Speicherung das Tabellenblatt *Einnahmen* verwendet, ansonsten das Tabellenblatt *Ausgaben*. Anschließend werden die Daten in das entsprechende Tabellenblatt geschrieben.

1.5 Phase IV: Test

In der Projektphase *Test* muss festgestellt werden, ob die Applikation den Anforderungen entspricht, die während der Projektphase *Entwurf* aufgestellt wurden, und ob die Implementierung fehlerfrei ist. Der Test ist eine der wichtigsten Projektphasen, aber auch eine der unbeliebtesten. Viele Programmierer verzichten ganz auf einen Test, denn schließlich hat man die Funktionen während der Implementierung schon mehrfach ausprobiert. Es ist jedoch ein Unterschied, ob man die Funktionen unter Laborbedingungen testet oder im vollen Betrieb. Ich empfehle Ihnen, den Test nicht als eine lästige Pflicht, sondern als ein wichtiges Mittel zur Verbesserung der Softwarequalität zu sehen.

Wie wird nun ein Test aufgebaut? Am besten werden die Komponenten, aus denen sich die Applikation zusammensetzt, einzeln getestet. Dabei können Sie die Einteilung in Komponenten aus der Projektphase *Entwurf* verwenden. Überprüfen Sie zuerst, ob die Komponenten den Entwurfsspezifikationen aus Tabelle 1.1 entsprechen. Dazu werden natürlich einige Buchungsdatensätze benötigt. Um die Tests reproduzierbar zu machen und um eine Dokumentation der Testdaten zu ermöglichen, sollten Sie die Buchungsdatensätze vor dem eigentlichen Test festlegen. In Tabelle 1.7 sind die Testdaten aufgeführt, wobei leere Zellen für Daten stehen, die nicht eingegeben werden sollen.

Nr.	Posten	Kategorie	Betrag	Typ
1	Tiefgarage	Mieteinnahmen	50.00	Einnahme
2	VBA mit Excel	Geschenke	39.90	Ausgabe
3	Blumenerde	keine Kategorie	19.85	Ausgabe
4	Fondsausschüttung	Zinseinnahmen	789.23	Einnahme
5		keine Kategorie	59612.45	Einnahme
6	Waschmaschine	Wohnung		Ausgabe
7		Auto		Ausgabe
8		keine Kategorie		Einnahme

Tabelle 1.7 Buchungsdatensätze zur Durchführung der Tests

Geben Sie nun die Testdaten in das Formular *Eingabe und Saldo* ein und beobachten Sie dabei genau das Verhalten der Applikation. Offensichtlich treten bei der Eingabe keine Programmfehler auf, das heißt, die Applikation läuft stabil. Dennoch ist nicht alles so, wie es in der Entwurfsspezifikation beschrieben wurde. Wie bereits in Abschnitt 1.3, *Phase II: Entwurf*, erwähnt wurde, eignet sich die tabellarische Form der Entwurfsspezifikation hervorragend als Checkliste, um die erstellte Applikation dem Entwurf gegenüberzustellen. Fehlende oder falsch implementierte Funktionen werden so schnell gefunden. Verwenden Sie Tabelle 1.1, um jetzt die Applikation auf Fehler zu überprüfen. Vergessen Sie dabei nicht, die gefundenen Fehler aufzuschreiben.

Bei diesem Projekt bin ich Ihnen natürlich bei der Fehlersuche behilflich. Dabei werde ich mich selbstverständlich ebenfalls an die Entwurfsspezifikation halten. Als Erstes fällt auf, dass die Saldi für Einnahmen und Ausgaben auf dem Formular *Eingabe und Saldo* nicht angezeigt werden. Auch der Gesamtsaldo wird nicht angezeigt, wie in Abbildung 1.17 gut zu erkennen ist.

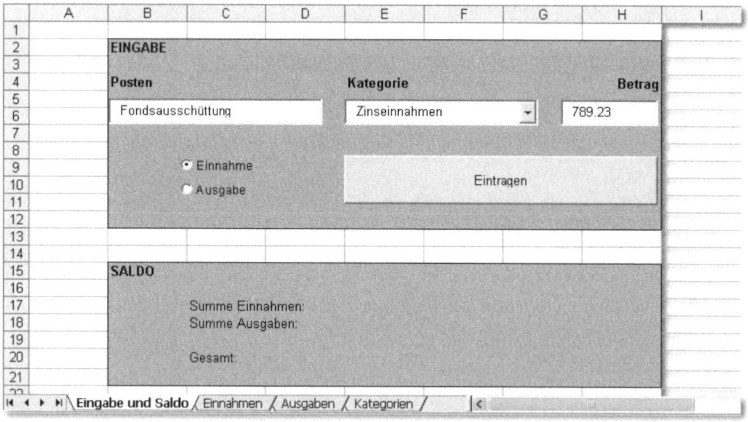

Abbildung 1.17 Die Anzeige der Saldi ist fehlerhaft.

Unschön ist zudem, dass nach dem Speichern eines Buchungsdatensatzes die Eingabefelder immer noch die alten Werte enthalten. Zwar ist es im Entwurf nicht festgelegt, dass die Eingabefelder nach dem Betätigen der Befehlsschaltfläche **Eintragen** gelöscht werden, aber die Benutzung des Formulars wird dadurch einfacher. Deshalb sollte die Entwurfsspezifikation um einen solchen Punkt ergänzt werden. Ansonsten erfüllt das Formular *Eingabe und Saldo* die Entwurfsspezifikationen, so dass mit dem Test der Liste *Einnahmen* fortgefahren werden kann.

Wie in Abbildung 1.18 zu sehen, werden die Buchungsdatensätze, die über das Formular *Eingabe und Saldo* eingegeben wurden, korrekt in die Liste *Einnahmen* eingetragen. Auch die Reihenfolge der Buchungsdatensätze ist korrekt. Allerdings wird kein Eingabedatum angezeigt, wie es in der Entwurfsspezifikation festgelegt wurde. Abbildung 1.18 zeigt außerdem, dass die unvollständigen Buchungsdatensätze trotzdem in die Liste *Einnahmen* eingetragen wurden. Das ist natürlich nicht akzeptabel, und so muss auch in diesem Fall die Entwurfsspezifikation ergänzt werden und ein Rücksprung von der Projektphase *Test* in die Projektphase *Entwurf* ist nach dem Wasserfall-Modell durchaus erlaubt. Die Liste *Ausgaben* weist im Übrigen die gleichen Fehler auf wie die Liste *Einnahmen*, so dass ich nicht noch einmal gesondert auf die Liste *Ausgaben* eingehen werde.

Vollständig korrekt implementiert wurde dagegen die Liste *Kategorien*. Diese Liste erfüllt alle Entwurfsspezifikationen, und es sind auch keine weiteren Entwurfsspezifikationen für diese Liste notwendig. In Tabelle 1.8 sind noch einmal alle Entwurfsspezifikationen und Fehlerberichte zusammengefasst.

Abbildung 1.18 Kein Eingabedatum und unvollständige Buchungsdatensätze

Komponente	Entwurfsspezifikation	Fehlerbericht
Eingabe und Saldo	Formular mit Eingabefeldern für Posten, Betrag und Kategorie	korrekt
	Optionsfelder zur Unterscheidung der Buchungsdatensätze in Einnahmen und Ausgaben	korrekt
	Anzeige der Saldi von Einnahmen und Ausgaben	Saldi werden nicht angezeigt
	Anzeige des Gesamtsaldos	Gesamtsaldo wird nicht angezeigt
	Eintragen der Buchungsdatensätze in die Listen *Einnahmen* und *Ausgaben*	Korrekt, allerdings sollten die Eingabefelder nach dem Eintragen der Buchungsdatensätze wieder gelöscht werden
	Zu jedem Buchungsdatensatz wird das aktuelle Eingabedatum hinzugefügt	Eingabedatum wird nicht angezeigt
Einnahmen	Anzeige der Buchungsdatensätze für Einnahmen	korrekt
	Die Buchungsdatensätze werden in der Reihenfolge der Eingabe sortiert, und zwar der aktuellste Buchungsdatensatz am Ende der Liste	korrekt
	Es werden zu jedem Buchungsdatensatz Eingabedatum, Posten, Kategorie und Betrag angezeigt	Es wird kein Eingabedatum angezeigt. Außerdem werden unvollständige Buchungsdatensätze ebenfalls in die Liste eingetragen

Tabelle 1.8 Entwurfsspezifikation und Fehlerbericht

Komponente	Entwurfsspezifikation	Fehlerbericht
Ausgaben	Anzeige der Buchungsdatensätze für Ausgaben	korrekt
	Die Buchungsdatensätze werden in der Reihenfolge der Eingabe sortiert, und zwar der aktuellste Buchungsdatensatz am Ende der Liste	korrekt
	Es werden zu jedem Buchungsdatensatz Eingabedatum, Posten, Kategorie und Betrag angezeigt	Es wird kein Eingabedatum angezeigt. Außerdem werden unvollständige Buchungsdatensätze ebenfalls in die Liste eingetragen
Kategorie	Eingabe von Kategorien	korrekt
	Bestehende Kategorien können beliebig ergänzt und geändert werden	korrekt
	Anzeige und Auswahl der Kategorien im Formular *Eingabe und Saldo*	korrekt
	Anzeige der ausgewählten Kategorie im Buchungsdatensatz der Liste *Einnahmen* beziehungsweise *Ausgaben*	korrekt

Tabelle 1.8 Entwurfsspezifikation und Fehlerbericht (Forts.)

Es reicht natürlich nicht, die Fehler nur zu finden, es müssen auch die entsprechenden Korrekturen vorgenommen werden. Dazu muss das Projekt wieder in eine frühere Projektphase versetzt werden. Die Fehler, beziehungsweise Änderungen, die gefunden wurden, betreffen einerseits die Projektphase *Implementierung und Integration* und andererseits die Projektphase *Entwurf*. Da die Projektphase *Entwurf* die frühere der beiden Projektphasen ist, muss das Projekt in diese Projektphase zurückversetzt werden.

In der Projektphase *Entwurf* werden nun die Erweiterungen der Entwurfsspezifikationen vorgenommen, die sich während der Projektphase *Test* ergeben haben. Die Ergänzungen sind in Tabelle 1.9 wiedergegeben.

Komponente	Entwurfsspezifikation
Eingabe und Saldo	Die Eingabefelder Posten, Kategorie und Betrag werden nach dem Eintrag eines Buchungsdatensatzes zurückgesetzt. Unvollständig eingegebene Buchungsdatensätze werden nicht in die Listen *Einnahmen* und *Ausgaben* eingetragen. Bei unvollständigen Buchungsdatensätzen erhält der Benutzer eine entsprechende Fehlermeldung.

Tabelle 1.9 Erweiterungen der Entwurfsspezifikation

Mit den Erweiterungen der Entwurfsspezifikation und den Fehlern, die im Fehlerbericht dokumentiert wurden, können Sie nun direkt in die Projektphase *Implementierung und Integration* wechseln, um die Mängel an der Applikation zu beheben. Laut Fehlerbericht werden die Saldi im Formular *Eingabe und Saldo* nicht angezeigt. Um diese Fehler zu beheben, brauchen Sie keine VBA-Programmierung, denn Microsoft Office Excel 2003 ist schon von Haus aus ein Rechenkünstler. Alles, was Sie benötigen, sind drei kleine Formeln. Klicken Sie zunächst in die Zelle *F17* auf dem Formular *Eingabe und Saldo* und geben Sie in die Bearbeitungsleiste unterhalb der Symbolleisten die Formel *=SUMME(Einnahmen!D:D)* ein. Um die Eingabe abzuschließen, drücken Sie die Taste [↵] oder Sie klicken mit der Maus auf das grüne Häkchen links neben der Bearbeitungsleiste.

Abbildung 1.19 Bearbeitungsleiste mit Formel

Eine ähnliche Formel geben Sie nun für die Zelle *F18* ein. Klicken Sie in diese Zelle und schreiben Sie in die Bearbeitungsleiste die Formel *=SUMME(Ausgaben!D:D)*. Nun fehlt nur noch die Formel für den Gesamtsaldo. Der Gesamtsaldo berechnet sich aus der Differenz von Einnahmen und Ausgaben. Markieren Sie die Zelle *F20* und geben Sie die Formel *=F17-F18* in die Bearbeitungsleiste ein.

Um die anderen Fehler zu korrigieren, beziehungsweise um die neuen Entwurfsspezifikationen zu implementieren, muss die Prozedur `cmdEintragen_Click()` modifiziert werden. Öffnen Sie den Visual Basic Editor mit der Tastenkombination [Alt] + [F11] und erweitern Sie diese Prozedur, so wie in Listing 1.3 dargestellt.

```
Private Sub cmdEintragen_Click()
   Dim wksWorksheet As Worksheet
   Dim rngUsedRange As Range
   Dim strErrorMessage As String
   Dim lngRows As Long

   'Eingaben überprüfen
   strErrorMessage = ""
```

```
    If txtPosten = "" Then strErrorMessage = strErrorMessage & _
    "FEHLER 1: Sie müssen das Eingabefeld Posten ausfüllen!" _
    & Chr(10) & Chr(13)
    If txtBetrag = "" Then strErrorMessage = strErrorMessage & _
    "FEHLER 2: Sie müssen das Eingabefeld Betrag ausfüllen!" _
    & Chr(10) & Chr(13)
    If IsNumeric(txtBetrag) = False Then strErrorMessage = _
    strErrorMessage & _
    "FEHLER 3: Falsches Betragsformat (Beispiel: 165.52)!" _
    & Chr(10) & Chr(13)

    'Buchungsdatensätze schreiben
    If strErrorMessage = "" Then
       'Eingaben korrekt, der Buchungsdatensatz wird eingetragen
       If optEinnahme.Value = True Then
          Set wksWorksheet = ThisWorkbook.Worksheets("Einnahmen")
       Else
          Set wksWorksheet = ThisWorkbook.Worksheets("Ausgaben")
       End If

       Set rngUsedRange = wksWorksheet.UsedRange
       lngRows = rngUsedRange.Rows.Count
       wksWorksheet.Cells(lngRows + 2, 1).Value = Date
       wksWorksheet.Cells(lngRows + 2, 2).Value = txtPosten.Text
       wksWorksheet.Cells(lngRows + 2, 3).Value = _
       cboKategorie.Value
       wksWorksheet.Cells(lngRows + 2, 4).Value = txtBetrag.Text

       'Zurücksetzen der Eingabefelder
       txtPosten.Text = ""
       cboKategorie.ListIndex = 0
       txtBetrag.Text = ""
    Else
       'Eingaben fehlerhaft, es wird eine Fehlermeldung ausgegeben
       MsgBox strErrorMessage
    End If
End Sub
```

Listing 1.3 Korrigierte Prozedur cmdEintragen_Click()

Gleich nach der Variablendeklaration finden Sie den Teil, der die Eingaben des Benutzers überprüft. In den ersten beiden `If`-Anweisungen wird getestet, ob der Benutzer Werte für Posten und Betrag eingegeben hat. Ist das nicht der Fall, wird in einer Variablen eine entsprechende Fehlermeldung gespeichert. In der dritten `If`-Anweisung wird zusätzlich noch überprüft, ob das Zahlenformat für die Betragseingabe korrekt ist. Andernfalls wird auch hier eine Fehlermeldung erzeugt. Nur wenn die Variable `strErrorMessage` keine Fehlermeldung enthält, also leer ist, wird der Buchungsdatensatz auch tatsächlich geschrieben, so wie es die Entwurfsspezifikation verlangt. Mit der Funktion `Date` wird der Buchungsdatensatz um das aktuelle Datum ergänzt. Ist der Buchungsdatensatz vollständig geschrieben, werden die Textfelder für Posten und Betrag zurückgesetzt, und das Kombinationsfeld zeigt wieder den Eintrag *Keine Kategorie* an.

Nachdem so viele Änderungen an der Applikation vorgenommen wurden, ist ein weiterer Test zwingend notwendig. Ohnehin müsste nach dem Wasserfall-Modell wieder die Projektphase *Test* durchgeführt werden. Auf die Details des Tests werde ich natürlich nicht noch einmal eingehen und überlasse Ihnen die Durchführung des Tests zur Übung. Anhand der Abbildung 1.20 und Abbildung 1.21 können Sie erkennen, dass die Applikation sich nun gemäß der Entwurfsspezifikation verhält. Die Testdatensätze aus dem ersten Test wurden vor der Durchführung des zweiten Tests gelöscht.

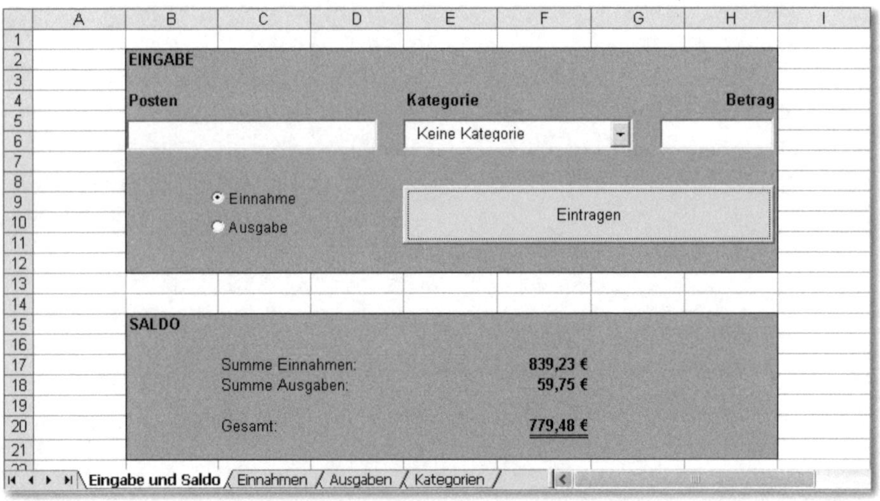

Abbildung 1.20 Die Saldi werden korrekt angezeigt, die Eingabefelder gelöscht.

Abbildung 1.21 Das Eingabedatum wird nun angezeigt.

1.6 Phase V: Betriebseinsatz

Die Projektphase *Betriebseinsatz* umfasst die Installation der Applikation und die Abnahme durch den Kunden. Für das Projekt »Kassenbuch« ist keine Installation notwendig, die Weitergabe der Datei *Kassenbuch.xls* ist völlig ausreichend. Selbstverständlich kann die Datei *Kassenbuch.xls* nur auf solchen Computersystemen genutzt werden, auf denen Microsoft Office Excel 2003 installiert ist.

Sofern der Kunde die Applikation nicht beanstandet, ist für den Programmierer die Arbeit abgeschlossen. Andernfalls wird das Projekt in die Projektphase *Implementierung und Integration* zurückgesetzt, um die durch den Kunden bemängelten Komponenten zu verbessern. Anschließend durchläuft die Applikation noch einmal die Projektphase *Test*, bevor erneut eine Installation beim Kunden vorgenommen wird.

Damit haben Sie nun Ihr erstes Softwareprojekt abgeschlossen. Sie haben Methoden aus dem Bereich Software Engineering angewendet und die ersten Schritte mit VBA unternommen. In den folgenden Kapiteln werden Sie nicht nur die Programmiersprache VBA lernen und anwenden, sondern auch die Mechanismen verstehen, die bei der Entwicklung und beim Ablauf eines VBA-Programms eine Rolle spielen.

2 Basiswissen

Im ersten Kapitel haben Sie erfahren, wie ein Softwareprojekt mit VBA durchgeführt wird. Dabei haben Sie schon einige Komponenten und Werkzeuge kennen gelernt, die für die VBA-Programmierung wichtig sind. In diesem Kapitel soll nun die Kenntnis über das Zusammenspiel dieser Komponenten vertieft werden.

Wenn Sie die Möglichkeiten der VBA-Programmierung voll ausschöpfen möchten, dann benötigen Sie einen Überblick darüber, welche Vorgänge bei der Erstellung und Ausführung eines VBA-Programms ablaufen. Falls Sie bereits mit anderen Programmiersprachen gearbeitet haben, werden Sie feststellen, dass VBA sich in einigen Punkten von diesen Programmiersprachen unterscheidet. Damit meine ich natürlich nicht die Unterschiede in den Schlüsselwörtern oder den Sprachkonstrukten, sondern die Unterschiede, die sich beim Einsatz von VBA bei der Erstellung von Programmen ergeben. Zunächst einmal werde ich Ihnen die Unterschiede zwischen VBA und anderen Programmiersprachen erläutern.

2.1 VBA und andere Programmiersprachen

Eine Frage, die mir im Zusammenhang mit der VBA-Programmierung häufig gestellt wird, ist, wie man ein VBA-Programm kompilieren kann, um es unabhängig von Microsoft Office Excel 2003 ausführen zu können. Unter dem Kompilieren eines Programms versteht man den Vorgang, bei dem die Anweisungen eines Programms in eine Form transformiert werden, die für den Computer verständlich und damit ausführbar ist. Das Ergebnis der Kompilierung ist meist eine ausführbare Datei mit der Dateiendung **.exe*. Eine solche ausführbare Datei können Sie für ein VBA-Programm nicht erstellen. Genau in diesem Punkt liegt der Hauptunterschied von VBA zu anderen Programmiersprachen.

Doch woran liegt es, dass von einem VBA-Programm keine ausführbare Datei erstellt werden kann? Das liegt daran, dass VBA keine eigenständige Programmiersprache ist, sondern immer in eine andere Applikation, die so genannte Host-Applikation, integriert ist. Die Host-Applikation, um die es in diesem Buch geht, ist Microsoft Office Excel 2003. Mittlerweile ist VBA in eine Reihe von Host-Applikationen integriert, und zwar nicht nur in die anderen Microsoft Office-Produkte, wie Microsoft Word, Microsoft PowerPoint, Microsoft Access oder Microsoft Visio, sondern auch in eine Vielzahl von Produkten anderer Softwarehersteller.

Dass VBA mit einer Host-Applikation verknüpft ist, ergibt sich aus der Entwicklungsgeschichte von Microsoft Excel. Zunächst wurde eine Makroprogrammiersprache in Microsoft Excel integriert, mit der neue Tabellenfunktionen erstellt und komplexe Abläufe automatisiert werden konnten. Diese Makroprogrammiersprache, die nichts mit dem heutigen VBA gemein hat, war so umfangreich und die damit geschriebenen Funktionen so langsam und fehleranfällig, dass die Makroprogrammiersprache durch VBA ersetzt wurde. Auch in die anderen Microsoft Office-Produkte wurde VBA nach und nach integriert und ersetzte die bis dahin eigenen Makroprogrammiersprachen dieser Programme. Diese Maßnahme brachte natürlich einige Vorteile mit sich. So ist VBA gegenüber den bisher verwendeten Makroprogrammiersprachen nicht nur einfacher, flexibler und zuverlässiger, sondern verbessert auch die Automatisierung der Microsoft Office-Produkte untereinander.

VBA als Makroprogrammiersprache zu bezeichnen, wäre jedoch völlig verfehlt. Zwar wird auch heute noch im Zusammenhang mit VBA von Makroprogrammierung gesprochen, aber VBA weist alle Merkmale und Konzepte einer modernen Programmiersprache auf. VBA ist objektorientiert, und wie es sich für eine Programmiersprache für Microsoft Windows-Applikationen gehört, besteht die Möglichkeit einer ereignisgesteuerten Programmierung. Auch wenn Sie im Moment noch nichts mit Begriffen, wie objektorientiert oder ereignisgesteuert anfangen können, im Verlauf dieses Buches werden Sie mit diesen Konzepten vertraut gemacht.

Microsoft hat eine Reihe von Programmiersprachen entwickelt, die Visual Basic im Namen tragen: Visual Basic, VB.NET, VBScript und Visual Basic für Applikationen. Anfang der neunziger Jahre wurde die Programmiersprache Visual Basic herausgebracht, mit der Windows-Applikationen sehr einfach erstellt werden konnten. Das Besondere an Visual Basic: Die Benutzeroberflächen mussten nicht mühsam programmiert werden, sondern wurden nach einem Baukastenprinzip zusammengesetzt. Der Entwickler hatte dabei das Ergebnis immer vor Augen, wodurch der Begriff der Visuellen Programmierung entstand. Viele der Sprachkonstrukte und Konzepte aus Visual Basic wurden in die anderen oben aufgezählten Programmiersprachen übernommen, so auch in VBA. Allerdings unterscheiden sich diese Programmiersprachen in der Anwendung. So sind Visual Basic und VB.NET eigenständige Programmiersprachen, mit denen jede Art von Anwendung programmiert werden kann. VBScript dagegen wird für die Programmierung dynamischer Webseiten und zur Automatisierung von Microsoft Outlook verwendet. Wie Sie bereits wissen, dient VBA der Erweiterung und Automatisierung der jeweiligen Host-Applikation. Trotzdem lassen sich mit VBA nahezu alle Arten von Applikationen erstellen.

2.2 Komponenten von VBA-Programmen

Ein VBA-Programm kann sich aus verschiedenen Komponenten zusammensetzen, die jedoch alle gemeinsam in einem bestimmten Bereich einer Arbeitsmappe gespeichert werden. Dateien, die Excel-Arbeitsmappen repräsentieren, erkennen Sie an der Dateiendung **.xls*. Es gibt auch noch spezielle Arbeitsmappen, anwendungsspezifische Add-Ins genannt, welche die Dateiendung **.xla* aufweisen. Auch diese Dateien enthalten Komponenten von VBA-Programmen. Ich werde mich in diesem Kapitel jedoch auf die gewöhnlichen Arbeitsmappen mit der Dateiendung **.xls* beschränken, die Aussagen gelten jedoch auch für anwendungsspezifische Add-Ins. Außerdem werde ich auf diese Art von Arbeitsmappen in Abschnitt 2.3, *Erstellen und Ausführen von VBA-Programmen*, noch gesondert eingehen.

Die einzelnen Komponenten werden Ihnen im Projekt-Explorer des Visual Basic Editors (VBE) angezeigt. Den Projekt-Explorer haben Sie bereits in Kapitel 1, *Wie ein Programm entsteht*, kennen gelernt. Abbildung 2.1 zeigt den Projekt-Explorer mit den verschiedenen möglichen Komponenten eines VBA-Programms.

Abbildung 2.1 Projekt-Explorer mit den Komponenten eines VBA-Programms

Unter *VBAProject (Komponenten.xls)* finden Sie im Projekt-Explorer die Komponenten des VBA-Programms, die sich in der Arbeitsmappe *Komponenten.xls* befinden. Die Komponenten sind dabei in Ordnern zusammengefasst. Der erste Ordner enthält die Microsoft Excel-Objekte. Dazu zählen Tabellen- und Diagrammblätter, sowie das Standardobjekt *DieseArbeitsmappe*. Wie sich aus Abbildung 2.1 ersehen lässt, enthält die Arbeitsmappe *Komponenten.xls* fünf Tabellenblätter und ein Diagrammblatt. Tabellen- und Diagrammblätter können VBA-Prozeduren enthalten, die Ereignisse dieser Objekte verarbeiten. Ereignisse werden durch den Benutzer ausgelöst, zum Beispiel das Aktivieren eines anderen Tabellenblatts. Im vorigen *Kapitel* haben Sie außerdem gesehen, dass Tabellenblätter, die ein Formular enthalten, auch die entsprechenden Prozeduren zur Behandlung dieses Formulars aufnehmen. Schließlich können Tabellen- und Diagrammblätter auch allgemeine Prozeduren enthalten, also Prozeduren, die nicht auf Ereignisse reagieren und damit keine Ereignisprozeduren sind, sofern die Speicherung dieser allgemeinen Prozedur in den Tabellen- oder Diagrammblättern sinnvoll ist.

Ähnliches gilt auch für das Objekt *DieseArbeitsmappe*. Hier werden vornehmlich die Ereignisprozeduren für die gesamte Arbeitsmappe und für alle Tabellen- und Diagrammblätter gespeichert. Ereignisprozeduren für Tabellen- und Diagrammblätter, die im Objekt *DieseArbeitsmappe* enthalten sind, sind unspezifisch, das heißt, diese Ereignisprozeduren behandeln die Ereignisse von allen Tabellen- und Diagrammblättern und nicht nur von einem ganz bestimmten. Ich möchte Sie darauf hinweisen, dass diese Aussage nur für den Aufruf der Ereignisprozedur gilt. Innerhalb der Ereignisprozedur können Sie den Programmtext natürlich so formulieren, dass die Anweisungen nur für ein bestimmtes Tabellen- und Diagrammblatt ausgeführt werden.

Der nächste Ordner heißt *Formulare* und enthält die Dialogfenster, mit denen Ihre Applikation mit dem Benutzer interagiert.

Formular ist nicht gleich Formular

In Microsoft Office Excel 2003 können zwei Arten von Formularen erstellt werden. Die erste Art haben Sie bereits in Kapitel 1, *Wie ein Programm entsteht,* kennen gelernt. Hier wurden die Steuerelemente für das Formular *Eingabe und Saldo* direkt in das Tabellenblatt eingefügt. Die zweite Art von Formularen kennen Sie als Dialogfenster von zahlreichen Windows-Applikationen. Diese Dialogfenster werden unabhängig von der Host-Applikation dargestellt. Nur Formulare der zweiten Art werden im Ordner *Formulare* im Projekt-Explorer angezeigt.

In Dialogfenstern können nur ActiveX-Steuerelemente verwendet werden, während Ihnen für Formulare auf Tabellenblättern zwei verschiedene Sätze von Steuerelementen zur Verfügung stehen. Die Ereignisprozeduren der ActiveX-Steuerelemente und des Dialogfensters selbst werden innerhalb des Formulars gespeichert. In Abbildung 2.1 trägt das Formular den generischen Namen *UserForm1*. In *UserForm1* können aber auch allgemeine Prozeduren erstellt werden, die für die Verarbeitung der Benutzereingaben erforderlich sind.

Allgemeine Prozeduren, die nicht mit einem Microsoft Excel Objekt oder einem Formular verknüpft sind, erstellen Sie in einem Standardmodul. Standardmodule werden im Ordner *Module* zusammengefasst. Standardmodule verwenden Sie, wenn Sie Prozeduren erstellen wollen, auf die von mehreren Komponenten zugegriffen werden kann. Prozeduren, auf die von anderen VBA-Programmen zugegriffen werden soll, sollten ebenfalls in Standardmodulen untergebracht werden. In Abbildung 2.1 hat das Standardmodul den generischen Namen *Modul1*, aber selbstverständlich können Sie auch einen eigenen Namen vergeben. Das gilt übrigens auch für alle anderen Komponenten, die im Projekt-Explorer angezeigt werden.

Als letzte Komponente eines VBA-Programms bleibt noch das Klassenmodul zu erwähnen. Klassenmodule werden im gleichnamigen Ordner im Projekt-Explorer angezeigt. Klassenmodule werden verwendet, um Klassen zu erstellen, die Objekte, deren Methoden und Eigenschaften definieren, sowie um Ereignisprozeduren für spezielle Objekte, wie das `Application`-Objekt, zu erstellen. In der Praxis werden Sie Klassenmodule eher selten benötigen.

2.3 Erstellen und Ausführen von VBA-Programmen

Die verschiedenen Komponenten eines VBA-Programms kennen Sie nun, jetzt müssen Sie nur noch die Komponenten erstellen, die für ein konkretes VBA-Projekt benötigt werden. Wenn Sie ein neues VBA-Projekt beginnen, werden im Projekt-Explorer nur die Microsoft Excel-Objekte angezeigt. Im Projekt-Explorer, oder allgemein im Visual Basic Editor, können Sie weder Objekte zu diesem Ordner hinzufügen noch welche entfernen. Die angezeigten Objekte spiegeln die vorhandenen Objekte der entsprechende Arbeitsmappe in Microsoft Office Excel 2003 wider. Sobald Sie also der Arbeitsmappe ein Tabellen- oder Diagrammblatt hinzufügen oder entfernen, wird diese Änderung unmittelbar im Projekt-Explorer angezeigt.

Ganz anders verhält es sich mit den Komponenten Modul, Klassenmodul oder Formular. Diese Komponenten können ausschließlich im Visual Basic Editor eingefügt und entfernt werden. Das Einfügen kann auf zwei verschiedene Arten erfolgen. Zum einen können Sie die jeweilige Komponente über das Menü **Einfügen** erstellen, zum anderen können Sie im Projekt-Explorer den entsprechenden Menübefehl aus dem Kontextmenü auswählen. Klicken Sie dazu mit der rechten Maustaste auf den Eintrag *VBAProject (Komponenten.xls)* und bewegen Sie den Mauszeiger auf den Menübefehl **Einfügen**. Nach einer kurzen Verzögerung werden nun die Komponenten zum Einfügen angezeigt. Klicken Sie mit der linken Maustaste auf die gewünschte Komponente, um den Vorgang abzuschließen. Die neu eingefügte Komponente wird nun im Projekt-Explorer angezeigt. Sofern sich zuvor noch keine Komponente des ausgewählten Typs im VBA-Projekt befunden hat, wird ebenfalls der Ordner für Komponenten dieses Typs angelegt. Der Vorgang des Einfügens einer Komponente über das Kontextmenü des Projekt-Explorers ist in Abbildung 2.2 dargestellt.

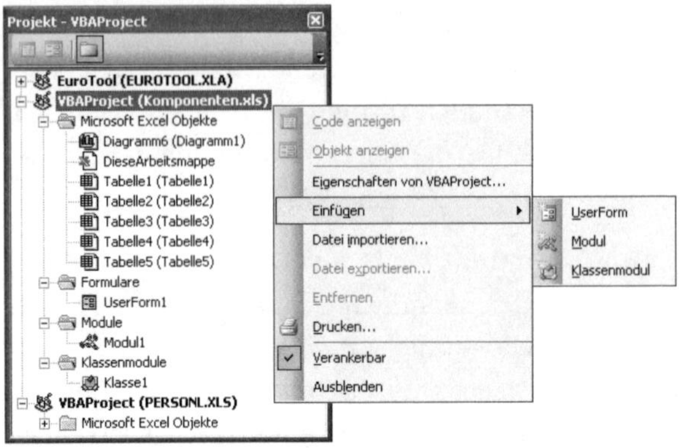

Abbildung 2.2 Einfügen einer Komponente im Projekt-Explorer

Alle Komponenten können Prozeduren – Ereignisprozeduren oder allgemeine Prozeduren – enthalten. Eine Prozedur ist eine logische Einheit, unter deren Prozedurname eine Reihe von Anweisungen zusammengefasst sind. Diese Anweisungen beschreiben die Arbeitsschritte, die ein VBA-Programm durchführen soll. Komponenten ohne Prozeduren besitzen also aus Sicht der VBA-Programmierung keine Funktionalität. Damit sind Komponenten eine Art Behälter für Prozeduren. In der Informatik wird dafür der Begriff Container verwendet.

Da es in diesem Unterkapitel auch um die Ausführung von VBA-Programmen geht, sollte mindestens eine Prozedur vorhanden sein. Führen Sie einen Doppelklick auf den Eintrag *DieseArbeitsmappe* im Projekt-Explorer aus. Damit haben Sie ein Code-Fenster mit den Prozeduren von *DieseArbeitsmappe* geöffnet. Allerdings ist dieses Code-Fenster im Moment noch leer, da noch keine Prozeduren erstellt wurden. Erstellen Sie nun eine Ereignisprozedur für das Ereignis `SheetActivate`. Dazu wählen Sie aus dem linken Kombinationsfeld über dem Code-Fenster den Eintrag *Workbook* aus. Der Inhalt des rechten Kombinationsfelds wird aktualisiert, und Sie können nun den Eintrag *SheetActivate* auswählen. Im Code-Fenster wird nun der Prozedurrumpf für die Ereignisprozedur `SheetActivate` erstellt. Ergänzen Sie diesen Prozedurrumpf um die Anweisungen aus Listing 2.1.

```
Private Sub Workbook_SheetActivate(ByVal Sh As Object)
   MsgBox Sh.Name & " wurde aktiviert"
End Sub
```

Listing 2.1 Ereignisprozedur für das Ereignis SheetActivate

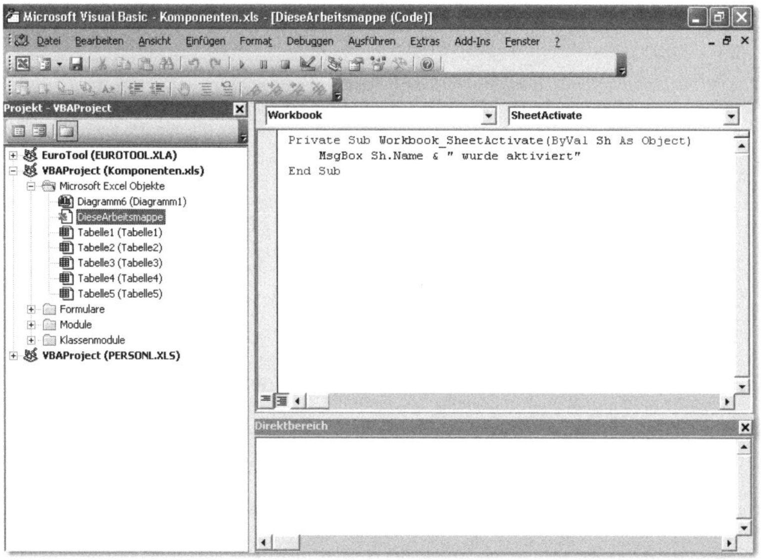

Abbildung 2.3 Code-Fenster mit Ereignisprozedur

Was genau macht nun diese Ereignisprozedur? Immer, wenn der Benutzer ein Tabellen- oder Diagrammblatt auswählt, wird ein Meldungsfenster angezeigt, welches eine Meldung mit dem Namen des Tabellen- oder Diagrammblatts anzeigt.

Wie kann nun diese Prozedur ausgeführt werden? Da es sich um eine Ereignisprozedur handelt, wird diese automatisch ausgeführt, sobald das entsprechende Ereignis ausgelöst wird. In diesem Beispiel ist das Ereignis das Aktivieren eines Tabellen- oder Diagrammblatts. Klicken Sie doch mal in der entsprechenden Arbeitsmappe auf den Registerfalz eines Tabellenblatts. Es wird ein Meldungsfenster angezeigt, ähnlich dem in Abbildung 2.4.

Eine Ereignisprozedur wird also implizit aufgerufen, wenn das entsprechende Ereignis ausgelöst wird. Aber wie sieht das Verhalten bei allgemeinen Prozeduren aus? Um das zu veranschaulichen, erstellen Sie am besten eine allgemeine Prozedur in einem Standardmodul. Führen Sie einen Doppelklick auf dem Eintrag *Modul1* im Projekt-Explorer aus. Das Code-Fenster für dieses Standardmodul wird nun angezeigt. Fügen Sie in das Code-Fenster die Prozedur aus Listing 2.2 ein.

```
Sub Meldung_anzeigen()
   MsgBox "Die Prozedur Meldung_anzeigen() wurde aufgerufen"
End Sub
```

Listing 2.2 Allgemeine Prozedur Meldung_anzeigen()

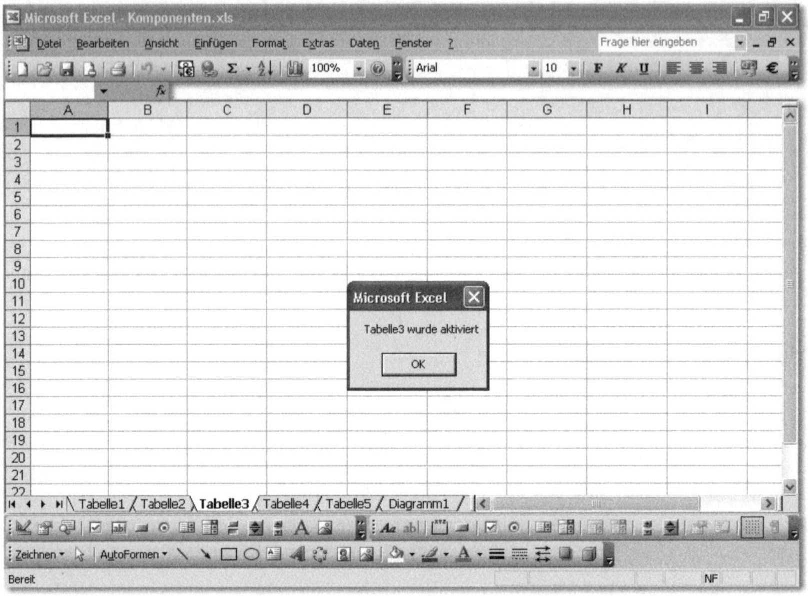

Abbildung 2.4 Meldungsfenster nach der Aktivierung von Tabelle3

Sie können nun so oft zwischen den Tabellenblättern hin- und herschalten, wie Sie wollen, aber diese Meldung wird nicht angezeigt, da diese Prozedur nicht mit einem Ereignis verbunden ist, das durch den Benutzer ausgelöst werden kann. Es muss also andere Möglichkeiten geben, um diese Prozedur auszuführen. Solange Sie sich im Visual Basic Editor befinden, können Sie diese Prozedur ausführen, indem Sie den Schreibcursor innerhalb der Prozedur platzieren und die Taste F5 drücken. Alternativ können Sie auch den Menübefehl **Ausführen • Sub/UserForm ausführen** auswählen oder die Schaltfläche **Sub/UserForm ausführen** auf der Symbolleiste **Voreinstellung** anklicken.

Abbildung 2.5 Die Symbolleiste »Voreinstellung«

Es ist dem Benutzer eines VBA-Programms jedoch nicht zuzumuten, den Visual Basic Editor zu starten, die richtige Prozedur in der richtigen Komponente auszuwählen und dann zu starten. Für den Benutzer sollte das VBA-Programm unsichtbar sein. Deshalb sollte die Ausführung einer allgemeinen Prozedur auf anderem Wege erfolgen. Hierbei sind verschiedene Möglichkeiten denkbar. So könnte die Prozedur innerhalb einer Ereignisprozedur aufgerufen werden. Ein solcher Ansatz ist vor allem dann sinnvoll, wenn die Arbeitsschritte, die nach dem Eintreten eines Ereignisses durchgeführt werden sollen, sehr komplex sind und deshalb in mehrere Prozeduren unterteilt werden müssen. Ändern Sie doch mal die Ereignisprozedur aus Listing 2.1 wie folgt ab.

```
Private Sub Workbook_SheetActivate(ByVal Sh As Object)
   Modul1.Meldung_anzeigen
End Sub
```

Listing 2.3 Aufruf der Prozedur Meldung_anzeigen() aus der Ereignisprozedur

Wenn Sie nun ein anderes Tabellen- oder Diagrammblatt auswählen, wird die Meldung aus der Prozedur `Meldung_anzeigen()` angezeigt. Eine andere Möglichkeit wäre, die allgemeine Prozedur `Meldung_anzeigen()` mit einem Steuerelement zu verknüpfen. Dafür kommen jedoch nicht die ActiveX-Steuerelemente in Frage, da die Bedienung dieser Steuerelemente Ereignisse auslöst und die damit verbundenen Ereignisprozeduren ausführt. Microsoft Office Excel 2003 stellt jedoch auch andere Steuerelemente zur Verfügung, die in ein Tabellenblatt eingefügt und mit einer allgemeinen Prozedur verknüpft werden können. Wählen Sie ein Tabellenblatt aus und blenden Sie die Symbolleiste **Formular** über den Menübefehl **Ansicht · Symbolleisten · Formular** ein.

Abbildung 2.6 Die Symbolleiste »Formular«

Fügen Sie aus dieser Symbolleiste das Steuerelement *Schaltfläche* in das Tabellenblatt ein. Sobald Sie die Schaltfläche eingefügt haben, wird Ihnen das Dialogfenster **Makro zuweisen** angezeigt, so wie in Abbildung 2.7 zu sehen. Klicken Sie in dem Listenfeld auf den Eintrag *Meldung_anzeigen*, um diese Prozedur mit der Schaltfläche zu verbinden. Wann immer der Benutzer nun auf diese Schaltfläche klickt, wird die Prozedur `Meldung_anzeigen()` ausgeführt.

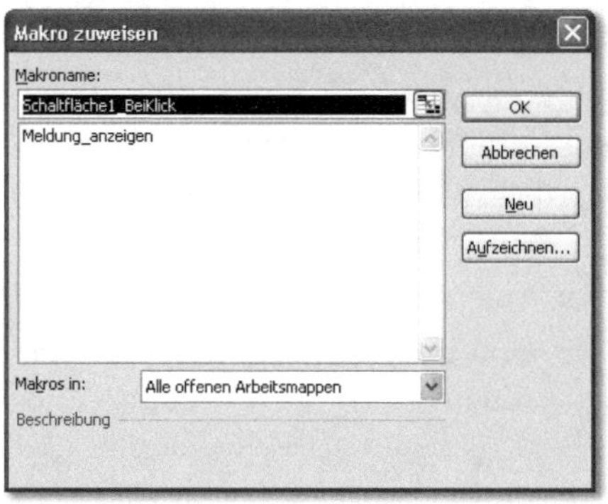

Abbildung 2.7 Das Dialogfenster »Makro zuweisen«

Statt eines Steuerelements kann auch eine Schaltfläche auf einer Symbolleiste oder ein Menübefehl mit der Prozedur verknüpft werden. Es würde jedoch zu weit führen, Ihnen an dieser Stelle die entsprechenden Beispiele zu zeigen. Stattdessen möchte ich Sie auf das Bonuskapitel *Menüs und Symbolleisten* verweisen, welches Sie auf der CD-ROM finden und das diese Thematik ausführlich behandelt.

Eine weitere, wenn auch nicht sehr elegante Art, den Benutzer eine allgemeine Prozedur ausführen zu lassen, ist die Auswahl der Prozedur über das Dialogfenster **Makro**. Das Dialogfenster kann über den Menübefehl **Extras · Makro · Makros...** oder über die Tastenkombination `Alt` + `F8` eingeblendet werden und ähnelt sehr stark dem Dialogfenster **Makro zuweisen**. Wie Sie Abbildung 2.8 entnehmen können, werden die verfügbaren Prozeduren in dem Listenfeld angezeigt. Durch Auswahl der gewünschten Prozedur und durch Anklicken der Schaltfläche **Ausführen** wird die Prozedur aufgerufen.

Abbildung 2.8 Das Dialogfenster »Makro«

Wie bereits in Abschnitt 2.2, *Komponenten von VBA-Programmen*, erwähnt, können VBA-Programme und damit deren Prozeduren nicht nur in gewöhnlichen Arbeitsmappen (**.xls*) gespeichert werden, sondern auch in speziellen Arbeitsmappen, die anwendungsspezifische Add-Ins genannt werden und durch die Dateiendung **.xla* gekennzeichnet sind. Um die Prozeduren in solchen Arbeitsmappen verwenden zu können, sind ein paar vorbereitende Maßnahmen notwendig, denn bevor Sie ein Add-In verwenden können, muss es geladen werden. Add-Ins können entweder manuell oder automatisch geladen werden. Um ein Add-In manuell zu laden, rufen Sie mit dem Menübefehl **Extras · Add-Ins...** das Dialogfenster **Add-Ins** auf. In dem Listenfeld *Verfügbare Add-Ins* können Sie nun die Add-Ins auswählen, die Sie in Microsoft Office Excel 2003 verwenden möchten.

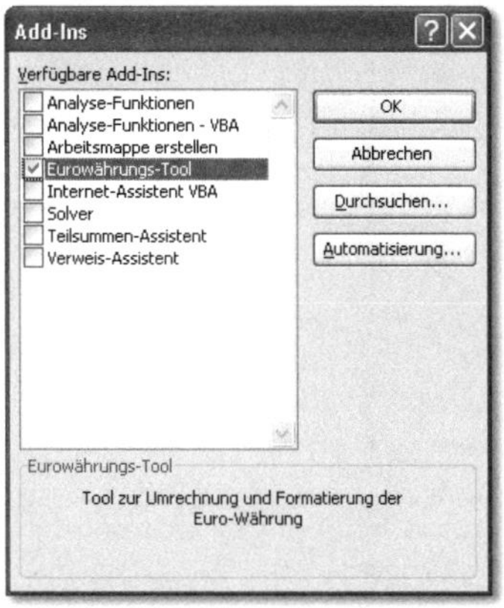

Abbildung 2.9 Das Dialogfenster »Add-Ins«

In Abbildung 2.9 können Sie erkennen, dass das Add-In *Eurowährungs-Tool* eingebunden ist, und sicherlich haben Sie auch schon im Projekt-Explorer das VBA-Projekt *EuroTool (EUROTOOL.XLA)* bemerkt. Dieses VBA-Projekt enthält den Programmtext für das Add-In *Eurowährungs-Tool*. Leider können Sie den Programmtext nicht einsehen, da das Projekt mit einem Kennwort geschützt ist.

Um ein Add-In automatisch zu laden, sobald Microsoft Office Excel 2003 gestartet wird, müssen Sie das Add-In in einem speziellen Ordner speichern. Dieser Ordner wird als globale Einstellung von Microsoft Office Excel 2003 im Dialogfenster **Optionen** festgelegt. Das Dialogfenster **Optionen** erreichen Sie über den Menübefehl **Extras · Optionen...** Auf der Registerkarte *Allgemein* finden Sie das Textfeld *Beim Start alle Dateien in diesem Ordner laden*. Hier können Sie nun einen beliebigen Ordner angeben. Speichern Sie dann Ihre applikationsspezifischen Add-Ins in diesem Ordner, damit diese beim Start von Microsoft Office Excel 2003 automatisch geladen werden. Abbildung 2.10 illustriert noch einmal, wo die entsprechenden Einstellungen vorgenommen werden können.

Sie haben nun die verschiedenen Möglichkeiten kennen gelernt, Prozeduren von VBA-Projekten auszuführen. Damit bleibt mir nur noch zu erklären, was hinter dem Vorhang passiert, wenn eine Prozedur ausgeführt wird. In Abschnitt 2.1, *VBA und andere Programmiersprachen*, habe ich ausgeführt, dass sich VBA von anderen Programmiersprachen vor allem dadurch unterscheidet, dass keine Kompilierung stattfindet, bei der eine ausführbare Datei entsteht. Das ist natürlich auch richtig, aber eine Kompilierung findet trotzdem statt. Schließlich müssen auch in VBA die Anweisungen in eine für den Computer verständliche Form gebracht werden. Diese Kompilierung erfolgt implizit und

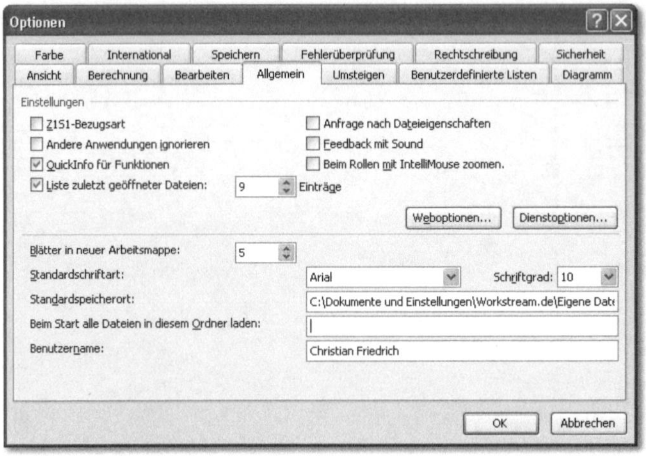

Abbildung 2.10 Das Dialogfenster »Optionen« mit der Registerkarte »Allgemein«

ist für den Benutzer nicht sichtbar. Während der Kompilierung wird der Programmtext auf syntaktische Fehler überprüft. Unter der Syntax einer Programmiersprache versteht man den korrekten Aufbau von Anweisungen gemäß den Definitionen für die Programmiersprache. Wird ein syntaktischer Fehler gefunden, wird der Kompilierungsvorgang abgebrochen und eine entsprechende Fehlermeldung ausgegeben. Natürlich wird damit auch die Ausführung der Prozedur abgebrochen, denn ohne eine vollständige Kompilierung ist die Ausführung der Prozedur nicht möglich. Treten jedoch bei dem Kompilierungsvorgang keine syntaktischen Fehler auf, wird mit der Ausführung der Prozedur begonnen.

2.4 Aufgaben und Übungen

1. Was unterscheidet VBA von anderen Programmiersprachen?
2. Nennen Sie einige Merkmale der Programmiersprache VBA.
3. Was ist eine Host-Applikation?
4. Welche Typen von Komponenten kann ein VBA-Projekt enthalten?
5. Nennen Sie die Komponenten des Typs Microsoft Excel-Objekte.
6. Was versteht man unter einer Prozedur im Allgemeinen?
7. Was versteht man unter einer Ereignisprozedur?
8. Nennen Sie die Möglichkeiten, eine allgemeine Prozedur auszuführen.
9. Was ist ein anwendungsspezifisches Add-In?
10. Wie läuft der Kompilierungsvorgang bei einem VBA-Programm ab?

Teil II
Die Entwicklungsumgebung

3 Visual Basic Editor

In den beiden vorangegangenen Kapiteln hatten Sie bereits Kontakt mit dem Visual Basic Editor (VBE), vor allem mit dem Projekt-Explorer. Doch der VBE hat noch eine ganze Menge mehr an Werkzeugen zu bieten, die Ihnen die Arbeit als Programmierer erleichtern.

Die Bezeichnung Editor ist eigentlich irreführend, denn beim VBE handelt es sich um eine komplette Entwicklungsumgebung, mit der VBA-Programme komfortabel erstellt und getestet werden können. Den VBE starten Sie aus Microsoft Office Excel 2003 heraus über den Menübefehl **Extras · Makro · Visual Basic-Editor** oder mit der Tastenkombination `Alt` + `F11`. Eine gängige Konfiguration des Visual Basic Editors können Sie in Abbildung 3.1 sehen.

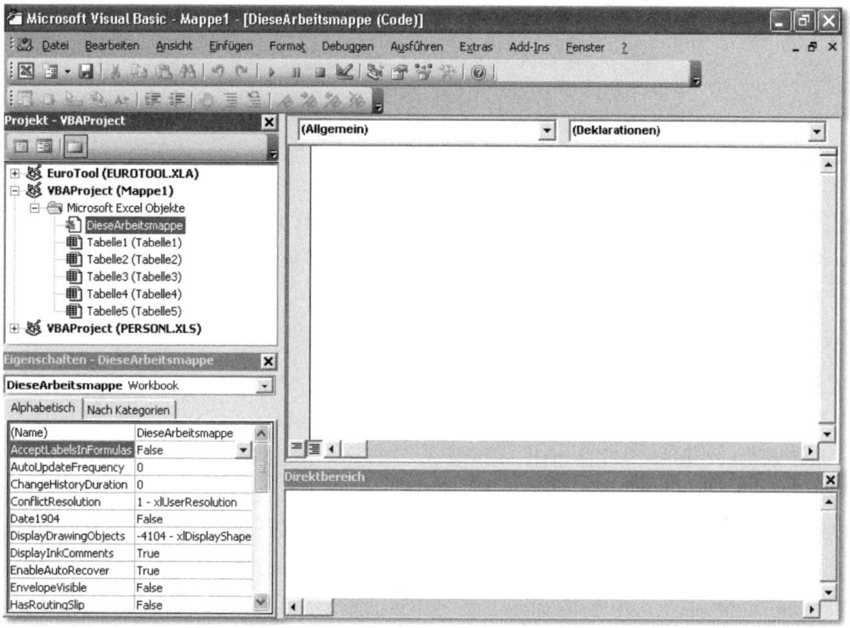

Abbildung 3.1 Der Visual Basic Editor (VBE)

Ich sage bewusst »gängige Konfiguration«, denn Sie können die einzelnen Teilfenster auch anders anordnen, ganz nach Ihrem Geschmack. Dazu müssen Sie einfach nur mit der Maus über die Titelleiste eines Teilfensters fahren und bei gedrückter linker Maustaste das Teilfenster verschieben. Sobald Sie das Teilfenster verschieben, ändert sich der Rahmen etwas, da das Teilfenster nicht mehr angedockt ist. Sie müssen es nicht andocken, Sie können es auch frei platzierbar lassen. Wenn Sie jedoch das Teilfenster an einer anderen Stelle wieder andocken möchten, dann bewegen Sie es so lange an einen der Ränder des VBE-Hauptfensters, bis ein gepunkteter Rahmen angezeigt wird. Jetzt können Sie das Teilfenster an der neuen Stelle andocken lassen. Es ist manchmal gar nicht so einfach, alle Teilfenster so anzudocken, wie man das gerne hätte, aber mit ein wenig Geduld schafft man das immer.

Keine Regel ohne Ausnahmen, denn die soeben beschriebene Prozedur des Verschiebens und Andockens von Teilfenstern funktioniert zwar mit Teilfenstern wie dem Projekt-Explorer, dem Eigenschaftenfenster oder dem Direktfenster, jedoch nicht mit dem Code-Fenster. Das Code-Fenster besitzt keine Titelleiste, mit der Sie es verschieben können. Um das Code-Fenster zu verschieben, müssen Sie erst auf die Schaltfläche **Fenster wiederherstellen** klicken, die sich rechts oben befindet.

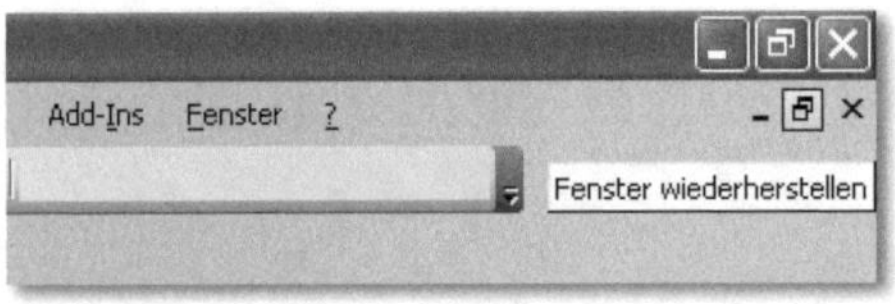

Abbildung 3.2 Schaltfläche »Fenster wiederherstellen« für das Code-Fenster

Nachdem Sie die Teilfenster im VBE so angeordnet haben, wie es Ihnen am zweckmäßigsten erscheint, sollen im Folgenden die Funktionen der Teilfenster erläutert werden.

3.1 Projekt-Explorer

Wenn Sie Kapitel 2, *Basiswissen*, durchgearbeitet haben, dann haben Sie den Projekt-Explorer bereits intensiv genutzt. Unter anderem haben Sie erfahren, welche Komponenten eines VBA-Projekts im Projekt-Explorer angezeigt und wie neue Komponenten hinzugefügt werden. Um Redundanzen zu vermeiden, möchte ich an dieser Stelle nicht noch einmal auf diese Punkte eingehen, sondern Sie auf Kapitel 2, *Basiswissen,* verweisen. Ohnehin hat der Projekt-Explorer, den Sie in Abbildung 3.3 sehen können, noch einiges mehr zu bieten.

In der Praxis wird es vorkommen, dass Sie nicht nur Komponenten zu einem VBA-Projekt hinzufügen, sondern auch wieder entfernen wollen. Zum Entfernen klicken Sie mit der rechten Maustaste auf die Komponente und benutzen aus dem Kontextmenü den Befehl **Entfernen von <Komponente>...** Statt des Platzhalters *<Komponente>* wird im Kontextmenü natürlich der Name der ausgewählten Komponente angezeigt. Eine Komponente kann auch über den Menübefehl **Datei · Entfernen von <Komponente>...** gelöscht werden.

Abbildung 3.3 Der Projekt-Explorer

Entfernen von Microsoft Excel-Objekten

Microsoft Excel-Objekte, also Tabellenblätter, Diagrammblätter und *DieseArbeitsmappe*, können im Projekt-Explorer weder hinzugefügt noch entfernt werden. Wenn Sie also ein Tabellenblatt aus dem aktuellen VBA-Projekt entfernen möchten, müssen Sie das Tabellenblatt in Microsoft Office Excel 2003 löschen. Das Objekt DieseArbeitsmappe kann überhaupt nicht entfernt werden.

Das Entfernen der Komponente müssen Sie nun in einem Meldungsfenster bestätigen, wie in Abbildung 3.4 gezeigt. Dabei haben Sie die Möglichkeit, die Komponente vor dem endgültigen Löschen zu exportieren.

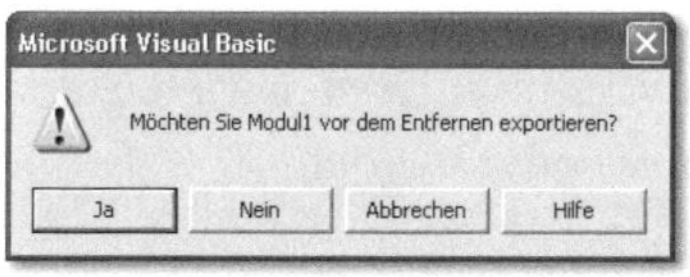

Abbildung 3.4 Eine Komponente kann vor dem Entfernen exportiert werden.

Durch den Export kann eine Komponente zur späteren Verwendung in einer separaten Datei gespeichert werden. Verwenden Sie die Schaltfläche **Ja**, um die Komponente zu exportieren, und die Schaltfläche **Nein**, um die Komponente unwiederbringlich zu löschen. Nachdem Sie die Schaltfläche **Ja** betätigt haben, wird Ihnen das Dialogfenster **Datei exportieren** angezeigt.

Hier können Sie einen Dateinamen und ein Verzeichnis zum Speichern der Komponentendatei angeben. Je nach Komponente besitzen die Dateien eine andere Dateiendung. In Tabelle 3.1 werden die Komponenten und die Dateiendungen der Komponentendateien aufgelistet.

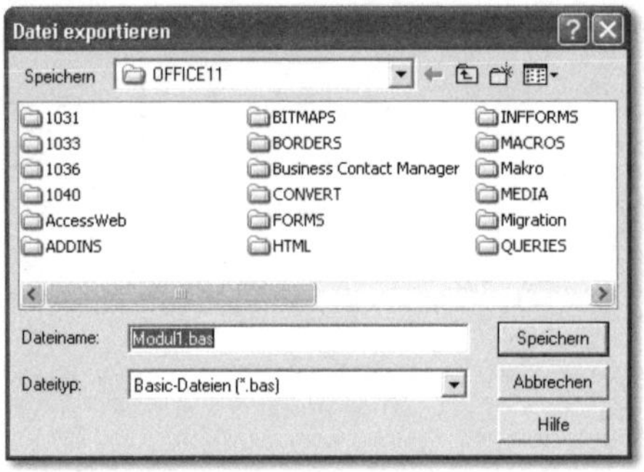

Abbildung 3.5 Das Dialogfenster »Datei exportieren«

Komponente	**Dateiendung**
DieseArbeitsmappe	Klassendateien **.cls*
Tabellenblatt	Klassendateien **.cls*
Diagrammblatt	Klassendateien **.cls*
Formular	Formulardateien **.frm*
Standardmodul	Basic-Dateien **.bas*
Klassenmodul	Klassendateien **.cls*

Tabelle 3.1 Dateiendungen der Komponentendateien

Sie können Komponenten aber auch exportieren, ohne diese aus dem aktuellen VBA-Projekt entfernen zu müssen. Nach Auswahl der gewünschten Komponente wird im Projekt-Explorer das Kontextmenü aufgerufen und der Menübefehl **Datei exportieren...** ausgeführt. Alternativ kann auch hier wieder der äquivalente Menübefehl aus dem Menü **Datei** verwendet werden.

Wo es eine Export-Funktion gibt, gibt es meistens auch eine passende Import-Funktion. Den entsprechenden Menübefehl **Datei importieren...** finden Sie wiederum im Kontextmenü beziehungsweise im Menü **Datei**. Das Dialogfenster **Datei importieren** gleicht dabei dem Dialogfenster **Datei exportieren**. Durch die Import-Funktion ist es möglich, Komponenten in verschiedenen VBA-Projekten zu verwenden und damit den Entwicklungsaufwand zu reduzieren.

3.2 Eigenschaftenfenster

In der objektorientierten Programmierung werden die Ausprägungen eines Objekts durch dessen Eigenschaften wiedergegeben. Die Eigenschaften eines ausgewählten Objekts werden im Eigenschaftenfenster angezeigt. Das Eigenschaftenfenster ist in Abbildung 3.6 dargestellt. Sie können das Eigenschaftenfenster über die Taste F4 oder über den Menübefehl **Ansicht · Eigenschaftenfenster** einblenden.

Abbildung 3.6 Das Eigenschaftenfenster

Immer wenn Sie im Projekt-Explorer eine Komponente auswählen oder in einem Formular ein Steuerelement anklicken, werden augenblicklich die Eigenschaften für dieses Objekt im Eigenschaftenfenster angezeigt. Art und Anzahl der angezeigten Eigenschaften hängen von dem jeweiligen Objekt ab. Gleichartige Objekte haben auch die gleiche Art und Anzahl von Eigenschaften, jedoch unterscheiden sich die Ausprägungen dieser Eigenschaften, auch Werte genannt, in mindestens einer Eigenschaft.

In Abbildung 3.6 werden die Eigenschaften und deren Werte für ein Tabellenblatt angezeigt. Nun kann eine Arbeitsmappe durchaus mehrere Tabellenblätter, also mehrere gleichartige Objekte enthalten. Nach dem, was ich zuvor gesagt habe, muss es für jedes Tabellenblatt eine Eigenschaft geben, dessen Wert sich von dem aller anderen Tabellenblätter unterscheidet und auch niemals den gleichen Wert annehmen kann. Diese Eigenschaft ist `(Name)`, die einen eindeutigen Bezeichner für das Tabellenblatt angibt. Versuchen Sie doch einfach mal den Wert der Eigenschaft `(Name)` so abzuändern, dass der neue Wert dem eines anderen Tabellenblatts innerhalb derselben Arbeitsmappe entspricht. Dazu klicken Sie mit der Maus in das Feld rechts neben dem Eigenschaftsnamen und geben den neuen Wert ein. Dieser Versuch wird mit einer Fehlermeldung quittiert.

Interessanterweise können Sie in Abbildung 3.6 eine weitere Eigenschaft `Name` für das Tabellenblatt finden. Doch worin unterscheiden sich diese beiden Eigenschaften? Die Eigenschaft `(Name)` entspricht dem so genannten Codenamen des Tabellenblatts, der einen eindeutigen Bezeichner für die Verwendung innerhalb von VBA-Programmen darstellt. Die Eigenschaft `Name` dagegen gibt den Namen der Tabelle an, so wie im Registerfalz des Tabellenblatts angezeigt. Während die Eigenschaft `(Name)` nur für Sie als Programmierer sichtbar ist, kann der Benutzer aus Microsoft Office Excel 2003 heraus auf die Eigenschaft `Name` zugreifen und diese verändern, indem der Benutzer den Namen des Tabellenblatts modifiziert.

Tipp: Codenamen verwenden

Wenn Sie in Ihren VBA-Programmen auf Tabellenblätter zugreifen, dann referenzieren Sie diese über deren Codenamen, also über die Eigenschaft `(Name)`. Würden Sie die Eigenschaft `Name` zur Referenzierung verwenden, wären Ihre Prozeduren der Gefahr ausgesetzt, dass der Benutzer die Namen des Tabellenblatts ändert und diese danach nicht mehr einwandfrei funktionieren. Genauere Informationen über den Zugriff auf Tabellenblätter erhalten Sie in Kapitel 12, *Arbeitsmappen und Tabellen*.

3.3 Code-Fenster

Das wichtigste Fenster für den Programmierer ist natürlich das Code-Fenster, da hier der Programmtext erstellt, angezeigt und bearbeitet werden kann. Genau genommen gibt es nicht ein Code-Fenster, sondern mehrere, denn für jede Komponente und jedes Steuerelement wird der Programmtext in einem eigenen Code-Fenster angezeigt. Das hängt damit zusammen, dass VBA eine objektorientierte Programmiersprache ist, bei der Objekte und damit verbundene Prozeduren immer zusammengefasst werden. Abbildung 3.7 zeigt Ihnen das Code-Fenster für ein Standardmodul mit der Prozedur `Meldung_anzeigen()`, die Sie in Kapitel 2, *Basiswissen*, kennen gelernt haben.

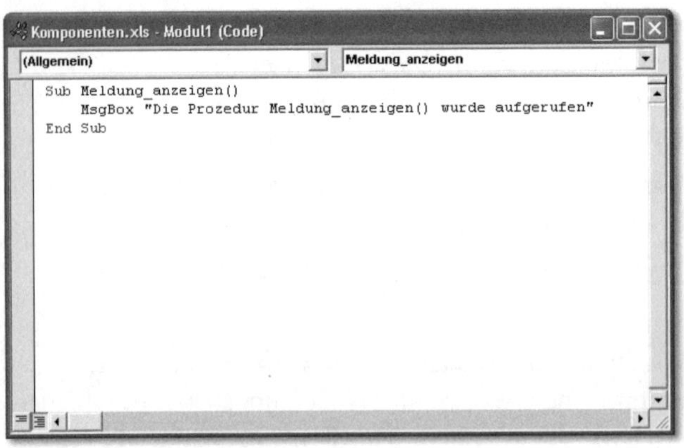

Abbildung 3.7 Das Code-Fenster

Die Möglichkeiten, das Code-Fenster für ein Objekt aufzurufen, sind mannigfaltig. Am einfachsten und effektivsten geht es über den Projekt-Explorer. Führen Sie einfach einen Doppelklick auf eine Komponente im Projekt-Explorer aus, und schon wird das entsprechende Code-Fenster geöffnet. Der Doppelklick funktioniert auch bei Steuerelementen, die sich auf einem Formular befinden. Die weniger schnellen Methoden, ein Code-Fenster zu öffnen, erwähne ich nur der Vollständigkeit halber. Auch bei diesen Methoden spielt der Projekt-Explorer eine zentrale Rolle. Zunächst einmal klicken Sie eine Komponente im Projekt-Explorer an. Nun haben Sie verschiedene Möglichkeiten, das dazugehörige Code-Fenster zu öffnen. Drücken Sie entweder die Taste [F7] oder wählen Sie den Menübefehl **Ansicht · Code** aus. Schließlich können Sie auch noch in der Symbolleiste des Projekt-Explorers auf die Schaltfläche **Code anzeigen** klicken, die Sie ganz links finden.

Abbildung 3.8 Die Schaltfläche »Code anzeigen« des Projekt-Explorers

Das Code-Fenster selbst besteht aus zwei Listenfeldern und einem Textfeld für die Eingabe des Programmtextes. Die Listenfelder dienen dazu, eine bestimmte Prozedur auszuwählen. Das funktioniert so, dass zunächst aus dem linken Listenfeld ein Objekt ausgewählt wird. In dem rechten Listenfeld werden dann die Prozeduren angezeigt, die mit diesem Objekt verknüpft sind. Nun kann eine dieser Prozeduren ausgewählt werden, die dann sofort im Code-Fenster angezeigt wird. Ein Beispiel: Öffnen Sie das Code-Fenster für ein beliebiges Tabellenblatt. Sofern für diese Komponente noch keine Prozeduren erstellt wurden, zeigt Ihnen das linke Listenfeld den Eintrag *(Allgemein)* und das rechte Listenfeld den Eintrag *(Deklarationen)* an. Das Textfeld des Code-Fensters ist leer. Nun wählen Sie im linken Listenfeld das Objekt `Worksheet` aus. Unmittelbar nach der Auswahl wird das rechte Listenfeld aktualisiert und zeigt nun den Eintrag `SelectionChange` an, und im Textfeld wird der entsprechende Prozedurrumpf angezeigt. Darüber hinaus enthält das rechte Listenfeld alle Ereignisse, auf die das Objekt `Worksheet`, beziehungsweise das durch das Objekt `Worksheet` repräsentierte Tabellenblatt, reagieren kann. Sobald Sie ein anderes Ereignis auswählen, wird dafür ebenfalls der Prozedurrumpf erstellt.

Bei allgemeinen Prozeduren wird kein Prozedurrumpf automatisch erstellt, sondern bestenfalls vervollständigt. Das liegt daran, dass der Visual Basic Editor nicht wissen kann, wie Sie Ihre Prozedur benennen möchten, welche Argumente die Prozedur erwarten soll und welcher Art die Prozedur ist. Mit anderen Worten: Sie müssen sich selbst darum kümmern. In Kapitel 8, *Prozeduren und Funktionen*, werde ich Ihnen zeigen, wie Sie allgemeine Prozeduren erstellen.

Das Code-Fenster enthält noch weitere Bedienfunktionen. So können Sie in einem Code-Fenster zwei Prozeduren gleichzeitig anzeigen, um diese miteinander zu vergleichen oder parallel zu bearbeiten. Im Code-Fenster erhalten Sie zwei Anzeigebereiche mit dem so genannten Fensterteiler. Den Fensterteiler finden Sie oberhalb der vertikalen Bildlaufleiste als schmalen grauen Balken. Fahren Sie mit dem Mauszeiger über diesen Balken, bis sich der Mauszeiger verändert. Drücken Sie nun die linke Maustaste und halten Sie diese gedrückt, während Sie den Fensterteiler nach unten ziehen. Für beide Anzeigebereiche können Sie nun unabhängig voneinander Prozeduren anzeigen lassen. Klicken Sie mit der Maus in jeweils einen Anzeigebereich und wählen Sie aus den Listenfeldern eine jeweils andere Prozedur aus.

Vorsicht bei geteilten Code-Fenstern

Wenn Sie mit geteilten Code-Fenstern arbeiten, müssen Sie sehr darauf achten, dass Sie sich beim Editieren der Prozeduren auch im richtigen Anzeigebereich befinden. Andernfalls kann es vorkommen, dass die falsche Prozedur bearbeitet wird.

Eine weitere Möglichkeit, die Anzeige des Code-Fensters zu beeinflussen, sind die beiden Schaltflächen **Prozeduransicht** und **Vollständige Modulansicht**. Sie finden diese beiden Schaltflächen links neben der horizontalen Bildlaufleiste. In der Standardeinstellung ist die Schaltfläche **Vollständige Modulansicht** aktiv, das heißt, dass alle Prozeduren nacheinander angezeigt werden. Die Prozeduren werden jeweils durch eine durchgezogene Linie voneinander getrennt. Für Einsteiger besser geeignet halte ich jedoch die Prozeduransicht. Hier wird jeweils nur eine Prozedur angezeigt, nämlich die gerade ausgewählte. Probieren Sie doch einmal aus, wie diese beiden Ansichten funktionieren. Erstellen Sie dazu für ein Tabellenblatt mehrere Prozedurrümpfe für Ereignisprozeduren und wechseln Sie zwischen den beiden Ansichten hin und her. Entscheiden Sie dann, mit welcher Ansicht Sie besser klarkommen.

Die bisherigen Funktionen des Code-Fensters bezogen sich nur auf Ansicht und Darstellung von Prozeduren. Aber es sind auch Funktionen integriert, die Sie also Programmierer bei der Eingabe des Programmtextes unterstützen. Da wäre zunächst einmal das Syntax-Coloring, auch Syntax-Highlighting genannt. Darunter versteht man das Einfärben gleicher Elemente eines Programmtextes mit einer bestimmten Farbe. So können die verschiedenen Elemente besser unterschieden werden. Das Syntax-Coloring können Sie individuell festlegen, und zwar im Dialogfenster **Optionen**, das Sie über den Menübefehl **Extras · Optionen...** erreichen. Klicken Sie im Dialogfenster **Optionen** auf die Registerkarte *Editorformat*, so wie in Abbildung 3.9 zu sehen.

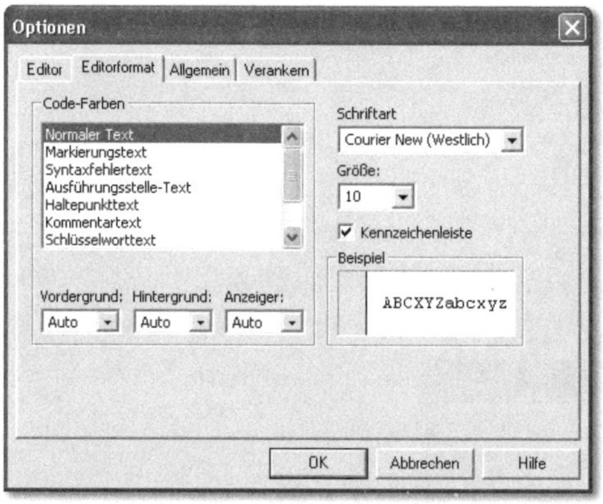

Abbildung 3.9 Das Dialogfenster »Optionen« mit der Registerkarte »Editorformat«

Im Listenfeld der Gruppe *Code-Farben* werden die verschiedenen Elemente eines Programmtextes ausgewählt und mit den übrigen Steuerelementen auf dieser Registerkarte formatiert. Dabei können Sie nicht nur Vorder- und Hintergrundfarbe verändern, sondern auch die Schriftart und die Schriftgröße. Das Ergebnis der Formatierung wird Ihnen jeweils unten rechts angezeigt.

Neben der rein visuellen Gestaltung des Programmtextes bietet das Code-Fenster auch Unterstützung bei der Eingabe. Stellen Sie dazu sicher, dass die Optionen *Elemente automatisch auflisten* und *Automatische Quick-Info* im Dialogfenster **Optionen** aktiviert sind. Diese Optionen finden Sie auf der Registerkarte *Editor*.

Was diese beiden Optionen bewirken, möchte ich Ihnen an einem kleinen Beispiel veranschaulichen. Dazu legen Sie in einem Standardmodul den Prozedurrumpf aus Listing 3.1 an.

```
Sub Eingabehilfen()

End Sub
```

Listing 3.1 Prozedurrumpf zur Demonstration der Eingabehilfen

Nun schreiben Sie in den Prozedurrumpf die Anweisung `ThisWorkbook` und geben unmittelbar dahinter einen Punkt ein. Jetzt wird ein Listenfeld eingeblendet, wie es in Abbildung 3.11 dargestellt ist.

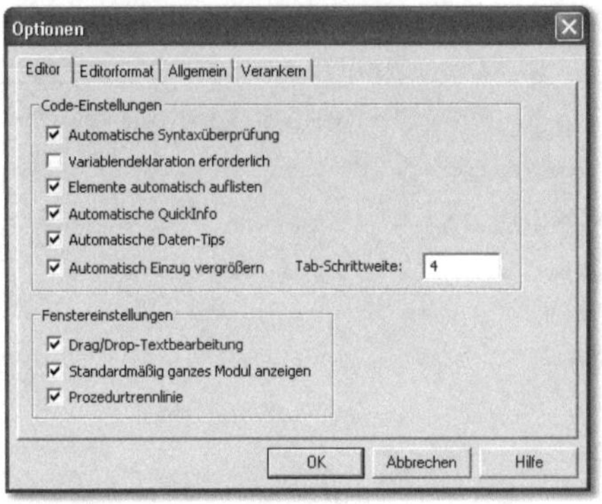

Abbildung 3.10 Das Dialogfenster »Optionen« mit der Registerkarte »Editor«

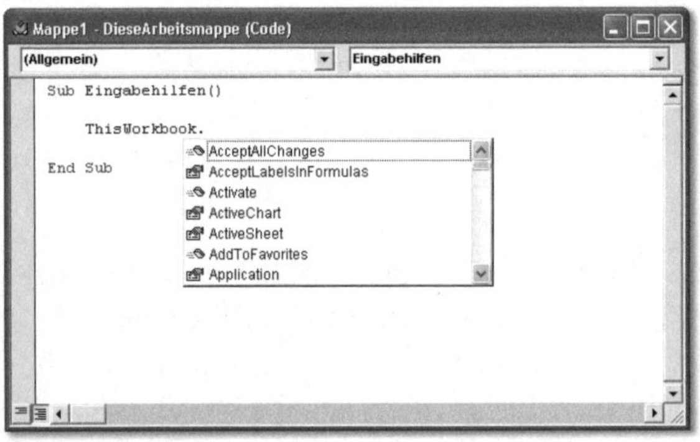

Abbildung 3.11 Listenfeld mit Eigenschaften und Methoden eines Objekts

`ThisWorkbook` ist das korrespondierende Objekt zur Komponente *DieseArbeitsmappe*. Objekte besitzen Methoden und Eigenschaften, die durch die Punkt-Notation an das Objekt angehängt werden. Die verfügbaren Methoden und Eigenschaften für ein Objekt werden in dem Listenfeld angezeigt. Was genau Eigenschaften und Methoden sind, lernen Sie in Kapitel 10, *Objekte und Klassen*. Der Inhalt des Listenfelds ist kontextsensitiv, das heißt, es werden nur Elemente angezeigt, die mit dem jeweiligen Objekt verbunden sind. Microsoft nennt diese Technologie IntelliSense. Auf diese Weise müssen Sie sich nicht alle Eigenschaften und Methoden merken, die zu einem Objekt gehören, sondern können bequem in der Liste danach suchen.

Innerhalb des Listenfelds können Sie mit der Maus oder mit den Pfeiltasten navigieren. Durch Drücken der Taste [⇆] oder der Tastenkombination [Strg] + [↵] können Sie den markierten Eintrag in das Code-Fenster einfügen.

Angenommen, Sie möchten für eine bereits bestehende Anweisung die Eigenschaften und Methoden aufgelistet bekommen, dann müssen Sie natürlich nicht die Anweisung löschen und neu eingeben, nur damit das entsprechende Listenfeld eingeblendet wird. Sie platzieren dazu einfach den Schreibcursor hinter den Punkt des betreffenden Objekts und benutzen die Tastenkombination [Strg] + [J]. Wer von Ihnen eine Steuerung über die Menüleiste oder die Symbolleiste vorzieht, der benutzt den Menübefehl **Bearbeiten · Eigenschaften/Methoden anzeigen** oder die gleichnamige Schaltfläche auf der Symbolleiste **Bearbeiten**. Um dieses Verfahren einmal auszuprobieren, können Sie die Anweisung `ThisWorkbook.Worksheets(1).Visible = True` in den Prozedurrumpf aus Listing 3.1 eingeben.

Abbildung 3.12 Die Symbolleiste »Bearbeiten des VBE«

Eigenschaften und Methoden sind jedoch nicht die einzigen Informationen, die Ihnen der VBE während der Eingabe anzeigt. Eine weitere nützliche Funktion ist das Anzeigen der so genannten QuickInfo und der Parameterinfo. QuickInfo und Parameterinfo zeigen Ihnen für eine Funktion oder Prozedur die benötigten Argumente, auch Parameter genannt, an. Auch bei dieser Hilfsfunktion liegt der Vorteil wiederum darin, dass Sie sich nicht die benötigten Parameter merken müssen, sondern nur den Funktions- oder Prozedurnamen. Ein Beispiel hierfür ist in Abbildung 3.13 zu sehen. QuickInfo und Parameterinfo werden in einem kleinen gelben Fenster eingeblendet. Der Parameter, dessen Eingabe als Nächstes erfolgen soll, ist dabei in Fettdruck dargestellt. Optionale Parameter, also Parameter, die nicht unbedingt eingegeben werden müssen, sind dabei in eckigen Klammern angegeben.

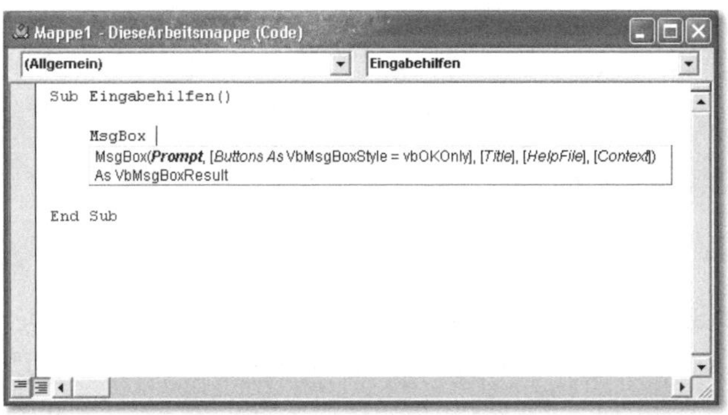

Abbildung 3.13 QuickInfo und Parameterinfo für die MsgBox-Funktion

Wie bei Eigenschaften und Methoden können die QuickInfo und die Parameterinfo auch für bereits eingegebene Anweisungen angezeigt werden. Dazu platzieren Sie den Schreibcursor innerhalb der betreffenden Anweisungen und verwenden die Tastenkombination [Strg] + [I] zur Anzeige der QuickInfo und die Tastenkombination [Strg] + [⇧] + [I] für die Parameterinfo. Über das Menü **Bearbeiten** und die Symbolleiste **Bearbeiten** stehen Ihnen diese Befehle ebenfalls zur Verfügung.

Eine Eingabehilfe, deren Nützlichkeit jedoch stark von dem persönlichen Arbeitsstil des Programmierers abhängt, ist die Ergänzung zu einem ganzen Wort. Dabei tippen Sie die Anfangsbuchstaben einer Anweisung in das Code-Fenster und drücken die Tastenkombination [Strg] + [   ]. Der VBE versucht nun, anhand der Anfangsbuchstaben die Anweisung zu erkennen und falls möglich zu vervollständigen. Gibt es mehrere Möglichkeiten, so wird Ihnen eine Auswahlliste angezeigt, so wie in Abbildung 3.14 zu sehen ist. Einträge aus dieser Liste können Sie genauso auswählen wie die Einträge aus dem Listenfeld für Eigenschaften und Methoden. In dem Listenfeld werden jedoch nicht nur die Schlüsselwörter von VBA, also die für die Programmiersprache VBA vordefinierten Wörter angezeigt, sondern zum Beispiel auch Variablen, die Sie in Ihrem VBA-Projekt deklariert haben.

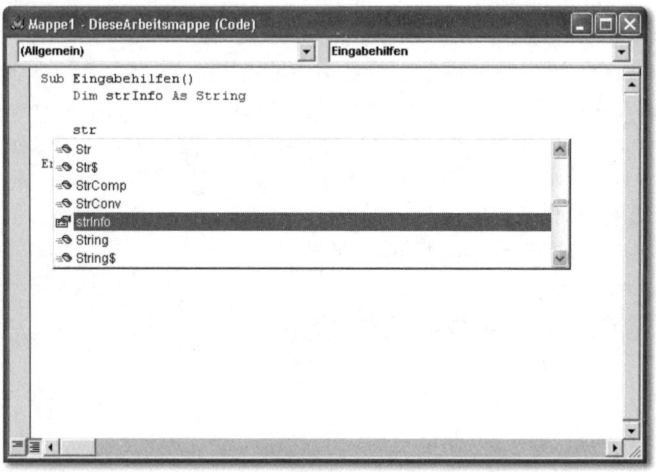

Abbildung 3.14 Listenfeld bei mehrdeutigen Wortanfängen

Unbestritten nützlich ist dagegen die kontextsensitive Hilfefunktion, die Microsoft Visual Basic-Hilfe. Kontextsensitiv bedeutet, dass der VBE versucht, genau das passende Hilfethema für Sie herauszusuchen. Wenn Sie zum Beispiel Hilfe zu einer bestimmten Anweisung benötigen, so platzieren Sie den Schreibcursor im Code-Fenster innerhalb der Anweisung und drücken Sie die Taste [F1]. Nun wird Ihnen das Fenster der Microsoft Visual Basic-Hilfe mit dem passenden Hilfethema angezeigt.

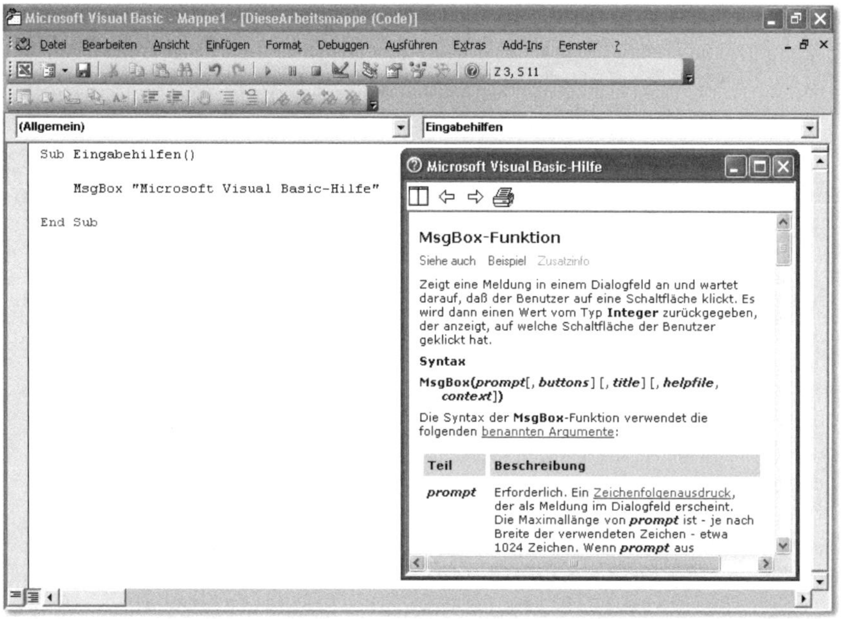

Abbildung 3.15 Hilfefenster für die MsgBox-Funktion

Die Microsoft Visual Basic-Hilfe beinhaltet jedoch nicht nur Hilfethemen zu den Anweisungen, die Sie im Code-Fenster eingeben, sondern auch zu vielen anderen Themen der Programmierung mit VBA. Um ein nicht kontextabhängiges Hilfethema auszuwählen, rufen Sie die Microsoft Visual Basic-Hilfe über den Menübefehl **? · Microsoft Visual Basic-Hilfe** auf. Auf der rechten Seite des VBE wird Ihnen nun der Arbeitsbereich **Visual Basic-Hilfe** eingeblendet, so wie in Abbildung 3.16 gezeigt.

Der Arbeitsbereich **Visual Basic-Hilfe** zeigt Ihnen das Inhaltsverzeichnis zu allen Hilfethemen an. Bei dem Inhaltsverzeichnis handelt es sich um Hyperlinks, die entweder zu einer anderen Verzeichnisebene führen oder ein bestimmtes Hilfethema aufrufen. Das Hilfethema selbst wird dann in einem separaten Fenster angezeigt, siehe Abbildung 3.15. Des Weiteren sind die Hilfethemen durch eine Suchfunktion erschlossen. Geben Sie den Suchbegriff in das Textfeld *Suchen* ein und klicken Sie entweder rechts neben dem Textfeld auf die grüne Schaltfläche mit dem weißen Pfeil oder schließen Sie die Eingabe direkt mit der Taste [↵] ab.

Das Ergebnis der Suche ist eine Liste mit Hilfethemen, die zu Ihrem Suchbegriff gefunden wurden. Diese Liste enthält wiederum Hyperlinks zu den eigentlichen Hilfethemen.

Abbildung 3.16 Der Arbeitsbereich Visual Basic-Hilfe

Unterstützung im Internet

Die Microsoft Visual Basic-Hilfe bietet eine hervorragende Unterstützung bei der Programmierung und sollte bei aufkommenden Fragen immer Ihre erste Anlaufstelle sein. Aber auch die beste Hilfefunktion kann niemals alle Fragen beantworten. Deshalb biete ich meinen Lesern ein spezielles Forum auf meiner Homepage **http://www.workstream.de/** an. In diesem Forum beantworte ich Ihnen persönlich alle Fragen, die mit der VBA-Programmierung in Microsoft Excel auftreten.

3.4 Objektkatalog

Nur ganz kurz möchte ich auf ein weiteres Fenster des Visual Basic Editors eingehen, das Sie wahrscheinlich ohnehin selten benutzen werden. Es handelt sich dabei um den Objektkatalog, der in Abbildung 3.17 dargestellt ist. Den Objektkatalog können Sie über den Menübefehl **Ansicht · Objektkatalog** oder über die Taste [F2] einblenden.

Wie der Name schon sagt, listet der Objektkatalog die verfügbaren Objekte, Klassen, Ereignisse, Eigenschaften und Konstanten auf, die in den eingebundenen Bibliotheken enthalten sind. Bibliotheken sind Sammlungen und Speicherort der eben aufgezählten Elemente. Dabei sind diese Sammlungen nicht willkürlich, sondern fassen die Elemente von bestimmten Bereichen zusammen, zum Beispiel alle Elemente, die zu Microsoft Excel gehören. Auf diese Weise können nur solche Bibliotheken verwendet werden, deren Elemente tatsäch-

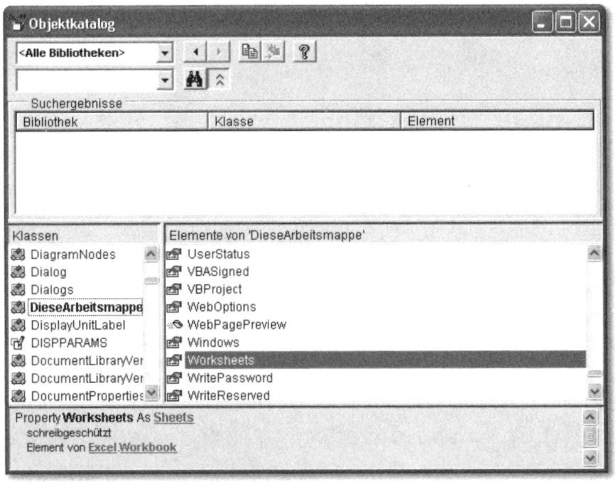

Abbildung 3.17 Der Objektkatalog

lich in einem VBA-Projekt benutzt werden. Weiter möchte ich in diese Thematik nicht einsteigen, da dies nicht unbedingt Teil einer Einführung in VBA sein muss.

Der Objektkatalog bietet Ihnen die Möglichkeit, nach bestimmten Elementen zu suchen und deren Definitionen anzuzeigen. Das Suchfeld befindet sich oben links und ist als Kombinationsfeld ausgeführt. Die Suchergebnisse werden in dem Teilfenster darunter angezeigt. Für jedes Element wird im Objektkatalog angezeigt, zu welcher Bibliothek und zu welchem Objekt das Element gehört. So können Sie sich im Objektmodell besser zurechtfinden.

3.5 Direktfenster

Die bisher vorgestellten Teilfenster des Visual Basic Editors dienten vor allem der Erstellung von VBA-Programmen. Mit dem Direktfenster verlasse ich nun diesen Bereich und wende mich der Überwachung und dem Test von VBA-Programmen zu. Unscheinbar, aber äußerst vielseitig, lässt sich das Direktfenster für diese Zwecke einsetzen.

Das Direktfenster wird am besten unter dem Code-Fenster platziert, damit man beide Fenster im Blick hat. Das Direktfenster blenden Sie mit der Tastenkombination [Strg] + [G] oder über den Menübefehl **Ansicht · Direktfenster** ein.

Im Direktfenster lassen sich einzeilige Anweisungen ausführen, deren Ergebnis ebenfalls im Direktfenster angezeigt wird, sofern die Anweisung eine Ausgabe des Ergebnisses enthält. Geben Sie doch einmal die Anweisung `Print 657*13` in das Direktfenster ein und drücken Sie die Taste [↵]. Das Ergebnis wird innerhalb des Direktfensters angezeigt, so wie in Abbildung 3.18 dargestellt.

Abbildung 3.18 Direktfenster zum Ausführen von Anweisungen

Das Ergebnis der Berechnung wird in der nächsten Zeile des Direktfensters ausgegeben. Für die Ausgabe ist die `Print`-Anweisung zuständig.

Im Direktfenster können nicht nur Anweisungen ausgeführt, sondern auch Prozeduren und Funktionen aufgerufen werden. Das möchte ich anhand der `MsgBox`-Funktion zeigen. Geben Sie in das Direktfenster die Zeile `MsgBox("Meldungsfenster aus dem Direktfenster")` ein und schließen Sie die Eingabe mit der Taste [↵] ab. Es wird ein entsprechendes Meldungsfenster angezeigt, also war der Funktionsaufruf erfolgreich. Wie ich Ihnen in Kapitel 8, *Prozeduren und Funktionen*, noch zeigen werde, liefert jede Funktionen einen Wert zurück. Dieser Wert kann mit der `Print`-Anweisung im Direktfenster ausgegeben werden. Um das zu demonstrieren, geben Sie die Zeile `Print MsgBox("Meldungsfenster aus dem Direktfenster",vbYesNoCancel)` in das Direktfenster ein. Wenn Sie nun diese Zeile mehrfach ausführen und das Meldungsfenster jedes Mal mit einer anderen Schaltfläche schließen, werden Sie feststellen, dass die Schaltfläche **Ja** den Wert *6*, die Schaltfläche **Nein** den Wert *7* und die Schaltfläche **Abbrechen** den Wert *1* zurückliefert.

Richtig nützlich wird das Direktfenster im Zusammenspiel mit einer Prozedur im Code-Fenster. Geben Sie zuerst die Prozedur aus Listing 3.2 in das Code-Fenster eines Standardmoduls ein.

```
Sub Werte_verfolgen()
   Dim intErsterWert As Integer
   Dim intZweiterWert As Integer
   Dim intDritterWert As Integer
   Dim intZwischenwert As Integer

   intErsterWert = 7
   intZweiterWert = 9
   intDritterWert = 15

   intZwischenwert = intZweiterWert
   intErsterWert = intZwischenwert + intZweiterWert
```

```
    intDritterWert = intDritterWert - intZwischenwert
    intZweiterWert = intZwischenwert
    intDritterWert = intZwischenwert + intDritterWert
    intErsterWert = intZweiterWert - intDritterWert
    intZweiterWert = intZwischenwert
End Sub
```

Listing 3.2 Prozedur zum Verfolgen der Werte im Direktfenster

Die Prozedur ist so aufgebaut, dass zunächst vier Variablen deklariert werden, von denen drei im nächsten Schritt einen Wert zugewiesen bekommen. Anschließend werden mit diesen Werten Berechnungen durchgeführt. Leider verrät Ihnen der Programmtext nicht, welche Werte die Variablen zu einem bestimmten Zeitpunkt enthalten. Sofern Sie nicht selbst im Kopf nachrechnen möchten, können Sie die Werte der einzelnen Variablen ermitteln, indem Sie die Ausführung der Prozedur anhalten und die einzelnen Werte im Direktfenster abfragen.

Um die Ausführung einer Prozedur anzuhalten, müssen Sie einen Haltepunkt innerhalb der Prozedur setzen. Dadurch gelangen Sie in den so genannten Haltemodus. Setzen Sie den Schreibcursor im Code-Fenster in die Zeile, an der Sie die Programmausführung unterbrechen möchten, und drücken Sie die Taste [F9] oder führen Sie den Menübefehl **Debuggen · Haltepunkt ein/aus** aus. Die ausgewählte Programmzeile wird nun dunkelrot hinterlegt, und an der linken Seite des Code-Fensters wird ein dunkelroter Punkt angezeigt. Abbildung 3.19 zeigt Ihnen die Prozedur `Werte_verfolgen()` mit einem gesetzten Haltepunkt.

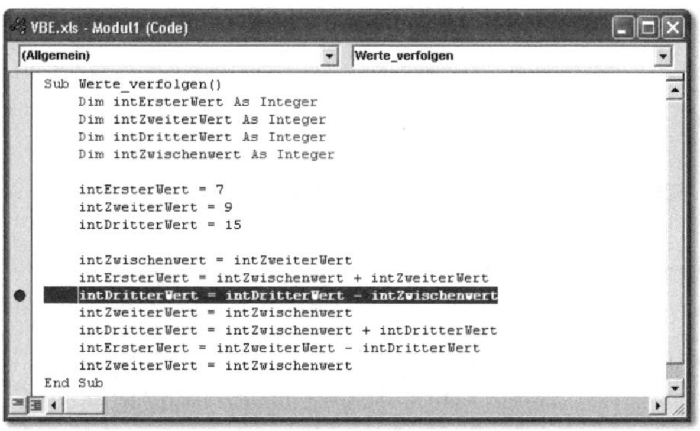

Abbildung 3.19 Prozedur mit gesetztem Haltepunkt

Sie können auch mehrere Haltepunkte innerhalb einer Prozedur setzen. Sollten Sie jedoch versuchen, einen Haltepunkt in einer Zeile zu setzen, in der bereits ein Haltepunkt vorhanden ist, dann löschen Sie damit den vorhandenen Haltepunkt. Wie bereits erwähnt, versetzt ein Haltepunkt die Programmausführung in den Haltemodus. Im Haltemodus bleibt der momentane interne Zustand der Programmausführung erhalten, so dass die Programmausführung jederzeit fortgesetzt werden kann. Der interne Zustand der Programmausführung beinhaltet auch die momentanen Werte der Variablen.

Setzen Sie nun einen Haltepunkt in der Prozedur `Werte_verfolgen()`, so wie in Abbildung 3.19 gezeigt. Führen Sie die Prozedur aus, indem Sie den Schreibcursor innerhalb der Prozedur platzieren und die Taste [F5] drücken. Wahlweise kann auch der Befehl **Sub/UserForm ausführen** aus dem Menü **Ausführen** oder aus der Symbolleiste **Voreinstellung** benutzt werden. Sobald der Haltepunkt erreicht wird, wird die Programmausführung unterbrochen und Sie können die einzelnen Werte im Direktfenster abfragen. Beachten Sie dabei, dass die Programmzeile, die den Haltepunkt enthält, noch nicht ausgeführt wurde.

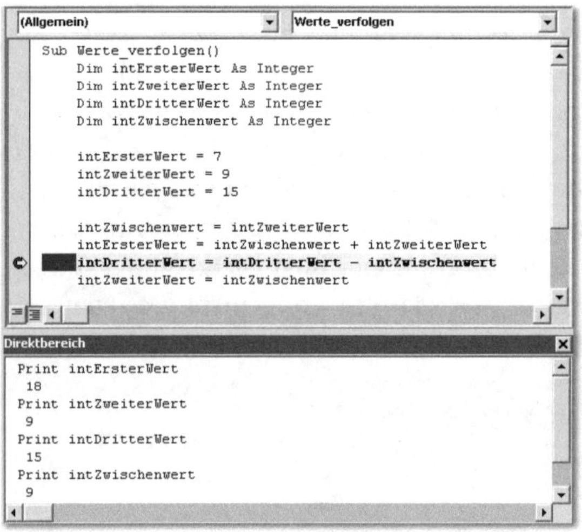

Abbildung 3.20 Haltepunkt im Code-Fenster und Werte im Direktfenster

Sie müssen sich im Direktfenster jedoch nicht darauf beschränken, die Werte von Variablen abzufragen. Sie können auch ganze Ausdrücke berechnen. Wenn Sie zum Beispiel wissen wollen, welchen Wert die Variable `intDritterWert` in der Zeile annimmt, in der die Programmausführung momentan unterbrochen ist, dann geben Sie in das Direktfenster die Anweisung `Print intDritterWert - intZwischenwert` ein.

An welcher Stelle die Programmausführung unterbrochen wurde, erkennen Sie im Code-Fenster daran, dass die entsprechende Zeile gelb unterlegt ist und sich auf der linke Seite des Code-Fensters ein gelber Pfeil befinden. Die Programmausführung können Sie nun so fortsetzen, dass entweder nur die nächste Programmzeile (Einzelschritt) oder dass die Prozedur bis zum Ende (Prozedurschritt) ausgeführt wird. Einen Einzelschritt führen Sie mit der Taste [F8] aus und einen Prozedurschritt mit der Tastenkombination [⇧] + [F8]. Sollten sich weitere Haltepunkte innerhalb der Prozedur befinden, dann wird ein Prozedurschritt nur bis zum nächsten Haltepunkt ausgeführt.

Tipp: Werte im Code-Fenster ermitteln

Wenn Sie sich im Haltemodus befinden, können Sie ganz einfach die Werte von Variablen und Ausdrücken, die im Programmtext vorkommen, anzeigen lassen. Bei Variablen platzieren Sie den Schreibcursor im Code-Fenster über dem Variablennamen und verharren dort, ohne die Maus zu bewegen. Nach einer kurzen Verzögerung wird der Wert der Variablen als Tooltip angezeigt. So ähnlich funktioniert es auch mit Ausdrücken, nur dass Sie den Ausdruck zuvor mit der Maus markieren müssen.

3.6 Lokal-Fenster

Mit dem Lokal-Fenster gestaltet sich die Überwachung von Variablen und deren Werten wesentlich komfortabler als mit dem Direktfenster. Im Lokal-Fenster werden nämlich alle Variablen und deren Werte angezeigt, die in einer Prozedur vorhanden sind. Das Lokal-Fenster können Sie nur über das Menü **Ansicht · Lokal-Fenster** einblenden, ein Aufruf per Tastenkombination ist nicht implementiert. In Abbildung 3.21 sehen Sie das Lokal-Fenster mit den Variablen und deren aktuellen Werten für die Prozedur `Werte_verfolgen()`, nachdem die Prozedur den Haltepunkt erreicht hat.

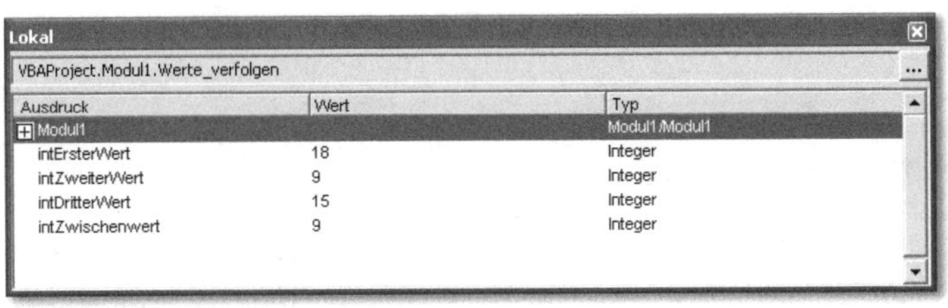

Abbildung 3.21 Lokal-Fenster mit Variablen und deren Werten

Der Inhalt des Lokal-Fensters wird nach jedem Wechsel zwischen Laufzeitmodus und Haltemodus aktualisiert. Der Begriff »Laufzeitmodus« bezeichnet die normale Programmausführung. Um also die Variablen und deren Werte im Lokal-Fenster angezeigt zu bekommen, müssen Sie die Prozedur starten und durch einen Haltepunkt unterbrechen, um in den Haltemodus zu gelangen.

Eine Besonderheit des Lokal-Fensters ist es, dass die Werte der Variablen nicht nur angezeigt, sondern auch verändert werden können. Dazu markieren Sie eine Zeile im Lokal-Fenster und klicken dann in die Spalte *Wert*. Nun kann ein neuer Wert eingegeben werden, der bei der Fortsetzung der Programmausführung verwendet wird. Natürlich können Sie nur solche Werte eingeben, die mit dem Datentyp der jeweiligen Variablen kompatibel sind. Was Datentypen sind, erfahren Sie in Kapitel 4, *Variablen und Konstanten*.

Vorsicht beim Verändern von Werten

Wenn Sie im Lokal-Fenster die Werte von Variablen verändern, dann hat das natürlich Auswirkungen auf die weitere Ausführung der Prozedur. Möglicherweise werden falsche Ergebnisse berechnet, oder es treten Programmfehler auf. Verändern Sie deshalb Werte nur dann, wenn Sie die Auswirkungen genau abschätzen können.

3.7 Überwachungsfenster

Würde man die verschiedenen Möglichkeiten des Visual Basic Editors zur Überwachung von Variablen und Ausdrücken mit Automarken vergleichen, so wäre das Direktfenster ein Ford, das Lokal-Fenster ein Mercedes und das Überwachungsfenster sicherlich ein Rolls-Royce. Das Überwachungsfenster bietet nämlich nicht nur mehr Informationen zu den Ausdrücken, sondern auch mehr Möglichkeiten, in den Programmablauf einzugreifen.

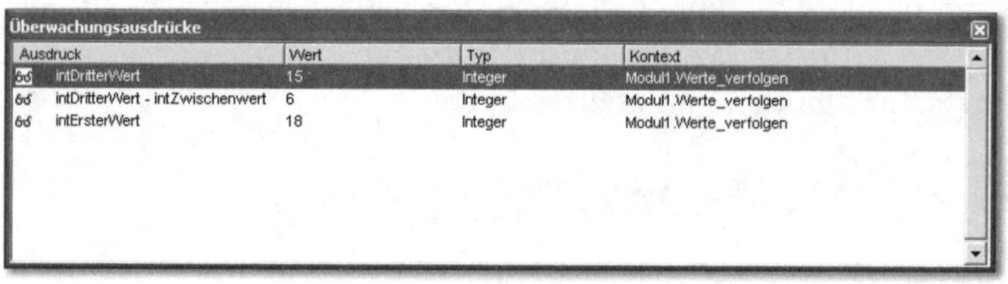

Abbildung 3.22 Das Überwachungsfenster

Das Überwachungsfenster kann über den Menübefehl **Ansicht · Überwachungsfenster** eingeblendet werden. Außerdem wird das Überwachungsfenster automatisch eingeblendet, sobald Sie einen Ausdruck zur Überwachung auswählen. Wie das funktioniert, werde ich Ihnen gleich verraten.

Abbildung 3.22 zeigt das Überwachungsfenster mit drei überwachten Ausdrücken aus der Prozedur `Werte_verfolgen()`. Neben Wert und Typ des Ausdrucks wird auch der Kontext angezeigt, in welchem sich die Ausdrücke befinden. In diesem Beispiel ist der Kontext die Prozedur `Werte_verfolgen()`, die sich in dem Standardmodul `Modul1` befindet. Die Angabe des Kontexts ist wichtig, da das Überwachungsfenster gleich lautende Ausdrücke enthalten kann, die jedoch aus verschiedenen Prozeduren stammen.

Anders als im Lokal-Fenster, wo die Variablen einer Prozedur automatisch angezeigt werden, müssen die zu überwachenden Ausdrücke erst in das Überwachungsfenster eingefügt werden. Die einfachste Methode dafür basiert auf dem Drag-and-Drop-Verfahren, das ein Standardverfahren für Windows-Applikationen ist. Sie markieren einfach die Variable oder den Ausdruck, den Sie überwachen wollen, mit der Maus im Code-Fenster, drücken die linke Maustaste und halten diese gedrückt, während Sie den markierten Ausdruck in das Überwachungsfenster ziehen. Dort können Sie dann die linke Maustaste wieder loslassen.

Etwas komplizierter, aber dafür mit mehr Optionen ausgestattet, ist das Einfügen eines Ausdrucks in das Überwachungsfenster über das Dialogfenster **Überwachung hinzufügen**. Dieses Dialogfenster wird über den Menübefehl **Debuggen · Überwachung hinzufügen...** aufgerufen und ist in Abbildung 3.23 zu sehen.

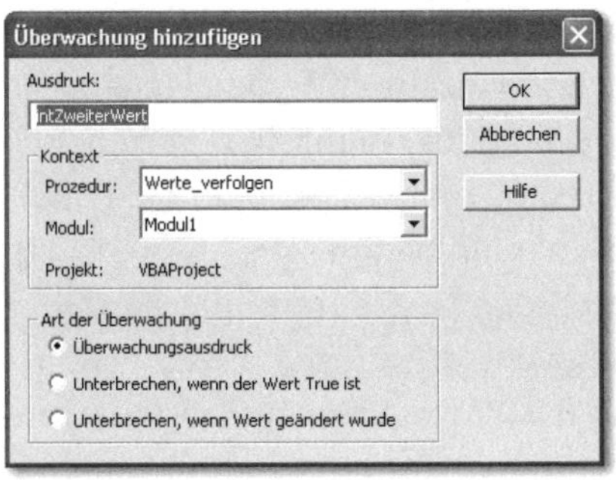

Abbildung 3.23 Das Dialogfenster »Überwachung hinzufügen«

Vor dem Aufruf des Dialogfensters empfiehlt es sich ebenfalls, den zu überwachenden Ausdruck im Code-Fenster zu markieren. Auf diese Weise sparen Sie sich die Eingabe des Ausdrucks und des Kontext im Dialogfenster. Bei Ausdrücken, die nicht in der Prozedur vorkommen, bleibt Ihnen diese Arbeit jedoch nicht erspart.

Neben Ausdruck und Kontext offeriert Ihnen das Dialogfenster **Überwachung hinzufügen** drei Optionen zur Bestimmung der Art der Überwachung. In den meisten Fällen werden Sie die Option *Überwachungsausdruck* verwenden, die eine gewöhnliche Überwachung der Werte des Ausdrucks erlaubt. Die beiden anderen Optionen bieten Ihnen eine bedingte Unterbrechung der Programmausführung, ohne dass Haltepunkte gesetzt werden müssen. So kann die Programmausführung unterbrochen werden, wenn entweder die Auswertung eines Ausdrucks `True` ergibt oder wenn sich der Wert eines Ausdrucks geändert hat. Die letzte Option möchte ich Ihnen anhand der Prozedur `Werte_verfolgen()` vorführen.

Falls vorhanden, so entfernen Sie zunächst einmal alle überwachten Ausdrücke aus dem Überwachungsfenster. Dazu wählen Sie jeweils eine Zeile aus und klicken dann mit der rechten Maustaste auf die Markierung. Es wird ein Kontextmenü eingeblendet, aus dem Sie den Menübefehl **Überwachung entfernen** aufrufen. Ohne Rückfrage wird der ausgewählte Eintrag aus dem Überwachungsfenster entfernt. Nachdem alle Überwachungen entfernt sind, markieren Sie im Code-Fenster den Variablennamen `intErsterWert` in der Prozedur `Werte_verfolgen()` und rufen das Dialogfenster **Überwachung hinzufügen** über den Menübefehl **Debuggen · Überwachung hinzufügen...** auf. Da die Angaben für die Bereiche *Ausdruck* und *Kontext* schon vorhanden sind, müssen Sie nur noch im Bereich *Art der Überwachung* die Option *Unterbrechen, wenn Wert geändert wurde* aktivieren. Schließen Sie nun das Dialogfenster mit der Schaltfläche **OK**.

Als Nächstes entfernen Sie alle Haltepunkte aus der Prozedur `Werte_verfolgen()`. Sie können entweder alle Haltepunkte einzeln entfernen, indem Sie den Schreibcursor nacheinander in diejenigen Programmzeilen setzen, die einen Haltepunkt enthalten, und dann die Taste [F9] drücken, oder Sie entfernen alle Haltepunkte auf einmal mit der Tastenkombination [Strg] + [⇧] + [F9]. Nach diesen vorbereitenden Maßnahmen können Sie nun die Prozedur `Werte_verfolgen()` ausführen lassen. Obwohl die Prozedur keine Haltepunkte mehr enthält, wird die Ausführung der Prozedur mehrfach unterbrochen, nämlich immer dann, wenn sich der Wert von `intErsterWert` ändert. Im Überwachungsfenster wird jeweils der aktuelle Wert der Variablen `intErsterWert` angezeigt. Die Programmausführung können Sie fortsetzen, indem Sie die Taste [F5] drücken. Wenn Sie im Code-Fenster die Programmzeilen betrachten, in denen durch die Überwachung in den Haltemodus gewechselt wurde, dann fällt Ihnen sicherlich auf, dass diese Programmzeilen immer unmittelbar nach den Programmzeilen stehen, in denen der Wert von `intErsterWert` geändert wurde. Das ist leicht einzusehen, denn die Unterbrechung erfolgt nur nach einer Änderung des Wertes.

Das Dialogfenster **Überwachung hinzufügen** verwenden Sie nicht nur, um neue Ausdrücke in das Überwachungsfenster einzufügen, sondern auch, um bestehende Ausdrücke zu verändern. Allerdings heißt das Dialogfenster in diesem Fall **Überwachung bearbeiten** und ist mit dem Dialogfenster **Überwa-**

chung hinzufügen funktional identisch. Eine bestehende Überwachung können Sie bearbeiten, indem Sie die entsprechende Zeile im Überwachungsfenster auswählen und aus dem Kontextmenü den Befehl **Überwachung bearbeiten...** ausführen.

3.8 Aufgaben und Übungen

1. Nennen Sie alle Teilfenster des Visual Basic Editors und beschreiben Sie kurz deren Funktionen.
2. Beschreiben Sie den Vorgang, wie ein Standardmodul aus einer Arbeitsmappe exportiert und in eine andere Arbeitsmappe importiert wird.
3. Zählen Sie die Komponenten auf, die exportiert werden können, und geben Sie jeweils die Dateiendung der Komponentendatei an.
4. Was versteht man unter dem Codenamen eines Objekts?
5. Worin unterscheiden sich die Eigenschaften `(Name)` und `Name` eines Tabellenblatts?
6. Wie wird eine bestimmte Prozedur innerhalb des Code-Fensters ausgewählt?
7. Welche Anzeigeoptionen bietet das Code-Fenster?
8. Welche Teilfenster des Visual Basic Editors können zur Überwachung von Variablen benutzt werden?
9. Worin unterscheiden sich Lokal-Fenster und Überwachungsfenster?
10. Beschreiben Sie die Verfahren zum Setzen beziehungsweise zum Löschen von Haltepunkten.

Teil III
Die Programmiersprache VBA

4 Variablen und Konstanten

VBA-Programme, so wie Programme anderer Programmiersprachen auch, verarbeiten Daten. Diese Daten müssen während der Programmausführung bereitgehalten werden. Zu diesem Zweck gibt es das Konzept der Variablen und Konstanten, das Gegenstand dieses Kapitels ist.

Nahezu jedes sinnvolle VBA-Programm, das Sie jemals schreiben werden, erzeugt oder benötigt zu seiner Funktion Daten. Diese Daten können Teil einer Berechnung sein, zur Laufzeit durch den Benutzer eingegeben oder aus einer anderen Datenquelle (Datenbank oder Datei) eingelesen werden. Alle diese Daten müssen während der Programmausführung gespeichert und bei Bedarf abrufbar gehalten werden. Diese Aufgabe übernehmen Variablen und mit Einschränkungen auch Konstanten.

Eine Variable speichert also ein bestimmtes Datum, das im folgenden »Wert« genannt wird, und ermöglicht den Zugriff auf diesen Wert aus dem VBA-Programm heraus. Doch wie genau funktionieren die Mechanismen der Speicherung und des Zugriffs auf diese Werte? Wie Sie sicherlich wissen, werden Programme und Daten während der Programmausführung im Arbeitsspeicher (RAM, Random Access Memory) Ihres Computers gehalten. Dort befinden sich auch die Werte von Variablen. VBA übernimmt nun die Aufgabe, für jede Variable eine bestimmte Speicherposition des Arbeitsspeichers zu reservieren, in dem der Wert der Variablen gespeichert wird. Die Speicherposition wird über eine so genannte Adresse angesprochen. Davon bekommen Sie als Programmierer jedoch nichts mit, denn Sie kennen von einem Wert nicht die Adresse der Speicherposition. Um auf diesen Wert zuzugreifen, benötigen Sie lediglich den Namen der Variablen. VBA übernimmt für Sie die Aufgabe, aus einer intern geführten Tabelle die exakte Speicherposition des Wertes zu ermitteln. Da der Zugriff über den Namen der Variablen erfolgt, wird auch von einer benannten Speicherposition gesprochen.

4.1 Variablennamen und Datentypen

Variablen in VBA zeichnen sich durch zwei Merkmale aus, nämlich durch den Variablennamen und durch den Datentyp der Variablen. Wie gerade beschrieben, benötigen Sie den Variablennamen, um auf den Wert einer Variablen zuzugreifen. Dieser Zugriff kann sowohl ein Schreib- als auch ein Lesevorgang sein. Da es sich bei VBA um eine formale Sprache handelt, wie auch bei jeder anderen Programmiersprache, sind die Namen von Variablen bestimmten

Regeln unterworfen. Im Wesentlichen gibt es vier Regeln, die beachtet werden müssen, um einen korrekten Variablennamen zu erzeugen. Als Erstes muss ein Variablenname, auch Bezeichner genannt, immer mit einem Buchstaben beginnen. Die nachfolgenden Zeichen des Variablennamens dürfen dann eine beliebige Folge aus Buchstaben, Ziffern und dem Unterstrich sein. Die Länge eines Bezeichners ist jedoch beschränkt. So darf die maximale Anzahl von Zeichen 255 nicht überschreiten. Als Letztes ist noch zu beachten, dass der gewählte Variablenname nicht mit einem Schlüsselwort, einer Funktion oder einer sonstigen Anweisung übereinstimmt. Die Folge wäre ein Kompilierungsfehler, der durch die Mehrdeutigkeit des Bezeichners entsteht. In Listing 4.1 möchte ich Ihnen einige Beispiele für gültige Variablennamen zeigen.

```
MeineErsteVariable
meineerstevariable
Meine_Erste_Variable
Tea_for_2
x5_
c
```

Listing 4.1 Beispiele für gültige Bezeichner von Variablen

Listing 4.1 enthält einige Beispiele für gültige Bezeichner von Variablen. Bei den ersten beiden Bezeichnern fällt auf, dass diese sich lediglich in der Groß- und Kleinschreibung unterscheiden. VBA macht jedoch keinen Unterschied zwischen Groß- und Kleinschreibung, so dass mit beiden Bezeichnern ein und dieselbe Variable angesprochen wird. Um einen möglichst homogenen Programmtext zu erhalten, wacht der Visual Basic Editor über eine einheitliche Schreibweise von Variablennamen. Anhand zweier Beispiele möchte ich Ihnen verdeutlichen, wie der VBE die Variablennamen anpasst.

```
Sub Bezeichner_Implizite_Deklaration()
   intCounter = 12
   intcounter = 15
   INTCOUNTER = 18
End Sub
```

Listing 4.2 Anpassen des Variablennamens bei impliziter Deklaration

Legen Sie zunächst einmal im Code-Fenster den Prozedurrumpf für die Prozedur aus Listing 4.2 an. Geben Sie dann von Hand die drei Anweisungen der Prozedur ein. Sobald Sie die Eingabe der zweiten Anweisung abgeschlossen und die Programmzeile mit dem Schreibcursor verlassen haben, wird im Bezeichner der ersten Anweisung der Großbuchstabe *C* durch den entsprechenden Kleinbuchstaben ersetzt. Nach Eingabe der dritten Anweisung werden die

Bezeichner der ersten beiden Anweisungen in Großbuchstaben dargestellt. Allgemein ausgedrückt, wird bei impliziter Deklaration von Variablen immer die zuletzt verwendete Schreibweise des Variablennamens benutzt. Dabei sind die Änderungen des Variablennamens auf die aktuelle Prozedur beschränkt, das heißt, wenn Sie weitere Prozeduren haben, in denen der gleiche Variablenname verwendet wird, dann bleibt dieser unverändert.

Anders verhält es sich bei Variablen, die explizit deklariert wurden. Die entsprechende Prozedur ist in Listing 4.3 zu sehen. Auch bei diesem Beispiel geben Sie zunächst wieder den Prozedurrumpf ein und anschließend die weiteren Anweisungen.

```
Sub Bezeichner_Explizite_Deklaration()
   Dim intCouter As Integer
   intCounter = 12
   intcounter = 15
   INTCOUNTER = 18
End Sub
```

Listing 4.3 Anpassen des Variablennamens bei expliziter Deklaration

In diesem Fall wird die Schreibweise des Variablennamens durch die Schreibweise innerhalb der `Dim`-Anweisung festgelegt, ganz gleich, wie Sie später in der Prozedur den Variablennamen schreiben werden. Auch hier sind die Änderungen wieder auf die aktuelle Prozedur beschränkt.

Die anderen Beispiele aus Listing 4.1 sind ebenfalls gültige Bezeichner. Wie Sie sehen, kann ein Bezeichner sogar aus nur einem einzigen Buchstaben bestehen. Wie sinnvoll so ein Bezeichner ist, darauf werde ich später in diesem Kapitel noch eingehen.

Nach den Beispielen für gültige Bezeichner nun noch ein paar ungültige Bezeichner in Listing 4.4.

```
MeineErsteVariable§
_MeineErsteVariable
2_for_Tea
Integer
```

Listing 4.4 Beispiele für ungültige Bezeichner von Variablen

Wenn Sie die Regeln, die ich Ihnen für die Erstellung von Variablennamen erläutert habe, auf die Bezeichner in Listing 4.4 anwenden, dann werden Sie sehr schnell herausfinden, warum diese Bezeichner ungültig sind. Im ersten Beispiel wird ein unerlaubtes Zeichen verwendet, nämlich das Zeichen §. Im zweiten Beispiel werden zwar nur erlaubte Zeichen verwendet, aber der

Bezeichner beginnt nicht mit einem Buchstaben. Dasselbe gilt auch für den dritten Bezeichner. Im letzten Beispiel entspricht der Bezeichner einem reservierten Schlüsselwort der Programmiersprache VBA und ist damit ebenfalls ungültig.

Sie können jetzt zwischen gültigen und ungültigen Bezeichnern unterscheiden, aber wie sollte der optimale Bezeichner genau aussehen? Auch dafür gibt es einige Regeln, an die Sie sich jedoch nicht zu halten brauchen. Ich empfehle Ihnen dennoch, sich diese Regeln zu eigen zu machen, denn dadurch werden Ihre Programme besser lesbar. Ein guter Variablenname sollte den Verwendungszweck der Variable erklären. In diesem Zusammenhang wird auch von sprechenden Bezeichnern geredet. Beispiele dafür sind `intCounter` für die Verwendung als Zählvariable, `strHeading` für eine Überschrift und `intPrimzahl` zur Speicherung von Primzahlen. Alle diese Variablennamen geben einen guten Hinweis darauf, welche Werte in den Variablen gespeichert sind. Sprechende Bezeichner haben den Vorteil, dass Sie auch nach längerer Zeit noch wissen, wozu Sie diese Variablen überhaupt verwenden.

VBA bietet Ihnen die Möglichkeit, Variablennamen bis zu einer Länge von 255 Zeichen zu verwenden. So lange Variablennamen sind jedoch nicht sinnvoll, denn dadurch wird die Handhabung und der Einsatz der Variablen erschwert. Außerdem sollen nur sprechende Bezeichner und nicht »eloquente Bezeichner« erstellt werden. Ebenso sollten Sie es vermeiden, zu kurze Variablennamen zu verwenden. Zwar habe ich Ihnen in Listing 4.1 gezeigt, dass es durchaus möglich ist, Variablennamen zu erstellen, die nur aus einem einzigen Buchstaben bestehen, doch in der Praxis würden solche Variablennamen zu einem sehr kryptischen Programmtext führen. Hierbei geht einfach die Zweckbeschreibung des Variablennamens verloren.

Vielleicht ist Ihnen schon aufgefallen, dass ich Variablennamen immer mit einem Präfix versehe, der meist aus drei Buchstaben besteht. Beispiele für solche Präfixe sind `int` oder `str`. Mit diesen Präfixen gebe ich einen Hinweis auf den Datentyp der Variablen. Was Datentypen sind, darauf werde ich im Folgenden noch genauer eingehen.

Wie bereits eingangs dieses Unterkapitels erwähnt, ist der Datentyp eines der Hauptmerkmale einer Variablen. Der Datentyp einer Variablen entscheidet über die Art der Werte, die in einer Variablen gespeichert werden können, und darüber, in welchem Kontext die Variable verwendet werden kann. Eine Variable, für die ein bestimmter Datentyp festgelegt wurde, kann nur Werte speichern, die innerhalb des Wertebereichs dieses Datentyps liegen. Das klingt zunächst einmal kompliziert, ist es aber nicht. Wenn Sie Schuhe kaufen, dann kommen auch nur solche in Frage, die der Größe Ihrer Füße entsprechen. Am besten zeige ich Ihnen erst einmal eine Aufstellung der Datentypen, die VBA zur Verfügung stellt.

Datentyp	Speicherbedarf	Wertebereich
Byte	1 Byte	0 bis 255
Boolean	2 Byte	`True` oder `False`
Integer	2 Byte	-32.768 bis 32.767
Long	4 Byte	-2.147.483.648 bis 2.147.483.647
Single	4 Byte	-3,402823E38 bis -1,401298E-45 für negative Werte; 1,401298E-45 bis 3,402823E38 für positive Werte
Double	8 Byte	-1,79769313486231E308 bis -4,94065645841247E-324 für negative Werte; 4,94065645841247E-324 bis 1,79769313486232E308 für positive Werte
Currency	8 Byte	-922.337.203.685.477,5808 bis 922.337.203.685.477,5807
Decimal	14 Byte	+/-79.228.162.514.264.337.593.543.950.335 ohne Dezimalzeichen; +/-7,9228162514264337593543950335 mit 28 Nachkommastellen; die kleinste Zahl ungleich null ist +/-0,0000000000000000000000000001.
Date	8 Byte	1. Januar 100 bis 31. Dezember 9999 und Zeitangaben zwischen 00:00:00 und 23:59:59
Object	4 Byte	beliebiger Verweis auf ein Objekt vom Typ `Object`
String (variable Länge)	10 Byte plus Länge der Zeichenfolge	0 bis etwa 2 Milliarden
String (feste Länge)	Länge der Zeichenfolge	1 bis etwa 65400
Variant (mit Zahlen)	16 Byte	numerische Werte im Bereich des Datentyps `Double`
Variant (mit Zeichen)	22 Byte plus Länge der Zeichenfolge	wie bei `String` mit variabler Länge
Benutzerdefiniert	abhängig von den den Elementen	Der Bereich für jedes Element entspricht dem Bereich des zugehörigen Datentyps.

Tabelle 4.1 Datentypen in VBA

Tabelle 4.1 zeigt alle verfügbaren Datentypen der Programmiersprache VBA, sowie deren Speicherbedarf im Arbeitsspeicher Ihres Computers und den Wertebereich des Datentyps. Die weitaus meisten Datentypen sind zur Speicherung von Zahlenwerten vorgesehen. Zu diesen Datentypen zählen `Byte`, `Integer`, `Long`, `Single`, `Double`, `Currency` und `Decimal`. Obwohl diese Datentypen alle zur Speicherung von Zahlenwerten verwendet werden, bestimmen die unterschiedlichen Wertebereiche dieser Datentypen den jeweiligen Anwendungsbereich. So kann der Datentyp `Byte` zwar nur positive Zahlen im Bereich von null bis 255 speichern, aber der Anwendungsbereich dieses Datentyps liegt in der Verarbeitung binärer Daten. Binäre Daten sind auf dem binären Zahlensystem aufgebaut und kodieren Werte durch Ziffernfolgen, die nur aus den Ziffern Null und Eins aufgebaut sind. Jeweils acht solcher Ziffern werden zu einem Byte zusammengefasst, deshalb auch der Name für diesen Datentyp. Ein Byte oder Vielfache eines Bytes werden für die computer-interne Verarbeitung verwendet.

Sofern Sie nicht mit binären Daten arbeiten, wird der Wertebereich des Datentyps `Byte` kaum ausreichen, um sinnvolle Berechnungen innerhalb Ihrer VBA-Programme durchzuführen. Und bei negativen Zahlenwerten muss der Datentyp `Byte` ohnehin passen. Sie benötigen also Datentypen mit einem größeren Wertebereich, der auch negative Zahlenwerte umfasst. Hierfür bieten sich vor allem die Datentypen `Integer`, `Long`, `Single` und `Double` an. Mit den Datentypen `Integer` und `Long` können nur ganze Zahlen dargestellt werden, also Zahlen ohne Nachkommastellen. Am häufigsten werden Sie dabei den Datentyp `Integer` verwenden, dessen Wertebereich für die meisten ganzzahligen Berechnungen ausreichend ist. Für sehr große Ganzzahlen verwenden Sie den Datentyp `Long`.

Spätestens, wenn Sie in Ihren VBA-Programmen mit der Division von Zahlen arbeiten oder mathematische Funktionen verwenden, benötigen Sie die Datentypen `Single` und `Double`, die auch Zahlenwerte mit Nachkommastellen speichern können. Die beiden Datentypen unterscheiden sich nicht nur in der Größe des darstellbaren Wertebereichs, sondern auch in der Genauigkeit, mit der die Nachkommastellen behandelt werden. Jeder Computer kann nur endliche Zahlen verarbeiten, das heißt, dass an irgendeiner Stelle die Nachkommastellen abgeschnitten oder gerundet werden müssen. Durch dieses Abschneiden, beziehungsweise Runden, entstehen Ungenauigkeiten bei weiteren Berechnungen mit dieser Zahl. Diese Ungenauigkeiten sind natürlich sehr gering und für die meisten Anwendungen unerheblich. Falls Sie jedoch Berechnungen mit hoher Genauigkeit durchführen möchten, dann spielt die Wahl des richtigen Datentyps eine wichtige Rolle. Für diese Art von Berechnungen sollten Sie den Datentyp `Double` verwenden. Man spricht bei Zahlenwerten des Datentyps `Double` auch von Gleitkommazahlen mit doppelter Genauigkeit. Entsprechend sind Zahlenwerte des Datentyps `Single` Gleitkommazahlen mit einfacher Genauigkeit.

Unter den Datentypen für Zahlenwerte nehmen `Currency` und `Decimal` jeweils eine Sonderstellung ein. Werte des Datentyps `Currency` werden wie bei den Datentypen `Integer` und `Long` als Ganzzahl gespeichert. Wird jedoch eine Operation mit einer Variablen des Datentyps `Currency` durchgeführt, so wird der Wert durch 10.000 dividiert. Das Ergebnis dieser Division ist eine Festkommazahl mit vier Nachkommastellen. Wegen der geringen Anzahl der Nachkommastellen eignet sich der Datentyp `Currency` nur bedingt für mathematische Berechnungen. Das ist jedoch auch nicht der Anwendungsbereich für diesen Datentyp. Wie der Name `Currency` (deutsch: Währung) schon verrät, wird dieser Datentyp für monetäre Werte und Berechnungen verwendet.

Auch der Datentyp `Decimal` wird als Ganzzahl gespeichert, zusammen mit einem Skalierungsfaktor, der die Anzahl der Nachkommastellen festlegt. Dieser Skalierungsfaktor kann zwischen null und 28 liegen und gibt die Anzahl der Nachkommastellen an. Daraus folgt, dass bei einem Skalierungsfaktor von 28 die größte Genauigkeit erzielt wird, da 28 Nachkommastellen vorhanden sind. Bei einem Skalierungsfaktor von null sind keine Nachkommastellen vorhanden, es handelt sich dann um eine Ganzzahl. Leider können keine Variablen mit dem Datentyp `Decimal` deklariert werden. Der Datentyp `Decimal` existiert nur als Unterdatentyp des Datentyps `Variant`, auf den ich später noch eingehen werde.

Neben Zahlenwerten sind Zeichenfolgen die am häufigsten verwendeten Werte, die in Variablen gespeichert werden. Um Zeichenfolgen zu speichern, benötigen Sie eine Variable des Datentyps `String`. Variablen des Datentyps `String` können Sie in zwei Varianten deklarieren, nämlich zur Speicherung von Zeichenfolgen variabler Länge oder zur Speicherung von Zeichenfolgen fester Länge. Bei Variablen des Datentyps `String` mit variabler Länge ist der Speicherbedarf im Arbeitsspeicher Ihres Computers von der Länge der Zeichenfolge linear abhängig, das heißt, je mehr Zeichen in der Zeichenfolge enthalten sind, desto größer der Speicherbedarf. Der Vorteil von Variablen des Datentyps `String` mit variabler Länge liegt darin, dass Sie sich keine Gedanken darüber machen müssen, ob eine Zeichenfolge einer solchen Variablen zugeordnet werden kann. Das Limit für solche Variablen liegt bei etwa zwei Milliarden Zeichen. Ich wage mal die Prognose, dass Sie dieses Limit in Ihrem Programmierer-Leben nie ausreizen werden.

Bei Variablen des Datentyps `String` mit fester Länge ist dagegen der Speicherbedarf immer gleich und errechnet sich aus der maximalen Anzahl von Zeichen, die in der Variablen gespeichert werden kann. Der Speicherbedarf ist dabei unabhängig von der Länge der Zeichenfolge, die tatsächlich in einer solchen Variablen gespeichert ist. Variablen des Datentyps `String` mit fester

Länge setzen Sie vor allem dann ein, wenn Sie wissen, dass die Zeichenfolgen, die Sie in Ihrem VBA-Programm verarbeiten, eine bestimmte Länge nicht übersteigen. Bei der Zuweisung von Zeichenfolgen an eine solche Variable müssen Sie zudem darauf achten, dass die Länge der Zeichenfolge nicht die festgelegte Länge der Variablen übersteigt. Die überzähligen Zeichen einer solchen Zeichenfolge würden einfach abgeschnitten werden.

Der Datentyp `Date` speichert Gleitkommazahlen, wie die Datentypen `Single` und `Double` auch, ist aber nicht für mathematische Berechnungen gedacht. Die Werte, die in einer Variablen des Datentyps `Date` gespeichert sind, werden als Datums- und Zeitwerte interpretiert. Die Stellen vor dem Komma repräsentieren ein Datum und die Stellen nach dem Komma eine Uhrzeit. Sind die Nachkommastellen null, dann bedeutet das Mitternacht, bei einer Nachkommastelle von 0,5 ist es 12:00 Uhr Mittag. Datumsangaben werden wie folgt interpretiert: Mit einer negativen ganzen Zahlen wird ein Datum vor dem 30. Dezember 1899 dargestellt und mit einer positiven ganzen Zahl ein Datum, das nach diesem Stichtag liegt. Wenn Sie mit Variablen des Datentyps `Date` arbeiten, dann müssen Sie jedoch nicht die Gleitkommazahlen in ein Datum umrechnen. Diese Aufgabe übernehmen bestimmte Funktion von VBA, so dass für Sie als Programmierer die Berechnung von Datums- und Zeitwerten vollkommen transparent ist.

Die größte Flexibilität erhalten Sie, wenn Sie eine Variable mit dem Datentyp `Variant` deklarieren. Einer solchen Variablen können Sie Werte eines beliebigen Datentyps zuweisen. Werte des Datentyps `String` mit fester Länge und benutzerdefinierte Datentypen können allerdings nicht einer Variablen des Datentyps `Variant` zugewiesen werden, was jedoch keine große Einschränkung bedeutet. Neben dieser Flexibilität weist der Datentyp `Variant` noch eine weitere Besonderheit auf, nämlich einen Unterdatentyp. Bei der Zuweisung von numerischen Werten an eine Variable des Datentyps `Variant` wird der ursprüngliche Datentyp des Wertes als Unterdatentyp beibehalten. Bei Operationen mit Variablen des Datentyps `Variant` wird der Unterdatentyp berücksichtigt. So wird der Wert einer Variablen des Datentyps `Variant` mit dem Unterdatentyp `Integer` wie ein Wert des Datentyps `Integer` behandelt. Interessant ist auch das Verhalten von Variablen des Datentyps `Variant`, wenn der Wertebereich des Unterdatentyps überschritten wird. Falls möglich, wird der Unterdatentyp in den Datentyp mit dem nächst größeren Wertebereich umgewandelt. So wird aus dem Unterdatentyp `Byte` der Unterdatentyp `Integer`, aus `Integer` wird `Long` und aus `Single` wird `Double`. Aus diesen Eigenschaften ergeben sich auch die Hauptanwendungsgebiete für den Datentyp `Variant`. Immer dann, wenn Sie nicht genau wissen, welchen Datentyp ein Wert hat, den Sie in einer Variablen speichern wollen, oder wenn Sie Gefahr laufen, bei einer Berechnung den Wertebereich eines Datentyps zu verlassen, ist der Datentyp `Variant` am nützlichsten.

Es bleiben noch zwei Datentypen übrig, die sich jedoch gänzlich von den anderen Datentypen, die ich als elementare Datentypen bezeichnen möchte, unterscheiden. Zum einen wäre da der Datentyp `Object`. Es ist klar, dass in einer objektorientierten Programmiersprache, wie VBA es ist, auch Variablen deklariert werden müssen, die auf Objekte verweisen. Da ich bisher aber die objektorientierte Programmierung in VBA noch nicht beschrieben habe, möchte ich im Moment nicht weiter auf diesen Datentyp eingehen.

Ebenfalls nur kurz möchte ich benutzerdefinierte Datentypen erwähnen. Benutzerdefinierte Datentypen setzen sich aus einer oder mehreren Variablen der elementaren Datentypen zusammen. Dadurch können Sie einen Datentyp schaffen, der mehrere Variablen enthält, deren Werte logisch zusammen gehören, wie zum Beispiel Personen- oder Adressdaten. Benutzerdefinierte Datentypen spielen in VBA jedoch eine untergeordnete Rolle.

Zum Abschluss dieses Unterkapitels noch ein paar Tipps, wie Sie die richtigen Datentypen für Ihre Variablen auswählen und was Sie dabei beachten müssen. Zunächst einmal gilt der Grundsatz, immer den Datentyp mit dem kleinstmöglichen Wertebereich zu verwenden. Deklarieren Sie Ihre Variablen nicht mit dem Datentyp `Long`, wenn auch der Datentyp `Integer` ausreichend ist. Auf diese Weise sparen Sie nicht nur Speicherplatz, sondern erhöhen auch die Ausführungsgeschwindigkeit Ihrer VBA-Programme.

Unter dem Gesichtspunkt des Speicherbedarfs muss die Verwendung des Datentyps `String` mit variabler, beziehungsweise fester Länge besonders betrachtet werden. Wenn Sie in Ihrem VBA-Programm typischerweise Zeichenfolgen mit einer Länge von 30 Zeichen verarbeiten, jedoch eine Zeichenfolge 400 Zeichen lang ist, dann hat es keinen Sinn, eine Variable des Datentyps `String` mit fester Länge anzulegen. Bei der Deklaration dieser Variablen müssten Sie sich an der längsten Zeichenfolge orientieren, die während der Programmausführung auftritt, in diesem Fall also an einer Zeichenfolge mit 400 Zeichen. Da der Großteil der Zeichenfolgen jedoch nur 30 Zeichen lang ist, wird bei einer Variablen des Datentyps `String` mit fester Länge viel Speicherplatz verschwendet. Diesen Datentyp sollten Sie wirklich nur dann einsetzen, wenn alle Zeichenfolgen ungefähr gleich lang sind.

Aus Bequemlichkeit benutzen viele Programmierer den Datentyp `Variant` für alle Variablen in ihren VBA-Programmen. Auf diese Weise sparen sich diese Programmierer die Überlegung, welche Operation welchen Datentyp erfordert. Genau so soll es jedoch nicht sein. Benutzen Sie immer eine strenge Typisierung Ihrer Variablen. Dadurch lassen sich Seiteneffekte vermeiden und Programmfehler schneller finden.

4.2 Implizite und explizite Deklaration

Den Begriff »Deklaration« habe ich in diesem Kapitel schon häufig verwendet, nun werde ich Ihnen zeigen, wie Variablen deklariert werden und welche unterschiedlichen Methoden der Deklaration es gibt.

Unter Deklaration einer Variablen versteht man, den Bezeichner einer Variablen innerhalb des VBA-Programms bekannt zu machen und einen Datentyp zuzuweisen. Anhand des zugewiesenen Datentyps reserviert VBA den benötigten Speicherplatz im Arbeitsspeicher Ihres Computers für die Verwendung mit dieser Variable. Während Sie als Programmierer grundsätzlich immer den Variablennamen festlegen, kann die Festlegung des Datentyps auch durch VBA erfolgen, nämlich dann, wenn Sie keinen Datentyp angeben. Das ist zum Beispiel dann der Fall, wenn Sie eine Variable direkt in einer Prozedur verwenden. Man spricht dann von einer impliziten Deklaration der Variablen. Zur Veranschaulichung betrachten Sie die Variable `varValue` in Listing 4.5.

```
Sub Implizite_Deklaration()
   varValue = "Eine implizit deklarierte Variable"
   Debug.Print varValue
End Sub
```

Listing 4.5 Implizite Deklaration einer Variablen

In Listing 4.5 wurde die Variable `varValue` implizit deklariert. Da für diese Variable kein Datentyp angegeben wurde, hat VBA dieser Variablen automatisch den Datentyp `Variant` zugewiesen. Somit können Sie dieser Variablen alle möglichen Werte zuweisen und nicht nur eine Zeichenfolge, so wie in diesem Beispiel gezeigt. Dass es sich bei dem Datentyp dieser Variablen um den Datentyp `Variant` handelt, habe ich im Variablennamen durch das Präfix `var` angedeutet. Dieses Präfix hat natürlich keinen Einfluss auf die Zuweisung eines Datentyps durch VBA, sondern dient ausschließlich der Kennzeichnung.

Um einer implizit deklarierten Variablen einen anderen Datentyp zu geben, müssen Sie sich der Typenkennzeichen bedienen. Typenkennzeichen sind Sonderzeichen, die für Variablennamen nicht verwendet werden dürfen und für einen bestimmten Datentyp stehen. Allerdings gibt es nicht für alle Datentypen ein Typenkennzeichen. Die verfügbaren Typenkennzeichen sowie die Präfixe, die ich in diesem Buch für Variablen eines bestimmten Datentyps verwende, sind in Tabelle 4.2 aufgelistet.

Datentyp	Typenkennzeichen	Präfix
Byte		byte oder byt
Boolean		bool oder bln
Integer	%	int
Long	&	lng
Single	!	sng
Double	#	dbl
Currency	@	cur
Decimal		dec
Date		date oder dtm
Object		obj
String	$	str
Variant		var

Tabelle 4.2 Typenkennzeichen und Präfixe

Mit Hilfe eines Typenkennzeichens können Sie die Variable `varValue`, die in Listing 4.5 den Datentyp `Variant` besaß, in eine Variable des Datentyps `String` umwandeln. Das ist viel zweckmäßiger, denn schließlich soll eine Zeichenfolge in dieser Variablen gespeichert werden. Konsequenterweise sollten Sie dann auch den Variablennamen ändern, denn das Präfix sollte dem geänderten Datentyp angepasst werden. Alle Änderungen an der Prozedur `Implizite_Deklaration()` sind in Listing 4.6 zu sehen.

```
Sub Implizite_Deklaration()
   strValue$ = "Eine implizit deklarierte Variable"
   Debug.Print strValue
End Sub
```

Listing 4.6 Implizit deklarierte Variable mit Typenkennzeichen

Vorsicht bei der Verwendung von Typenkennzeichen

Typenkennzeichen sind nicht Teil des Variablennamens, denn wie Sie wissen, können Variablennamen nur Buchstaben, Ziffern und den Unterstrich enthalten. Damit können Typenkennzeichen nicht zur Unterscheidung von Variablen verwendet werden. Mit anderen Worten, bei `MeineVariable$`, `MeineVariable` und `MeineVariable&` handelt es sich jeweils um dieselbe Variable!

Sie sollten in Ihren VBA-Programmen ganz auf die implizite Deklaration von Variablen und auf die Verwendung von Typenkennzeichen verzichten und stattdessen lieber die explizite Deklaration verwenden. Durch die explizite Deklaration geben Sie dem Visual Basic Editor die Möglichkeit, Namenskonflikte und Schreibfehler in den Bezeichnern schon während der Kompilierung aufzuspüren. Durch die explizite Deklaration werden Ihre VBA-Programme robuster, das heißt, weniger fehleranfällig.

Damit Sie nicht vergessen, Ihre Variablen explizit zu deklarieren, stellt VBA eine Anweisung bereit, die bei der Kompilierung Ihres VBA-Programms überprüft, ob auch wirklich alle Variablen explizit deklariert wurden. Wird in Ihrem Programmtext eine implizit deklarierte Variable gefunden, dann wird eine entsprechende Fehlermeldung ausgegeben. Die Anweisung heißt `Option Explicit` und wird im Deklarationsbereich einer Komponente (Standardmodul, Klassenmodul, DieseArbeitsmappe und so weiter) eingefügt. Der Deklarationsbereich befindet sich vor allen anderen Prozeduren. Im Code-Fenster können Sie den Deklarationsbereich anzeigen lassen, indem Sie in dem linken Listenfeld den Eintrag *(Allgemein)* und in dem rechten Listenfeld den Eintrag *(Deklarationen)* auswählen.

Abbildung 4.1 Option »Explicit« im Deklarationsteil

Abbildung 4.1 zeigt, an welcher Stelle Sie die Anweisung `Option Explicit` einfügen müssen. Außerdem enthält das Code-Fenster eine leicht modifizierte Version der Prozedur `Implizite_Deklaration()` aus Listing 4.5, bei der im Grunde nur der Prozedurname geändert wurde. Wenn Sie nun die Programmausführung für die Prozedur `Implizite_Deklaration_Fehler()` starten, dann erhalten Sie ein Meldungsfenster mit einer Fehlermeldung, wie in Abbildung 4.2 gezeigt.

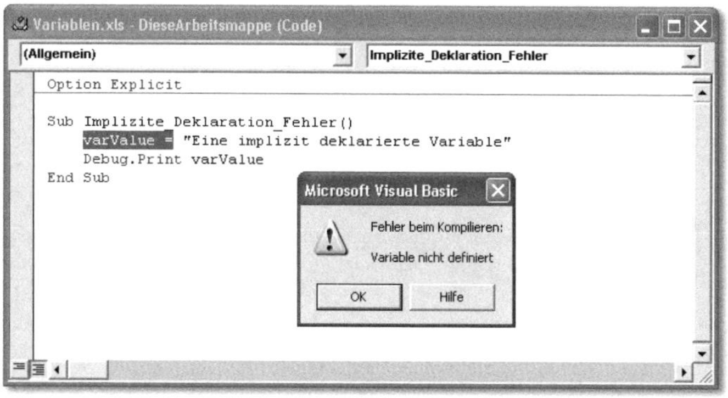

Abbildung 4.2 Fehlermeldung bei einer implizit deklarierten Variablen

Die Anweisung `Option Explicit` gilt nur für diejenige Komponente, die diese Anweisung enthält. Falls Ihr VBA-Projekt beispielsweise mehrere Standardmodule enthält, müssen Sie in jedes dieser Standardmodule die Anweisung `Option Explicit` einfügen, um eine implizite Deklaration von Variablen in diesen Komponenten auszuschließen. Damit Sie nicht selbst daran denken müssen, die Anweisung `Option Explicit` einzufügen, übernimmt eine Einstellung des VBE diese Aufgabe für Sie. Um diese Einstellung zu aktivieren, rufen Sie das Dialogfenster **Optionen** über den Menübefehl **Extras · Optionen...** auf. Auf der Registerkarte *Editor* aktivieren Sie das Kontrollkästchen *Variablendeklaration erforderlich* und schließen danach das Dialogfenster mit der Schaltfläche **OK**.

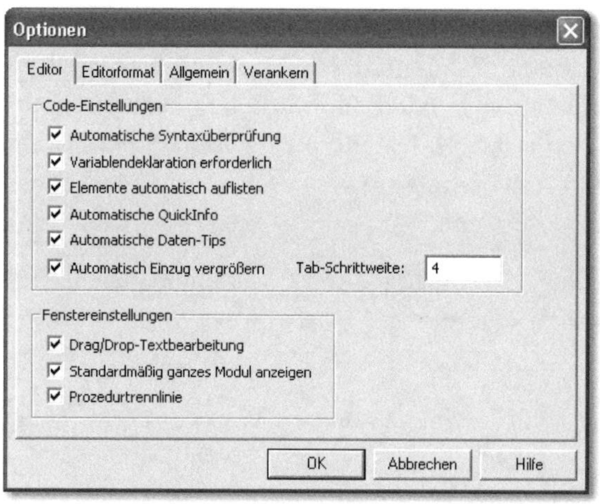

Abbildung 4.3 Aktivieren der Option »Variablendeklaration erforderlich«

Wichtiger Hinweis zu Option Explicit

Wenn Sie, wie eben beschrieben, die Option *Variablendeklaration erforderlich* aktiviert haben, dann wird die Anweisung `Option Explicit` nur in neu erstellte Komponenten eingefügt und nicht in bereits bestehende. Das hat den Grund, dass Sie in den bestehenden Komponenten vielleicht bewusst implizit deklarierte Variablen verwendet haben und der VBE nicht durch das Einfügen der Anweisung `Option Explicit` Kompilierungsfehler provozieren will. Um eine explizite Variablendeklaration in Ihrem gesamten VBA-Projekt zu erzwingen, müssen Sie also die Anweisung `Option Explicit` von Hand in die bestehenden Komponenten einfügen.

Nun wissen Sie zwar, wie Sie explizite Variablendeklarationen erzwingen können, doch wie Variablen explizit deklariert werden, habe ich Ihnen bisher noch nicht verraten. Zur expliziten Deklaration einer Variablen benötigen Sie die Anweisung `Dim`. Ein Beispiel für eine explizit deklarierte Variable finden Sie in Listing 4.7.

```
Sub Explizite_Deklaration()
   Dim strValue As String
   strValue = "Eine explizit deklarierte Variable"
   Debug.Print strValue
End Sub
```

Listing 4.7 Explizite Deklaration einer Variablen

Auf die `Dim`-Anweisung folgt der Bezeichner der zu deklarierenden Variablen und darauf das Schlüsselwort `As` und der Datentyp, in diesem Fall der Datentyp `String`. Bei der expliziten Deklaration müssen Sie besonders darauf achten, dass Sie den Variablen immer den richtigen Datentyp zuweisen. Da in Listing 4.7 der Variablen `strValue` eine Zeichenfolge zugewiesen werden soll, muss die Variable den Datentyp `String` besitzen.

Mit einer `Dim`-Anweisung können Sie auch mehrere Variablen gleichzeitig deklarieren, so wie in Listing 4.8 zu sehen.

```
Sub Mehrere_Deklarationen()
   Dim Variable1 As String, Variable2 As Byte, Variable3 As Long
   Debug.Print TypeName(Variable1)
   Debug.Print TypeName(Variable2)
   Debug.Print TypeName(Variable3)
End Sub
```

Listing 4.8 Deklaration mehrerer Variablen in einer Dim-Anweisung

Die verschiedenen Deklarationen der Variablen werden durch Kommata voneinander getrennt. Dabei können Sie jeder Variablen einen anderen Datentyp zuweisen. Mit der Funktion TypeName() werden die Datentypen der einzelnen Variablen im Direktfenster ausgegeben. Sie können auch mehrere Variablen in einer Dim-Anweisung deklarieren, ohne hinter jeder Variablen einen Datentyp anzugeben. Allerdings kann eine solche Schreibweise zu Fehlinterpretationen beim Datentyp dieser Variablen führen, wie das Beispiel in Listing 4.9 zeigt.

```
Sub Mehrere_Deklarationen2()
   Dim Variable1, Variable2, Variable3 As Integer
   Debug.Print TypeName(Variable1)
   Debug.Print TypeName(Variable2)
   Debug.Print TypeName(Variable3)
End Sub
```

Listing 4.9 Nicht für jede Variable wird ein Datentyp angegeben

Die Deklaration der Variablen Variable1, Variable2 und Variable3 könnte so aufgefasst werden, dass alle drei Variablen den Datentyp Integer besitzen. Das ist jedoch nicht der Fall, wie die Ausgaben der TypeName()-Funktionen zeigen. Für die ersten beiden Variablen wird *Empty* ausgegeben, und nur für Variable3 wird der Datentyp Integer angezeigt. *Empty* bedeutet in diesem Fall, dass es sich bei Variable1 und Variable2 um Variablen des Datentyps Variant handelt. Daraus folgt, dass für eine Variable, für die kein Datentyp angegeben wird, automatisch der Datentyp Variant zugewiesen wird. Sie sollten jedoch bei jeder Deklaration mit der Dim-Anweisung einen Datentyp angeben, auch wenn Sie Variablen des Datentyps Variant deklarieren wollen.

Grundsätzlich können Sie Dim-Anweisungen an einer beliebigen Stelle innerhalb der Prozedur einfügen, Sie müssen lediglich darauf achten, dass die Dim-Anweisung vor der ersten Verwendung der Variablen steht, die deklariert werden soll. Fügen Sie die Dim-Anweisung hinter der ersten Verwendung der Variablen ein, so wird diese implizit deklariert. Je nachdem, ob Sie die Anweisung Option Explicit verwenden, erhalten Sie entweder eine Fehlermeldung, weil die Variable nicht deklariert wurde oder weil Sie versuchen, eine weitere Variable mit dem gleichen Variablennamen zu deklarieren.

Es gibt zwei Philosophien, an welcher Stelle eine Dim-Anweisung eingefügt werden sollte. Eine davon besagt, dass alle Dim-Anweisungen am Anfang der Prozedur stehen sollen, weil das übersichtlicher ist. Nach der anderen Philosophie werden Dim-Anweisungen immer unmittelbar vor der ersten Verwendung der zu deklarierenden Variablen eingefügt, weil dadurch der direkte Bezug zwischen der Deklaration und der Variablen erfasst werden kann. Welche dieser beiden Philosophien Sie verwenden wollen, überlasse ich Ihnen. Ich empfehle Ihnen jedoch, alle Deklarationen am Anfang der Prozedur einzufügen, so wie es auch in diesem Buch gehandhabt wird.

Nun können Sie Variablen nicht nur in Prozeduren deklarieren, sondern auch außerhalb von Prozeduren. Man unterscheidet deshalb zwischen Variablen, die auf Prozedurebene, oder solchen, die auf Modulebene deklariert werden. Die Deklaration auf Modulebene können Sie durchführen, wenn Sie im Code-Fenster den Deklarationsbereich ausgewählt haben. Dazu wählen Sie im linken Listenfeld den Eintrag *(Allgemein)* und im rechten Listenfeld den Eintrag *(Deklarationen)* aus. Die Deklaration mit Hilfe der `Dim`-Anweisung funktioniert auf Modulebene genauso wie auf Prozedurebene, allerdings haben Variablen, die auf Modulebene deklariert werden, etwas andere Eigenschaften. Ein Beispiel soll dies verdeutlichen.

```
'Deklaration auf Modulebene
Option Explicit
Dim strValue As String

Sub Gueltigkeitsbereich()
   Modulebene
   Prozedurebene
   Debug.Print strValue
End Sub

Sub Modulebene()
   strValue = "strValue auf Modulebene"
   Debug.Print strValue
End Sub

Sub Prozedurebene()
   Dim strValue As String
   strValue = _
      "Prozedur Prozedurebene(): strValue auf Prozedurebene"
   Debug.Print strValue
End Sub
```

Listing 4.10 Unterschiedliche Gültigkeitsbereiche

In Listing 4.10 wird auf Modulebene die Variable `strValue` deklariert, und es werden drei Prozeduren angelegt. Die Hauptprozedur ist dabei die Prozedur

Gueltigkeitsbereich(). Unter dem Gültigkeitsbereich einer Variablen versteht man den Bereich, in dem auf eine Variable zugegriffen werden kann. Dabei spielt es eine entscheidende Rolle, ob die Variable auf Modulebene oder auf Prozedurebene deklariert wurde. Als Erstes wird in der Prozedur Gueltigkeitsbereich() die Prozedur Modulebene() aufgerufen. In dieser Prozedur wird der Variablen strValue eine Zeichenfolge zugewiesen. Da die Prozedur selbst keine Variablendeklaration für die Variable strValue enthält, wird die gleichnamige Variable benutzt, die auf Modulebene deklariert wurde. Als Nächstes wird die Prozedur Prozedurebene() aufgerufen. In dieser Prozedur wird ebenfalls eine Variable strValue deklariert und dieser Variablen ein neuer Wert zugewiesen. Als Letztes wird in der Prozedur Gueltigkeitsbereich() der Wert der Variablen strValue im Direktfenster ausgegeben. Interessanterweise ist der Wert derselbe wie derjenige, der in der Prozedur Modulebene() der Variablen strValue zugewiesen wurde, und nicht der Wert aus der Prozedur Prozedurebene().

Aus diesem Beispiel lassen sich nun folgende Schlussfolgerungen ziehen. Erstens ist eine Variable, die auf Modulebene deklariert wurde, in allen Prozeduren des selben Moduls verfügbar. Zweitens können auf Prozedurebene Variablen deklariert werden, die den gleichen Bezeichner haben wie Variablen, die auf Modulebene deklariert wurden. Dabei haben die auf Prozedurebene deklarierten Variablen Vorrang vor den auf Modulebene deklarierten. Und drittens behalten Variablen, die auf Modulebene deklariert wurden, den Wert bei, unabhängig davon, in welcher Prozedur sich die Programmausführung gerade befindet, während Variablen, die auf Prozedurebene deklariert wurden, nicht mehr existent sind, sobald die Prozedur verlassen wird. Man spricht in diesem Zusammenhang auch von einem globalen Gültigkeitsbereich bei Variablen, die auf Modulebene deklariert wurden, und einem lokalen Gültigkeitsbereich bei Variablen, die auf Prozedurebene deklariert wurden.

4.3 Verwenden von Variablen

Variablen sind eine äußerst praktische Sache, lassen sich doch Variablennamen an jeder beliebige Stelle einfügen, an denen Werte erwartet werden. Doch bevor Sie eine Variable verwenden können, müssen Sie erst einen Wert zuweisen. Ein Zuweisung ist folgendermaßen aufgebaut: Auf den Variablennamen folgt der Zuweisungsoperator in Form eines Gleichheitszeichens, und auf der rechten Seite des Zuweisungsoperators steht der Wert, welcher der Variablen zugewiesen werden soll. Werte können Variablen auf verschiedene Arten zugewiesen werden, zum Beispiel als Literale, als Rückgabewerte von Funktionen oder durch anderen Variablen. Allgemein gesprochen, kann auf der rechten Seite des Zuweisungsoperators jeder beliebige Ausdruck stehen, der nach vollständiger Auswertung einen Wert ergibt, der dem Datentyp der Variablen auf der linken Seite des Zuweisungsoperators entspricht.

```
Sub Wert_zuweisen1()
   Dim strValue As String
   strValue = "Zuweisung eines Literals"
   Debug.Print strValue
End Sub
```

Listing 4.11 Zuweisung eines Literals an eine Variable

In Listing 4.11 wird der Variablen `strValue` ein Literal zugewiesen. Ein Literal ist ein fester Wert, der auf der rechten Seite des Zuweisungsoperators steht. Es gibt verschiedene Typen von Literalen, wie Zeichenfolgenliterale, numerische Literale und Datums- und Zeitliterale. Der Variablen `strValue` wird ein Zeichenfolgenliteral zugewiesen. Zeichenfolgenliterale werden immer in doppelte Anführungszeichen gesetzt. Listing 4.12 zeigt die Zuweisung eines numerischen und eines Datums- und Zeitliterals.

```
Sub Wert_zuweisen2()
   Dim intValue As Integer
   Dim dateValue As Date
   intValue = 32621
   dateValue = #3/15/2005 12:07:35 PM#
   Debug.Print intValue
   Debug.Print dateValue
End Sub
```

Listing 4.12 Numerisches Literal und Datums- und Zeitliteral

Der Variablen `dateValue` wird ein Datums- und Zeitliteral zugewiesen. Datums- und Zeitliterale werden durch das Zeichen # eingeschlossen. Dagegen gibt es für numerische Literale keine besonderen Zeichen zur Begrenzung.

Wie bereits angesprochen, können Variablen auch die Werte anderer Variablen zugewiesen werden. Dabei müssen Sie lediglich darauf achten, dass die Datentypen der beiden Variablen kompatibel miteinander sind.

```
Sub Wert_zuweisen3()
   Dim intValue1 As Integer
   Dim intValue2 As Integer
   intValue1 = 32621
   intValue2 = intValue1
```

```
    Debug.Print intValue2
End Sub
```

Listing 4.13 Zuweisen des Wertes einer anderen Variablen

In Listing 4.13 wird zunächst einmal der Variablen `intValue1` ein numerisches Literal zugewiesen. Damit enthält die Variable den Wert *32621*. Nun wird die Variable `intValue1` auf der rechten Seite des Zuweisungsoperators verwendet. Dadurch wird der Wert der Variablen `intValue1` auf die Variable `intValue2` übertragen. Wie die Ausgabe der `Debug.Print`-Anweisung zeigt, enthält die Variable `intValue2` ebenfalls den Wert *32621*.

Zu guter Letzt möchte ich Ihnen noch zeigen, wie der Rückgabewert einer Funktion einer Variable zugewiesen wird. Der Rückgabewert einer Funktion repräsentiert das Ergebnis der Funktion und hat einen bestimmten Datentyp. Als Funktion wird `TypeName()` verwendet, die Sie bereits in Listing 4.8 und Listing 4.9 kennen gelernt haben.

```
Sub Wert_zuweisen4()
    Dim strValue As String
    Dim intValue As Integer
    strValue = TypeName(intValue)
    Debug.Print strValue
End Sub
```

Listing 4.14 Zuweisen des Rückgabewertes einer Funktion an eine Variable

Auch bei der Zuweisung eines Rückgabewertes einer Funktion an eine Variable muss der Datentyp beachtet werden. Die Funktion `TypeName()` liefert als Rückgabewert eine Zeichenfolge, also einen Wert des Datentyps `String`. Deshalb muss die Variable `strValue`, die den Rückgabewert aufnehmen soll, ebenfalls den Datentyp `String` besitzen.

Umgekehrt können Sie Variablen nicht nur Werte zuweisen, sondern den Variablennamen als Platzhalter für einen bestimmten Wert an jeder beliebigen Stelle Ihres VBA-Programms verwenden. Am häufigsten werden Variablen deshalb in Ausdrücken oder als Parameter verwendet. Listing 4.15 zeigt ein typisches Beispiel für die Verwendung von Variablen in Ausdrücken.

```
Sub Ausdruck()
    Dim intKleinerWert As Integer
    Dim intGrosserWert As Integer
    intKleinerWert = 12
    intGrosserWert = 23958
```

```
    Debug.Print intKleinerWert + intGrosserWert
    Debug.Print intKleinerWert - intGrosserWert
    Debug.Print intKleinerWert * intKleinerWert
End Sub
```

Listing 4.15 Verwendung von Variablen in Ausdrücken

Anstatt die Werte direkt für die mathematischen Berechnungen zu benutzen, werden die Variablen benutzt. Das hat den Vorteil, dass bei sich ändernden Werten die Ausdrücke weiterhin verwendet werden können. In gewisser Weise stellt die Verwendung von Variablen eine Verallgemeinerung von Ausdrücken dar, ähnlich wie es in der Algebra ist.

Aber nicht nur in Ausdrücken lassen sich Variablen verwenden, sondern auch als Parameter für Funktionsaufrufe.

```
Sub Parameter()
    Dim strMessage As String
    Dim intButtons As Integer
    Dim intReturnValue As Integer
    intButtons = 1
    strMessage = "Parameterübergabe durch eine Variable"
    intReturnValue = MsgBox(strMessage, intButtons)
End Sub
```

Listing 4.16 Parameterübergabe durch Variablen

Das Beispiel in Listing 4.16 zeigt, wie durch die Variablen `strMessage` und `intButtons` zwei Parameter an die `MsgBox`-Funktion übergeben werden. Die `MsgBox`-Funktion zeigt ein Meldungsfenster an. Der Text dieses Meldungsfensters ist in der Variablen `strMessage` gespeichert, während der Wert der Variablen `intButtons` über die Schaltflächen bestimmt, die in dem Meldungsfenster angezeigt werden. Probieren Sie doch einmal aus, welche Schaltflächen angezeigt werden, wenn die Variable `intButtons` den Wert zwei oder vier besitzt.

Eine ganz wichtige Eigenschaft von Variablen besteht darin, dass immer nur ein Wert gespeichert werden kann. Wird der Variablen ein neuer Wert zugewiesen, dann wird dadurch der alte Wert überschrieben und ist unwiederbringlich verloren. Diese Aussage erscheint trivial, aber es zeigt sich in der Praxis, dass die Vernachlässigung dieser Tatsache häufig zu Fehlern bei der Programmausführung führt. Im schlimmsten Fall bemerken Sie Fehlberechnungen gar nicht, die sich durch falsche Variablenwerte eingeschlichen haben.

Variablen besitzen sofort nach der Deklaration einen Wert und nicht erst, wenn Sie der Variablen zum ersten Mal einen Wert zuweisen. Variablen der numerischen Datentypen bekommen den Wert Null zugewiesen, und Variablen des Datentyps String werden mit einer leeren Zeichenfolge initialisiert. Doch selbst wenn Sie in Ihrem VBA-Programm mit diesen Standardwerten arbeiten wollen, sollten Sie die Variablen entsprechend initialisieren. Dadurch wird der Programmtext besser lesbar, denn es kann vollständig nachvollzogen werden, welchen Wert eine Variable besitzt. Ein Beispiel zur Initialisierung von Variablen sehen Sie in Listing 4.17.

```
Sub Initialisierung()
   Dim intInteger As Integer
   Dim strString As String
   intInteger = 0
   strString = ""
End Sub
```

Listing 4.17 Initialisierung von Variablen

4.4 Datenfelder

Wie Sie im vorhergehenden Unterkapitel gelernt haben, kann eine Variable nur einen Wert speichern. Es gibt aber auch Variablen mit mehreren Speicherplätzen. Solche Variablen werden als Datenfelder bezeichnet, häufig wird jedoch auch der englischsprachige Begriff Array verwendet. Die Anzahl der Werte, die in einem Datenfeld gespeichert werden können, hängt von der Anzahl der Speicherplätze ab. Diese wiederum können Sie bei der Deklaration eines Datenfelds festlegen. Die Deklaration eines Datenfelds unterscheidet sich nur unwesentlich von der Deklaration anderer Variablen.

```
Sub Datenfeld()
   Dim strAmpel(3) As String
   strAmpel(1) = "ROT"
   strAmpel(2) = "GELB"
   strAmpel(3) = "GRÜN"
   Debug.Print strAmpel(3)
   Debug.Print strAmpel(2)
   Debug.Print strAmpel(1)
End Sub
```

Listing 4.18 Deklaration eines Datenfelds

Wie in Listing 4.18 zu sehen, werden Datenfelder ebenfalls mit der Dim-Anweisung deklariert und erhalten dabei ebenfalls einen Datentyp. Dieser Datentyp gilt für alle Speicherplätze eines Datenfelds. Ein Datenfeld kann also mehrere Werte speichern, solange diese alle denselben Datentyp aufweisen. Was jedoch die Deklaration eines Datenfelds von der einer gewöhnlichen Variablen unterscheidet, sind die runden Klammern mit der eingeschlossenen Zahl am Ende des Bezeichners. Die Zahl gibt die Obergrenze für die Anzahl der Speicherplätze an, die das Datenfeld enthalten soll. Nach der Deklaration des Datenfelds `strAmpel` werden die Speicherplätze mit Werten gefüllt. Der Speicherplatz eins bekommt den Wert *ROT* zugewiesen, der Speicherplatz zwei den Wert *GELB* und der Speicherplatz drei den Wert *GRÜN*. Anschließend werden die Werte des Datenfelds mit den `Debug.Print`-Anweisungen ausgegeben.

Wie Sie anhand dieses Beispiels erkennen können, werden die Speicherplätze eines Datenfelds durchnummeriert, um einen strukturierten Zugriff auf die einzelnen Werte zu ermöglichen. Die Zahl, mit der der Zugriff auf einen bestimmten Speicherplatz erfolgt, wird als Index bezeichnet. Intuitiv würde jeder Mensch die Nummerierung der Speicherplätze mit der Zahl eins beginnen, aber Computer funktionieren nun einmal anders. Deshalb wird der erste Speicherplatz eines Datenfelds mit dem Indexwert null angesprochen. Bei der Verwendung des Datenfelds `strAmpel` in Listing 4.18 wird also ein Speicherplatz nicht genutzt. Sie sollten jedoch darauf achten, dass Sie die Obergrenze für die Indexwerte immer so wählen, dass das Datenfeld optimal ausgenutzt wird. Dadurch sparen Sie Speicherplatz im Arbeitsspeicher Ihres Computers.

Nun kommt es in der Praxis häufig vor, dass die Indizierung eines Datenfelds, die mit dem Index null beginnt, unvorteilhaft ist und deshalb zu Neuberechnungen der Indexwerte führt. VBA hat auf dieses Problem die richtige Antwort, indem es die Festsetzung einer beliebigen Unter- und Obergrenze für die Indizierung erlaubt. Zu diesem Zweck wird die Anweisung `To` benötigt, die wie in den Beispielen in Listing 4.19 verwendet wird.

```
Dim strZwerge(1 To 7) As String
Dim intWuerfel(1 To 6) As Integer
Dim intBelegnummer(100 To 200) As Integer
Dim sngThermometer(-50 To 80) As Single
```

Listing 4.19 Festlegen der Unter- und Obergrenzen mit der To-Anweisung

Mit der `To`-Anweisung können Sie Unter- und Obergrenze für die Indizierung eines Datenfelds frei festlegen und für den jeweiligen Verwendungszweck optimal anpassen. Dabei sind sogar negative Indizes möglich, wie das letzte Beispiel in Listing 4.19 zeigt.

Für die Verwendung von Datenfeldern in VBA-Programmen gelten die gleichen Regeln wie auch für jede andere Variable. Sie müssen lediglich darauf achten, immer einen korrekten Index anzugeben. Ein korrekter Index muss innerhalb der Indexgrenzen des Datenfelds liegen und den richtigen Wert des Datenfelds auswählen. Auf eine wichtige Besonderheit bei Datenfeldern möchte ich Sie noch hinweisen. So wie die Typenkennzeichen nicht zum Bezeichner einer Variablen gehören, so gehören auch die runden Klammern und der darin eingeschlossene Index nicht zum Bezeichner eines Datenfelds. Das ist für die Deklaration weiterer Variablen innerhalb desselben Gültigkeitsbereichs wichtig. So führt eine Variablendeklaration wie in Listing 4.20 zu einem Kompilierungsfehler.

```
Sub Datenfeld2()
    'Diese Prozedur demonstriert einen Kompilierungsfehler
    'und ist nicht lauffähig
    Dim strAmpel As String
    Dim strAmpel(3) As String
    strAmpel = "ROT"
    strAmpel(1) = "ROT"
    Debug.Print strAmpel
    Debug.Print strAmpel(1)
End Sub
```

Listing 4.20 Kompilierungsfehler durch gleiche Bezeichner

In der Prozedur `Datenfeld2()` werden eine Variable und ein Datenfeld mit dem gleichen Bezeichner deklariert, obwohl es optisch den Anschein hat, als seien diese Bezeichner verschieden. Durch die explizite Deklaration wird dieser Fehler schon während der Kompilierung erkannt.

4.5 Mehrdimensionale Datenfelder

Die Datenfelder, die Sie in dem vorangegangenen Unterkapitel kennen gelernt haben, kann man auch als eindimensionale Datenfelder bezeichnen. Die Dimension eines Datenfelds ergibt sich aus der Anzahl von Indizes, die für die Adressierung eines Speicherplatzes innerhalb des Datenfeldes benötigt werden. Für eindimensionale Datenfelder wird ein Index benötigt, für zweidimensionale zwei Indizes und so weiter. Listing 4.21 zeigt zwei Deklarationen von mehrdimensionalen Datenfeldern.

```
Dim intEineDimension(7) As Integer
Dim intZweiDimensionen(7, 3) As Integer
Dim intDreiDimensionen(7, 3, 4) As Integer
```

Listing 4.21 Deklarationen für ein ein-, zwei- und dreidimensionales Datenfeld

Bei mehrdimensionalen Datenfeldern werden innerhalb der runden Klammern weitere Indizes durch Kommata getrennt. Doch wie lässt sich nun die Datenstruktur eines mehrdimensionalen Datenfelds darstellen? Bei eindimensionalen Datenfeldern ist das noch recht einfach, kann man sich diese Datenstruktur als eine Aneinanderreihung von einzelnen Speicherplätzen vorstellen. Abbildung 4.4 zeigt eine Datenstruktur für das eindimensionales Datenfeld `intEineDimension`.

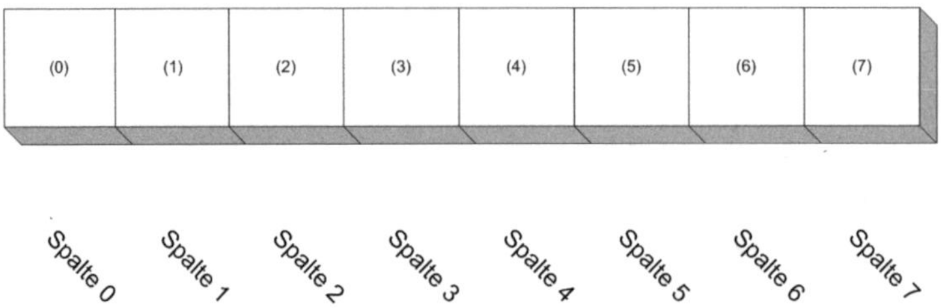

Abbildung 4.4 Datenstruktur eines eindimensionalen Datenfelds

Die Speicherplätze sind durchnummeriert, gemäß der Ober- und Untergrenze für den Index, in diesem Fall von null bis sieben. Die Datenstruktur kann also als eine Zeile mit acht Spalten beschrieben werden.

Durch Hinzunahme eines zweiten Index wird aus dem eindimensionalen Datenfeld ein zweidimensionales. Mit dem zweiten Index lassen sich mehrere Zeilen adressieren, wobei jede Zeile in gleich viele Spalten unterteilt ist. Die resultierende Datenstruktur ist in Abbildung 4.5 dargestellt.

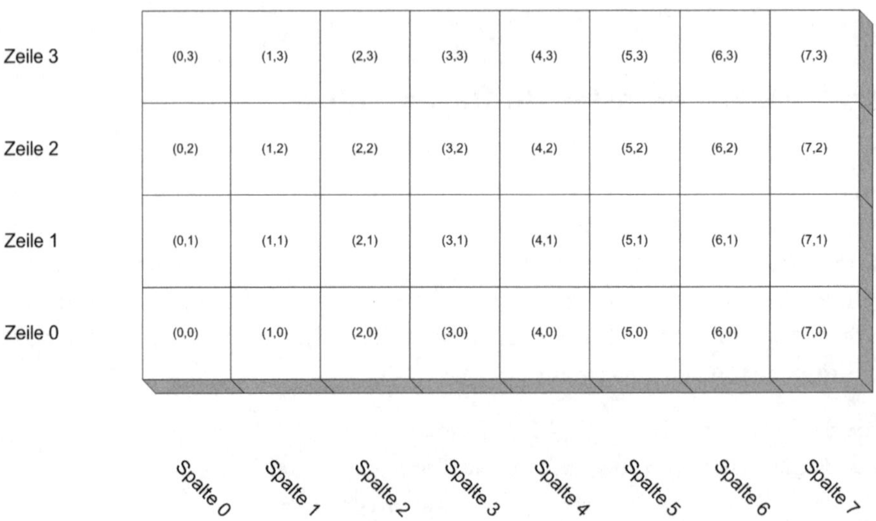

Abbildung 4.5 Datenstruktur eines zweidimensionalen Datenfelds

Um einen Speicherplatz in einem zweidimensionalen Datenfeld anzusprechen, benötigen Sie also die Angabe einer Spalte und einer Zeile. Dieses Prinzip kennen Sie vielleicht von einem Schachbrett oder von dem Spielfeld für »Schiffe versenken«.

Für die Auswahl eines Speicherplatzes in einem dreidimensionalen Datenfeld benötigen Sie noch einen weiteren Index. Entsprechend der Dimension des Datenfelds wird auch die Datenstruktur dreidimensional dargestellt. Abbildung 4.6 zeigt die dreidimensionale Datenstruktur für das Datenfeld `intDreiDimensionen` aus Listing 4.21.

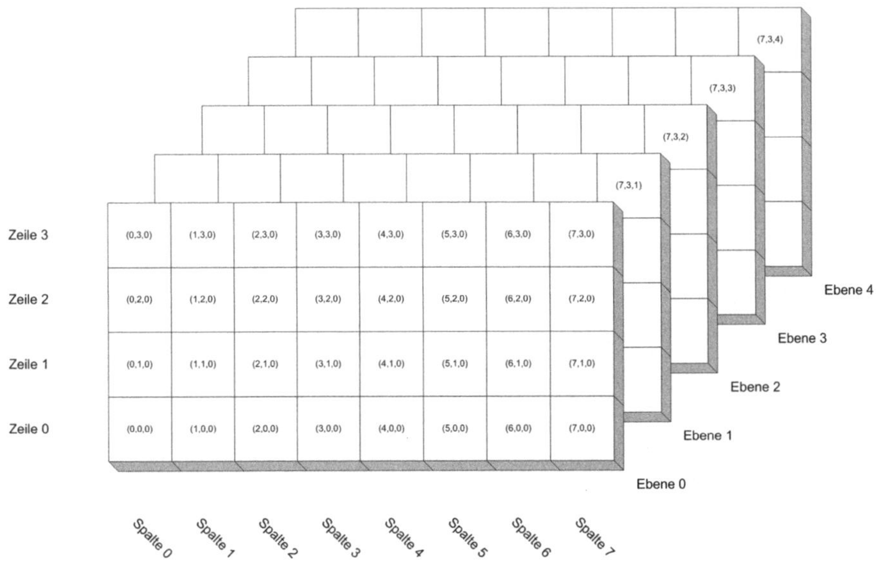

Abbildung 4.6 Datenstruktur eines dreidimensionalen Datenfelds

Mit dem dritten Index wird jeweils eine Ebene ausgewählt. Jede Ebene ist weiterhin in Zeilen und Spalten unterteilt. Ein Speicherplatz in einem dreidimensionalen Datenfeld ist also durch die Angabe einer Zeile, einer Spalte und einer Ebene eindeutig beschrieben.

In VBA sind mehrdimensionale Datenfelder mit bis zu 60 Dimensionen möglich. Doch schon ab der vierten Dimension wird es schwierig, ein solches Datenfeld grafisch darzustellen, ganz zu schweigen von der Tatsache, dass allein die Vorstellung einer solchen Datenstruktur den meisten Menschen Probleme bereitet. Deshalb sollten Sie die Anzahl der Dimensionen in einem mehrdimensionalen Datenfeld immer so gering wie möglich halten. Dafür spricht nicht nur die bessere Handhabung und die einfachere Darstellung der Datenstrukturen, sondern auch die Minimierung des Speicherbedarfs für das jeweilige Datenfeld. Anhand der Datenfelder aus Listing 4.21 werde ich Ihnen zeigen, wie rasant der Speicherbedarf ansteigt, wenn der letzte Index des jeweiligen Datenfelds um eins erhöht wird.

Bei einem eindimensionalen Datenfeld entspricht der Speicherbedarf der Anzahl der Speicherplätze, multipliziert mit dem Speicherbedarf für den jeweiligen Datentyp der Elemente des Datenfelds. Die Elemente des Datenfelds `intEineDimension(7)` sind vom Datentyp `Integer`. Um einen Wert vom Datentyp `Integer` zu speichern, werden zwei Byte benötigt. Da das Datenfeld `intEineDimension(7)` insgesamt acht Werte des Datentyps `Integer` speichern kann, belegt das Datenfeld also 16 Byte im Arbeitsspeicher Ihres Computers. Durch eine Erhöhung des Index um eins steigt der Speicherbedarf für dieses Datenfeld um zwei Byte an.

Wird der letzte Index des Datenfelds `intZweiDimensionen(7,3)` erhöht, so bedeutet das, dass eine weitere Zeile der Datenstruktur hinzugefügt wird. Da jede Zeile acht Spalten und damit acht Speicherplätze enthält, erhöht sich also der Speicherbedarf für das Datenfeld `intZweiDimensionen(7,4)` um 16 Byte. Der Speicherbedarf für das gesamte Datenfeld erhöht sich von 64 Byte auf 80 Byte.

Noch stärker wirkt sich die Erhöhung des letzten Index im Datenfeld `intDreiDimensionen(7,3,4)` aus, denn das bedeutet, dass der Datenstruktur eine weitere Ebene hinzugefügt wird. Da jede Ebene aus acht Spalten und vier Zeilen besteht, wird mit jeder zusätzlichen Ebene der Speicherbedarf um 64 Bytes erhöht. Auf den gesamten Speicherbedarf bezogen, ist das einer Erhöhung von 320 Byte auf 384 Byte.

Je mehr Dimensionen ein Datenfeld besitzt, desto mehr wirkt sich die Erhöhung eines der Indizes aus. Schon eine kleine Änderung bedeutet eine starke Erhöhung des Speicherbedarfs. Deshalb sollten Sie nicht nur die Anzahl der Dimensionen so gering wie möglich halten, sondern auch die Indizes so klein wie möglich wählen.

Bei der Deklaration von mehrdimensionalen Datenfeldern können Sie ebenfalls die `To`-Anweisung verwenden. Dabei spielt es keine Rolle, ob Sie die `To`-Anweisung nur für einen oder für alle Indizes des Datenfelds verwenden. Listing 4.22 zeigt einige Beispiele für die mögliche Verwendung der `To`-Anweisung.

```
Dim intZweiDimensionen(3 To 5, -1 To 12) As Integer
Dim intDreiDimensionen(5, 10 To 20, 7) As Integer
Dim intDreiDimensionen(1 To 2, 1 To 2, 8) As Integer
```

Listing 4.22 Beispiele für die Verwendung der To-Anweisung

Wie schon bei eindimensionalen Datenfeldern sind auch hier negative Indexwerte möglich. An der Datenstruktur ändert sich dadurch nichts, die Elemente des Datenfelds werden einfach nur anders nummeriert.

Für die Verwendung von mehrdimensionalen Datenfeldern gelten dieselben Regeln wie für eindimensionale Datenfelder auch. Insbesondere können mehrdimensionale Datenfelder an jeder Stelle im Programmtext verwendet werden, an der Sie auch eine Variable verwenden können. In Listing 4.23 zeige ich Ihnen die Verwendung eines zweidimensionalen Datenfelds zur Speicherung von Telefon- und Faxnummer für eine bestimmte Person und wie auf diese Daten zugegriffen wird.

```
Sub Telefonnummern()
   Dim strDaten(4, 2) As String
   Dim intIndex As Integer
   'Namen
   strDaten(0, 0) = "Maier"
   strDaten(1, 0) = "Schulze"
   strDaten(2, 0) = "Fischer"
   strDaten(3, 0) = "Wolf"
   strDaten(4, 0) = "Brenner"
   'Telefonnummern
   strDaten(0, 1) = "089 / 238946"
   strDaten(1, 1) = "030 / 978345"
   strDaten(2, 1) = "0221 / 523487"
   strDaten(3, 1) = "0711 / 263789"
   strDaten(4, 1) = "0521 / 346872"
   'Faxnummern
   strDaten(0, 2) = "089 / 238949"
   strDaten(1, 2) = "030 / 978343"
   strDaten(2, 2) = "0221 / 523481"
   strDaten(3, 2) = "0711 / 263788"
   strDaten(4, 2) = "0521 / 346870"
   For intIndex = 0 To 4
      Debug.Print "Name:    " & strDaten(intIndex, 0)
      Debug.Print "Telefon: " & strDaten(intIndex, 1)
      Debug.Print "Telefax: " & strDaten(intIndex, 2)
      Debug.Print
   Next intIndex
End Sub
```

Listing 4.23 Verwendung eines zweidimensionalen Datenfelds

Das zweidimensionale Datenfeld `strDaten` soll die Datensätze, bestehend aus Name, Telefonnummer und Faxnummer, speichern. Mit dem ersten Index wird jeweils ein Datensatz ausgewählt. Da der erste Index die Grenzen null bis vier besitzt, können bis zu fünf Datensätze in dem Datenfeld gespeichert werden. Über den zweiten Index werden die einzelnen Daten des Datensatzes angesprochen. Unter dem Indexwert null werden die Namen gespeichert, unter dem Indexwert eins die Telefonnummern und unter dem Indexwert zwei werden die Faxnummern abgelegt. Nachdem die Werte dem Datenfeld `strDaten` zugewiesen wurden, werden die Datensätze im Direktfenster ausgegeben. Dabei ist darauf zu achten, dass immer die zusammengehörenden Daten ausgegeben werden. Das wird erreicht, indem innerhalb der `For ... Next`-Schleife der erste Index konstant gehalten wird, während der zweite Index den vollen Indexbereich durchläuft und so alle Daten eines Datensatzes ausgibt. Erst danach wird der erste Index erhöht und damit ein neuer Datensatz ausgewählt.

4.6 Konstanten

Konstanten sind eine Sonderform von Variablen, die in den ersten drei Unterkapiteln besprochen wurden. So besitzen Konstanten ebenfalls einen Datentyp und einen Gültigkeitsbereich und müssen deklariert werden. Die Deklaration einer Konstanten erfolgt jedoch nicht mit dem Schlüsselwort `Dim`, sondern mit dem Schlüsselwort `Const`. Eine typische Deklaration einer Konstanten ist in Listing 4.24 dargestellt.

```
Const constMehrwertsteuer As Integer = 16
```

Listing 4.24 Deklaration einer Konstanten

Auf das Schlüsselwort `Const` folgt der Bezeichner für die Konstante. Für Bezeichner von Konstanten gelten dieselben Regeln wie auch für Variablen. Allerdings erhalten die Bezeichner das Präfix `con` oder `const`, um eindeutig darauf hinzuweisen, dass es sich um eine Konstante handelt. Wie bei Deklarationen üblich wird nach dem Bezeichner ein Datentyp angegeben. Ungewohnt ist dagegen die Zuweisung eines Wertes am Ende der Deklaration. Das hängt mit dem speziellen Charakter einer Konstanten zusammen. Konstanten können, im Gegensatz zu Variablen, nur einmal einen Wert zugewiesen bekommen, der danach nicht mehr veränderbar ist. Dieser Wert wird gleich bei der Deklaration angegeben, es können also keine Konstanten deklariert werden, die keinen Wert oder nur einen Standardwert besitzen.

Bei der Deklaration ist keine Angabe eines Datentyps erforderlich, es empfiehlt sich jedoch, einen Datentyp anzugeben, um Typumwandlungen während der Verarbeitung der Konstanten zu vermeiden. Falls Sie keinen Datentyp angeben, versucht VBA aus dem zugewiesenen Wert einen passenden Datentyp für die Konstante zu ermitteln. Dabei nimmt VBA nicht immer den kleinstmöglichen Datentyp, wie das Beispiel in Listing 4.25 verdeutlicht.


```
Sub Datentyp_Konstante()
   Const constString = "Eine Zeichenfolge"
   Const constDate = #3/24/2005 3:24:35 PM#
   Const constInteger = 277
   Const constByte = 200
   Const constSingle = 1.7356234
   Debug.Print TypeName(constString)
   Debug.Print TypeName(constDate)
   Debug.Print TypeName(constInteger)
   Debug.Print TypeName(constByte)
   Debug.Print TypeName(constSingle)
End Sub
```

Listing 4.25 Datentypen von Konstanten, die durch VBA zugewiesen wurden

In der Prozedur `Datentyp_Konstante()` werden einige Konstanten definiert, jedoch ohne die explizite Angabe eines Datentyps. Die Zuweisung eines Datentyps wird damit automatisch von VBA selbst übernommen. Mit Hilfe der Funktion `TypeName()` werden die zugewiesenen Datentypen der Konstanten ermittelt und im Direktfenster ausgegeben. Während `constString` und `constDate` genau die Datentypen aufweisen, die zu erwarten waren, gibt es bei `constByte` eine Überraschung. Obwohl der Wert 200 mit dem Datentyp `Byte` dargestellt werden könnte, hat VBA der Konstanten den Datentyp `Integer` gegeben. Ähnlich verhält es sich auch mit der Konstanten `constSingle`, die den Datentyp `Double` besitzt. Um sich des Datentyps einer Konstanten sicher zu sein, sollten Sie deshalb immer selbst einen Datentyp vergeben.

Möglicherweise fragen Sie sich, worin der Vorteil einer Konstanten gegenüber einer Variablen liegt. Schließlich könnte doch auch einfach eine Variable deklariert werden, deren Wert während der Programmausführung nicht verändert wird. Im Prinzip ist das auch richtig, doch sind Variablen nicht gegen eine unbeabsichtigte Veränderung geschützt. Würden Sie jedoch versuchen, einer Konstanten außerhalb der Deklaration einen Wert zuzuweisen, so würden Sie bereits während der Kompilierung eine Fehlermeldung erhalten.

Es gibt zwei wichtige Anwendungsbereiche für Konstanten. Zum einen kann abstrakten Werten durch den Bezeichner einer Konstanten ein erklärender Name zugewiesen werden. So werden wahrscheinlich die wenigsten von Ihnen auf Anhieb erkennen, um welchen Wert es sich bei der Zahl 6.2831853071 handelt, mit der Konstanten `constPi_mal_zwei` ist das dagegen schon viel klarer. Ihr Programmtext wird durch die Verwendung von Konstanten besser lesbar. Zum anderen haben Konstanten den Vorteil, dass der Wert, der hinter der Konstanten steht, nur an einer Stelle im Programm geschrieben werden muss, nämlich bei der Deklaration der Konstanten. Stellen Sie sich vor, Sie hätten in Ihrem VBA-Programm viele Berechnungen, in denen der Wert 6.2831853071 verwendet wird. Wollten Sie nun die Genauigkeit Ihrer Berechnungen erhöhen, indem Sie statt des Wertes 6.2831853071 den Wert 6.2831853071795864 verwenden, dann müssten Sie im gesamten Programmtext den alten Wert durch den neuen ersetzen. Verwenden Sie jedoch in Ihren Berechnungen eine Konstante für den Wert 6.2831853071, so müssen Sie nur die Deklaration der Konstanten anpassen.

4.7 Aufgaben und Übungen

1. Nennen Sie alle Datentypen der Programmiersprache VBA.
2. Welche Merkmale zeichnen den Datentyp `Variant` gegenüber allen anderen Datentypen aus?
3. Erklären Sie den Unterschied zwischen Variablen des Datentyps `String` mit fester Länge und Variablen des Datentyps `String` mit variabler Länge.
4. Erklären Sie den Unterschied zwischen impliziter und expliziter Deklaration.
5. Deklarieren Sie die folgenden Variablen innerhalb einer Prozedur namens `Deklarationen()`. Benutzen Sie dabei das jeweils korrekte Präfix.
   - Variable1: Datentyp `String`, explizite Deklaration
   - Variable2: Datentyp `Long`, implizite Deklaration
   - Variable3: Datentyp `Variant`, implizite Deklaration
   - Variable4: Datentyp `Variant`, explizite Deklaration
   - Variable5: Datentyp `Currency`, implizite Deklaration
   - Variable6: Datentyp `Boolean`, explizite Deklaration
6. Erklären Sie den Unterschied zwischen Variablen, die auf Modulebene beziehungsweise auf Prozedurebene deklariert wurden.
7. Welche Typen von Literalen kennen Sie? Wie werden diese Literale voneinander unterschieden?
8. Deklarieren Sie die folgenden Datenfelder in einer Prozedur namens `Datenfeld_Deklarationen()`. Benutzen Sie dabei das jeweils korrekte Präfix.
   - Datenfeld1: Datentyp `Integer`, sieben Spalten, drei Zeilen
   - Datenfeld2: Datentyp `String`, eine Spalte, zehn Zeilen, sechs Ebenen

- Datenfeld3: Datentyp `Byte`, Index von 10 bis 12
- Datenfeld4: Datentyp `Currency`, vier Spalten, zwei Zeilen

9. Berechnen Sie den Speicherbedarf der folgenden Datenfelder.
   - `Dim intDatenfeld1(9, 5, 6) As Integer`
   - `Dim lngDatenfeld2(2, 2) As Long`
   - `Dim dateDatenfeld3(5, 3 To 7, 23 To 25) As Date`
   - `Dim curDatenfeld4(100, -10 To 10) As Currency`
10. Welches sind die Hauptunterscheidungsmerkmale zwischen Variablen und Konstanten? Worin liegen die Gemeinsamkeiten?

5 Operatoren

Zu den wichtigsten Elementen jeder Programmiersprache gehören die Operatoren. Operatoren dienen der Verknüpfung von Daten und der Bildung von Ausdrücken. Welche Operatoren die Programmiersprache VBA bereithält, werden Sie in diesem Kapitel erfahren.

Stellen Sie sich vor, Sie verwenden in Ihrem VBA-Programm zwei Variablen `intWert1 = 14` und `intWert2 = 28`. Nun möchten Sie aus diesen beiden Werten die Summe bilden. Sie müssen also die beiden Werte so miteinander verknüpfen, dass die Summe berechnet wird. In der Mathematik würden Sie dafür das Pluszeichen zwischen die beiden Variablen setzen. Aber auch in der Programmiersprache VBA steht das Pluszeichen für den so genannten Additionsoperator, so dass sich der Ausdruck `intWert1 + intWert2` ergibt. Der Additionsoperator verknüpft die Werte der beiden Variablen so, dass die Summe der Werte berechnet wird.

Auf der rechten und der linken Seite des Additionsoperators kann jeweils ein Ausdruck stehen. Ausdrücke können aus Variablen, Konstanten, Literalen und Funktionen bestehen, die eventuell mit weiteren Operatoren verknüpft sind. In Listing 5.1 sind einige Beispiele für Ausdrücke dargestellt.

```
intValue
64534
constValue
intValue + 64534
intValue + constValue
64534 + Sin(1.3)
```

Listing 5.1 Verschiedene Ausdrücke

Diese Beispiele von Ausdrücken sind recht einfach, aber ein Ausdruck kann auch sehr komplexe Formen annehmen. Je komplexer der Ausdruck, desto mehr Operatoren sind enthalten. Die Möglichkeit, mit Operatoren beliebig komplexe Ausdrücke zu erstellen, versetzt Sie als Programmierer erst in die Lage, nahezu jede beliebige Art von Berechnung durchzuführen.

VBA enthält eine ziemlich große Anzahl an Operatoren, die sich in Gruppen einteilen lassen, wobei funktional ähnliche Operatoren derselben Gruppe angehören. Die folgenden Unterkapitel beschäftigen sich mit jeweils einer dieser Operatorengruppen.

5.1 Arithmetische Operatoren

Der Additionsoperator, von dem bereits die Rede war, gehört zu der Gruppe der arithmetischen Operatoren. Mit den arithmetischen Operatoren lassen sich die grundlegenden mathematischen Berechnungen durchführen. Tabelle 5.1 führt alle Operatoren dieser Operatorengruppe auf. Zudem werden Beispiele gezeigt, wie zwei beliebige Ausdrücke `A` und `B` mit diesen Operatoren verknüpft werden.

Operator	Bezeichnung	Beispiel
`^`	Potenz	`A ^ B`
`*`	Multiplikation	`A * B`
`/`	Division	`A / B`
`\`	Ganzzahldivision	`A \ B`
`Mod`	Modulo	`A Mod B`
`+`	Addition	`A + B`
`-`	Subtraktion/Negation	`A - B` oder `-A`

Tabelle 5.1 Arithmetische Operatoren in VBA

Die Verwendung der arithmetischen Operatoren ist denkbar einfach und größtenteils aus der Mathematik bekannt. Lediglich die Zeichen der Operatoren sind andere, als in der Mathematik. Die meisten der arithmetischen Operatoren sind binäre Operatoren, das heißt, dass auf beiden Seiten des Operators ein Ausdruck stehen muss. Einzig der Negationsoperator ist ein so genannter unärer Operator, bei dem nur auf der rechten Seite ein Ausdruck steht. Ich möchte nun kurz auf jeden einzelnen der Operatoren eingeben und seine Arbeitsweise durch jeweils eine Funktion erläutern. Diese Funktionen können Sie in Ihre eigenen Berechnungen einbinden, wann immer Sie eine arithmetische Operation mit zwei Ausdrücken durchführen wollen. Um die Arbeitsweise der Funktionen zu testen, geben Sie den Funktionsaufruf in das Direktfenster ein, zum Beispiel `Print Potenz(2, 16)`, und drücken danach die Taste [↵].

```
Function Potenz(dblBasis As Double, dblExponent As Double) _
As Double
   If dblBasis < 0 Then
      Potenz = dblBasis ^ Int(dblExponent)
   Else
      Potenz = dblBasis ^ dblExponent
```

```
    End If
End Function
```

Listing 5.2 Verwendung des Potenzoperators

Zur Potenzbildung können beliebige numerische Ausdrücke verwendet werden, deshalb sind die Argumente der Funktion `Potenz()` mit einem möglichst großen Wertebereich versehen, der durch die Verwendung des Datentyps `Double` entsteht. Bei der Potenzbildung selbst ist zu beachten, dass die Basis, also der Ausdruck auf der linken Seite des Potenzoperators, nur dann negativ sein kann, wenn der Exponent eine Ganzzahl ist. Der erste Zweig der `If`-Anweisung trägt diesem Umstand Rechnung, indem bei negativer Basis der Exponent automatisch in eine Ganzzahl umgewandelt wird.

Völlig unproblematisch ist die Verwendung des Multiplikationsoperators, denn es können ohne Ausnahme zwei beliebige numerische Ausdrücke miteinander verknüpft werden. Eine Behandlung von Sonderfällen ist deshalb innerhalb der Funktion `Multiplikation()` nicht erforderlich.

```
Function Multiplikation(dblFaktor1 As Double, dblFaktor2 _
As Double) As Double
    Multiplikation = dblFaktor1 * dblFaktor2
End Function
```

Listing 5.3 Verwendung des Multiplikationsoperators

Ebenso einfach wie eine Multiplikation kann eine Division durchgeführt werden. Allerdings muss ein Sonderfall berücksichtigt werden, nämlich dass der Divisor nicht null sein darf, da eine Division durch null nicht definiert ist. Ansonsten können auch für die Division beliebige numerische Ausdrücke verwendet werden.

```
Function Division(dblDivident As Double, dblDivisor As Double) _
As Double
    If dblDivisor = 0 Then
        MsgBox "Division nicht möglich!"
    Else
        Division = dblDivident / dblDivisor
    End If
End Function
```

Listing 5.4 Verwendung des Divisionsoperators

Eine Division der besonderen Art wird mit dem Ganzzahldivisions-Operator durchgeführt.

```
Function Ganzzahldivision(dblDivident As Double, dblDivisor _
As Double) As Long
   If dblDivisor = 0 Then
      MsgBox "Ganzzahldivision nicht möglich!"
   Else
      Ganzzahldivision = dblDivident \ dblDivisor
   End If
End Function
```

Listing 5.5 Verwendung des Ganzzahldivisions-Operators

Vor der eigentlichen Division werden die Argumente in einen der Datentypen `Byte`, `Integer` oder `Long` umgewandelt. Auch das Ergebnis der Division wird in einen dieser Datentypen konvertiert. So erhalten Sie als Resultat dieser Operation eine Ganzzahl, die ohne Rest angibt, wie oft sich der Divident durch den Divisor teilen lässt.

Quasi das Gegenstück zum Ganzzahldivisions-Operator ist der Modulo-Operator. Mit diesem Operator können Sie ermitteln, wie groß der Rest ist, der sich nach einer Ganzzahldivision ergibt. Ein Beispiel: Sie teilen die Zahl Zwölf durch die Zahl Acht. Die Ganzzahldivision liefert als Ergebnis die Zahl Eins, denn die Zahl Acht geht nur einmal in die Zahl Zwölf. Der Rest dieser Berechnung ist die Zahl Vier. Das ist auch gleichzeitig das Ergebnis der Modulo-Operation. Das Resultat ist immer kleiner als der Divisor. Wie schon bei der Ganzzahldivision werden Divident, Divisor und Ergebnis in einen der Datentypen `Byte`, `Integer` oder `Long` umgewandelt.

```
Function Modulo(dblDivident As Double, dblDivisor As Double) _
As Long
   If dblDivisor = 0 Then
      MsgBox "Modulo-Operation nicht möglich!"
   Else
      Modulo = dblDivident Mod dblDivisor
   End If
End Function
```

Listing 5.6 Verwendung des Modulo-Operators

Wie bei allen Divisionsoperationen, so muss auch bei der Modulo-Operation darauf geachtet werden, dass der Divisor ungleich null ist.

Wiederum vollkommen unproblematisch ist die Verwendung des Additionsoperators, da keine Sonderfälle beachtet werden müssen. Entsprechend einfach gestaltet sich auch die Funktion `Additon()`.

```
Function Addition(dblSummand1 As Double, dblSummand2 _
As Double) As Double
   Addition = dblSummand1 + dblSummand2
End Function
```

Listing 5.7 Verwendung des Additionsoperators

Das Ergebnis der Addition ist die Summe der beiden Summanden, die als Argumente übergeben werden. Ohne Einschränkung können die beiden Argumente jeden beliebigen numerischen Wert annehmen.

Das Minuszeichen erfüllt in der Programmiersprache VBA eine Doppelfunktion als Subtraktions- und Negationsoperator. Unterschieden werden diese beiden Operatoren durch die Anzahl der Ausdrücke, die verknüpft werden. Werden zwei Ausdrücke durch ein Minuszeichen verbunden, so handelt es sich um den Subtraktionsoperator, während nur ein Ausdruck auf der rechten Seite auf den Negationsoperator hinweist. Entsprechend der Doppelnatur des Minuszeichens müssen zwei Funktionen geschrieben werden.

```
Function Subtraktion(dblMinuend As Double, dblSubtrahend _
As Double) As Double
   Subtraktion = dblMinuend - dblSubtrahend
End Function
```

Listing 5.8 Verwendung des Subtraktionsoperators

```
Function Negation(dblWert As Double) As Double
   Negation = -dblWert
End Function
```

Listing 5.9 Verwendung des Negationsoperators

Die Funktion `Negation()` benötigt nur ein Argument, da der Negationsoperator ein unärer Operator ist. Durch die Negation wird das Vorzeichen des Arguments `dblWert` umgekehrt, das heißt, dass positive Werte negativ werden und negative Werte positiv.

5.2 Vergleichsoperatoren

Ebenfalls aus der Schulzeit bekannt sollten die Vergleichsoperatoren sein, mit denen Ungleichungen formuliert werden. Diese Operatoren sind durchweg binär, was auch offensichtlich ist, denn für einen Vergleich werden zwei Ausdrücke benötigt. In Tabelle 5.2 werden die Vergleichsoperatoren aufgeführt.

Operator	Bezeichnung	Beispiel
`<`	kleiner als	`A < B`
`<=`	kleiner oder gleich	`A <= B`
`>`	größer als	`A > B`
`>=`	größer oder gleich	`A >= B`
`=`	gleich	`A = B`
`<>`	ungleich	`A <> B`
`Is`	Is	`Obj1 Is Obj2`
`Like`	Like	`Zeichenfolge Like Muster`

Tabelle 5.2 Vergleichsoperatoren in VBA

Die Operatoren `Is` und `Like` gehören nicht zu den klassischen Vergleichsoperatoren, die in der Mathematik verwendet werden. Mit dem `Is`-Operator können Sie zwei Objektvariablen daraufhin vergleichen, ob diese auf dasselbe Objekt verweisen. Dieser Operator ergibt sich also aus den Anforderungen einer objektorientierten Programmiersprache. Da Objekte bis zum jetzigen Zeitpunkt noch nicht eingeführt wurden, werde ich nicht weiter auf den `Is`-Operator eingehen. Ebenso wenig werde ich den `Like`-Operator beschreiben, mit dem Zeichenfolgen mit einem Zeichenfolgenmuster verglichen werden. Dieser Operator wird vor allem in der Ähnlichkeitssuche verwendet. Wenn Sie sich mit der Abfragesprache SQL (Structured Query Language) auskennen, dann finden Sie dort ein ähnliches Konstrukt, das ebenfalls *LIKE* heißt.

Doch nun zurück zu den mathematisch relevanten Vergleichsoperatoren. Diese Operatoren vergleichen zwei Ausdrücke in einer definierten Weise miteinander. Liefert der Vergleich ein positives Ergebnis, dann gibt die Vergleichsoperation den booleschen Wert `True` zurück, ansonsten `False`. Es können beliebige numerische Ausdrücke und Zeichenfolgenausdrücke miteinander verglichen werden. Dabei müssen Sie nur darauf achten, dass innerhalb einer Vergleichsoperation nur numerische Ausdrücke oder nur Zeichenfolgenausdrücke verwendet werden, um einen sinnvollen Vergleich zu ermöglichen. Allerdings steht es Ihnen frei, den numerischen Ausdruck *1234* mit der Zeichenfolge *ABCD* zu vergleichen. Wie jedoch das Ergebnis dieses Vergleichs zu interpretieren ist, bleibt ganz alleine Ihnen überlassen.

Damit die Funktionen zur Veranschaulichung der Vergleichsoperatoren universell einsetzbar sind, das heißt, sowohl numerische Ausdrücke als auch Zeichenfolgenausdrücke miteinander verglichen werden können, werden die Argumente mit dem Datentyp Variant deklariert. Da die Bezeichnungen der Vergleichsoperatoren für sich selbst sprechen und damit keine weiteren Erklärungen erfordern, werde ich mich darauf beschränken, Ihnen nur die Funktionen zu präsentieren.


```
Function KleinerAls(varWert1 As Variant, varWert2 As Variant) _
As Boolean
   KleinerAls = varWert1 < varWert2
End Function
```

Listing 5.10 Verwendung des Vergleichsoperators »kleiner als«

```
Function KleinerOderGleich(varWert1 As Variant, varWert2 As _
Variant) As Boolean
   KleinerOderGleich = varWert1 <= varWert2
End Function
```

Listing 5.11 Verwendung des Vergleichsoperators »kleiner oder gleich«

```
Function GroesserAls(varWert1 As Variant, varWert2 As Variant) _
As Boolean
   GroesserAls = varWert1 > varWert2
End Function
```

Listing 5.12 Verwendung des Vergleichsoperators »größer als«

```
Function GroesserOderGleich(varWert1 As Variant, varWert2 _
As Variant) As Boolean
   GroesserOderGleich = varWert1 > varWert2
End Function
```

Listing 5.13 Verwendung des Vergleichsoperators »größer oder gleich«

```
Function Gleich(varWert1 As Variant, varWert2 As Variant) _
As Boolean
   Gleich = varWert1 = varWert2
End Function
```

Listing 5.14 Verwendung des Vergleichsoperators »gleich«

```
Function Ungleich(varWert1 As Variant, varWert2 As Variant) _
As Boolean
   Ungleich = varWert1 <> varWert2
End Function
```

Listing 5.15 Verwendung des Vergleichsoperators »ungleich«

5.3 Logische Operatoren

Vielleicht etwas weniger bekannt, aber in einer Programmiersprache eminent wichtig, sind die logischen Operatoren. Mit dieser Operatorengruppe werden hauptsächlich Bedingungen formuliert, aber auch Operationen auf Bitebene sind möglich. Im Rahmen dieses Einsteigerbuches werde ich mich jedoch auf den Aspekt der logischen Verknüpfung von Ausdrücken beschränken, der den Hauptanwendungsbereich dieser Operatorengruppe ausmacht. Tabelle 5.3 bietet Ihnen zunächst einmal eine Übersicht über die logischen Operatoren der Programmiersprache VBA.

Operator	Bezeichnung	Beispiel
`And`	Konjunktion	`A And B`
`Eqv`	Äquivalenz	`A Eqv B`
`Imp`	Implikation	`A Imp B`
`Not`	Negation	`Not A`
`Or`	Disjunktion	`A Or B`
`Xor`	Antivalenz	`A Xor B`

Tabelle 5.3 Logische Operatoren in VBA

Wie Sie der dritten Spalte der Tabelle 5.3 entnehmen können, sind auch die meisten logischen Operatoren binäre Operatoren. Lediglich der Negationsoperator ist ein unärer Operator. Verwechseln Sie aber nicht den arithmetischen Negationsoperator mit dem logischen Negationsoperator. Trotz desselben Namens sind diese beiden Operatoren sowohl im Anwendungsbereich als auch im Ergebnisbereich absolut unterschiedlich.

Die logischen Operatoren arbeiten nur mit booleschen Werten, also mit `True` und `False`. Entsprechend ist das Ergebnis einer Verknüpfung mit den logischen Operatoren ebenfalls `True` oder `False`. Sie können im Zusammenhang mit logischen Operatoren nur Ausdrücke verwenden, die sich zu einem booleschen Wert auswerten lassen.

Die Ergebnisse einer logischen Verknüpfung lassen sich in einer so genannten Wahrheitswerttabelle darstellen. Die Wahrheitswerttabelle zeigt alle möglichen Kombinationen der booleschen Werte der Ausdrücke und den jeweiligen booleschen Wert, der sich nach der Verknüpfung mit einem logischen Operator ergibt. Für alle logischen Operatoren werde ich neben den entsprechenden Funktionen auch die Wahrheitswerttabelle angeben.

Die Konjunktion, repräsentiert durch den And-Operator, liefert nur dann das Ergebnis True, wenn sowohl der Ausdruck auf der linken Seite als auch der Ausdruck auf der rechten Seite des Operators den Wert True annimmt. In allen anderen Fällen ist das Ergebnis False. Diese Aussage können Sie anhand der Wahrheitswerttabelle in Tabelle 5.4 nachvollziehen.

Ausdruck A	**Ausdruck** B	**Ergebnis** A And B
False	False	False
False	True	False
True	False	False
True	True	True

Tabelle 5.4 Wahrheitswerttabelle der Konjunktion

Die Funktionen für die logischen Operatoren gestalten sich sehr einfach. Sowohl die Argumente wie auch der Rückgabewert der Funktionen sind vom Datentyp Boolean. Zudem gibt es bei den logischen Operatoren keine Sonderfälle, die innerhalb der Funktionen berücksichtigt werden müssen. Die Funktion für den Konjunktionsoperator ist in Listing 5.16 angegeben.

```
Function Konjunktion(varWert1 As Boolean, varWert2 As Boolean) _
As Boolean
   Konjunktion = varWert1 And varWert2
End Function
```

Listing 5.16 Verwendung des logischen Operators »And«

Die Verknüpfung von zwei booleschen Ausdrücken mit dem Äquivalenzoperator liefert genau dann das Ergebnis True, wenn beide Ausdrücke den gleichen Wert haben. Dabei spielt es keine Rolle, ob beide Ausdrücke True oder False sind. Sind die Werte der beiden Ausdrücke jedoch verschieden, so ergibt eine Verknüpfung mit dem Äquivalenzoperator den Wert False.

Ausdruck A	**Ausdruck** B	**Ergebnis** A Eqv B
False	False	True
False	True	False
True	False	False
True	True	True

Tabelle 5.5 Wahrheitswerttabelle der Äquivalenz

```
Function Aequivalenz(varWert1 As Boolean, varWert2 As Boolean) _
As Boolean
   Aequivalenz = varWert1 Eqv varWert2
End Function
```

Listing 5.17 Verwendung des logischen Äquivalenzoperators

Die Wahrheitswerttabelle der Implikation ist nicht ganz so einfach zu verstehen wie die der Äquivalenz oder der Konjunktion. Das liegt vor allem daran, dass die Definition der Implikation unserem logischen Verständnis etwas zuwider läuft. Häufig wird die Implikationsoperation mit dem Begriff *aus A folgt B* umschrieben, wobei der Ausdruck `A` als Voraussetzung und der Ausdruck `B` als Schlussfolgerung bezeichnet werden kann. Ist die Voraussetzung falsch (`False`), so kann daraus eine wahre oder falsche Schlussfolgerung gezogen werden. Entsprechend ist das Ergebnis der Implikation in beiden Fällen `True`. Ebenso ist die Implikation `True`, wenn aus einer wahren Voraussetzung (`True`) eine wahre Schlussfolgerung (`True`) gezogen wird. Nur in dem Fall, dass aus einer wahren Voraussetzung (`True`) eine falsche Schlussfolgerung (`False`) folgt, ist auch die Implikation `False`. Diese Aussagen sind noch einmal in der Wahrheitswerttabelle in Tabelle 5.6 zusammengefasst und können mit der Funktion in Listing 5.18 nachvollzogen werden.

Ausdruck `A`	**Ausdruck** `B`	**Ergebnis** `A Imp B`
`False`	`False`	`True`
`False`	`True`	`True`
`True`	`False`	`False`
`True`	`True`	`True`

Tabelle 5.6 Wahrheitswerttabelle der Implikation

```
Function Implikation(varWert1 As Boolean, varWert2 As Boolean) A
s Boolean
   Implikation = varWert1 Imp varWert2
End Function
```

Listing 5.18 Verwendung des logischen Implikationsoperators

Sehr einfach ist die Funktionsweise der Negation. Hat der Ausdruck den Wert `True`, so ist das Ergebnis der Operation `False` und umgekehrt. Da der Negationsoperator ein unärer Operator ist, gibt es nur diese beiden Kombinationsmöglichkeiten.

Ausdruck A	**Ergebnis** Not A
False	True
True	False

Tabelle 5.7 Wahrheitswerttabelle der Negation

```
Function LogischeNegation(varWert As Boolean) As Boolean
   LogischeNegation = Not varWert
End Function
```

Listing 5.19 Verwendung des logischen Negationsoperators

Die Disjunktion ergibt immer dann das Resultat True, wenn mindestens einer der beiden Ausdrücke A und B True ist. Anders ausgedrückt, ist das Ergebnis der Disjunktion nur dann False, wenn die Ausdrücke A und B False sind.

Ausdruck A	**Ausdruck** B	**Ergebnis** A Or B
False	False	False
False	True	True
True	False	True
True	True	True

Tabelle 5.8 Wahrheitswerttabelle der Disjunktion

```
Function Disjunktion(varWert1 As Boolean, varWert2 As Boolean) _
As Boolean
   Disjunktion = varWert1 Or varWert2
End Function
```

Listing 5.20 Verwendung des logischen Disjunktionsoperators

Die Antivalenz kann als Verschärfung der Disjunktion angesehen werden. Während bei der Disjunktion mindestens einer der beiden Ausdrücke A und B True sein muss, damit das Ergebnis True ist, darf bei der Antivalenz höchstens einer der beiden Ausdrücke True sein. Damit wird gegenüber der Disjunktion der Fall ausgeschlossen, dass beide Ausdrücke True sind. Im allgemeinen Sprachgebrauch wird die Disjunktion auch als »Oder-Verknüpfung« und die Antivalenz als »Ausschließende Oder-Verknüpfung« bezeichnet. Das Attribut »ausschließend« bezieht sich eben auf den Fall, dass beide Ausdrücke True sind. Vergleichen Sie doch einfach mal diese Aussagen mit den Wahrheitswerttabellen in Tabelle 5.8 und Tabelle 5.9.

Ausdruck A	Ausdruck B	Ergebnis A Xor B
False	False	False
False	True	True
True	False	True
True	True	False

Tabelle 5.9 Wahrheitswerttabelle der Antivalenz

```
Function Antivalenz(varWert1 As Boolean, varWert2 As Boolean) _
As Boolean
   Antivalenz = varWert1 Xor varWert2
End Function
```

Listing 5.21 Verwendung des logischen Antivalenzoperators

5.4 Verkettungsoperatoren

Unter dem Begriff »Verkettung« wird das Zusammenfügen von Zeichenfolgen verstanden. Dabei wird eine Zeichenfolge an das Ende einer anderen Zeichenfolge angehängt. Die Operatoren, mit denen Sie eine solche Verkettung durchführen können, finden Sie in Tabelle 5.10.

Operator	Bezeichnung	Beispiel
&	Verkettung	A & B
+	Verkettung	A + B

Tabelle 5.10 Verkettungsoperatoren in VBA

In Tabelle 5.10 sind zwei Operatoren aufgeführt, wobei jedoch nur der Operator & als echter Verkettungsoperator angesehen werden kann. Der Operator +, den Sie als Additionsoperator kennen gelernt haben, hat zwar ebenfalls die Fähigkeit, zwei Zeichenfolgen zu verketten, allerdings ist bei abstrakten Ausdrücken nicht unbedingt erkennbar, ob der Operator + als Verkettungsoperator oder als Additionsoperator eingesetzt wird. Wenn Sie also vorhaben, zwei Zeichenfolgen miteinander zu verketten, dann sollten Sie immer den Operator & verwenden, um die Semantik des Ausdrucks zu verdeutlichen und Ihren Programmtext lesbarer zu gestalten.

Beide Verkettungsoperatoren benötigen zwei Ausdrücke, die beide eine Zeichenfolge repräsentieren müssen. Das Ergebnis der Verkettung ist wiederum eine Zeichenfolge. Bezogen auf die Funktionen, mit denen die Verkettung dargestellt werden soll, bedeutet dies, dass sowohl die beiden Argumente als auch der Rückgabewert der Funktion vom Datentyp String sein müssen.

```
Function Verkettung1(strZeichenfolge1 As String, _
strZeichenfolge2 As String) As String
   Verkettung1 = strZeichenfolge1 & strZeichenfolge2
End Function
```

Listing 5.22 Verwendung des Verkettungsoperators &


```
Function Verkettung2(strZeichenfolge1 As String, _
strZeichenfolge2 As String) As String
   Verkettung2 = strZeichenfolge1 + strZeichenfolge2
End Function
```

Listing 5.23 Verwendung des Verkettungsoperators +

5.5 Operatorvorrang

In den Beispielen für die Operatoren wurden immer nur die abstrakten Ausdrücke A und B angegeben. Dabei können diese Ausdrücke sehr komplex sein und aus vielen Teilausdrücken bestehen, die mit vielen Operatoren verknüpft sind. In Listing 5.24 ist ein solcher komplexer Ausdruck dargestellt.

```
36 + 12 / 4 < 1234 / 35 - 8 Or 6577 Mod 223 + 125 > 52
```

Listing 5.24 Ein komplexer Ausdruck

Der Ausdruck in Listing 5.24 enthält Operatoren aus drei verschiedenen Operatorengruppen. VBA steht nun vor der Aufgabe, den Ausdruck richtig zu berechnen. Dabei wird ein Teilausdruck nach dem anderen ausgewertet. Das ist allerdings gar nicht so einfach, wie es sich anhört. Betrachten Sie zunächst nur einmal den Teilausdruck `36 + 12 / 4`. Dieser Teilausdruck könnte auf zwei verschiedene Arten interpretiert und berechnet werden. Zum einen könnte zuerst `36 + 12` berechnet und das Ergebnis dann durch vier geteilt werden. Das Resultat wäre die Zahl Zwölf. Zum anderen könnte auch zuerst die Zahl Zwölf durch die Zahl Vier geteilt werden und anschließend zur Zahl 36 addiert werden. Das Ergebnis wäre in diesem Fall 39. Sie sehen, je nach der Reihenfolge der Auswertung ergibt sich ein völlig anderes Ergebnis. Doch welches dieser beiden Resultat ist nun das richtige? Ohne Regeln zur Auswertung von Teilausdrücken lässt sich diese Frage nicht beantworten.

Natürlich gibt es in VBA, wie in jeder anderen Programmiersprache auch, solche Regeln, denn die Auswertung eines Ausdrucks soll ja kein Zufallsprodukt, sondern ein verlässliches und korrektes Ergebnis sein. Die Reihenfolge der Auswertung von Teilausdrücken wird durch die Operatoren in den jeweiligen Teilausdrücken bestimmt. Sicher kennen Sie aus Ihrer Schulzeit noch die Regel

»Punkt vor Strich«, die besagt, dass Multiplikation und Division vorrangig vor der Addition und Subtraktion ausgeführt werden. So verhält es sich auch mit den Operatoren der Programmiersprache VBA. Da VBA aber nicht nur arithmetische Operatoren zur Addition, Subtraktion, Division und Multiplikation enthält, ist diese Regel allein nicht ausreichend. Es muss auch eine Regel für das Verhältnis zwischen den verschiedenen Operatorengruppen geben. Und natürlich existiert so eine Regel auch.

Zwischen den Operatorengruppen gibt es eine Rangordnung. Am höchsten in dieser Rangordnung stehen die arithmetischen Operatoren, dann folgen die Verkettungsoperatoren und die Vergleichsoperatoren. Am Ende der Rangfolge kommen die logischen Operatoren. Und wie bereits erwähnt, sind die Operatoren innerhalb einer Operatorengruppe ebenfalls einer Rangordnung unterworfen. Die Gesamtheit dieser Rangordnung wird als Operatorvorrang bezeichnet. In Tabelle 5.11 habe ich einmal versucht, die Rangordnung der einzelnen Operatoren darzustellen.

Rangordnung	**hoch**			**niedrig**
hoch	`^`	`&`	`=, <>, <, >, <=, >=, Is, Like`	`Not`
	`-`			`And`
	`*, /`			`Or`
	`\`			`Xor`
	`Mod`			`Eqv`
niedrig	`+, -`			`Imp`

Tabelle 5.11 Operatorvorrang

Je weiter oben und je weiter links sich ein Operator befindet, desto höher ist dessen Rangordnung. Den höchsten Rang nimmt dabei der Potenzoperator ein. Bei einem Teilausdruck, der einen Potenzoperator enthält, ist also die Potenz als Erstes zu berechnen. Mit der Kenntnis über die Rangfolge von Operatoren sollten Sie nun in der Lage sein zu sagen, welches Ergebnis für den Teilausdruck `36 + 12 / 4` das richtige ist. Falls Sie der Meinung sind, dass das Ergebnis 39 nicht das richtige ist, dann sollten Sie dieses Unterkapitel noch einmal gründlich durchlesen. Es ist sehr wichtig, dass Sie das Prinzip des Operatorvorrangs verstanden haben, denn nur so können Sie Ausdrücke formulieren, die korrekte Ergebnisse liefern.

In gewisser Weise können Sie die Reihenfolge der Auswertung von Teilausdrücken beeinflussen. Teilausdrücke, die in runde Klammern gesetzt werden, werden zuerst ausgewertet. Innerhalb der runden Klammern behält natürlich weiterhin der Operatorvorrang seine Gültigkeit. Betrachten Sie noch einmal den Teilausdruck `36 + 12 / 4`. Durch den Operatorvorrang wird immer zuerst die Division und anschließend die Addition ausgeführt. Um nun zuerst die Addition vor der Division auszuführen, müssen Sie den Teilausdruck `36 + 12` in runde Klammern setzen. Die Berechnung des Teilausdrucks `(36 + 12) / 4` ergibt dann das Ergebnis zwölf.

VBA kennt die Regeln des Operatorvorrangs sehr gut und wird auch bei der Auswertung von so komplexen Ausdrücken wie in Listing 5.24 keine Fehler machen. Für einen Menschen ist diese Auswertung nicht so einfach. Um Zweideutigkeiten zu vermeiden und um die Auswertungsreihenfolge der Teilausdrücke zu verdeutlichen, sollten Sie deshalb runde Klammern verwenden. Ihre Ausdrücke werden dadurch leichter lesbar und besser verständlich.

5.6 Aufgaben und Übungen

1. Was versteht man unter binären und unären Operatoren?
2. Nennen Sie alle unären Operatoren der Programmiersprache VBA.
3. Welche Arten der Division können in der Programmiersprache VBA durchgeführt werden? Worin unterscheiden sich diese Arten der Division?
4. Benennen Sie die folgenden Vergleichsoperatoren: <, >= und <>
5. Geben Sie die Wahrheitswerttabellen für die folgenden Ausdrücke an: `A Imp (A Xor B)` und `Not(A And (A Or B))`
6. Formulieren Sie für die folgenden Aussagen einen passenden Ausdruck: Das Doppelte von A ist kleiner als die Summe von B und zwei und mindestens so groß wie Hälfte von C.
7. Was versteht man unter Operatorvorrang?
8. Geben Sie die beiden Operatoren mit der höchsten beziehungsweise mit der niedrigsten Rangfolge an.
9. Berechnen Sie ohne technische Hilfsmittel das Ergebnis des Ausdrucks `36 + 12 / 4 < 1234 / 35 - 8 Or 6577 Mod 223 + 125 > 52`. Vereinfachen Sie den Ausdruck bei jedem Rechenschritt in der Art, dass das Ergebnis eines Teilausdrucks in den Gesamtausdruck eingesetzt wird.
10. Setzen Sie in dem folgenden Ausdruck runde Klammern, so dass das Ergebnis 334084 herauskommt: `34 ^ -3 + 5 / 1 + 12 Mod 11 ^ 2`

6 Schleifen

Schleifen gehören zu den Kontrollstrukturen, die eine effiziente Steuerung der Programmausführung ermöglichen. Dabei bietet VBA für jeden Zweck den passenden Schleifentyp. In diesem Kapitel werden die Schleifentypen vorgestellt, und ihr optimaler Einsatz wird erläutert.

In einem Programm kommt es häufig vor, dass ein bestimmter Anweisungsblock mehrfach hintereinander ausgeführt werden muss. Der erste Gedanke wäre vielleicht, eine Prozedur zu schreiben, welche die benötigte Anzahl von Anweisungsblöcken enthält. Dieser Lösungsansatz funktioniert, solange Sie den Anweisungsblock nur zwei oder drei Mal ausführen lassen müssen. Was ist jedoch, wenn der Anweisungsblock zehn, hundert oder gar tausend Mal hintereinander ausgeführt werden muss? Das gäbe wohl eine ziemlich lange Prozedur. Außerdem wäre eine solche Prozedur nicht zu warten, denn stellen Sie sich vor, Sie müssen die Anweisungsblöcke anpassen, weil ein Fehler enthalten ist. Mit anderen Worten: Dieser Lösungsansatz ist nicht praktikabel.

Mit Schleifen kann dieses Problem elegant gelöst werden. Wie ein Prozedurrumpf, so umschließt der Schleifenrumpf eine Reihe von Anweisungen, die wiederholt ausgeführt werden sollen. Die Anzahl der Ausführungen wird dabei durch eine Bedingung am Anfang oder am Ende des Schleifenrumpfes festgelegt. Insgesamt stehen in der Programmiersprache VBA vier Schleifenkonstrukte zur Verfügung, die sich sowohl in der Handhabung als auch im Einsatzbereich unterscheiden. In den folgenden Unterkapiteln werde ich auf alle vier Schleifenkonstrukte eingehen und die Vor- und Nachteile jedes Konstrukts herausarbeiten.

6.1 For ... Next

Die `For ... Next`-Schleife ist quasi der Klassiker unter den Schleifenkonstrukten und gehört zur Kategorie der Zählschleifen. Zählschleife deshalb, weil eine Zählvariable darüber bestimmt, wie oft die Anweisungen im Inneren des Schleifenrumpfes ausgeführt werden. Sie können also schon während der Entwicklungszeit festlegen, wie viele Schleifendurchläufe stattfinden sollen. Der allgemeine Aufbau einer `For ... Next`-Schleife ist in Listing 6.1 dargestellt.

```
For Zähler = Anfang To Ende [Step Schritt]
   [Anweisungen]
   [Exit For]
```

```
    [Anweisungen]
Next [Zähler]
```

Listing 6.1 Allgemeiner Aufbau einer For ... Next-Schleife

Der Schleifenrumpf beginnt mit dem Schlüsselwort `For`, gefolgt von der Zählvariablen `Zähler`. Die Zählvariable kann eine Variable eines beliebigen numerischen Datentyps sein. In der Regel werden jedoch ganzzahlige Datentypen wie `Byte`, `Integer` oder `Long` für die Verwendung als Zählvariable benutzt. Mit `Anfang` und `Ende` werden numerische Werte festgelegt, welche die Unter- und Obergrenze festlegen, die die Zählvariable während der Schleifenausführung minimal beziehungsweise maximal annehmen kann. Wie schnell die Zählvariable die Obergrenze erreicht, hängt im Wesentlichen von der Schrittweite `Schritt` ab, die nach dem Schlüsselwort `Step` angegeben werden kann. Die Angabe der Schrittweite ist optional, also nicht zwingend erforderlich. Optionale Elemente eines Konstrukts werden in eckigen Klammern dargestellt. Wird keine Schrittweite angegeben, so wird die Zählvariable nach jedem Schleifendurchlauf um den Wert Eins erhöht.

Der Schleifenrumpf endet mit der Anweisung `Next`. Auf die Anweisung `Next` kann optional der Name der Schleifenvariablen `Zähler` folgen. Zwar weiß VBA immer, welche `Next`-Anweisung zur welcher `For ... Next`-Schleife gehört, aber die Lesbarkeit Ihres VBA-Programms erhöht sich, wenn Sie die Zählvariable hinter der `Next`-Anweisung angeben. Vor allem bei verschachtelten `For ... Next`-Schleifen ist die Angabe der Zählvariablen eine große Hilfe. Was verschachtelte Schleifen sind, werde ich Ihnen etwas später in diesem Kapitel zeigen. Wird die Anweisung `Next` einer `For ... Next`-Schleife erreicht, so wird der Wert der Zählvariablen um den Wert der Schrittweite `Schritt` erhöht. Ist der neue Wert der Zählvariablen größer als der Wert `Ende`, dann wird die Ausführung der Schleife abgebrochen. Andernfalls wird ein weiterer Schleifendurchgang ausgeführt.

Bei Zählschleifen wie der `For ... Next`-Schleife ist die zentrale Frage, wie oft die Schleife durchlaufen wird. Das hängt von den Werten für `Anfang`, `Ende` und `Schritt` ab und kann bei Kenntnis dieser Werte berechnet werden. Hierzu ein paar Rechenbeispiele: Angenommen, Sie benötigen eine `For ... Next`-Schleife, die zehnmal durchlaufen wird. Bei einer Standardschrittweite (`Schritt = 1`) können Sie die Grenzen mit `Anfang = 1` und `Ende = 10` festlegen. Die Schleife wird ebenfalls zehnmal durchlaufen, wenn Sie die Werte `Anfang = 21` und `Ende = 30` wählen. Es kommt dabei nicht auf die absoluten Werte von `Anfang` und `Ende` an, sondern lediglich auf die Anzahl der Intervalle, die zwischen diesen beiden Werten liegen, wobei die Intervalle sich aus der Schrittweite ergeben. Also kann die Anzahl der Schleifendurchläufe auch mit der Schrittweite variiert werden. Wenn Sie mit der Schrittweite `Schritt = 2` zehn Schleifendurchläufe erreichen wollen, dann können Sie `Anfang = 10` und `Ende = 28` setzen. Allgemein lassen sich die Anzahl der Schleifendurchläufe mit der Formel `((Ende - Anfang) / Schritt) + 1` berechnen. Die Formel berücksichtigt jedoch keine Sonderfälle, wie negative Werte für `Anfang` oder `Ende`, so dass der Gültigkeitsbereich dieser Formel eingeschränkt ist. Sofern das Resultat dieser Formel eine Gleitkommazahl ist, gibt nur der ganzzahlige Anteil die Anzahl der Schleifendurchläufe an.

6

Nachdem Sie nun eine ziemlich genaue Vorstellung von der Arbeitsweise einer `For ... Next`-Schleife haben, möchte ich Ihnen zeigen, wie diese Schleifen in der Praxis angewendet werden. In einem ersten Beispiel soll eine Zeichenfolge erstellt werden, welche die Großbuchstaben des Alphabets enthält.

```
Sub Alphabet()
   Dim intCounter As Integer
   Dim strAlphabet As String
   strAlphabet = ""
   For intCounter = 1 To 26
      strAlphabet = strAlphabet & Chr(65 + (intCounter - 1))
   Next intCounter
   Debug.Print strAlphabet
End Sub
```

Listing 6.2 Erzeugung einer Zeichenfolge in einer Schleife

In der Prozedur `Alphabet()` in Listing 6.2 werden zunächst zwei Variablen deklariert, nämlich die Zählvariable `intCounter` und die Variable `strAlphabet`, welche die Zeichenfolge aufnehmen soll. Die `For ... Next`-Schleife besitzt die Grenzen `Anfang = 1` und `Ende = 26`, weil das Alphabet 26 Buchstaben enthält. Die Schrittweite ist die Standardschrittweite `Schritt = 1` und muss deshalb nicht angegeben werden. Innerhalb der Schleife wird nun jeweils ein Buchstabe des Alphabets an die Zeichenfolge in `strAlphabet` angehängt. Dies geschieht mit der Funktion `Chr()`, die durch die Angabe eines numerischen Wertes das entsprechende Zeichen aus dem Zeichensatz auswählt. Der Buchstabe *A* entspricht dem numerischen Wert 65. Zu diesem Wert wird der Ausdruck `(intCounter - 1)` addiert. Da `intCounter` nacheinander die Werte Eins bis 26 annimmt, wird der Ausdruck `65 + (intCounter - 1)` die Werte 65 bis 90 annehmen und damit auch die Argumente für die Funktion `Chr()` festlegen. Die innerhalb der Schleife erzeugte Zeichenfolge wird im Direktfenster ausgegeben.

Es ist nötig, von `intCounter` den Wert Eins zu subtrahieren, damit die Zeichenfolge auch wirklich bei *A* anfängt. Allerdings erschließt sich der Sinn dieser Berechnung nicht sofort. Hier empfiehlt es sich, die Grenzen der Zählvariablen an die benötigten Werte für die Funktion Chr() anzupassen. Die so veränderte Prozedur Alphabet() sehen Sie in Listing 6.3.

```
Sub Alphabet2()
   Dim intCounter As Integer
   Dim strAlphabet As String
   strAlphabet = ""
   For intCounter = 65 To 90
      strAlphabet = strAlphabet & Chr(intCounter)
   Next intCounter
   Debug.Print strAlphabet
End Sub
```

Listing 6.3 Anpassung der Grenzen Anfang und Ende

Die Werte für Anfang und Ende wurden so angepasst, dass die Zählvariable intCounter direkt als Argument für die Funktion Chr() verwendet werden kann. Der Programmtext wird dadurch einfacher und leichter verständlich.

Achtung: Zählvariable nicht manipulieren

Die Zählvariable können Sie zwar innerhalb Ihrer Berechnungen verwenden, aber Sie sollten niemals der Zählvariablen einen anderen Wert zuweisen. Die Zählvariable sollte einzig und allein durch den Schleifenkopf kontrolliert werden. Nur so ist gewährleistet, dass die Schleife auch in der vorgesehenen Weise ausgeführt wird.

Zuvor habe ich bereits von verschachtelten Schleifen gesprochen. Bei verschachtelten Schleifen handelt es sich um ein Konstrukt, bei dem sich eine Schleife innerhalb einer anderen Schleife befindet. Man spricht dann von einer äußeren und einer inneren Schleife. Die innere Schleife kann ebenfalls eine weitere Schleife enthalten und so weiter. Am häufigsten finden Sie solche Konstrukte bei der Verarbeitung von mehrdimensionalen Datenfeldern. Um Ihnen dafür ein Beispiel zu zeigen, möchte ich auf die Prozedur Telefonnummern() zurückgreifen, die ich Ihnen bereits in Kapitel 4, *Variablen und Konstanten,* vorgestellt habe. In dieser Prozedur wird ein zweidimensionales Datenfeld verwendet. Der Zugriff darauf soll mit einer verschachtelten For ... Next-Schleife programmiert werden.

```
Sub Telefonnummern()
   Dim strDaten(4, 2) As String
```

```
    Dim strLabel(2) As String
    Dim intIndex1 As Integer
    Dim intIndex2 As Integer
    'Labels
    strLabel(0) = "Name:     "
    strLabel(1) = "Telefon: "
    strLabel(2) = "Telefax: "
    'Namen
    strDaten(0, 0) = "Maier"
    strDaten(1, 0) = "Schulze"
    strDaten(2, 0) = "Fischer"
    strDaten(3, 0) = "Wolf"
    strDaten(4, 0) = "Brenner"
    'Telefonnummern
    strDaten(0, 1) = "089 / 238946"
    strDaten(1, 1) = "030 / 978345"
    strDaten(2, 1) = "0221 / 523487"
    strDaten(3, 1) = "0711 / 263789"
    strDaten(4, 1) = "0521 / 346872"
    'Faxnummern
    strDaten(0, 2) = "089 / 238949"
    strDaten(1, 2) = "030 / 978343"
    strDaten(2, 2) = "0221 / 523481"
    strDaten(3, 2) = "0711 / 263788"
    strDaten(4, 2) = "0521 / 346870"
    For intIndex1 = 0 To 4
       For intIndex2 = 0 To 2
          Debug.Print strLabel(intIndex2) & _
             strDaten(intIndex1, intIndex2)
       Next intIndex2
       Debug.Print
    Next intIndex1
End Sub
```

Listing 6.4 Beispiel für eine verschachtelte For ... Next-Schleife

Innerhalb der ersten `For ... Next`-Schleife mit der Zählvariablen `intIndex1` wird eine zweite `For ... Next`-Schleife angelegt. Die Grenzen der Schleifen sind dabei den Grenzen der einzelnen Dimensionen des Datenfelds `strDaten` angepasst. Nach wie vor wird mit `intIndex1` ein Datensatz ausgewählt, während mit `intIndex2` auf die einzelnen Daten des Datensatzes zugegriffen wird.

Bevor die Zählvariable `intIndex1` der äußeren Schleife um eins erhöht wird, wird erst die komplette innere Schleife abgearbeitet, das heißt, dass `intIndex2` alle Werte von null bis zwei annimmt.

`For ... Next`-Schleifen sind sehr flexibel, was die Festlegung der Werte `Anfang`, `Ende` und `Schritt` angeht. So müssen diese drei Werte nicht immer Ganzzahlen sein. Wenn es für die Anwendung sinnvoll ist, dann lassen sich auch Werte der Datentypen `Single` oder `Double` verwenden. Ein entsprechender Schleifenkopf könnte dann so aussehen:

```
For dblCounter = 5.5 To 6.75 Step 0.25
```

Allerdings müssen Sie bei der Verwendung von Werten der Datentypen `Single` und `Double` im Schleifenkopf vorsichtig sein. Durch Rundungsfehler kann es vorkommen, dass die Zählvariable nicht die exakten Werte enthält und dass die Schleife zu früh abbricht. Die Prozedur in Listing 6.5 soll dies verdeutlichen.

```
Sub Rundungsfehler()
   Dim dblCounter As Double
   For dblCounter = -0.3 To 0.3 Step 0.1
      Debug.Print dblCounter
   Next dblCounter
End Sub
```

Listing 6.5 Rundungsfehler bei der Berechnung der Zählvariablen

In der `For ... Next`-Schleife der Prozedur `Rundungsfehler()` werden die Werte `Anfang = -0.3`, `Ende = 0.3` und `Schritt = 0.1` festgelegt. Bei jedem Schleifendurchlauf wird also die Zählvariable `dblCounter` um 0.1 erhöht und sollte die Werte –0.3, –0.2, –0.1, 0, 0.1, 0.2 und 0.3 annehmen. Die Werte, welche die Zählvariable `dblCounter` tatsächlich annimmt, werden im Direktfenster ausgegeben und sind in Abbildung 6.1 zu sehen.

Abbildung 6.1 Werte der Zählvariablen dblCounter

Die ersten drei Werte der Zählvariablen dblCounter sind wie erwartet, doch an der Stelle, an der dblCounter = 0 sein sollte, ist eine sehr kleine, aber deutlich von null verschiedene Zahl. Zudem wird die Schleife nur sechsmal durchlaufen, und nicht wie erwartet siebenmal. Das liegt daran, dass nach dem sechsten Schleifendurchlauf der Wert der Zählvariablen dblCounter bereits signifikant größer ist als 0.3 und es damit zu einem Abbruch der Schleifenausführung kommt.

For ... Next-Schleifen können nicht nur vorwärts zählen, sondern auch rückwärts. Dazu muss der Wert Anfang größer sein als der Wert Ende, und die Schrittweite Schritt muss einen negativen Wert besitzen. Ist eine dieser beiden Bedingungen nicht erfüllt, dann wird die For ... Next-Schleife nicht ausgeführt. Der Schleifenkopf für eine rückwärts zählende Schleife könnte dann so aussehen:

```
For intCounter = 100 To 2 Step -1
```

Auf eine Anweisung, die in dem allgemeinen Aufbau in Listing 6.1 enthalten ist, bin ich bisher noch nicht eingegangen. Es handelt sich dabei um die Anweisung Exit For, mit der die Ausführung der Schleife vorzeitig beendet werden kann. Die Gründe für das vorzeitige Beenden einer Schleife können vielfältig sein. In den meisten Fällen wird es jedoch so sein, dass ein bestimmter Wert bereits erreicht wurde, bevor die Schleife vollständig abgearbeitet wurde. Die Anweisung Exit For können Sie an jeder beliebige Stelle innerhalb der For ... Next-Schleife platzieren.

```
Sub Schleife_verlassen()
   Dim intCounter As Integer
   For intCounter = 1 To 10
      If intCounter = 7 Then Exit For
      Debug.Print "Durchlauf " & intCounter; " von 10"
   Next intCounter
   Debug.Print "Die Schleife wurde soeben verlassen"
End Sub
```

Listing 6.6 Beenden der Schleifenausführung mit Exit For

In der Prozedur Schleife_verlassen() in Listing 6.6 wird geprüft, ob die Zählvariable intCounter den Wert Sieben bereits erreicht hat. Ist das der Fall, dann wird die Schleifenausführung mit der Anweisung Exit For abgebrochen. Nach dem Abbruch der Schleifenausführung wird die Anweisung ausgeführt, die unmittelbar auf die Next-Anweisung der Schleife folgt. In diesem Fall ist das eine Debug.Print-Anweisung, die eine entsprechende Meldung im Direktfenster ausgibt.

Tipp: Endlosschleifen beenden

Endlosschleifen sind Schleifenkonstrukte, bei denen das Ende der Schleifenausführung niemals erreicht werden kann. Dies kann durch eine falsche Formulierung der Abbruchbedingung geschehen oder durch Manipulation der Zählvariablen innerhalb einer `For ... Next`-Schleife. Endlosschleifen haben die unangenehme Eigenart, die Benutzeroberfläche des Visual Basic Editors unbedienbar zu machen. Dadurch wird es Ihnen unmöglich, die Programmausführung über Menüs und Symbolleisten des VBE anzuhalten. Eine Endlosschleife können Sie dann nur noch mit der Taste [Esc] oder der Tastenkombination [Strg] + [Pause] unterbrechen.

6.2 For Each ... Next

Die `For Each ... Next`-Schleife ähnelt im Aufbau zwar der `For ... Next`-Schleife, hat aber ein ganz anderes Funktionsprinzip. So ist die `For Each ... Next`-Schleife keine Zählschleife und enthält deshalb auch keine Zählvariable. Deshalb ist es zur Entwicklungszeit meist sehr schwierig vorherzusagen, wie oft eine solche Schleife durchlaufen wird. Die `For Each ... Next`-Schleife verfolgt ein anderes Konzept, wie aus dem allgemeinen Aufbau in Listing 6.7 ersichtlich wird.

```
For Each Element In Gruppe
   [Anweisungen]
   [Exit For]
   [Anweisungen]
Next [Element]
```

Listing 6.7 Allgemeiner Aufbau einer For Each ... Next-Schleife

Eine `For Each ... Next`-Schleife verarbeitet jedes Element aus einer Gruppe von Elementen. Eine solche Gruppe können Datenfelder oder Auflistungen sein. Die Elemente eines Datenfelds sind dessen Speicherplätze, und die Elemente einer Auflistung sind Objekte. Daraus folgt, dass die Anzahl der Schleifendurchläufe der Anzahl der Elemente eines Datenfelds oder einer Auflistung entspricht. Die Arbeitsweise einer `For Each ... Next`-Schleife möchte ich Ihnen anhand eines Datenfelds erläutern, da Auflistungen zum jetzigen Zeitpunkt noch nicht vorgestellt wurden.

```
Sub Ampel_umschalten()
   Dim strAmpel(2) As String
   Dim varElement As Variant
   strAmpel(0) = "GRÜN"
```

```
    strAmpel(1) = "GELB"
    strAmpel(2) = "ROT"
    For Each varElement In strAmpel
        Debug.Print "Die Ampel ist jetzt: " & varElement
    Next varElement
End Sub
```

Listing 6.8 Beispiel einer For Each ... Next-Schleife

Die Gruppe, die mit Hilfe der `For Each ... Next`-Schleife abgearbeitet werden soll, ist in Listing 6.8 ein Datenfeld mit drei Werten. Die Werte des Datenfelds `strAmpel` werden nacheinander in die Variable `varElement` übertragen, und zwar in der natürlichen Reihenfolge. Natürliche Reihenfolge bedeutet, dass mit dem Element mit dem kleinsten Index begonnen und danach mit dem jeweils nächst höheren Index fortgefahren wird. Um die Verwaltung der Indizes müssen Sie sich nicht kümmern, das übernimmt VBA für Sie. Auf den aus dem Datenfeld entnommenen Wert kann nun über die Variable `varElement` innerhalb der Schleife zugegriffen werden. Obwohl die Elemente des Datenfelds `strAmpel` vom Datentyp `String` sind, so muss doch die Steuervariable `varElement` mit dem Datentyp `Variant` deklariert werden. Dies ist eine Vorgabe von VBA, an die Sie sich halten müssen. Eine Steuervariable des Datentyps `String` würde zu einer Fehlermeldung führen.

Die `For Each ... Next`-Schleife funktioniert auch mit mehrdimensionalen Datenfeldern. Doch während bei eindimensionalen Datenfeldern die Reihenfolge klar ist, in der auf die Elemente zugegriffen wird, ist das bei mehrdimensionalen Datenfeldern nicht so eindeutig. Ein Beispiel für ein zweidimensionales Datenfeld soll in diesem Punkt für Klarheit sorgen.

```
Sub Mehrdimensionales_Datenfeld()
    Dim strArray(2, 2) As String
    Dim varElement As Variant
    strArray(0, 0) = "(0, 0)"
    strArray(0, 1) = "(0, 1)"
    strArray(0, 2) = "(0, 2)"
    strArray(1, 0) = "(1, 0)"
    strArray(1, 1) = "(1, 1)"
    strArray(1, 2) = "(1, 2)"
    strArray(2, 0) = "(2, 0)"
    strArray(2, 1) = "(2, 1)"
    strArray(2, 2) = "(2, 2)"
    For Each varElement In strArray
```

```
        Debug.Print "Indizes: " & varElement
    Next varElement
End Sub
```

Listing 6.9 Zugriff auf ein zweidimensionales Datenfeld mit For Each ... Next

Um herauszubekommen, in welcher Reihenfolge die Elemente eines zweidimensionalen Datenfelds in einer `For Each ... Next`-Schleife verarbeitet werden, wird zunächst ein entsprechendes Datenfeld deklariert und mit Werten gefüllt. Die Werte bestehen aus Zeichenfolgen, die den Index des jeweiligen Elements wiedergeben. Innerhalb der Schleifen werden dann diese Zeichenfolgen ausgegeben, so dass sich gut verfolgen lässt, welches Element dem Datenfeld soeben entnommen wurde. Das Ergebnis ist in Abbildung 6.2 zu sehen.

Abbildung 6.2 Ergebnis der Prozedur Mehrdimensionales_Datenfeld()

Interessanterweise wird der Index der zweiten Dimension immer konstant gehalten, während der Index der ersten Dimension den kompletten Indexbereich durchläuft. Falls Ihre Prozedur davon abhängt, in welcher Reihenfolge auf die Elemente zugegriffen wird, dann sollten Sie dieses Ergebnis unbedingt berücksichtigen.

Wie die `For ... Next`-Schleife, so besitzt auch die `For Each ... Next`-Schleife eine Anweisung, mit der die Ausführung der Schleife vorzeitig beendet werden kann. Genau genommen handelt es sich sogar um dieselbe Anweisung, nämlich um `Exit For`. Auch in der `For Each ... Next`-Schleife kann `Exit For` an jeder beliebigen Stelle eingefügt werden. Wurde die Ausführung der Schleife mit `Exit For` vorzeitig beendet, so wird die Programmausführung mit derjenigen Anweisung fortgesetzt, die unmittelbar auf die Anweisung `Next` folgt.

6.3 Do ... Loop

Das Schleifenkonstrukt, das in der Programmiersprache VBA universell einsetzbar ist, ist die `Do ... Loop`-Schleife. Was dieses Schleifenkonstrukt vor allem auszeichnet, ist die große Flexibilität bei der Formulierung von Abbruchbedingungen. Als Abbruchbedingung wird ein boolescher Ausdruck bezeichnet, der die Ausführung der `Do ... Loop`-Schleife beendet. Die Vielseitigkeit der `Do ... Loop`-Schleife drückt sich schon in der Tatsache aus, dass für den allgemeinen Aufbau des Konstrukts zwei Varianten zur Verfügung stehen. Die beiden Varianten sind in Listing 6.10 und Listing 6.11 dargestellt.

```
Do [{While | Until} Bedingung]
    [Anweisungen]
    [Exit Do]
    [Anweisungen]
Loop
```

Listing 6.10 Allgemeiner Aufbau einer Do ... Loop-Schleife (Variante I)

```
Do
    [Anweisungen]
    [Exit Do]
    [Anweisungen]
Loop [{While | Until} Bedingung]
```

Listing 6.11 Allgemeiner Aufbau einer Do ... Loop-Schleife (Variante II)

Wie Sie anhand des allgemeinen Aufbaus der `Do ... Loop`-Schleife erkennen können, lässt sich die Abbruchbedingung `Bedingung` sowohl am Anfang als auch am Ende des Schleifenrumpfes einfügen. Das hat natürlich Konsequenzen für die Anzahl der Schleifendurchläufe. Angenommen, die Abbruchbedingung `Bedingung` wäre so formuliert, dass diese sofort erfüllt ist. In Variante I der `Do ... Loop`-Schleife würde es zu keinem Schleifendurchlauf kommen, da bereits im Schleifenkopf die Abbruchbedingung getestet wird und es somit nicht zu einem Eintritt in die Schleife selbst kommt. Anders sieht es dagegen bei Variante II aus. Hier werden die Anweisungen der Schleife durchlaufen, bevor am Ende die Abbruchbedingung überprüft wird. Da die Abbruchbedingung erfüllt ist, wird zwar kein weiterer Schleifendurchlauf stattfinden, aber zumindest ein Schleifendurchlauf hat stattgefunden.

Interessant ist die Tatsache, dass die Angabe einer Abbruchbedingung für die `Do ... Loop`-Schleife optional ist. Doch ohne Abbruchbedingung würde die Schleife unendlich oft ausgeführt, eine so genannte Endlosschleife ist die Folge. Die Schleifenausführung muss also durch eine andere Art unterbrochen werden, nämlich durch die Anweisung `Exit Do`. `Exit Do` ist das Äquivalent zu der Anweisung `Exit For` und wird auch genauso gehandhabt. Diese Anweisung muss unbedingt innerhalb der Schleife verwendet werden, wenn Sie auf die Angabe einer Abbruchbedingung `Bedingung` verzichten.

Der Abbruchbedingung Bedingung wird entweder das Schlüsselwort While oder das Schlüsselwort Until vorangestellt. Wenn Sie das Schlüsselwort While verwenden bedeutet das, dass die Ausführung der Schleife so lange fortgesetzt wird, solange die Abbruchbedingung Bedingung True ist. Sobald sich also der Wert des booleschen Ausdrucks Bedingung von True nach False ändert, wird die Schleifenausführung beendet. Genau anders herum verhält es sich bei Verwendung des Schlüsselwortes Until. Die Schleifenausführung wird erst dann beendet, wenn sich der Wert des booleschen Ausdrucks Bedingung von False nach True ändert. Dazu möchte ich Ihnen zwei Beispiele zeigen.

```
Sub Abbruchbedingung1()
   Dim intValue As Integer
   intValue = 1
   Do While intValue < 5
      Debug.Print "Abbruchbedingung ist " & (intValue < 5)
      intValue = intValue + 1
   Loop
   Debug.Print "Schleifenausführung beendet"
   Debug.Print "Abbruchbedingung ist " & (intValue < 5)
End Sub
```

Listing 6.12 Abbruchbedingung mit While

In Listing 6.12 wird eine Do ... Loop-Schleife mit dem Schlüsselwort While verwendet. Als Abbruchbedingung dient der Wert der Variablen intValue, der kleiner sein soll als die Zahl Fünf. Bei jedem Schleifendurchlauf wird der boolesche Werte der Abbruchbedingung intValue < 5 im Direktfenster ausgegeben und anschließend der Wert von intValue um eins erhöht. Anhand der Ausgaben der Prozedur im Direktfenster können Sie verfolgen, dass während der Schleifenausführung die Abbruchbedingung immer True ist und erst bei Änderung des Wertes von True nach False die Schleifenausführung beendet wurde.

In Listing 6.13 wird das Schlüsselwort Until zur Formulierung der Abbruchbedingung verwendet. Auch die Abbruchbedingung Bedingung muss leicht modifiziert werden, denn mit intValue < 5 würde es zu keinem Schleifendurchlauf kommen, da die Abbruchbedingung schon von vornherein erfüllt ist. Stattdessen wird die Abbruchbedingung intValue = 5 verwendet.

```
Sub Abbruchbedingung2()
   Dim intValue As Integer
   intValue = 1
   Do Until intValue = 5
```

```
        Debug.Print "Abbruchbedingung ist " & (intValue = 5)
        intValue = intValue + 1
    Loop
    Debug.Print "Schleifenausführung beendet"
    Debug.Print "Abbruchbedingung ist " & (intValue = 5)
End Sub
```

Listing 6.13 Abbruchbedingung mit Until

Auch die Prozedur `Abbruchbedingung2()` gibt den booleschen Wert der Abbruchbedingung im Direktfenster aus. Dort lässt sich verfolgen, dass die Ausführung der Schleife erst unterbrochen wird, wenn sich der Wert der Abbruchbedingung `Bedingung` von `False` in `True` ändert.

Bei der Verwendung von `Do ... Loop`-Schleifen in Ihren VBA-Programmen sollten Sie besonders sorgfältig vorgehen. Die Freiheiten, die Ihnen dieses Schleifenkonstrukt in Bezug auf die Formulierung von Abbruchbedingungen bietet, führen auf der anderen Seite zu zahlreichen Möglichkeiten, fehlerhafte Abbruchbedingungen zu formulieren. Sie sollten deshalb die korrekte Arbeitsweise dieser Schleifenkonstrukte ausgiebig testen.

6.4 While ... Wend

Eigentlich ist die `While ... Wend`-Schleife ein veraltetes Schleifenkonstrukt, das nur noch aus Gründen der Kompatibilität in VBA enthalten ist. Andererseits ist die `While ... Wend`-Schleife sehr einfach anzuwenden. Das drückt sich schon in dem einfachen allgemeinen Aufbau dieses Konstrukts aus.

```
While Bedingung
    [Anweisungen]
Wend
```

Listing 6.14 Allgemeiner Aufbau einer While ... Wend-Schleife

Von der Funktionsweise her kann eine `While ... Wend`-Schleife als eine Sonderform der `Do ... Loop`-Schleife betrachtet werden, bei der das Schlüsselwort `While` im Schleifenkopf verwendet wird. In diesem Fall kann die `While ... Wend`-Schleife als Alternative zur `Do ... Loop`-Schleife verwendet werden. Im Gegensatz zur `Do ... Loop`-Schleife ist die Angabe der Abbruchbedingung `Bedingung` nicht optional, was auch daran liegt, dass es für die `While ... Wend`-Schleife keine Anweisung gibt, mit der die Schleifenausführung vorzeitig beendet werden kann. Die `While ... Wend`-Schleife wird so lange ausgeführt, bis sich der Wert der Abbruchbedingung von `True` in `False` ändert. Auch das möchte ich anhand einer entsprechenden Prozedur belegen.

```
Sub Abbruchbedingung3()
   Dim intValue As Integer
   intValue = 1
   While intValue < 5
      Debug.Print "Abbruchbedingung ist " & (intValue < 5)
      intValue = intValue + 1
   Wend
   Debug.Print "Schleifenausführung beendet"
   Debug.Print "Abbruchbedingung ist " & (intValue < 5)
End Sub
```

Listing 6.15 Verwendung der While ... Wend-Schleife

Da, wie bereits erwähnt, die `While ... Wend`-Schleife alternativ zur `Do ... Loop`-Schleife mit dem Schlüsselwort `While` verwendet werden kann, konnte die Prozedur aus Listing 6.12 fast vollständig für die Prozedur in Listing 6.15 übernommen werden. Es wurde lediglich die `Do ... Loop`-Schleife durch eine `While ... Wend`-Schleife ersetzt. Die Ausgabe im Direktfenster bestätigt wiederum, dass die `While ... Wend`-Schleife nur so lange ausgeführt wird, wie die Abbruchbedingung `intValue < 5` den Wert `True` ergibt.

Tipp: While ... Wend-Schleifen vermeiden

Für die `While ... Wend`-Schleife spricht zwar die einfache Handhabung, was vor allem Einsteigern sehr entgegenkommt, aber die Gründe, auf dieses Schleifenkonstrukt zu verzichten, überwiegen. Da wäre zum einen die fehlende Anweisung zum vorzeitigen Beenden der Schleifenausführung zu nennen. Auch dass es sich bei der `While ... Wend`-Schleife um ein veraltetes Konstrukt handelt, spricht gegen dessen Verwendung. Ich würde Ihnen empfehlen, `While ... Wend`-Schleifen nicht zu verwenden und lieber auf die `Do ... Loop`-Schleife zurückzugreifen.

6.5 Aufgaben und Übungen

1. Um welchen Schleifentyp handelt es sich bei einer `For ... Next`-Schleife? Beschreiben Sie kurz diesen Schleifentyp.
2. Berechnen Sie die Anzahl der Schleifendurchläufe für eine `For ... Next`-Schleife mit den folgenden Angaben:
   - `Anfang` = 11, `Ende` = 47 und `Schritt` = 2
   - `Anfang` = 1, `Ende` = 100 und `Schritt` = 3
   - `Anfang` = 0.35, `Ende` = 15.55, `Schritt` = 0.85

3. Was versteht man unter dem Begriff »verschachtelte Schleifen«?
4. Was sind Endlosschleifen? Wie können Endlosschleifen beendet werden?
5. Wie ist das Funktionsprinzip einer `For Each ... Next`-Schleife? Welches sind die typischen Anwendungsbereiche für diesen Schleifentyp?
6. Schreiben Sie eine Prozedur `Zahlen()`, die ein zweidimensionales Datenfeld `intZahl(2, 2)` verwendet. Weisen Sie den Speicherplätzen des Datenfelds die Zahlen Eins bis Neun in der Art zu, dass bei der Ausgabe der Werte der Speicherplätze in einer `For Each ... Next`-Schleife die Zahlen in der richtigen Reihenfolge ausgeben werden.
7. Geben Sie alle möglichen Schleifenrümpfe an, die mit einer `Do ... Loop`-Schleife gebildet werden können. Verwenden Sie als Abbruchbedingung den allgemeinen Ausdruck `Bedingung`.
8. Welche Unterschiede gibt es zwischen Abbruchbedingungen, die mit dem Schlüsselwort `While` beziehungsweise mit dem Schlüsselwort `Until` gebildet werden?
9. Zählen Sie alle Anweisungen auf, mit denen die Ausführung einer Schleife vorzeitig beendet werden kann. Wie sind diese Anweisungen einzusetzen?
10. Mit welchem Schleifentyp ist die `While ... Wend`-Schleife verwandt?

7 Verzweigungen

Neben Schleifen sind Verzweigungen die zweite große Gruppe von Kontrollstrukturen in VBA. Mit Verzweigungen lässt sich der ansonsten streng sequentielle Programmablauf aufbrechen und anhand von Bedingungen steuern.

Der Begriff Verzweigung verrät es Ihnen schon: Wenn die Programmausführung auf eine solche Kontrollstruktur trifft, dann gibt es mehrere Möglichkeiten, an welcher Stelle die Programmausführung fortgesetzt wird. Entsprechend der Terminologie dieser Kontrollstrukturen werden diese Möglichkeiten Zweige oder Pfade genannt. In welchem Zweig die Programmausführung fortgesetzt wird, hängt von Bedingungen ab, die dazu meist den internen Zustand des Programms abfragen. In der Regel werden das die Werte bestimmter Variablen oder Ausdrücke sein, die über eine Verzweigung entscheiden. Doch nun möchte ich Ihnen gleich die Kontrollstrukturen zur Programmverzweigung vorstellen.

7.1 If ... Then ... Else

Die am meisten verwendete Kontrollstruktur unter den Verzweigungen ist zweifellos die `If ... Then ... Else`-Anweisung. Für diese Kontrollstruktur existieren zwei Varianten, nämlich die Zeilenvariante und die Blockvariante. Zunächst werde ich Ihnen die Zeilenvariante vorstellen. Die Zeilenvariante ist in der Handhabung sehr einfach und vermittelt Ihnen das Konzept dieser Kontrollstruktur recht gut. Die allgemeine Form der Zeilenvariante finden Sie in Listing 7.1.

```
If Bedingung Then [Anweisungen] [Else elseAnweisungen]
```

Listing 7.1 Zeilenvariante der If ... Then ... Else-Anweisung

Die Zeilenvariante heißt so, weil die gesamte Anweisung in eine Zeile geschrieben wird. Eingeleitet wird die Anweisung mit dem Schlüsselwort `If`. Darauf folgt die Bedingung `Bedingung`, die ein Ausdruck sein muss, der sich zu einem booleschen Wert, also `True` oder `False`, auswerten lässt. Auf diesen Ausdruck folgt das Schlüsselwort `Then` und darauf eine Anzahl von Anweisungen. Die Angabe von `Anweisungen` ist jedoch optional, genauso wie die Angabe des Schlüsselwortes `Else` und die darauf folgenden `elseAnweisungen`. Sie können in der Zeilenvariante der `If ... Then ... Else`-Anweisung jedoch nur die Anweisungen hinter dem Schlüsselwort `Then` weglassen, wenn Sie das Schlüsselwort `Else` verwenden.

Wenn Sie die Zeilenvariante der If ... Then ... Else-Anweisung genau analysieren, dann werden Sie feststellen, dass die Anweisung bis zu zwei mögliche Verzweigungen der Programmausführung zulässt. Zum einen können die Anweisungen im Then-Zweig ausgeführt werden, zum anderen die Anweisungen des Else-Zweigs, natürlich nur, wenn solche Anweisungen vorhanden sind.

Die nächste Frage wäre nun, wann der Then-Zweig und wann der Else-Zweig ausgeführt wird. Die Antwort darauf ist nahe liegend. Wird der Ausdruck Bedingung zu True ausgewertet, so wird der Then-Zweig ausgeführt, ansonsten der Else-Zweig. Ein kleines Beispiel soll diesen Mechanismus verdeutlichen.

```
Sub Then_oder_Else(boolBedingung As Boolean)
   If boolBedingung Then MsgBox "Then-Zweig" Else _
      MsgBox "Else-Zweig"
End Sub
```

Listing 7.2 Die Prozedur zeigt, welcher Zweig ausgeführt wird.

Die Prozedur Then_oder_Else() in Listing 7.2 ist recht einfach aufgebaut. Als Argument wird der Prozedur der Wert True oder False übergeben. Dieser Wert wird als Bedingung für die If ... Then ... Else-Anweisung verwendet. Je nach Wert der Variablen boolBedingung wird entweder der Then-Zweig oder der Else-Zweig ausgeführt. Ein Meldungsfenster zeigt jeweils an, welcher der beiden Zweige ausgeführt wurde. Um die Prozedur Then_oder_Else() auszuführen, verwenden Sie am besten das Direktfenster. Dort tippen Sie den Prozeduraufruf ein, zum Beispiel Then_oder_Else(True).

Wie bereits erwähnt, sind die Anweisungen hinter dem Schlüsselwort Then sowie der gesamte Else-Zweig optional. Die Konstrukte in Listing 7.3 sind also völlig korrekt.

```
Sub Leerer_Zweig(boolBedingung As Boolean)
   If boolBedingung Then MsgBox "Then-Zweig"
   If boolBedingung Then Else MsgBox "Else-Zweig"
   If boolBedingung Then Else
End Sub
```

Listing 7.3 Leere Zweige in der If ... Then ... Else-Anweisung

In der ersten If-Anweisung in Listing 7.3 fehlt der komplette Else-Zweig, der ja optional ist. Etwas befremdlicher wirkt da schon die zweite If-Anweisung, bei der die Else-Anweisung direkt auf die Then-Anweisung folgt. Das ist deshalb der Fall, weil keine Anweisungen für den Then-Zweig geschrieben wurden. In der dritten If-Anweisung fehlen nicht nur die Anweisungen für den Then-Zweig sondern auch für den Else-Zweig. Dennoch ist auch diese Verwendung der If ... Then ... Else-Anweisung korrekt, obwohl man sich fragen muss, was man mit dieser Anweisung bezwecken will. An dieser Stelle möchte ich noch einmal erwähnen, dass die Anweisungen des Then-Zweigs nur dann weggelassen werden können, wenn Sie das Schlüsselwort Else verwenden.

Lassen Sie mich nun zur Blockvariante der If ... Then ... Else-Anweisung kommen. Der allgemeine Aufbau der Blockvariante ist in Listing 7.4 zu sehen.


```
If Bedingung Then
   [Anweisungen]
[ElseIf Bedingung-n Then
   [elseifAnweisungen] ...
[Else
   [elseAnweisungen]]
End If
```

Listing 7.4 Blockvariante der If ... Then ... Else-Anweisung

Wenn in einer Programmiersprache von einem Block die Rede ist, so ist damit meist eine zusammenhängende Struktur gemeint, die sich über mehrere Zeilen erstreckt. So ist es auch bei der Blockvariante der If ... Then ... Else-Anweisung. Der Block beginnt mit der Anweisung If und endet mit der Anweisung End If. Bei der Zeilenvariante ist die Anweisung End If nicht notwendig gewesen, da wie bei anderen Anweisungen auch das Zeilenende das Ende der Anweisung bestimmt. Bei mehrzeiligen Anweisungen, also bei Blöcken, funktioniert dieser Mechanismus nicht. Das Ende der If ... Then ... Else-Anweisung muss deshalb dem VBA-Interpreter durch eine entsprechende End If-Anweisung angezeigt werden.

Während die Anweisung End If im Wesentlichen nur eine formale Erweiterung gegenüber der Zeilenvariante der If ... Then ... Else-Anweisung darstellt, hält die Blockvariante auch eine echte funktionale Erweiterung bereit, nämlich die Anweisung ElseIf. Die ElseIf-Anweisung verhält sich so wie die If-Anweisung, wird aber nur dann ausgeführt, wenn die Bedingung der If-Anweisung nicht erfüllt ist, aber die der ElseIf-Anweisung schon. Auf diese Weise lassen sich verschiedene Bedingungen innerhalb einer If ... Then ... Else-Anweisung prüfen. Sie können beliebig viele ElseIf-Anweisungen einfügen oder auch gar keine, denn diese Anweisung ist optional. Der

Else-Zweig wird in einem solchen Konstrukt nur dann ausgeführt, wenn weder die Bedingung der If-Anweisung noch eine der Bedingungen der ElseIf-Anweisungen erfüllt sind.

```
Sub Rabatt()
   Dim intBestellmenge As Integer
   Dim strRabatt As String
   intBestellmenge = CInt(InputBox("Bestellmenge:"))
   If intBestellmenge <= 20 Then
      strRabatt = "0 Prozent"
   ElseIf intBestellmenge <= 100 Then
      strRabatt = "15 Prozent"
   ElseIf intBestellmenge <= 500 Then
      strRabatt = "25 Prozent"
   ElseIf intBestellmenge <= 1000 Then
      strRabatt = "35 Prozent"
   ElseIf intBestellmenge <= 5000 Then
      strRabatt = "40 Prozent"
   Else
      strRabatt = "50 Prozent"
   End If
   MsgBox "Der Rabatt beträgt " & strRabatt & "."
End Sub
```

Listing 7.5 Verwendung der Blockvariante der If ... Then ... Else-Anweisung

Die Prozedur Rabatt() in Listing 7.5 soll den Rabatt für eine eingegebene Bestellmenge berechnen. Dazu wird als Erstes eine Bestellmenge mit Hilfe der InputBox-Funktion vom Benutzer abgefragt und die Eingabe mit der Funktion CInt in einen Wert des Datentyps Integer konvertiert. Der eingegebene Bestellwert wird der Variablen intBestellmenge zugewiesen. Die If-Anweisung prüft nun, ob der Wert der Variablen intBestellmenge kleiner oder gleich dem Wert *20* ist. Ist das der Fall, dann wird der Variablen strRabatt der Rabattsatz von null Prozent zugewiesen. Für den Fall, dass der Wert der Variablen intBestellmenge nicht kleiner oder gleich dem Wert *20* ist, wird die darauf folgende ElseIf-Anweisung ausgeführt. Hier wird verglichen, ob die Bestellmenge kleiner oder gleich *100* ist. Liefert der Vergleich den Wert True, dann wird wiederum der Variablen strRabatt ein Rabattsatz zugewiesen, bei False wird die nächste ElseIf-Anweisung abgearbeitet. Wenn keine der Bedingungen in der If-Anweisung oder den ElseIf-Anweisungen zu True ausgewertet werden kann, wird die Else-Anweisung ausgeführt. Das ist genau dann der Fall, wenn der Wert der Variablen intBestellmenge größer ist als *5.000*.

Wenn Sie das Beispiel in Listing 7.5 genau betrachten, dann gibt es vielleicht eine Sache, die Sie stutzig macht. Angenommen, der Benutzer gibt eine Bestellmenge von *15* ein. Diese Bestellmenge ist kleiner als die Bestellmenge von *20*, die in der Bedingung der `If`-Anweisung formuliert wurde. Die Bedingung ist also erfüllt und erhält dadurch den Wert `True`. Gleichzeitig ist der Wert *15* auch kleiner als *100*, *500*, *1.000* und *5.000*, so dass die Bedingungen der `ElseIf`-Anweisungen ebenfalls erfüllt wären. Trotzdem wird der richtige Rabattsatz der Variablen `strRabatt` zugewiesen. Das hat zwei Gründe. Erstens werden, wenn bereits eine Bedingung der `If`-Anweisung oder eine der `ElseIf`-Anweisungen erfüllt und der entsprechende `Then`-Zweig ausgeführt wurden, die folgenden `ElseIf`-Anweisungen sowie der `Else`-Zweig ignoriert und nicht mehr ausgeführt. Zweitens wird durch die richtige Reihenfolge der Bedingungen in den `If`- und `ElseIf`-Anweisungen immer der richtige Rabattsatz ausgewählt. Richtige Reihenfolge bedeutet in diesem Fall, dass die Bedingungen in aufsteigender Form nach Bestellmengen angeordnet sind. Würde die Bedingung `intBestellmenge <= 5000` schon als Bedingung in der `If`-Anweisung verwendet werden, so würde bereits bei einer Bestellmenge von *1* ein Rabatt von 50 Prozent gewährt. Das wirtschaftliche Überleben einer Firma, die diesen Rabattsatz anwendet, wäre wohl kaum gewährleistet.

7.2 Select Case

Die `Select Case`-Anweisung besitzt viele Ähnlichkeiten mit der `If ... Then ... Else`-Anweisung in der Blockvariante. Das ist auch nicht weiter verwunderlich, denn beide Kontrollstrukturen ermöglichen aufgrund von erfüllten Bedingungen eine Programmverzweigung. Die `Select Case`-Anweisung existiert nur in einer Blockvariante, eine Zeilenvariante gibt es somit nicht. Der allgemeine Aufbau der `Select Case`-Anweisung ist in Listing 7.6 dargestellt.

```
Select Case Testausdruck
    [Case Ausdrucksliste-n
        [Anweisungen-n]]...
    [Case Else
        [elseAnweisungen]]
End Select
```

Listing 7.6 Allgemeine Form der Select Case-Anweisung

Eingeleitet wird die `Select Case`-Anweisung mit den Schlüsselwörtern `Select Case`, gefolgt von einem Ausdruck `Testausdruck`. `Testausdruck` stellt nur den Ausdruck dar, der überprüft werden soll, jedoch ohne Angabe darüber, welchen Wert der Ausdruck annehmen muss, damit die Bedingung für die Programmverzweigung erfüllt ist. Diese Bedingungen stehen in den Ausdruckslisten `Ausdrucksliste-n` der einzelnen `Case`-Anweisungen. Wie der Begriff »Ausdruckslisten« schon verrät, kann in einer `Case`-Anweisung eine Liste von verschiedenen Ausdrücken angegeben werden. Die `Case Else`-Anweisung wird ausgeführt, wenn keiner der Ausdrücke in den Ausdruckslisten der `Case`-Anweisungen zu `True` ausgewertet werden konnte. Sowohl die Anweisungen `Case` und `Case Else`, als auch die Anweisungen in den dazugehörigen Zweigen sind optional. Sie müssen auch nicht darauf achten, welches Element Sie weglassen können und welches unbedingt vorhanden sein muss, so wie bei der `If ... Then ... Else`-Anweisung in der Zeilenvariante. Lassen Sie einfach weg, was Sie nicht benötigen.

Tipp: Case Else immer verwenden

Wenn Sie die `Select Case`-Anweisung verwenden, dann sollten Sie es sich zur Angewohnheit machen, immer eine `Case Else`-Anweisung einzubauen. Mit der `Case Else`-Anweisung können Sie auf unvorhergesehene Werte des Ausdrucks `Testausdruck` reagieren, zum Beispiel durch die Ausgabe einer entsprechenden Fehlermeldung.

```
Sub Abrechnungstyp()
   Dim intAnzahlRaten As Integer
   Dim strZeitraum As String
   intAnzahlRaten = _
      CInt(InputBox("Anzahl der Raten pro Jahr:"))
   Select Case intAnzahlRaten
      Case 1
         strZeitraum = "jährlich"
      Case 2
         strZeitraum = "halbjährlich"
      Case 4
         strZeitraum = "vierteljährlich"
      Case 12
         strZeitraum = "monatlich"
      Case Else
         strZeitraum = "monatlich"
   End Select
   MsgBox "Die Abrechnung erfolgt " & strZeitraum & "."
End Sub
```

Listing 7.7 Verwendung der Select Case-Anweisung

Mit der Prozedur in Listing 7.7 soll der Abrechnungstyp, zum Beispiel bei einer Versicherung oder bei einem Ratenkauf, ermittelt werden. Dazu gibt der Benutzer die gewünschte Anzahl von Raten pro Jahr in das Eingabefenster der Funktion InputBox ein. Der eingegebene Wert wird mit der Funktion CInt in einen Wert des Datentyps Integer umgewandelt und der Variablen intAnzahlRaten zugewiesen. Die Variable intAnzahlRaten wird dann als Testausdruck für die Select Case-Anweisung verwendet. In den Case-Anweisungen wird dann überprüft, ob die Variable intAnzahlRaten einen der Werte *1*, *2*, *4* oder *12* hat. Wird eine Übereinstimmung in einer der Case-Anweisungen gefunden, so wird in dem dazugehörigen Case-Zweig der Variablen strZeitraum eine entsprechende Zeichenfolge zugewiesen, die dem Abrechnungszeitraum entspricht. Sollte der Benutzer jedoch einen Wert eingegeben haben, der nicht durch die Ausdruckslisten der Case-Anweisungen abgedeckt ist, so wird die Case Else-Anweisung ausgeführt, wo der Abrechnungszeitraum auf den Standardwert *monatlich* gesetzt wird. Der auf diese Weise ermittelte Abrechnungszeitraum wird in einem Meldungsfenster ausgegeben.

Der eigentlich Clou bei der Select Case-Anweisung ist die Gestaltung der Ausdruckslisten, mit denen mehrere Werte des Testausdrucks in einer einzigen Case-Anweisung geprüft werden können. Die Werte in den Ausdruckslisten werden dabei durch Kommata getrennt, siehe Listing 7.8.

```
Sub Ausdruckslisten1()
   Dim intCounter As Integer
   For intCounter = 1 To 10
      Select Case intCounter
         Case 1, 3, 5, 7, 9
            Debug.Print intCounter & " ist ungerade."
         Case 2, 4, 6, 8, 10
            Debug.Print intCounter & " ist gerade."
      End Select
   Next intCounter
End Sub
```

Listing 7.8 Mehrere Werte in einer Ausdrucksliste

Mit der Select Case-Anweisung in Listing 7.8 wird unterschieden, ob der Wert der Variablen intCounter gerade oder ungerade ist. Die Ausdruckslisten der beiden Case-Anweisungen enthalten dazu die möglichen Werte der Variablen intCounter, sortiert nach geraden und ungeraden Werten. Die Werte in den Ausdruckslisten sind durch Kommata getrennt.

Mit dem Beispiel aus Listing 7.8 sind jedoch die Möglichkeiten zur Bildung von Ausdruckslisten noch lange nicht erschöpft. Statt konkreter Werte können Sie in Ausdruckslisten auch beliebige Ausdrücke verwenden. Die Ergebnisse dieser Ausdrücke müssen natürlich denselben Datentyp besitzen wie das Ergebnis des Testausdrucks. Eine weitere Möglichkeit ist, Ausdrücke in den Ausdruckslisten zu erstellen, die einen ganzen Wertebereich abdecken oder mit denen Vergleiche durchgeführt werden können. Zu diesem Zweck können in Ausdruckslisten die Schlüsselwörter `To` und `Is` verwendet werden. Die allgemeine Form zur Verwendung dieser Schlüsselwörter ist in Listing 7.9 dargestellt.

```
Ausdruck To Ausdruck
Is { < | <= | > | >= | = | <> } Ausdruck
```

Listing 7.9 Allgemeine Form der Schlüsselwörter To und Is

Mit dem Schlüsselwort `To` lässt sich ein Wertebereich definieren. Der Wertebereich wird dabei durch zwei beliebige Ausdrücke festgelegt, welche die Unter- und die Obergrenze des Wertebereichs bilden. Die Ergebnisse der beiden Ausdrücke müssen natürlich denselben Datentyp besitzen. Zudem muss dieser Datentyp mit dem Datentyp des Testausdrucks übereinstimmen. Worauf Sie bei der Verwendung des Schlüsselworts `To` ebenfalls achten müssen, ist, dass der kleinere Wert immer auf der linken Seite von `To` steht. Ein Beispiel für die Verwendung des Schlüsselwortes `To` in Ausdruckslisten ist in Listing 7.10 zu sehen.

```
Case 100, 150 To 175, 200, 500 To 1000
```

Listing 7.10 Verwendung des Schlüsselworts To in Ausdruckslisten

Mit dem Schlüsselwort `To` lassen sich besonders gut numerische Wertebereiche angeben, wie in Listing 7.10 ersichtlich. Aber auch mit Zeichenfolgen ist dieses Schlüsselwort verwendbar.

```
Sub Ausdruckslisten2()
   Dim strBuchstabe As String
   strBuchstabe = InputBox("Buchstabe eingeben")
   Select Case strBuchstabe
      Case "a" To "z"
         MsgBox strBuchstabe & " ist ein Kleinbuchstabe."
      Case "A" To "Z"
         MsgBox strBuchstabe & " ist ein Großbuchstabe."
      Case Else
         MsgBox "Es wurde kein Buchstabe eingeben."
   End Select
End Sub
```

Listing 7.11 Verwendung des Schlüsselworts To mit Zeichenfolgen

In Listing 7.11 wird ein durch den Benutzer eingegebener Buchstabe dahingehend überprüft, ob es sich um einen Klein- oder einen Großbuchstaben handelt. Dazu sind in den beiden `Case`-Anweisungen zwei Wertebereiche mit dem Schlüsselwort `To` definiert worden. Der eine Wertebereich umfasst alle Kleinbuchstaben, die zwischen *a* und *z* liegen. Der andere Wertebereich ist analog für die Großbuchstaben *A* bis *Z* aufgebaut.

Mit dem Schlüsselwort `Is` können in einer Ausdrucksliste Vergleiche mit den Werten des Testausdrucks durchgeführt werden. Wie in Listing 7.9 gezeigt, folgt auf das Schlüsselwort `Is` ein Vergleichsoperator und darauf wiederum ein Ausdruck, der den Wert liefert, der mit dem Wert des Testausdrucks verglichen werden soll. In Verbindung mit dem Schlüsselwort `Is` können Sie jeden Vergleichsoperator verwenden, den ich Ihnen in Kapitel 5, *Operatoren*, vorgestellt habe, außer den Vergleichsoperatoren `Is` und `Like`.

Verwechslungsgefahr beim Schlüsselwort Is

Wenn das Schlüsselwort `Is` im Programmtext eines VBA-Programms auftaucht, dann muss deutlich unterschieden werden, ob es sich dabei um den Vergleichsoperator `Is` oder um das Schlüsselwort `Is` der `Select Case`-Anweisung handelt. Sehen Sie sich deshalb immer genau den Kontext an, in dem das Schlüsselwort `Is` verwendet wird.

Mit Hilfe des Schlüsselwortes `Is` lässt sich die Prozedur `Rabatt()` aus Listing 7.5 so umschreiben, dass die `If ... Then ... Else`-Anweisung durch eine `Select Case`-Anweisung ersetzt werden kann. Die umgeschriebene Prozedur finden Sie in Listing 7.12.

```
Sub Ausdruckslisten3()
   Dim intBestellmenge As Integer
   Dim strRabatt As String
   intBestellmenge = CInt(InputBox("Bestellmenge:"))
   Select Case intBestellmenge
      Case Is <= 20
         strRabatt = "0 Prozent"
      Case Is <= 100
         strRabatt = "15 Prozent"
      Case Is <= 500
         strRabatt = "25 Prozent"
      Case Is <= 1000
         strRabatt = "35 Prozent"
      Case Is <= 5000
```

```
            strRabatt = "45 Prozent"
        Case Else
            strRabatt = "50 Prozent"
    End Select
    MsgBox "Der Rabatt beträgt " & strRabatt & "."
End Sub
```

Listing 7.12 Verwendung des Schlüsselworts Is in Ausdruckslisten

Wie Sie sehen, kann die `If ... Then ... Else`-Anweisung, die in Listing 7.5 verwendet wurde, leicht durch eine `Select Case`-Anweisung ersetzt werden. Das gilt natürlich auch für den umgekehrten Fall. In der Praxis werden Sie jedoch meistens auf die `If ... Then ...Else`-Anweisung zurückgreifen. Welche der beiden Kontrollstrukturen besser geeignet ist, muss von Fall zu Fall anhand der konkreten Problemstellung entschieden werden.

7.3 GoTo

Eigentlich widerstrebt es mir, einem Programmiereinsteiger die Funktionsweise der Anweisung `GoTo` näher zu bringen. Zum einen ist diese Anweisung völlig veraltet und widerspricht allen Prinzipien der modernen Programmierung, zum anderen gilt die Verwendung der Anweisung `GoTo` schon seit langem als schlechter Programmierstil und ist deshalb verpönt. Der Vollständigkeit halber werde ich trotzdem kurz auf diese Anweisung eingehen.

Während bei der `If ... Then ... Else`-Anweisung und bei der `Select Case`-Anweisung die Verzweigung von der Erfüllung einer Bedingung abhängig ist, kann mit der `GoTo`-Anweisung eine Verzweigung ohne Bedingung durchgeführt werden. Entsprechend wird zwischen einer bedingten und einer unbedingten Verzweigung gesprochen. Da die `GoTo`-Anweisung für die Verzweigung keine Bedingung benötigt, ist der Aufbau dieser Anweisung sehr einfach.

```
GoTo Zeile
```

Listing 7.13 Allgemeine Form der GoTo-Anweisung

Auf das Schlüsselwort `GoTo` folgt immer die Angabe einer Zeilennummer oder einer Zeilenmarke `Zeile`, mit der die Stelle im Programmtext markiert ist, zu der die Verzweigung führen soll. Zeilennummer beziehungsweise Zeilenmarke müssen innerhalb eines Moduls eindeutig sind.

Doch wie müssen Zeilennummer und Zeilenmarken aufgebaut sein? Eine Zeilennummer besteht aus einer beliebigen Ziffernfolge und muss in der ersten

Spalte einer Programmzeile stehen, damit VBA die Zeilennummer nicht als numerisches Literal interpretiert. Eine Zeilenmarke kann dagegen aus Buchstaben und Ziffern aufgebaut werden. Das erste Zeichen einer Zeilenmarke ist dabei immer ein Buchstabe. Groß- und Kleinschreibung werden jedoch nicht berücksichtigt. Eine Zeilenmarke wird immer mit einem Doppelpunkt abgeschlossen, damit VBA zwischen Zeilenmarken und Bezeichnern von Variablen, Konstanten und Prozeduren unterscheiden kann.

Trifft die Programmausführung auf eine GoTo-Anweisung, dann wird die Programmausführung in der Programmzeile fortgesetzt, die durch die entsprechende Zeilennummer oder Zeilenmarke, die hinter der GoTo-Anweisung steht, markiert ist. Die Funktionsweise der GoTo-Anweisung wird durch die Prozedur PingPong() in Listing 7.14 deutlich.


```
Sub PingPong()
   Dim intBallwechsel As Integer
   Dim strSpieler As String
   intBallwechsel = 5
   GoTo ping
pong:
   Application.Wait Now + TimeSerial(0, 0, 1)
   Beep
   Debug.Print "                  ......... PONG"
   intBallwechsel = intBallwechsel - 1
   strSpieler = "PONG"
   If intBallwechsel = 0 Then GoTo 4711
ping:
   Application.Wait Now + TimeSerial(0, 0, 1)
   Beep
   Debug.Print "PING ........."
   intBallwechsel = intBallwechsel - 1
   strSpieler = "PING"
   If intBallwechsel = 0 Then GoTo 4711 Else GoTo pong
4711
   Debug.Print "Punkt für " & strSpieler
End Sub
```

Listing 7.14 Verwendung der GoTo-Anweisung

Die Prozedur PingPong() simuliert nicht nur ein virtuelles Tennis- oder Tischtennis-Match, sondern demonstriert nebenbei auch noch die Verwendung der GoTo-Anweisung. Nach den Variablendeklarationen und der Initialisierung der

Variablen intBallwechsel, mit der Sie die Länge der Ballwechsel festlegen können, taucht auch schon die erste GoTo-Anweisung auf, mit der zur Zeilenmarke ping verzweigt wird. Damit sehen Sie auch schon einen der Hauptgründe, warum GoTo nicht verwendet werden sollte, denn der sequentielle Programmablauf wird unterbrochen und im Programmtext schwerer nachvollziehbar. An der Zeilenmarke ping wird die Programmausführung mit den Anweisungen Application.Wait und Beep fortgesetzt. Application.Wait hält das Programm für eine Sekunde an, und Beep gibt ein akustische Signal aus. Für die Programmsteuerung entscheidend ist jedoch, dass der Wert der Variable intBallwechsel um eins verringert wird. Danach wird in einer If-Anweisung geprüft, ob intBallwechsel den Wert Null hat. Ist das der Fall, dann wird zur Zeilennummer 4711 gesprungen, ansonsten zur Zeilenmarke pong. An der Zeilenmarke pong wiederholen sich dieselben Anweisungen wie schon bei der Zeilenmarke ping. So geht es immer hin und her, wie es sich für ein richtiges Tennis- oder Tischtennis-Match gehört.

GoTo nicht verwenden

Ich empfehle Ihnen, die Anweisung GoTo nicht in Ihren VBA-Programmen zu verwenden. Die Fälle, in denen die Verwendung von GoTo gerechtfertigt ist, sind so selten, dass sich fast immer eine andere Lösung finden lässt, die mit den Prinzipien einer modernen Programmiersprache vereinbar ist.

7.4 Aufgaben und Übungen

1. Welche formalen Unterschiede bestehen zwischen der Zeilenvariante und der Blockvariante einer If ... Then ... Else-Anweisung?
2. In welchen Fällen können die Anweisungen des Then-Zweigs einer If ... Then ... Else-Anweisung in der Zeilenvariante weggelassen werden?
3. In welchem Fall wird die Else-Anweisung einer If ... Then ... Else-Anweisung in der Blockvariante ausgeführt?
4. Schreiben Sie eine Prozedur Postleitzahlen(), die als Argument eine Postleitzahl erwartet und mit Hilfe der If ... Then ... Else-Anweisung den Postleitzahlenbereich ausgibt.
5. Aus welchen Gründen sollten Sie die Case Else-Anweisung immer verwenden? Wie verhält es sich bei der Else-Anweisung der If ... Then ... Else-Anweisung?
6. Erläutern Sie die Funktion der Schlüsselwörter Is und To in den Ausdruckslisten der Select Case-Anweisung.

7. Ersetzen Sie in der Prozedur `Rabatt()` aus Listing 7.5 die `If ... Then ... Else`-Anweisung durch eine `Select Case`-Anweisung. Formulieren Sie dabei die Ausdruckslisten mit dem Schlüsselwort `To`.
8. Schreiben Sie eine Prozedur `Postleitzahlen()`, die als Argument eine Postleitzahl erwartet und mit Hilfe einer `Select Case`-Anweisung den Postleitzahlenbereich ausgibt.
9. Was ist der Unterschied zwischen einer bedingten und einer unbedingten Verzweigung?
10. Was ist der Unterschied zwischen einer Zeilenmarke und einer Zeilennummer? Wie muss eine Zeilenmarke beziehungsweise eine Zeilennummer aufgebaut sein?

8 Prozeduren und Funktionen

Prozeduren und Funktionen sind die zentralen Konzepte in der Programmiersprache VBA. Von den insgesamt vier verschiedenen Arten von Prozeduren werden die beiden wichtigsten in diesem Kapitel erläutert.

In diesem Kapitel werde ich Ihnen die `Sub`-Prozeduren und die `Function`-Prozeduren vorstellen. Diese Prozeduren sind nach ihren einleitenden Schlüsselwörtern benannt. `Function`-Prozeduren werden zudem als Funktionen oder als Funktionsprozeduren bezeichnet, während `Sub`-Prozeduren auch einfach nur Prozeduren genannt werden. Um die begriffliche Verwirrung komplett zu machen, möchte ich Ihnen noch sagen, dass der Begriff »Prozedur« als Oberbegriff für alle Prozeduren und Funktionen in VBA benutzt wird. Neben den bereits erwähnten `Sub`-Prozeduren und `Function`-Prozeduren gibt es noch die Ereignisprozeduren und die Eigenschaftsprozeduren. Auf die beiden letztgenannten Prozedurtypen werde ich in diesem Kapitel jedoch nicht eingehen. Ereignisprozeduren werden in einem eigenen Kapitel, in Kapitel 11, *Ereignisprozeduren,* behandelt. Eigenschaftsprozeduren finden Erwähnung in Kapitel 10, *Objekte und Klassen*.

Nun wissen Sie bereits, welche Typen von Prozeduren es gibt, aber was sind Prozeduren eigentlich? Wie aus Kapitel 2, *Basiswissen,* bekannt, gliedert sich ein VBA-Programm in Komponenten wie Standard- oder Klassenmodule. Diese Module enthalten Prozeduren, wenn Sie so wollen, die nächst kleinere Gliederung eines VBA-Programms. Eine Prozedur bildet einen abgeschlossenen Bereich, der einen Block von Anweisungen unter einem Namen, dem Prozedurnamen, zusammenfasst. Alle Anweisungen eines VBA-Programms, von den Deklarationen auf Modulebene einmal abgesehen, müssen sich innerhalb einer Prozedur befinden. Im Folgenden werde ich Ihnen zeigen, wie Prozeduren erstellt werden und wie Prozeduren arbeiten.

8.1 Prozeduren

In diesem Unterkapitel geht es ausschließlich um `Sub`-Prozeduren, doch viele der hier gemachten Aussagen treffen auch auf andere Prozedurtypen zu. Bevor ich auf die Syntax von `Sub`-Prozeduren eingehe, möchte ich Ihnen zeigen, wie Sie im Visual Basic Editor eine Prozedur erzeugen können.

Um eine Prozedur in einer bereits vorhandenen Komponente zu erstellen, müssen Sie zunächst einmal das dazugehörige Code-Fenster öffnen. Wie Sie ein

Code-Fenster öffnen, wurde in Kapitel 3, *Visual Basic Editor*, erklärt. Die Methode, die ich favorisiere, ist der Doppelklick auf die entsprechende Komponente im Projekt-Explorer. Nachdem nun das Code-Fenster geöffnet ist, können Sie die neue Prozedur einfügen. Klicken Sie mit der linken Maustaste an diejenige Stelle im Code-Fenster, an der die neue Prozedur erscheinen soll. Rufen Sie nun den Menübefehl **Einfügen · Prozedur...** auf. Daraufhin öffnet sich das Dialogfenster **Prozedur hinzufügen**, so wie in Abbildung 8.1 zu sehen.

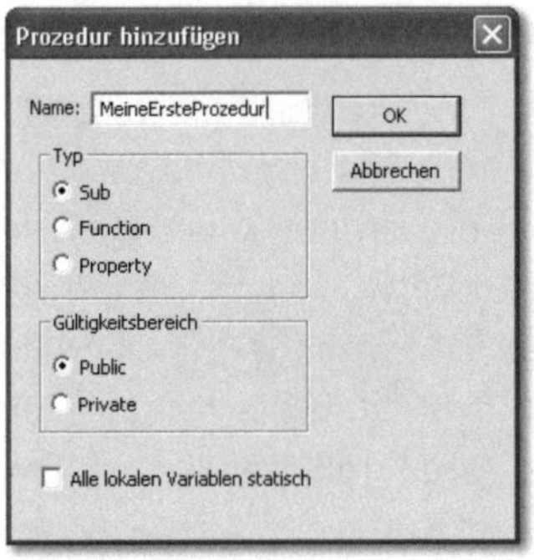

Abbildung 8.1 Das Dialogfenster »Prozedur hinzufügen«

In das Textfeld *Name* müssen Sie zunächst einmal den Prozedurnamen eingeben. Dabei müssen Sie darauf achten, dass Sie einen gültigen Bezeichner für die Prozedur verwenden. Für die Bezeichner von Prozeduren gelten dieselben Regeln wie auch für die Bezeichner von Variablen, das heißt, der Bezeichner muss mit einem Buchstaben beginnen und darf als weitere Zeichen nur Buchstaben, Ziffern und den Unterstrich enthalten. Der Bezeichner darf nicht länger als 255 Zeichen sein und nicht einem Schlüsselwort der Programmiersprache VBA entsprechen. Auch bei Prozedurnamen kann es nicht schaden, wenn Sie sprechende Bezeichner verwenden, die über den Zweck der Prozedur Aufschluss geben.

Unter dem Textfeld *Name* können Sie den Typ der Prozedur angeben, die Sie erstellen wollen. Mit der Option *Sub* erstellen Sie eine `Sub`-Prozedur, mit *Function* eine `Function`-Prozedur und mit *Property* eine Eigenschaftsprozedur. Belassen Sie für Ihre erste Prozedur die Option bei der Standardeinstellung, genauso wie die anderen Optionen in diesem Dialogfenster. Schließen Sie nun das Dialogfenster mit der Schaltfläche **OK** und betrachten Sie das Ergebnis im Code-Fenster.

Im Code-Fenster sollten Sie zwei Programmzeilen vorfinden, die so ähnlich aussehen sollten wie in Abbildung 8.2. Diese beiden Programmzeilen bilden den Prozedurrumpf, bestehend aus der Kopfzeile und der Fußzeile. Kopfzeile und Fußzeile markieren Anfang und Ende einer Prozedur, so dass ein abge-

Abbildung 8.2 Automatisch erzeugter Prozedurrumpf

schlossenes Konstrukt entsteht. Eine Sub-Prozedur wird immer mit dem Schlüsselwort Sub eingeleitet, gefolgt von dem Prozedurnamen und einem Paar runder Klammern, und endet mit der Anweisung End Sub. Das Schlüsselwort Public ist optional, wurde aber durch das Dialogfenster **Prozedur hinzufügen** automatisch eingefügt.

So ein Prozedurrumpf tut von sich aus gar nichts. Um die Prozedur zum Leben zu erwecken, sind Erweiterungen nötig. Welche Erweiterungen vorgenommen werden können, zeigt der allgemeine Aufbau einer Sub-Prozedur in Listing 8.1.

```
[Private | Public] [Static] Sub Name [(ArgListe)]
   [Anweisungen]
   [Exit Sub]
   [Anweisungen]
End Sub
```

Listing 8.1 Allgemeiner Aufbau einer Sub-Prozedur

Anhand des allgemeinen Aufbaus der Sub-Prozedur können Sie erkennen, dass die Funktionalität einer Prozedur durch die Anweisungen erzielt wird, die sich im Inneren des Prozedurrumpfes befinden. Also sollte die automatisch generierte Prozedur aus Abbildung 8.2 um mindestens eine Anweisung erweitert werden, damit die Prozedur etwas tut. Erweitern Sie deshalb die Prozedur so wie in Listing 8.2.

```
Public Sub MeineErsteProzedur()
   Dim lngResult As Long
   lngResult = 7 ^ 2
   Debug.Print "7 hoch 2 ist " & lngResult
End Sub
```

Listing 8.2 Erweiterung des Prozedurrumpfes durch Anweisungen

Der Prozedurrumpf wurde um drei Anweisungen im Inneren erweitert, so dass die Prozedur jetzt in der Lage ist, das Quadrat der Zahl Sieben zu errechnen und das Ergebnis im Direktfenster auszugeben. Auf die Dauer rechtfertigt die Berechnung des Quadrats der Zahl Sieben jedoch keine eigene Prozedur, so dass man sich vielleicht fragen könnte, ob die Prozedur nicht auch die Quadrate anderer Zahlen berechnen kann. Doch dazu müsste man der Prozedur mitteilen, für welche Zahl das Quadrat errechnet werden soll. Zu diesem Zweck wird ein Mechanismus verwendet, der als Argumentübergabe bezeichnet wird. Bei der Argumentübergabe wird ein Wert an eine Prozedur übergeben, mit dem innerhalb der Prozedur gerechnet werden kann. Der maßgebliche Teil für die Argumentübergabe ist in Listing 8.1 also die Argumentliste `ArgListe`. Die Argumentliste `ArgListe` einer Prozedur kann sehr komplex werden, wie der allgemeine Aufbau einer Argumentliste in Listing 8.3 zeigt.

```
[Optional] [ByVal | ByRef] [ParamArray] VarName[( )] [As Typ] [=
 Standardwert]
```

Listing 8.3 Allgemeiner Aufbau einer Argumentliste

In den allermeisten Fällen werden jedoch Argumentlisten aus den Elementen `VarName[( )] [As Typ]` aufgebaut. Wie eine solche Argumentliste in der Praxis aussieht, zeigt die nächste Erweiterung der Prozedur `MeineErsteProzedur()`.

```
Public Sub MeineErsteProzedur(intBasis As Integer)
   Dim lngResult As Long
   lngResult = intBasis ^ 2
   Debug.Print intBasis & " hoch 2 ist " & lngResult
End Sub
```

Listing 8.4 Erweiterung der Prozedur um ein Argument

Die Argumentliste in Listing 8.4 erinnert stark an eine Variablendeklaration, bei der das Schlüsselwort `Dim` fehlt. Dieser Vergleich ist gar nicht so falsch, denn die Argumentliste legt die Datentypen und die Variablennamen fest, mit denen auf die übergebenen Werte zugegriffen werden kann. Mit den Argumentvariablen kann innerhalb der Prozedur genauso gearbeitet werden wie mit anderen Variablen auch.

Nun kann eine Prozedur nicht nur ein Argument besitzen, sondern beliebig viele. Die einzelnen Argumente werden dabei durch Kommata getrennt. Wenn die Prozedur `MeineErsteProzedur()` nicht nur das Quadrat, sondern eine beliebige Potenz berechnen soll, dann kann der entsprechende Exponent als zweites Argument an die Prozedur übergeben werden.

```
Public Sub MeineErsteProzedur(intBasis As Integer, _
intExponent As Integer)
   Dim lngResult As Long
   lngResult = intBasis ^ intExponent
   Debug.Print intBasis & " hoch " & intExponent & " ist " _
      & lngResult
End Sub
```

Listing 8.5 Ein zweites Argument in der Argumentliste

Mit dem zweiten Argument `intExponent` ist die Argumentliste nun zu einer wirklichen Liste geworden und `MeineErsteProzedur()` zu einer universell einsetzbaren Prozedur zur Berechnung von Potenzen.

In einer Argumentliste können Sie neben den gezeigten Variablendeklarationen noch die Schlüsselwörter `Optional`, `ByVal`, `ByRef` und `ParamArray` verwenden. Im Rahmen dieses Einsteigerbuches werde ich Ihnen jedoch nur die Konzepte erklären, die hinter den Schlüsselwörtern `ByVal` und `ByRef` stehen. Mit diesen beiden Schlüsselwörtern legen Sie fest, ob ein Argument als Wert (`ByVal`, by Value) oder als Referenz (`ByRef`, by Reference) an eine Prozedur übergeben wird. Geben Sie keines der beiden Schlüsselwörter in Ihrer Argumentliste an, dann werden die Argumente automatisch als Referenz übergeben. Bei der Übergabe eines Arguments an eine Prozedur als Referenz, wird nicht der Wert einer Variablen, sondern die Adresse des Speicherplatzes der Variablen übergeben. Jede Manipulation an der Argumentvariablen innerhalb der Prozedur wirkt sich dabei auch auf die Variable aus, mit der das Argument ursprünglich an die Prozedur übergeben wurde. Um diesen Sachverhalt zu verdeutlichen, sehen Sie sich das Beispiel in Listing 8.6 an.

```
Sub Uebergabe_ByRef()
   Dim intParameter As Integer
   intParameter = 100
   Debug.Print "VOR DER ÜBERGABE"
   Debug.Print "intParameter = " & intParameter
   Call ByReference(intParameter)
   Debug.Print "NACH DER ÜBERGABE"
   Debug.Print "intParameter = " & intParameter
End Sub

Sub ByReference(ByRef intArgument As Integer)
   intArgument = intArgument + 49
   Debug.Print "IN DER PROZEDUR ByReferenz()"
```

```
    Debug.Print "intArgument = " & intArgument
End Sub
```

Listing 8.6 Funktionsweise der Übergabe als Referenz

In der Prozedur `Uebergabe_ByRef()` wird die Variable `intParameter` deklariert und mit dem Wert *100* initialisiert. Die Variable wird dann als Parameter für den Aufruf der Prozedur `ByReference()` benutzt. Die Prozedur deklariert in der Argumentliste die Variable `intArgument` mit dem Schlüsselwort `ByRef`, so dass die Variable `intParameter` an die Variable `intArgument` als Referenz übergeben wird. Durch die Übergabe als Referenz kann die Variable `intArgument` so behandelt werden, als handele es sich um die Variable `intParameter` selbst. Die Ausgaben der Prozeduren `Uebergabe_ByRef()` und `ByReferenz` verdeutlichen diese Tatsache.

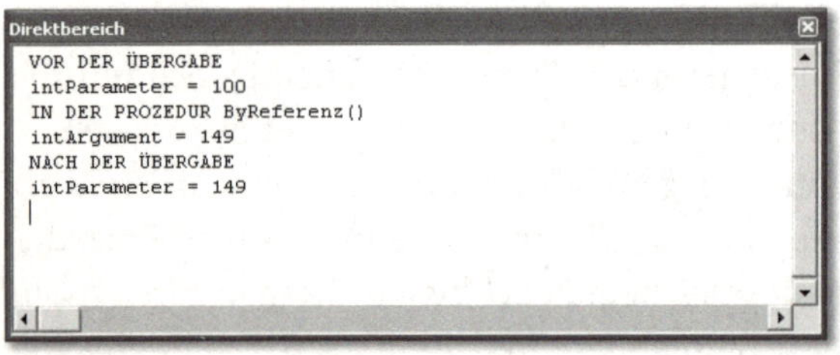

Abbildung 8.3 Ausgaben von Uebergabe_ByRef() und ByReference()

Abbildung 8.3 zeigt deutlich, wie sich die Werte der Variablen `intParameter` und `intArgument` verändern. Zunächst hat die Variable `intParameter` den Wert *100*, der an die Prozedur `ByReference()` übergeben wird. Durch die Übergabe enthält nun auch die Variable `intArgument` den Wert *100*. Zu diesem Wert wird die Zahl *49* addiert, so dass der Wert von `intArgument` nun *149* ist. Nach der Rückkehr der Programmausführung in die Prozedur `Uebergabe_ByRef()` ist der Wert der Variablen `intParameter` nun ebenfalls *149*, obwohl keine Operation mit `intParameter` durchgeführt wurde. Die Übergabe als Referenz hat also bewirkt, dass die Variablen `intParameter` und `intArgument` auf denselben Speicherplatz zugreifen.

Anders sieht es aus, wenn eine Variable als Wert übergeben wird. Hierzu zeige ich Ihnen ein Beispiel, das vom Ablauf analog zu Listing 8.6 funktioniert.

```
Sub Uebergabe_ByVal()
    Dim intParameter As Integer
    intParameter = 100
    Debug.Print "VOR DER ÜBERGABE"
    Debug.Print "intParameter = " & intParameter
```

```
    Call ByValue(intParameter)
    Debug.Print "NACH DER ÜBERGABE"
    Debug.Print "intParameter = " & intParameter
End Sub

Sub ByValue(ByVal intArgument As Integer)
    intArgument = intArgument + 49
    Debug.Print "IN DER PROZEDUR ByValue()"
    Debug.Print "intArgument = " & intArgument
End Sub
```

Listing 8.7 Funktionsweise der Übergabe als Wert

In der Prozedur `Uebergabe_ByVal()` in Listing 8.7 wird wiederum eine Variable `intParameter` deklariert und mit dem Wert *100* initialisiert. Mit diesem Wert wird die Prozedur `ByValue()` aufgerufen. Der übergebene Wert wird an die Argumentvariable `intArgument` übergeben, die diesmal mit dem Schlüsselwort `ByVal` deklariert ist. Auch zu diesem Beispiel zeige ich Ihnen die Ausgaben der beiden Prozeduren im Direktfenster.

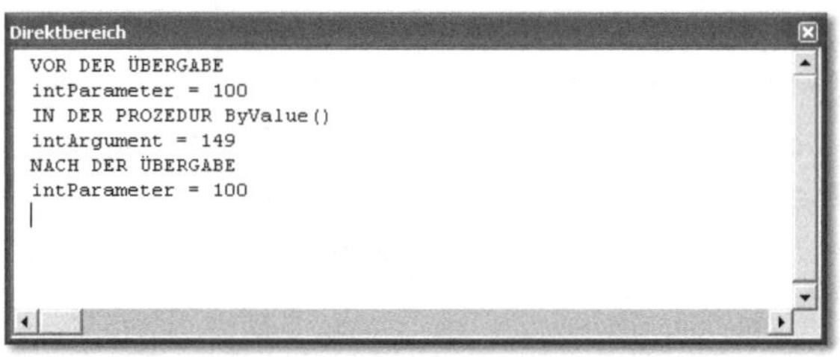

Abbildung 8.4 Ausgaben von Uebergabe_ByVal() und ByValue()

Die ersten beiden Ausgaben in Abbildung 8.4 enthalten keine Überraschungen, denn `intParameter` hat den zugewiesenen Wert *100* und `intArgument` den Wert *149*, der sich aus der Addition des übergebenen Wertes von `intParameter` und der Zahl *49* ergeben hat. Nach der Rückkehr in die Prozedur `Uebergabe_ByVal()` hat die Variable `intParameter` aber immer noch den Wert *100*. Das liegt daran, dass es sich bei `intParameter` und `intArgument` um zwei verschiedene Variablen handelt, die auf zwei unterschiedliche Speicherplätze im Arbeitsspeicher zugreifen. Auf diese Weise kann eine Manipulation an der einen Variablen nicht den Wert der anderen Variablen beeinflussen. Möglich wurde dies einzig durch die Deklaration der Argumentvariablen mit dem Schlüsselwort `ByVal`.

Wenn Sie sich noch einmal den allgemeinen Aufbau einer Sub-Prozedur aus Listing 8.1 vor Augen führen, dann werden Sie feststellen, dass ich Ihnen noch die Erklärung für zwei Elemente schuldig bin. Bei dem einen Element handelt es sich um die Anweisung Exit Sub. Wie Sie zweifellos vermuten werden, wird diese Anweisung dazu benutzt, um die Ausführung einer Prozedur vorzeitig zu beenden. Sie können die Anweisung Exit Sub an jeder beliebigen Stelle innerhalb einer Prozedur platzieren. Der Hauptgrund, eine Prozedur mit der Anweisung Exit Sub zu beenden, ist meist das vorzeitige Erreichen eines bestimmten Ergebnisses. Listing 8.8 zeigt Ihnen eine einfache Anwendung von Exit Sub.

```
Sub ExitSub()
   Dim intCounter As Integer
   For intCounter = 1 To 10
      If intCounter = 5 Then Exit Sub
      Debug.Print intCounter
   Next intCounter
End Sub
```

Listing 8.8 Verwendung der Anweisung Exit Sub

In der Prozedur ExitSub() befindet sich eine For ... Next-Schleife, deren Zählvariable intCounter von eins bis zehn laufen soll. Die If-Anweisung im Inneren der Schleife prüft jedoch, ob die Zählvariable intCounter den Wert 5 schon erreicht hat. Ist das der Fall, wird die Ausführung der Prozedur mit der Anweisung Exit Sub unterbrochen.

So wie Variablen einen Gültigkeitsbereich besitzen, so haben auch Prozeduren einen Gültigkeitsbereich. Dieser Gültigkeitsbereich kann durch die Schlüsselwörter Public und Private, sowie durch die Anweisung Option Private verändert werden. Die Schlüsselwörter Public und Private werden vor der Sub-Anweisung eingefügt. Eine mit Public deklarierte Prozedur kann von allen Modulen eines VBA-Projektes aus angesprochen und ausgeführt werden. Darüber hinaus ist es sogar möglich, eine solche Prozedur aus anderen VBA-Projekten heraus aufzurufen. Das funktioniert natürlich nur, wenn beide VBA-Projekte, beziehungsweise die Arbeitsmappen, die diese VBA-Projekte enthalten, gleichzeitig geöffnet sind. Wenn Sie möchten, dass eine Prozedur von allen Modulen des VBA-Projektes angesprochen werden kann, in dem die Prozedur deklariert wurde, jedoch den Zugriff aus anderen VBA-Projekten unterbinden möchten, dann deklarieren Sie die Prozedur ebenfalls mit dem Schlüsselwort Public und fügen außerdem die Anweisung Option Private Module in den Deklarationsteil des Moduls ein. Dadurch werden alle mit Public deklarierten

Prozeduren dieses Moduls gegen den Zugriff aus anderen VBA-Projekten heraus geschützt.

Den Gültigkeitsbereich einer Prozedur können Sie noch weiter einschränken, wenn Sie das Schlüsselwort Private verwenden. Eine mit Private deklarierte Prozedur kann nur von anderen Prozeduren aus angesprochen werden, die sich in demselben Modul befinden. Ein Zugriff aus anderen Modulen desselben VBA-Projekts oder gar aus anderen VBA-Projekten ist nicht möglich.

8.2 Funktionen

Was Sie im vorangegangenen Unterkapitel über Sub-Prozeduren gelernt haben, gilt uneingeschränkt auch für Function-Prozeduren. Deshalb werde ich mich im Folgenden darauf beschränken, die Unterschiede zwischen Sub-Prozeduren und Function-Prozeduren herauszuarbeiten. Der allgemeine Aufbau einer Function-Prozedur, wie in Listing 8.9 dargestellt, offenbart die ersten strukturellen Unterschiede.

```
[Public | Private | Friend] [Static] Function Name _
[(ArgListe)] [As Typ]
    [Anweisungen]
    [Name = Ausdruck]
    [Exit Function]
    [Anweisungen]
    [Name = Ausdruck]
End Function
```

Listing 8.9 Allgemeiner Aufbau einer Function-Prozedur

Der wichtigste Unterschied ist natürlich, dass eine Function-Prozedur mit dem Schlüsselwort Function eingeleitet wird. Eine andere Benennung wäre jedoch sinnlos, wenn damit nicht auch ein funktionaler Unterschied verbunden wäre. Denn anders als Sub-Prozeduren können Function-Prozeduren einen Wert zurückgeben. Der Wert wird dabei durch den Funktionsnamen repräsentiert. Das hat den Vorteil, dass der Funktionsname in Ausdrücken verwendet werden kann, wie Variablen oder Konstanten.

Wenn eine Funktion einen Wert zurückgibt, muss dieser Wert auch einen Datentyp besitzen. Der Datentyp des so genannten Rückgabewertes wird durch den Datentyp der Funktion bestimmt. Der Datentyp einer Function-Prozedur folgt auf die schließende runde Klammer der Argumentliste ArgListe. Um dieses Merkmal einer Function-Prozedur anschaulicher zu machen, soll eine Funktion erstellt werden, welche die Potenz zweier Zahlen berechnet. Dazu wird zunächst einmal der Prozedurrumpf angelegt, so wie in Listing 8.10 beschrieben.

```
Function Potenz(intBasis As Integer, intExponent As Integer) _
As Long

End Function
```

Listing 8.10 Prozedurrumpf der Funktion Potenz()

Der Prozedurrumpf der Funktion `Potenz()` beginnt mit dem einleitenden Schlüsselwort `Function` und endet mit `End Function`. Auf das Schlüsselwort `Function` folgt der Funktionsname sowie die Argumentliste. Sowohl für den Bezeichner des Funktionsnamens als auch für die Argumentliste gelten dieselben Regeln wie auch bei `Sub`-Prozeduren. Neu ist dagegen, dass auf die Argumentliste das Schlüsselwort `As` und ein Datentyp, in diesem Fall der Datentyp `Long`, folgen. Damit wird der Datentyp der Funktion und somit der Datentyp des Rückgabewertes festgelegt. Die Funktion `Potenz()` wird also einen Wert des Datentyps `Long` zurückliefern.

Die Frage ist nun, wie die Rückgabe eines Wertes durch eine Funktion funktioniert. Wie ich bereits erwähnt habe, wird der Rückgabewert einer Funktion durch den Funktionsnamen repräsentiert. Da erscheint es nur logisch, dass irgendwo innerhalb der Funktion eine Zuweisung des Rückgabewertes an den Funktionsnamen erfolgt.

```
Function Potenz(intBasis As Integer, intExponent As Integer) _
As Long
   Potenz = intBasis ^ intExponent
   Debug.Print Potenz
End Function
```

Listing 8.11 Zuweisung des Rückgabewertes an den Funktionsnamen

Wie Listing 8.11 zeigt, wird das Ergebnis des Ausdrucks `intBasis ^ intExponent` direkt an den Funktionsnamen zugewiesen. Nach dieser Zuweisung repräsentiert der Funktionsname den Rückgabewert, der zum Beispiel durch eine `Debug.Print`-Anweisung ausgegeben werden kann.

Innerhalb einer Funktion kann die Zuweisung des Rückgabewertes durchaus mehrfach erfolgen. Unter dem Funktionsnamen ist jedoch immer nur der zuletzt zugewiesene Wert gespeichert. Somit ist die zuletzt ausgeführte Zuweisung verantwortlich für den Rückgabewert der Funktion.

8.3 Prozeduraufrufe

Eine Prozedur oder Funktion zu schreiben, ist eine Sache, die Verwendung eine ganz andere. Damit eine Prozedur oder Funktion ausgeführt wird, muss diese aufgerufen werden. Ein Prozeduraufruf kann dabei entweder aus einer anderen Prozedur heraus erfolgen, so wie es bei einem automatisch ablaufenden Programm der Fall ist, oder durch den Benutzer.

Der Benutzer hat mehrere Möglichkeiten, eine Prozedur auszuführen. Sofern sich die Prozedur in *DieseArbeitsmappe*, einem Tabellen- oder Diagrammblatt oder der in Arbeitsmappe *PERSONL.XLS* befindet, kann diese über das Dialogfenster **Makro** gestartet werden. Das Dialogfenster **Makro** erreichen Sie von Microsoft Office Excel 2003 aus, indem Sie den Menübefehl **Extras · Makro · Makros...** ausführen oder die Tastenkombination Alt + F8 drücken. Diese Methode funktioniert allerdings nur bei Prozeduren, die keine Argumente benötigen. Das Dialogfenster **Makro** wird in Abbildung 8.5 gezeigt. Zur Veranschaulichung wurden ein paar Prozedurrümpfe erstellt, die zeigen sollen, an welchen Stellen eine Prozedur gespeichert sein kann, damit diese in dem Listenfeld des Dialogfensters **Makro** auftaucht.

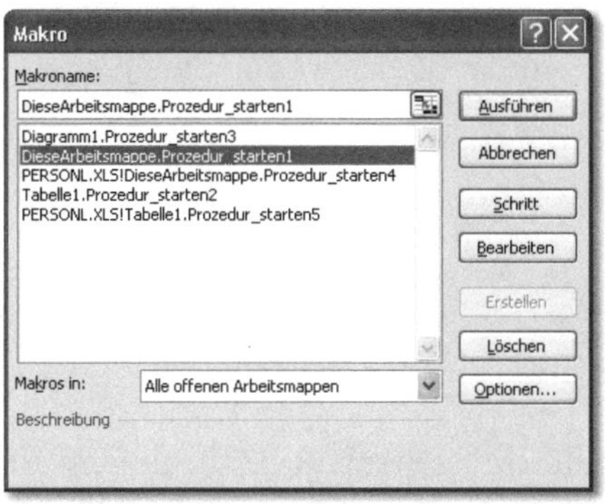

Abbildung 8.5 Das Dialogfenster »Makro« zum Starten von Prozeduren

Der Visual Basic Editor verfügt über ein Dialogfenster **Makros**, das dem Dialogfenster **Makro** sehr ähnlich ist. Auch im Dialogfenster **Makros** können keine Prozeduren gestartet werden, die zur Ausführung Argumente benötigen. Das Dialogfenster rufen Sie auf, indem Sie zunächst einmal den Cursor beliebig innerhalb des VBE platzieren. Wenn Sie den Cursor im Code-Fenster platzieren, dann achten Sie darauf, dass sich dieser nicht innerhalb einer Prozedur befindet. Nun drücken Sie entweder die Taste F5 oder benutzen den Menübefehl **Ausführen · Makro ausführen**, beziehungsweise den Menübefehl **Ausführen · Sub/UserForm ausführen**. Welcher Menübefehl im Menü **Aus-**

führen angezeigt wird, hängt davon ab, wo Sie den Cursor platziert haben. Das Dialogfenster **Makros** sehen Sie in Abbildung 8.6.

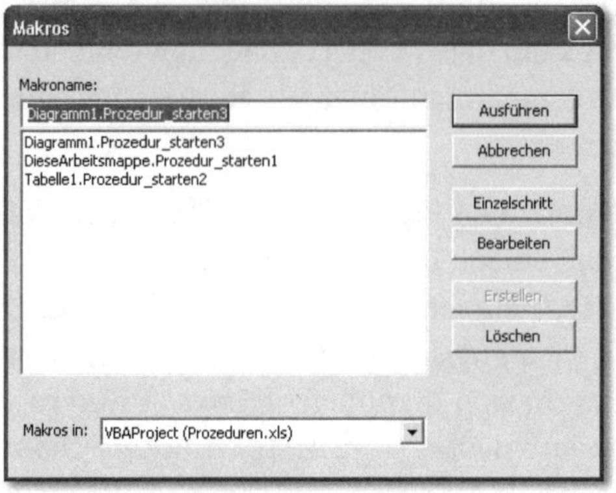

Abbildung 8.6 Das Dialogfenster »Makros« zum Starten von Prozeduren

Wie bereits erwähnt, können mit den Dialogfenstern **Makros** und **Makro** keine Prozeduren gestartet werden, die Argumente benötigen. Um solche Prozeduren außerhalb von anderen Prozeduren zu starten, benutzen Sie das Direktfenster. Im Direktfenster geben Sie den Prozeduraufruf genau so ein, wie Sie es innerhalb eines VBA-Programms tun würden. Beispiele für gültige Prozeduraufrufe sehen Sie in Listing 8.12.

```
Call Uebergabe_ByVal
Call MeineErsteProzedur(2, 15)
MeineErsteProzedur 2, 15
```

Listing 8.12 Gültige Prozeduraufrufe

Ein gültiger Prozeduraufruf kann mit dem Schlüsselwort `Call` beginnen, ist aber nicht zwingend erforderlich. Ohnehin ist die Verwendung des Schlüsselwortes `Call` nur bei `Sub`-Prozeduren zu empfehlen, da bei einem Aufruf einer `Function`-Prozedur mit der `Call`-Anweisung der Rückgabewert der Funktion nicht abgefragt werden kann und dadurch verloren geht. Da der Zweck von `Function`-Prozeduren gerade darin liegt, einen Rückgabewert zu produzieren, wäre ein solcher Prozeduraufruf nicht sinnvoll. `Function`-Prozeduren sollten Sie deshalb in der folgenden Weise aufrufen.

```
lngErgebnis = Potenz(4, 7)
lngErgebnis = 23 + (Potenz(2, 5) / 2)
```

Listing 8.13 Gültige Aufrufe von Function-Prozeduren

In der ersten Zuweisung in Listing 8.13 wird der Rückgabewert der Funktion `Potenz()` direkt der Variablen `lngErgebnis` zugewiesen. In der zweiten Zuweisung wird die Funktion `Potenz()` in einem Ausdruck verwendet, dessen Resultat an die Variable `lngErgebnis` zugewiesen wird. Dabei kann der Funktionsname wie eine Variable verwendet werden. Eine vorherige Zuweisung des Rückgabewertes an eine Variable ist daher nicht erforderlich.

Wenn Sie die `Call`-Anweisung verwenden möchten, dann muss ich Sie noch auf eine Besonderheit hinweisen, die den Aufruf von `Sub`-Prozeduren betrifft. Bei `Sub`-Prozeduren, die Argumente erfordern und mit der `Call`-Anweisung aufgerufen werden, müssen die Parameter in runde Klammern gesetzt werden. Bei einem Aufruf ohne die Anweisung `Call` dürfen dagegen keine Klammern verwendet werden. Für `Function`-Prozeduren gelten diese Regeln nicht, da deren Parameter beim Aufruf immer in runde Klammern gesetzt werden, ganz gleich, ob die Anweisung `Call` verwendet wird.

8

Tipp: Call nur gezielt verwenden

Die meisten VBA-Programmierer verwenden die Anweisung `Call` nicht, dabei kann diese Anweisung ganz hilfreich sein. Manchmal sind Prozeduraufrufe nicht sofort als solche zu erkennen, vor allem dann nicht, wenn der aufgerufenen Prozedur keine Argumente übergeben werden. In diesem Fall kann die Anweisung `Call` deutlich machen, dass es sich um einen Prozeduraufruf handelt.

8.4 Aufgaben und Übungen

1. Welche Typen von Prozeduren gibt es in VBA?
2. Was ist ein Prozedurrumpf?
3. Welche Regeln gelten für die Erstellung von Prozedurnamen?
4. Schreiben Sie eine Prozedur `Meldung()`, die als Argument eine Zeichenfolge `strMeldung` erwartet und diese Zeichenfolge in einem Meldungsfenster ausgibt.
5. Erklären Sie den Unterschied zwischen der Übergabe eines Arguments als Wert und als Referenz. Welche Übergabeart wird standardmäßig bei der Übergabe von Argumenten verwendet?
6. Beschreiben Sie den Gültigkeitsbereich von Prozeduren, die mit `Public` beziehungsweise mit `Private` deklariert wurden. Welche Rolle spielt dabei die Anweisung `Option Private Module`?
7. Was sind die Hauptunterschiede zwischen Prozeduren und Funktionen?

8. Schreiben Sie eine Funktion `Verdoppelt()`, die als Argument eine Zahl `intZahl` erwartet und als Resultat das Doppelte dieser Zahl zurückgibt. Was ist bei der Programmierung dieser Funktion besonders zu beachten?
9. Was ist zu beachten, wenn Sie eine `Sub`-Prozedur mit dem Schlüsselwort `Call` aufrufen?
10. Was ist zu beachten, wenn Sie eine `Function`-Prozedur mit dem Schlüsselwort `Call` aufrufen?

9 Integrierte Funktionen

Die Programmiersprache VBA enthält bereits viele Funktionen, mit denen sich die gängigsten Probleme des Programmieralltags bewältigen lassen. Diese Funktionen werden als integrierte Funktionen bezeichnet, weil sie Teil der Programmiersprache selbst sind.

Über 150 integrierte Funktionen gibt es in der Programmiersprache VBA. Alle diese Funktionen zu beschreiben wäre genug Stoff für ein eigenes Buch. Deshalb werde ich mich darauf beschränken, Ihnen eine Übersicht über die wichtigsten integrierten Funktionen zu geben und exemplarisch die eine oder andere davon genauer vorzustellen. Wie auch die Operatoren, so lassen sich die integrierten Funktionen in Gruppen einteilen. Aus diesem Grund sind die Unterkapitel nach den Funktionsgruppen unterteilt.

9.1 Ein- und Ausgabe

Die Funktionsgruppe Ein- und Ausgabe ist sehr überschaubar, denn es gibt nur zwei Funktionen in dieser Gruppe. Dennoch gehören diese beiden Funktionen zu den wichtigsten integrierten Funktionen in VBA. Die `MsgBox`-Funktion wurde in den vorangegangenen Kapiteln bereits des Öfteren eingesetzt, und auch die Funktion `InputBox` haben Sie schon kennen gelernt. Allerdings bin ich nicht allzu sehr auf die Funktionsweise dieser Funktionen eingegangen, was ich aber in diesem Unterkapitel nachholen werde.

Beginnen möchte ich mit der `MsgBox`-Funktion, deren allgemeinen Aufbau Sie in Listing 9.1 abgebildet finden. Mit der `MsgBox`-Funktion wird ein Meldungsfenster geöffnet und dem Benutzer eine entsprechende Meldung präsentiert. Gleichzeitig enthält das Meldungsfenster eine Reihe von vorgegebenen Schaltflächen, die dem Benutzer eine gewisse Entscheidungsmöglichkeit geben.

```
MsgBox(Prompt[, Buttons] [, Title] [, Helpfile, Context])
```

Listing 9.1 Allgemeiner Aufbau der MsgBox-Funktion

Die `MsgBox`-Funktion erwartet bis zu fünf Argumente, wobei nur das Argument `Prompt` angegeben werden muss, alle anderen Argumente sind optional. Über das Argument `Prompt` wird der Text für die Meldung festgelegt. Mit dem Argument `Buttons` werden die bereits erwähnten Schaltflächen ausgewählt und das Argument `Title` versieht das Meldungsfenster mit einer Bezeichnung in der Titelleiste des Meldungsfensters. Von eher untergeordneter Bedeutung sind die Argumente `Helpfile` und `Context`, mit denen eine Hilfefunktion realisiert werden kann. Abbildung 9.1 zeigt ein Beispiel für ein Meldungsfenster, das mit der Prozedur aus Listing 9.2 erzeugt wurde.

```
Sub Meldungsfenster()
   Dim intValue As Integer
   intValue = _
      MsgBox("Das ist ein Beispiel für ein Meldungsfenster", _
      vbOKOnly + vbInformation, _
      "Integrierte Funktionen - MsgBox()")
End Sub
```

Listing 9.2 Verwendung der MsgBox-Funktion

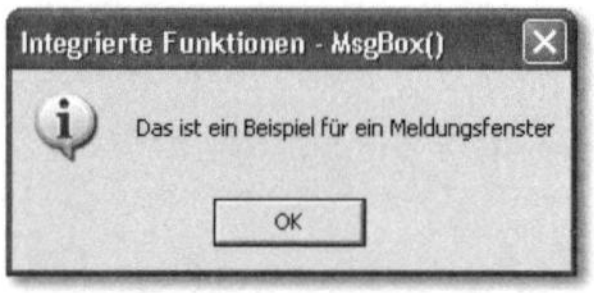

Abbildung 9.1 Beispiel für ein Meldungsfenster

Anhand von Abbildung 9.1 lässt sich sehr gut erkennen, wie die Werte der Argumente `Prompt` und `Title` in einem Meldungsfenster umgesetzt werden. Weit weniger einfach zu durchschauen ist dagegen die Wirkungsweise des Arguments `Buttons`, mit dem sich nicht nur das Erscheinungsbild, sondern auch die Funktionalität des Meldungsfensters beeinflussen lässt. Dem Argument `Buttons` wurde die Summe zweier Konstanten übergeben, die in VBA bereits vordefiniert sind. Die Konstante `vbOKOnly` sorgt dafür, dass nur die Schaltfläche **OK** im Meldungsfenster erscheint, während die Konstante `vbInformation` das Info-Symbol zur Anzeige bringt. Eine Übersicht über alle Konstanten, die Sie für das Argument `Buttons` verwenden können, sowie deren numerische Werte und deren Bedeutungen, erhalten Sie in Tabelle 9.1.

Konstante	Wert	Beschreibung
`vbOKOnly`	0	nur die Schaltfläche **OK** anzeigen
`vbOKCancel`	1	Schaltflächen **OK** und **Abbrechen** anzeigen
`vbAbortRetryIgnore`	2	Schaltflächen **Abbruch**, **Wiederholen** und **Ignorieren** anzeigen
`vbYesNoCancel`	3	Schaltflächen **Ja**, **Nein** und **Abbrechen** anzeigen
`vbYesNo`	4	Schaltflächen **Ja** und **Nein** anzeigen.
`vbRetryCancel`	5	Schaltflächen **Wiederholen** und **Abbrechen** anzeigen

Tabelle 9.1 Werte für das Argument »Buttons«

Konstante	Wert	Beschreibung
vbCritical	16	Meldung mit Stop-Symbol anzeigen
vbQuestion	32	Meldung mit Fragezeichen-Symbol anzeigen
vbExclamation	48	Meldung mit Ausrufezeichen-Symbol anzeigen
vbInformation	64	Meldung mit Info-Symbol anzeigen
vbDefaultButton1	0	Erste Schaltfläche ist Standardschaltfläche.
vbDefaultButton2	256	Zweite Schaltfläche ist Standardschaltfläche.
vbDefaultButton3	512	Dritte Schaltfläche ist Standardschaltfläche.
vbDefaultButton4	768	Vierte Schaltfläche ist Standardschaltfläche.
vbApplicationModal	0	An die Anwendung gebunden. Der Benutzer muss auf das Meldungsfeld reagieren, bevor er seine Arbeit mit der aktuellen Anwendung fortsetzen kann.
vbSystemModal	4096	An das System gebunden. Alle Anwendungen werden unterbrochen, bis der Benutzer auf das Meldungsfeld reagiert.
vbMsgBoxHelpButton	16384	Fügt die Schaltfläche **Hilfe** in das Meldungsfeld ein.
vbMsgBoxSetForeground	65536	Setzt das Meldungsfeld in den Vordergrund.
vbMsgBoxRight	524288	Der Text ist rechtsbündig.
vbMsgBoxRtlReading	1048576	Setzt die Leserichtung des Textes von rechts nach links für hebräische und arabische Systeme.

Tabelle 9.1 Werte für das Argument »Buttons« (Forts.)

Die Konstanten in Tabelle 9.1 lassen sich in verschiedene Gruppen einteilen, so ist ein Teil der Konstanten verantwortlich für die Schaltflächen, die in dem Meldungsfenster angezeigt werden, andere Konstanten legen die Standardschaltfläche fest und so weiter. Sie können jedoch immer nur eine Konstante aus jeder Gruppe auswählen. Um mehrere Eigenschaften eines Meldungsfensters festzulegen, addieren Sie einfach die Werte der Konstanten und übergeben die resultierende Summe an das Argument `Buttons`.

Wie bei einer Funktion üblich, so gibt auch die `MsgBox`-Funktion einen Wert zurück. Es handelt sich dabei um einen numerischen Wert, der anzeigt, mit welcher Schaltfläche das Meldungsfenster geschlossen wurde. Sie können den Rückgabewert dazu benutzen, um eine bestimmte Entscheidung des Benutzers in eine Programmverzweigung umzusetzen. Die Prozedur in Listing 9.3 zeigt, wie der Rückgabewert der `MsgBox`-Funktion ausgewertet werden kann.

```
Sub Schaltflächen()
   Dim intValue As Integer
```

```
    intValue = MsgBox("Klicken Sie auf eine Schaltfläche", _
        vbYesNoCancel + vbExclamation)
    Select Case intValue
        Case vbYes
            MsgBox "Schaltfläche 'Ja' wurde angeklickt."
        Case vbNo
            MsgBox "Schaltfläche 'Nein' wurde angeklickt."
        Case vbCancel
            MsgBox "Schaltfläche 'Abbrechen' wurde angeklickt."
    End Select
End Sub
```

Listing 9.3 Auswertung des Rückgabewerts der MsgBox-Funktion

Der Rückgabewert der `MsgBox`-Funktion wird der Variablen `intValue` zugewiesen, die anschließend als Testausdruck in der `Select Case`-Anweisung verwendet wird. In den `Case`-Anweisungen wird nun festgestellt, welche der drei Schaltflächen – **Ja**, **Nein** oder **Abbrechen** – der Benutzer angeklickt hat. Das Ergebnis wird daraufhin in einem weiteren Meldungsfenster angezeigt.

In den `Case`-Anweisungen wurden weitere vordefinierte Konstanten verwendet, die den Wert einer Schaltfläche repräsentieren. Dieser Wert ist identisch mit dem Rückgabewert der `MsgBox`-Funktion. Die Konstanten und die möglichen Rückgabewerte der `MsgBox`-Funktion finden Sie in Tabelle 9.2.

Konstante	**Wert**	**Beschreibung**
`vbOK`	1	OK
`vbCancel`	2	Abbrechen
`vbAbort`	3	Abbruch
`vbRetry`	4	Wiederholen
`vbIgnore`	5	Ignorieren
`vbYes`	6	Ja
`vbNo`	7	Nein

Tabelle 9.2 Rückgabewerte der Funktion MsgBox

Für die Interaktion mit dem Benutzer, bei der ein einzelner Wert abgefragt werden soll, ist die `InputBox`-Funktion ein nützlicher Helfer. Diese Funktion erspart das Erstellen einer UserForm, die nur ein Textfeld zur Eingabe besitzt. Der allgemeine Aufbau der Funktion `InputBox` und deren Argumente ist in Listing 9.4 dargestellt.

```
InputBox(Prompt[, Title] [, Default] [, Xpos] [, Ypos] _
[, Helpfile, Context])
```

Listing 9.4 Allgemeiner Aufbau der InputBox-Funktion

Die Argumente `Prompt` und `Title` haben die gleiche Funktion wie auch in der `MsgBox`-Funktion, so dass ich mir weitere Erläuterungen dazu sparen kann. Dasselbe gilt auch für die Argumente `Helpfile` und `Context`. Neu sind dagegen die Argumente `Default`, `Xpos` und `Ypos`. Die `InputBox`-Funktion zeigt ein kleines Eingabefenster mit einem Textfeld an. Dieses Textfeld muss nicht leer sein, Sie können dem Benutzer auch eine mögliche Eingabe vorgeben. Diese Vorgabe wird mit dem Argument `Default` festgelegt. Mit `Xpos` und `Ypos` können Sie das Eingabefenster der `InputBox`-Funktion auf dem Bildschirm positionieren. Als Maßeinheit für die Argumente `Xpos` und `Ypos` wird Twips verwendet. Ein Twip entspricht einem zwanzigstel Punkt und etwa 1/567 Zentimeter. Verwenden Sie keine Angaben für die Argumente `Xpos` und `Ypos`, so wird das Eingabefenster der `InputBox`-Funktion in der Mitte des Bildschirms dargestellt.

9

Pixelgenaue Positionierung nicht möglich

Eine pixelgenaue Positionierung des Eingabefensters der `InputBox`-Funktion ist nicht möglich, weil die Größe eines Pixels von der Hardware abhängig ist. Somit kann kein konstanter Umrechnungsfaktor für Pixel in Twips angegeben werden. Selbst wenn Sie für ein bestimmtes Computersystem eine pixelgenaue Positionierung hinbekommen, können Sie sicher sein, dass es auf anderen Computersystemen zu Abweichungen kommt.

Nachdem Sie nun mit allen Argumenten der `InputBox`-Funktion vertraut sind, will ich Ihnen die Verwendung der Funktion an einem Beispiel zeigen.

```
Sub Eingabefenster()
   Dim strValue As String
   Dim strMessage As String
   strValue = InputBox("Geben Sie eine Zahl ein", _
      "Integrierte Funktionen - InputBox()", "42")
   If IsNumeric(strValue) Then
      strMessage = "Sie haben die Zahl " & strValue _
         & " eingegeben"
   Else
      strMessage = "Sie haben keine Zahl eingegeben"
   End If
```

```
    MsgBox strMessage
End Sub
```

Listing 9.5 Beispiel für die Verwendung der InputBox-Funktion

In Listing 9.5 wird der Rückgabewert der `InputBox`-Funktion der Variablen `strValue` zugewiesen, die den Datentyp `String` besitzt. Obwohl die `InputBox`-Funktion den Benutzer dazu auffordert, eine Zahl einzugeben, und der Benutzer dieser Aufforderung wahrscheinlich auch nachkommt, liefert die `InputBox`-Funktion immer nur einen Rückgabewert des Datentyps `String`. Falls der Rückgabewert einen anderen Datentyp als `String` besitzen soll, muss dieser mit einer Umwandlungsfunktion in einen anderen Datentyp konvertiert werden. Genaueres dazu finden Sie in Abschnitt 9.4, *Umwandlungsfunktionen*.

Für die `InputBox`-Funktion in Listing 9.5 werden die Argumente `Prompt`, `Title` und `Default` festgelegt. Der Wert für das Argument `Default` wurde mit *42* vorbelegt, so dass diese Zahl in dem Textfeld angezeigt wird. Es könnte ja sein, dass der Benutzer in Erinnerung an Douglas Adams (1952–2001) Roman »Per Anhalter durch die Galaxis« genau diesen Wert eingeben möchte. In der folgenden `If ... Then ... Else`-Anweisung wird der eingegebene Wert daraufhin überprüft, ob es sich um eine Zahl handelt. Dazu wird die Funktion `IsNumeric()` verwendet, die ebenfalls eine integrierte Funktion von VBA ist. Je nach Ergebnis der Auswertung wird eine Zeichenfolge für die Ausgabe in einem Meldungsfenster festgelegt.

9.2 Mathematische Funktionen

Für die grundlegenden mathematischen Berechnungen gibt es die arithmetischen Operatoren. Diese reichen jedoch nicht aus, um Aufgaben der Trigonometrie zu lösen oder um eine Exponentialfunktion aufzustellen. Zu diesem Zweck wurde eine Reihe von mathematischen Funktionen in die Programmiersprache integriert. Tabelle 9.3 zeigt eine Aufstellung der mathematischen Funktionen.

Funktion	Bezeichnung	Syntax
`Abs`	Absolutwert, Betrag	`Abs(Zahl)`
`Atn`	Arkustanges	`Atn(Zahl)`
`Cos`	Kosinus	`Cos(Zahl)`
`Exp`	Exponentialfunktion	`Exp(Zahl)`

Tabelle 9.3 Mathematische Funktionen in VBA

Funktion	Bezeichnung	Syntax
Fix	ganzzahliger Anteil	Fix(Zahl)
Int	ganzzahliger Anteil	Int(Zahl)
Log	natürlicher Logarithmus	Log(Zahl)
Rnd	Zufallszahl	Rnd[(Zahl)]
Sgn	Vorzeichen	Sgn(Zahl)
Sin	Sinus	Sin(Zahl)
Sqr	Quadratwurzel	Sqr(Zahl)
Tan	Tangens	Tan(Zahl)

Tabelle 9.3 Mathematische Funktionen in VBA (Forts.)

An die trigonometrischen Funktionen wird sich wohl jeder noch aus seiner Schulzeit erinnern. In VBA sind die trigonometrischen Funktionen `Sin()`, `Cos()`, `Tan()` und `Atn()` vorhanden. Doch eigentlich gibt es in der Trigonometrie noch mehr Funktionen, wie den Sekans, Kosekans, Kotangens, Arkussinus, Sinus hyperbolicus und so weiter. Da stellt sich die Frage, warum manche der trigonometrischen Funktionen als integrierte Funktionen realisiert wurden, und manche nicht. An der Anzahl der existierenden trigonometrischen Funktionen kann es nicht liegen, denn die ist überschaubar. Die Antwort darauf ist viel einfacher: Alle trigonometrischen Funktionen, die nicht als integrierte Funktionen implementiert wurden, lassen sich durch andere Funktionen aus der Gruppe der mathematischen Funktionen nachbilden. Man spricht in diesem Fall von abgeleiteten Funktionen. So entspricht der Sekans dem Ausdruck `1 / Cos(x)`, der Kotangens dem Ausdruck `1 / Tan(x)` und der Arkussinus dem Ausdruck `Atn(x / Sqr(-x * x + 1))`. Eine vollständige Übersicht über die ableitbaren trigonometrischen Funktionen finden Sie in Tabelle 9.4.

Trigonometrische Funktion	Abgeleitete Funktion
Sekans	1 / Cos(x)
Kosekans	1 / Sin(x)
Kotangens	1 / Tan(x)
Arkussinus	Atn(x / Sqr(-x * x + 1))
Arkuskosinus	Atn(-x / Sqr(-x * x + 1)) + 2 * Atn(1)
Arkussekans	Atn(x / Sqr(x * x - 1)) + Sgn((x) - 1) * (2 * Atn(1))

Tabelle 9.4 Abgeleitete trigonometrische Funktionen

Trigonometrische Funktion	Abgeleitete Funktion
Arkuskosekans	`Atn(x / Sqr(x * x - 1)) + (Sgn(x) - 1) * (2 * Atn(1))`
Arkuskotangens	`Atn(x) + 2 * Atn(1)`
Sinus hyperbolicus	`(Exp(x) - Exp(-x)) / 2`
Kosinus hyperbolicus	`(Exp(x) + Exp(-x)) / 2`
Tangens hyperbolicus	`(Exp(x) - Exp(-x)) / (Exp(x) + Exp(-x))`
Sekans hyperbolicus	`2 / (Exp(x) + Exp(-x))`
Kosekans hyperbolicus	`2 / (Exp(x) - Exp(-x))`
Kotangens hyperbolicus	`(Exp(x) + Exp(-x)) / (Exp(x) - Exp(-x))`
Arkussinus hyperbolicus	`Log(x + Sqr(x * x + 1))`
Arkuskosinus hyperbolicus	`Log(x + Sqr(x * x - 1))`
Arkustangens hyperbolicus	`Log((1 + x) / (1 - x)) / 2`
Arkussekans hyperbolicus	`Log((Sqr(-x * x + 1) + 1) / x)`
Arkuskosekans hyperbolicus	`Log((Sgn(x) * Sqr(x * x + 1) + 1) / x)`
Arkuskotangens hyperbolicus	`Log((x + 1) / (x - 1)) / 2`

Tabelle 9.4 Abgeleitete trigonometrische Funktionen (Forts.)

Tipp: Abgeleitete Funktionen finden

Was ist zu tun, wenn Sie eine mathematische Funktion für Ihr VBA-Programm benötigen, die nicht als integrierte Funktion in VBA implementiert ist? Ganz einfach, schlagen Sie in einer mathematischen Formelsammlung nach und suchen Sie nach der abgeleiteten Funktion. Genauso mache ich es auch, denn wer kann sich schon all diese Formeln merken?

Wenn Sie eine entsprechende abgeleitete Funktion gefunden haben, dann können Sie Ihre eigene mathematische Funktion implementieren. Wie Funktionen erstellt werden, haben Sie ja bereits in Kapitel 8, *Prozeduren und Funktionen*, gelernt. Die Erstellung einer solchen Funktion möchte ich Ihnen exemplarisch an der abgeleiteten Funktion Arkuskosekans hyperbolicus aufzeigen. Es ist nicht notwendig, dass Sie wissen, was der Arkuskosekans hyperbolicus eigentlich ist, denn es geht nur um die Methodik, wie eine abgeleitete Funktion mit den integrierten mathematischen Funktionen umgesetzt und zu einer eigenen Funktion erweitert werden kann.

```
Function Arkuskosekans_hyperbolicus(dblWert As Double) As Double
    If dblWert = 0 Then Exit Function
```

```
    Arkuskosekans_hyperbolicus = Log((Sgn(dblWert) * _
      Sqr(dblWert * dblWert + 1) + 1) / dblWert)
End Function
```

Listing 9.6 Funktion zur Berechnung des Arkuskosekans hyperbolicus

Mit der abgeleiteten Formel aus Tabelle 9.4 ist die Erstellung der Funktion zur Berechnung des Arkuskosekans hyperbolicus keine schwierige Angelegenheit. Das Einzige, was beachtet werden muss, ist, dass der Wert von dblWert nicht null sein darf, da es sonst zu einer Division durch null kommt. Die If-Anweisung fängt diesen Problemfall ab und beendet die Ausführung der Funktion, falls der Wert Null als Argument übergeben wurde.

Die abgeleitete Funktion zur Berechnung des Arkuskosekans hyperbolicus verwendet unter anderem auch die mathematische Funktion Log(), mit welcher sich der natürliche Logarithmus (Logarithmus naturalis), also der Logarithmus zur Basis der eulerschen Zahl *e* (ungefähr 2,718281; nach L. Euler 1707–1783) berechnen lässt. In der Mathematik wird aber der natürliche Logarithmus mit dem Symbol *ln* und die Logarithmen mit anderen Basen mit *log* bezeichnet, so dass der Funktionsname Log() für den natürlichen Logarithmus etwas irreführend ist. Andererseits kann auch mit der Funktion Log(), also mit dem natürlichen Logarithmus, der Logarithmus zu jeder anderen Basis berechnet werden. Sie ahnen bereits, worauf ich hinaus will, denn auch dafür gibt es eine abgeleitete Funktion. Der Logarithmus zu einer beliebigen Basis n kann mit Hilfe der abgeleiteten Funktion Log(x) / Log(n) berechnet werden. Auch dazu möchte ich Ihnen die Funktion vorstellen, die Sie zur Berechnung eines Logarithmus in Ihren VBA-Programmen verwenden können.

```
Function Logarithmus(dblWert As Double, dblBasis As Double) _
As Double
    If dblWert <= 0 Or dblBasis <= 0 Then Exit Function
    Logarithmus = Log(dblWert) / Log(dblBasis)
End Function
```

Listing 9.7 Funktion zur Berechnung eines beliebigen Logarithmus

Die Funktion Logarithmus() in Listing 9.7 benötigt zwei Argumente, nämlich den zu logarithmierenden Wert dblWert und die Basis des Logarithmus dblBasis. Laut Definition eines Logarithmus müssen die Argumente für die Funktion Log() größer als null sein. Die If-Anweisung sorgt dafür, dass die Funktion verlassen wird, sobald einer der beiden Werte dblWert oder dblBasis kleiner oder gleich null ist.

9.3 Datum und Zeit

Wer hat Zeit, wer hat Zeit? Aber wenn wir uns niemals die Zeit nehmen, wie können wir dann jemals Zeit haben? Auch mit VBA lässt sich dieses Problem nicht lösen, aber zumindest stellt VBA einige integrierte Funktionen bereit, so dass wir wenigstens Berechnungen mit der Zeit anstellen können, die wir nicht haben. Meiner Meinung nach gehören die integrierten Funktionen zur Berechnung von Datum und Zeit zu den praktischsten Funktionen, die VBA zu bieten hat. Und ich bin mir sicher, dass auch Sie diese Funktionen bald zu schätzen werden wissen.

Wie ich Ihnen bereits in Kapitel 4, *Variablen und Konstanten*, erläutert habe, werden Datums- und Zeitwerte in Variablen des Datentyps `Date` als Gleitkommazahlen gespeichert. Die Stellen hinter dem Komma repräsentieren dabei eine Uhrzeit und die Stellen vor dem Komma ein Datum. Und obwohl diese Art der Speicherung aus technischer Sicht sinnvoll ist, so ist es doch für einen Menschen schwer, solche Gleitkommazahlen als Datums- und Zeitwerte zu interpretieren. Diese Arbeit können Sie jedoch den integrierten Funktionen für Datum und Zeit überlassen, die in Tabelle 9.5 aufgelistet sind.

Funktion	**Bezeichnung**	**Syntax**
`Date`	Systemdatum	`Date`
`DateAdd`	Datumsberechnung	`DateAdd(Interval, Number, Date)`
`DateDiff`	Datumsberechnung	`DateDiff(interval, date1, date2[, firstdayofweek[, firstweekofyear]])`
`DatePart`	Datumsberechnung	`DatePart(interval, date[,firstdayofweek[, firstweekofyear]])`
`DateSerial`	Datumserzeugung	`DateSerial(Year, Month, Day)`
`DateValue`	Datumserzeugung	`DateValue(Datum)`
`Day`	Datumsberechnung	`Day(Datum)`
`FormatDateTime`	Darstellung	`FormatDateTime(Datum[, BenanntesFormat])`
`Hour`	Zeitberechnung	`Hour(Uhrzeit)`
`IsDate`	Testfunktion	`IsDate(Ausdruck)`
`Minute`	Zeitberechnung	`Minute(Uhrzeit)`
`Month`	Datumsberechnung	`Month(Datum)`
`MonthName`	Darstellung	`MonthName(Monat[, Abkürzen])`
`Now`	Systemdatum/Systemzeit	`Now`

Tabelle 9.5 Funktionen zur Berechnung von Datum und Zeit in VBA

Funktion	Bezeichnung	Syntax
Second	Zeitberechnung	Second(Uhrzeit)
Time	Systemzeit	Time
TimeSerial	Zeiterzeugung	TimeSerial(Hour, Minute, Second)
TimeValue	Zeiterzeugung	TimeValue(Uhrzeit)
Weekday	Datumsberechnung	Weekday(date, [firstdayofweek])
WeekdayName	Darstellung	WeekdayName(Wochentag, Abkürzen, ErsterWochentag)
Year	Datumsberechnung	Year(Datum)

Tabelle 9.5 Funktionen zur Berechnung von Datum und Zeit in VBA (Forts.)

Diese Funktionen lassen sich in verschiedene Gruppen unterteilen. Eine dieser Gruppen dient der Feststellung des aktuellen Datums und der aktuellen Uhrzeit. Zu dieser Gruppe gehören die Funktionen `Now()`, `Date()` und `Time()`. Mit der Funktion `Date()` wird das aktuelle Datum, mit der Funktion `Time()` die aktuelle Uhrzeit und mit der Funktion `Now()` sowohl das aktuelle Datum als auch die aktuelle Uhrzeit ausgegeben. Die Formatierung der Datums- und Zeitangaben hängen dabei von den länderspezifischen Einstellungen Ihres Computers ab.

```
Sub Systemdatum_Systemzeit()
   Dim datDatumZeit As Date
   Dim datDatum As Date
   Dim datZeit As Date
   datDatumZeit = Now()
   datDatum = Date
   datZeit = Time()
   Debug.Print "Systemdatum und -zeit: " & datDatumZeit
   Debug.Print "Systemdatum:           " & datDatum
   Debug.Print "Systemzeit:            " & datZeit
End Sub
```

Listing 9.8 Systemdatum und Systemzeit ermitteln

Die Prozedur in Listing 9.8 ermittelt die aktuelle Uhrzeit und das aktuelle Datum mit den Funktionen `Now()`, `Date()` und `Time()` und gibt die Ergebnisse im Direktfenster aus. Die Ausgabe im Direktfenster könnte so aussehen wie in Abbildung 9.2.

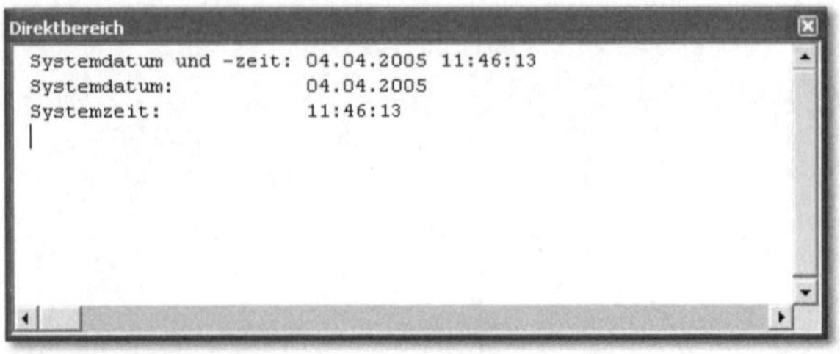

Abbildung 9.2 Ausgabe von Systemdatum und Systemzeit

Systemdatum und Systemzeit

Das Systemdatum und die Systemzeit, die mit den Funktionen `Now()`, `Date()` und `Time()` ermittelt werden, entstammen der eingebauten Systemuhr Ihres Computers. Damit sind Systemdatum und Systemzeit allen möglichen Manipulationen durch den jeweiligen Benutzer ausgesetzt. Es ist also möglich, dass die Funktionen `Now()`, `Date()` und `Time()` falsche Datums- und Zeitangaben liefern, wenn das Systemdatum oder die Systemzeit verändert wurden.

Mit den Funktionen `Date()` und `Time()` kann nicht nur das aktuelle Systemdatum oder die aktuelle Systemzeit abgefragt, sondern auch geändert werden. Das neue Datum beziehungsweise die neue Zeit werden in Form einer Zeichenfolge der entsprechenden Funktion zugewiesen. Die Zeichenfolge muss dabei ein korrektes Datum oder eine korrekte Uhrzeit enthalten, deren Format den länderspezifischen Einstellungen des Computers entspricht. Zwar werden auch andere Datums- und Zeitformate erkannt, aber die Berücksichtigung der länderspezifischen Einstellungen hilft dabei, Doppeldeutigkeiten zu vermeiden.

```
Sub High_Noon()
   'ACHTUNG: Diese Prozedur verstellt die Systemzeit
   Dim strZeit As String
   strZeit = "12:00:00"
   Time = strZeit
   Debug.Print Time()
End Sub
```

Listing 9.9 Die Systemzeit wird auf 12:00:00 Uhr gestellt.

In Listing 9.9 wird eine Prozedur gezeigt, welche die Systemzeit auf 12:00:00 Uhr stellt. Dazu wird der Variablen `strZeit`, die den Datentyp `String` besitzt, die entsprechende Zeichenfolge zugewiesen. Anschließend wird der Wert der Variablen `strZeit` der Funktion `Time()` zugewiesen. Dadurch wird die Systemzeit gemäß dem Wert von strZeit umgestellt. Zum Beweis wird gleich darauf die aktuelle Systemzeit mit der Funktion Time() ausgelesen und im Direktfenster ausgegeben. Nach Ausführung der Prozedur High_Noon() stimmt die Uhrzeit auf Ihrem Computer nicht mehr mit der wirklichen Uhrzeit überein. Sie können aber den Wert der Variablen strZeit abändern und die Prozedur noch einmal aufrufen, um die richtige Uhrzeit wieder einzustellen.

Oft werden von einem Datum oder einer Uhrzeit nur bestimmte Teile benötigt, zum Beispiel die Stunde oder der Monat. Die zweite Gruppe von Datums- und Zeitfunktionen übernimmt genau diese Aufgabe und filtert aus einem Datums- oder Zeitwert die entsprechende Angabe heraus. Zu dieser Gruppe von Funktionen gehören Day(), Month(), Year(), Hour(), Minute() und Second(), die den entsprechenden Teil eines Datums- oder Zeitwerts zurückgeben.

```
Sub Zeitansage()
    Dim datTime As Date
    Beep
    datTime = Time()
    Debug.Print "Beim letzten Ton waren es ..."
    Debug.Print "... " & Hour(datTime) & " Stunden ..."
    Debug.Print "... " & Minute(datTime) & " Minuten ..."
    Debug.Print "... und " & Second(datTime) & " Sekunden."
End Sub
```

Listing 9.10 Beispiel für die Funktionen Hour(), Minute() und Second()

Ein Beispiel für die Verwendung der Funktionen Hour(), Minute() und Second() ist in Listing 9.10 zu sehen, in dem die aktuelle Uhrzeit in Stunden, Minuten und Sekunden zerlegt werden soll. Dazu wird mittels der Funktion Time() die aktuelle Uhrzeit der Variablen datTime zugewiesen. Die Funktionen Hour(), Minute() und Second() filtern nun aus dieser Zeitangabe jeweils einen Teil heraus und geben diesen im Direktfenster aus. Statt der Funktion Time() hätten Sie in der Zuweisung datTime = Time() auch die Funktion Now() verwenden können, da diese sowohl das Systemdatum als auch die Systemzeit enthält. Selbst eine Zuweisung mit der Funktion Date() wäre denkbar gewesen, obwohl wegen der fehlenden Systemzeit im Rückgabewert der Funktion Date() die Ausgaben von Hour(), Minute() und Second() jeweils null wären.

Ganz analog zum Beispiel in Listing 9.10 funktioniert die Verwendung der Funktionen Day(), Month() und Year(). Datumsangaben besitzen aber noch weitere Informationen. So kann der Monat entweder als Zahl oder mit dem Monatsnamen angegeben werden, und bei der Angabe eines vollständigen

Datums kann der Wochentag und dessen Name ermittelt werden. Für diese Aufgaben sind die Funktionen MonthName(), Weekday() und WeekdayName() zuständig.

```
Sub Datumsangaben()
   Dim datDatum As Date
   datDatum = Date
   Debug.Print "Heute ist der " & datDatum & "."
   Debug.Print "Es ist " & MonthName(Month(datDatum)) & "."
   Debug.Print "Es ist der " & Weekday(datDatum, vbMonday) _
      & ".Tag der Woche"
   Debug.Print "Es ist " _
      & WeekdayName(Weekday(datDatum, vbMonday)) & "."
End Sub
```

Listing 9.11 Die Funktionen Weekday(), WeekdayName() und MonthName()

Das aktuelle Datum, das in der Prozedur Datumsangaben() (Listing 9.11) in der Variablen datDatum gespeichert wird, soll die Grundlage für die Funktionen Weekday(), WeekdayName() und MonthName() bilden. Um den Monatsnamen herauszufinden, wird der numerische Wert des Monats mit der Funktion Month() aus dem Wert der Variablen datDatum herausgefiltert und als Argument für die Funktion MonthName() benutzt. Angenommen, es ist April, dann ist der numerische Wert des Monats *4*. Genau mit diesem Wert als Argument liefert die Funktion MonthName() den Monatsnamen *April*. Nach dem selben Prinzip arbeiten auch die Funktionen Weekday() und WeekdayName(). Allerdings benötigt die Funktion Weekday() zwei Argumente, um die Nummer des Tages in der Woche festzustellen. Das erste Argument ist wiederum der Wert der Variablen datDatum. Mit dem zweiten Argument wird festgelegt, mit welchem Tag die Woche beginnt. Auch wenn das in den allermeisten Fällen der Montag ist, so gibt es doch Ausnahmen. So kann es regionale Unterschiede geben, oder eine konkrete Anwendung benötigt einen anderen Wochenplan, zum Beispiel für den Wechsel einer Wochenschicht. In Listing 9.11 wird jedenfalls von dem Normalfall ausgegangen, dass die Woche mit Montag beginnt. Entsprechend wird die vordefinierte Variable vbMonday verwendet. Der Rückgabewert der Funktion Weekday() wird dann als Argument für die Funktion WeekdayName() benutzt.

Mit den bisher vorgestellten Funktionen wurden nur vorhandene Datums- und Zeitwerte verarbeitet. Die Gruppe von Funktionen, die ich Ihnen jetzt vorstellen möchte, erzeugt die entsprechenden Werte. Es handelt sich dabei um die Funktionen DateSerial(), DateValue(), TimeSerial() und TimeValue(). Welche Funktionen dabei Datumswerte und welche Zeitwerte erzeugen, ist offensichtlich. Damit muss ich Ihnen nur noch erklären, auf welche unterschiedlichen Arten ein Datums- oder Zeitwert mit diesen Funktionen erzeugt werden kann. Sehen Sie sich dazu einmal die beiden Prozeduren in Listing 9.12 und in Listing 9.13 an.

```
Sub Zeitwert_TimeSerial(intHour As Integer, _
intMinute As Integer, intSecond As Integer)
   Dim datZeitwert As Date
   datZeitwert = TimeSerial(intHour, intMinute, intSecond)
   Debug.Print datZeitwert
End Sub
```

Listing 9.12 Zeitwert erzeugen mit der Funktion TimeSerial()

```
Sub Zeitwert_TimeValue(strZeitwert As String)
   Dim datZeitwert As Date
   datZeitwert = TimeValue(strZeitwert)
   Debug.Print datZeitwert
End Sub
```

Listing 9.13 Zeitwert erzeugen mit der Funktion TimeValue()

Die Funktion `TimeSerial()` erzeugt aus den Angaben Stunde, Minute und Sekunde einen gültigen Zeitwert, der an die Variable `datZeitwert` zugewiesen wird. Da `datZeitwert` den Datentyp `Date` besitzt, muss der Rückgabewert der Funktion `TimeSerial()` ebenfalls diesen Datentyp besitzen. Dass der richtige Zeitwert erzeugt wurde, kann im Direktfenster verfolgt werden, wo der Wert der Variablen `datZeitwert` ausgegeben wird.

Im Gegensatz zur Funktion `TimeSerial()`, die aus Teilangaben einen Zeitwert erzeugt, benötigt die Funktion `TimeValue()` lediglich eine Zeichenfolge als Argument. Diese Zeichenfolge muss jedoch so aufgebaut sein, dass ein gültiger Zeitwert gebildet wird. Ein Beispiel für eine solche Zeichenfolge wäre *21:55:07*. Der Rückgabewert der Funktion `TimeValue()` ist ebenfalls vom Datentyp `Date`, so dass die Zuweisung an die Variable `datZeitwert` problemlos möglich ist.

9.4 Umwandlungsfunktionen

Der Name dieser Funktionsgruppe verrät es schon, die Umwandlungsfunktionen zeichnen sich dadurch aus, dass bestimmte Transformationen durchgeführt werden. Bevor ich Ihnen ein paar Beispiele für die Anwendung von Umwandlungsfunktionen gebe, sollten Sie sich zunächst einmal einen Überblick über die Funktionen dieser Gruppe verschaffen. Eine entsprechende Liste finden Sie in Tabelle 9.6.

Funktion	Bezeichnung	Syntax
Asc	Zeichencode	Asc(Zeichenfolge)
CBool	Typ-Umwandlung	CBool(Ausdruck)
CByte	Typ-Umwandlung	CByte(Ausdruck)
CCur	Typ-Umwandlung	CCur(Ausdruck)
CDate	Typ-Umwandlung	CDate(Ausdruck)
CDec	Typ-Umwandlung	CDec(Ausdruck)
CDbl	Typ-Umwandlung	CDbl(Ausdruck)
Chr	Zeichen	Chr(Zeichencode)
CInt	Typ-Umwandlung	CInt(Ausdruck)
CLng	Typ-Umwandlung	CLng(Ausdruck)
CSng	Typ-Umwandlung	CSng(Ausdruck)
CStr	Typ-Umwandlung	CStr(Ausdruck)
CVar	Typ-Umwandlung	CVar(Ausdruck)
CVErr	benutzerdefinierter Fehler	CVErr(Fehlernummer)
Format	formatierter Ausdruck	Format(Ausdruck[, Format[, firstdayofweek[, firstweekofyear]]])
Hex	hexadezimale Darstellung	Hex(Zahl)
Oct	oktale Darstellung	Oct(Zahl)
Str	Zeichenfolge	Str(Zahl)
Val	Zahlen	Val(Zeichenfolge)

Tabelle 9.6 Umwandlungsfunktionen in VBA

Auch diese Funktionsgruppe lässt sich in weitere Gruppen unterteilen. Die dominante Gruppe sind die Typumwandlungsfunktionen. Zu dieser Gruppe gehören `CBool()`, `CByte()`, `CCur()`, `CDate()`, `CDec()`, `CDbl()`, `CInt()`, `CLng()`, `CSng()`, `CStr()` und `CVar()`. Vielleicht erkennen Sie bereits an den Funktionsnamen, dass diese Funktionen etwas mit den Datentypen zu tun haben müssen. Und tatsächlich dienen diese Funktionen dazu, Werte eines bestimmten Datentyps in einen anderen Datentyp umzuwandeln, sofern dies möglich ist. Gründe für eine Typumwandlung gibt es viele, zum Beispiel, weil eine Funktion ein Argument eines ganz bestimmten Datentyps erwartet, oder um andere Typenkonflikte zu vermeiden. Ein gutes Beispiel aus der Praxis, in der die Umwandlungsfunktionen angewendet werden, steht im Zusammenhang mit der Funktion `InputBox()`. Wie ich Ihnen in diesem Kapitel bereits erläutert habe, gibt die Funktion `InputBox()` immer einen Wert des Datentyps `String` zurück, auch wenn die Eingabe einer Zahl gefordert ist. Soll jedoch die eingegebene Zahl in einer Variablen mit numerischem Datentyp gespeichert werden, so muss der Rückgabewert der Funktion `InputBox()` in den entsprechenden numerischen Datentyp umgewandelt werden, so wie in Listing 9.14 gezeigt.

```
Sub Typumwandlung()
   Dim byteZahlenwert As Byte
   On Error Resume Next
   byteZahlenwert = CByte(InputBox( _
      "Geben Sie eine Zahl zwischen 0 und 255 ein."))
   Debug.Print byteZahlenwert
End Sub
```

Listing 9.14 Verwendung der Umwandlungsfunktion CByte()

Die Variable `byteZahlenwert` ist vom Datentyp `Byte` und kann deshalb nur numerische Werte aufnehmen, die zwischen null und 255 liegen. Damit sind der Datentyp der Variablen `byteZahlenwert` und der Datentyp des Rückgabewertes der Funktion `InputBox()` nicht kompatibel. Erst durch die Verwendung der Umwandlungsfunktion `CByte()` ist eine Zuweisung des Rückgabewertes der Funktion `InputBox()` an die Variable `byteZahlenwert` möglich. Damit die Konvertierung einer Umwandlungsfunktion funktioniert, muss das Argument der Umwandlungsfunktion so interpretierbar sein, dass es einen gültigen Wert innerhalb des Wertebereiches des Datentyps ergibt, in den die Konvertierung erfolgen soll. Das Argument von `CByte()` muss also als Wert zwischen null und 255 interpretierbar sein, damit eine Konvertierung in den Datentyp `Byte` möglich ist. Alle anderen Argumente, deren Werte außerhalb des Wertebereichs des Datentyps `Byte` liegen, würden bei der Anwendung der Funktion `CByte()` zu einem Laufzeitfehler führen. Beispiele für Argumente, die nicht in den Datentyp `Byte` umgewandelt werden können, sind negative Zahlen, positive Zahlen, die größer als 255 sind und Zeichenfolgen, die keine Zahl innerhalb des Wertebereichs des Datentyps `Byte` darstellen. Dagegen würden Gleitkommazahlen, deren gerundeter Teil vor dem Komma innerhalb des Wertebereichs des Datentyps `Byte` liegt, korrekt durch die Funktion `CByte()` umgewandelt werden. Um die Programmausführung der Prozedur `Typumwandlung()` auch dann zu gewährleisten, wenn der Benutzer einen Wert eingegeben hat, der in der zuvor beschriebenen Weise ungültig ist, wurde die

Anweisung On Error Resume Next eingebaut. Diese Anweisung setzt die Programmausführung mit der Anweisung fort, die auf die Fehler verursachende Anweisung folgt. Im Falle eines Fehlers bei der Typumwandlung mit der Funktion CByte() enthält die Variable byteZahlenwert immer den Wert Null.

Während die anderen Typumwandlungsfunktionen genauso funktionieren wie die Funktion CByte(), nimmt die Funktion CDec() eine Sonderstellung ein. Wie ich Ihnen in Kapitel 4, *Variablen und Konstanten,* erklärt habe, können keine Variablen mit dem Datentyp Decimal erzeugt werden. Ein Wert, der im Wertebereich des Datentyps Decimal liegt, kann nur in einer Variablen des Datentyps Variant mit dem Unterdatentyp Decimal gespeichert werden. Entsprechend gibt die Typumwandlungsfunktion CDec() auch keinen Wert des Datentyps Decimal, sondern des Datentyps Variant mit dem Unterdatentyp Decimal zurück.

Zwei Umwandlungsfunktionen ganz anderer Art sind Chr() und Asc(). Die Zeichen eines Zeichensatzes sind durchnummeriert, so dass eine umkehrbar eindeutige Zuordnung zwischen einem Zeichen und dessen Nummer im Zeichensatz möglich ist. Mit den Funktionen Chr() und Asc() lässt sich die jeweilige Zuordnung herausfinden. So gibt die Funktion Chr(), der als Argument die Nummer eines Zeichens übergeben wird, das dazugehörige Zeichen aus, während die Funktion Asc() für ein beliebiges Zeichen die Nummer im Zeichensatz ermittelt. Typischerweise werden für die Funktion Chr() Argumente aus dem Wertebereich null bis 255 verwendet, wobei nicht jeder dieser Werte für ein druckbares Zeichen steht. Bei den Zeichen mit den Nummern Null bis 31 handelt es sich nämlich um so genannte Steuerzeichen, auf die ich später noch zu sprechen komme. Zunächst einmal möchte ich Ihnen zeigen, welche Zeichen im Bereich null bis 255 dargestellt werden.

```
Sub Zeichensatz()
   Dim intCounter As Integer
   Dim strZeichen As String
   strZeichen = ""
   For intCounter = 0 To 255
      strZeichen = strZeichen & Chr(intCounter)
   Next intCounter
   Debug.Print strZeichen
End Sub
```

Listing 9.15 Ausgabe der Zeichen zwischen null und 255

Die Zeichen des Zeichensatzes werden in der For ... Next-Schleife zu einer Zeichenfolge zusammengesetzt und anschließend im Direktfenster ausgegeben. Die Ausgabe sollte dabei so aussehen wie in Abbildung 9.3.

Abbildung 9.3 Zeichen des Zeichensatzes im Direktfenster

Die Rechtecke am Anfang der Ausgabe im Direktfenster stehen für die Steuerzeichen, die auch nicht druckbare Zeichen genannt werden. Danach schließen sich die druckbaren Zeichen an, wobei das erste druckbare Zeichen das Leerzeichen ist. Das Leerzeichen ist das Zeichen vor dem Ausrufungszeichen. Auffällig ist, dass die Ausgabe in drei Zeilen erfolgt. Das hängt damit zusammen, dass zwei der Steuerzeichen für einen Zeilenumbruch bei der Ausgabe sorgen. Es handelt sich dabei um die Zeichen mit den Nummern 10 (Zeilenvorschub) und 13 (Wagenrücklauf). In Verbindung mit der Funktion `Chr()` können Sie diese Zeichen benutzen, um in Textausgaben Zeilenumbrüche zu erzeugen.


```
Sub Zeilenumbruch()
   Dim strMeldung As String
   strMeldung = "1.Zeile" & Chr(13) & Chr(10) & "2.Zeile" _
      & Chr(10) & "3.Zeile" & Chr(13) & "4.Zeile"
   MsgBox strMeldung
End Sub
```

Listing 9.16 Zeilenumbruch mit den Steuerzeichen Chr(13) und Chr(10)

In der Prozedur `Zeilenumbruch()` in Listing 9.16 wird ein vierzeiliger Text in einem Meldungsfenster ausgegeben. Wie in der Prozedur gezeigt, kann der Zeilenumbruch mit `Chr(13)`, `Chr(10)` oder mit `Chr(13) & Chr(10)` erfolgen.

Die letzten beiden Umwandlungsfunktionen, die ich Ihnen vorstellen möchte, sind `Str()` und `Val()`, zwischen denen ein ähnliches Verhältnis besteht wie zwischen `Chr()` und `Asc()`. Mit der Funktion `Str()` können Sie einen numerischen Wert in eine Zeichenfolge umwandeln. Die umgekehrte Operation können Sie mit der Funktion `Val()` durchführen, die versucht, eine Zeichenfolge in einen numerischen Wert zu konvertieren. Während es in der Regel kein Problem ist, einen numerischen Wert mit der Funktion `Str()` in einen Zeichenfolge umzuwandeln, sind die Anforderungen an das Argument für die Funktion `Val()` schon etwas schärfer gefasst. Leerzeichen, Tabulatoren und Zeilenvorschubzeichen werden aus der Zeichenfolge des Arguments entfernt. Danach wird das Argument wird von links nach rechts ausgewertet, bis das erste Zeichen auftaucht, das nicht Teil einer Zahl sein kann. Der Rest der Zeichenfolge wird einfach ignoriert. Das gilt auch für Kommata, denn die Funktion `Val()` erkennt nur den Punkt als Dezimaltrennzeichen. Dazu ein paar Beispiele: Die Zeichenfolge *12 Uhr Mittags* wird durch die Funktion `Val()` in den Wert *12* umgewandelt. Aus *127,34* leitet die Funktion `Val()` den numerischen Wert *127* ab, weil das Komma als nicht zur Zahl gehörig interpretiert wird. Anders dagegen bei der Zeichenfolge *127.34*. Da hier der Punkt als Dezimaltrennzeichen verwendet wird, wird auch der numerische Wert zur Gleitkommazahl *127.34*. Schließlich liefert die Zeichenfolge *James Bond 007* nach der Auswertung durch die Funktion `Val()` den Wert Null, da gleich das erste Zeichen der Zeichenfolge als ein Zeichen erkannt wird, das nicht zu einer Zahl gehören kann. Folglich wird die weitere Auswertung der Zeichenfolge abgebrochen.

9.5 Aufgaben und Übungen

1. Erstellen Sie ein Meldungsfenster, das die Schaltflächen **Ja** und **Nein** sowie das Ausrufungszeichen-Symbol anzeigt. Geben Sie sowohl die verwendeten Konstanten wie auch den numerischen Wert der Summe der Konstanten an.
2. Welche Eigenschaften besitzt ein Meldungsfenster, wenn dem Argument `Buttons` der Wert 594193 übergeben wurde?
3. Erklären Sie die Verwendung des Arguments `Default` der Funktion `InputBox()`.
4. Was ist bei der Verwendung der Argumente `Xpos` und `Ypos` der Funktion `InputBox()` zu beachten?
5. Was ist der Unterschied zwischen integrierten und abgeleiteten Funktionen?
6. Nennen Sie die Funktionen, mit denen die aktuelle Uhrzeit und das aktuelle Datum bestimmt werden können.
7. Schreiben Sie eine Prozedur, die den Datums- und Zeitwert der Gleitkommazahl 38450,6155092593 ermittelt.
8. Schreiben Sie eine Prozedur, welche die Einzelangaben Tag, Wochentagsname, Monat, Monatsname und Jahr aus dem Datumswert 38450,6155092593 ermittelt.
9. Wandeln Sie den Datums- und Zeitwert 25.05.2005 17:34:22 in eine Gleitkommazahl um.
10. Geben Sie die Zeichennummern für die folgenden Zeichen an: @, *W*, *ß*, # und |.

Teil IV
VBA und Excel

10 Objekte und Klassen

Mit diesem Kapitel werden die Grundkonzepte der objektorientierten Programmierung mit VBA in Microsoft Office Excel 2003 eingeführt. Dabei werden zunächst Begriffe wie Objekte, Klassen, Methoden und Eigenschaften erläutert, bevor deren konkrete Anwendung gezeigt wird.

Was Sie bisher über die Programmiersprache VBA gelernt haben, hat mit objektorientierter Programmierung wenig zu tun. Gelegentlich wurden zwar Elemente erwähnt, die für die objektorientierte Programmierung benötigt werden, aber im Wesentlichen wurden nur Konzepte beschrieben, die Sie auch in nicht objektorientierten Programmiersprachen, zum Beispiel in prozeduralen Programmiersprachen, finden. In diesem Kapitel werde ich Ihnen die Grundkenntnisse der objektorientierten Programmierung vermitteln. Diese Kenntnisse benötigen Sie, um Lösungen für Microsoft Office Excel 2003 zu programmieren.

10.1 Objekte

Was sind Objekte? Aus der natürlichen Erfahrung heraus denkt jeder Mensch bei dem Begriff »Objekte« an stoffliche Dinge, die man sehen und anfassen kann, zum Beispiel an einen Ball. In der allgemeinen Vorstellung ist das Objekt »Ball« kugelförmig – und nicht rund, wie es der berühmte Fußballlehrer Sepp Herberger (1897–1977) verbreitet hat – hohl, mit Luft gefüllt und mit einer elastischen Hülle versehen. Durch Hinzufügen oder Weglassen weiterer Merkmale wird aus dem allgemeinen Objekt »Ball« ein Basketball, ein Volleyball, ein Tischtennisball oder ein Golfball.

Mit dem Objekt »Ball« wird assoziiert, dass damit gespielt werden kann. Ein Ball kann geworfen, gefangen, getreten, gerollt oder geschlagen werden. Der Verwendungszweck eines Balls ist dabei eng mit den Merkmalen eines Balls verknüpft. Niemand möchte mit einem Medizinball Volleyball spielen oder einen Basketball mit dem Tennisschläger schlagen. Zwar ist beides prinzipiell möglich, aber nicht sehr sinnvoll.

In der Softwareentwicklung gibt es keine materiellen Objekte, die angefasst werden können, und auch nicht alle Objekte sind sichtbar. Solche Objekte sind also von abstrakter Natur. Dennoch lassen sich solche Objekte auf ähnliche Weise beschreiben wie Objekte der realen Welt. Die Objekte einer Programmiersprache werden durch Eigenschaften und Methoden vollständig beschrieben. Die Eigenschaften eines Objekts entsprechen dabei den Merkmalen eines realen Objekts, und als Methode wird bezeichnet, welche Operationen mit dem Objekt ausgeführt werden können oder umgangssprachlich ausgedrückt, was man mit dem Objekt machen kann. Methoden und Eigenschaften eines Objekts werden dabei durch spezielle Prozeduren festgelegt.

In der Programmiersprache VBA haben Sie die Möglichkeit, eigene Objekte mit eigenen Methoden und Eigenschaften zu erstellen. Wie das funktioniert, werde ich Ihnen ausführlich in Abschnitt 10.2, *Klassen*, zeigen. Viel häufiger als eigene Objekte werden Sie jedoch die Objekte der Host-Anwendung von VBA benutzen, in diesem Fall also die Objekte von Microsoft Office Excel 2003. Wenn Sie jetzt behaupten, Sie haben noch nie ein Objekt von Microsoft Office Excel 2003 gesehen, dann halte ich dagegen und behaupte, Sie haben diese Objekte nur nicht als solche wahrgenommen. Das fängt schon damit an, dass Microsoft Office Excel 2003 selbst ein Objekt ist, das sich aus zahlreichen anderen Objekten zusammensetzt. Manche dieser Objekte sind sehr anschaulich, wie zum Beispiel Arbeitsmappen, Tabellen- und Diagrammblätter oder Menü- und Symbolleisten. Die Objekte von Microsoft Office Excel 2003 sind in einer Objektbibliothek definiert, nämlich in *Microsoft Excel 11.0 Object Library*. Die Objekte dieser Objektbibliothek können Sie sich im Objektkatalog ansehen. Starten Sie dazu im VBE den Objektkatalog mit der Taste [F2] und wählen Sie aus dem oberen linken Listenfeld den Eintrag *Excel* aus. Der Objektkatalog zeigt jetzt nur noch die Objekte, Klassen, Eigenschaften, Methoden und Konstanten an, die in der Objektbibliothek *Microsoft Excel 11.0 Object Library* definiert sind. Abbildung 10.1 zeigt den Objektkatalog, in dem die Klasse `Application` ausgewählt ist. Aus dieser Klasse wird das Objekt abgeleitet, das der Benutzer dann als Microsoft Office Excel 2003 sieht.

Der Objektkatalog zeigt nur die Definitionen von Objekten und anderen Elementen an. Das bedeutet jedoch nicht, dass ein Objekt bereits erzeugt wurde. Falls Sie jedoch Microsoft Office Excel 2003 gerade geöffnet haben, sind eine Reihe von Objekten vorhanden, auf die Sie von VBA aus zugreifen können. Legen Sie doch einmal eine leere Arbeitsmappe an und starten Sie den Visual Basic Editor. Öffnen Sie nun das Code-Fenster für ein Standardmodul und geben Sie den Prozedurrumpf aus Listing 10.1 ein.

```
Sub Tabellenblatt()

End Sub
```

Listing 10.1 Prozedurrumpf zur Demonstration von Objekten

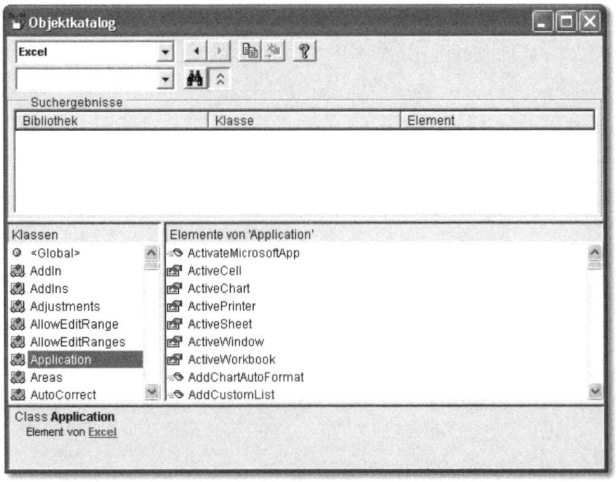

Abbildung 10.1 Der Objektkatalog zeigt die Elemente von Microsoft Excel.

Da die Anwendung Microsoft Office Excel 2003 bereits gestartet wurde, muss dabei ein `Application`-Objekt erzeugt worden sein. Also geben Sie einmal `Application` in den Prozedurrumpf ein und fügen Sie direkt dahinter einen Punkt an. Es wird Ihnen nun ein Listenfeld mit allen Objekten, Methoden und Eigenschaften angezeigt, die zum `Application`-Objekt gehören.

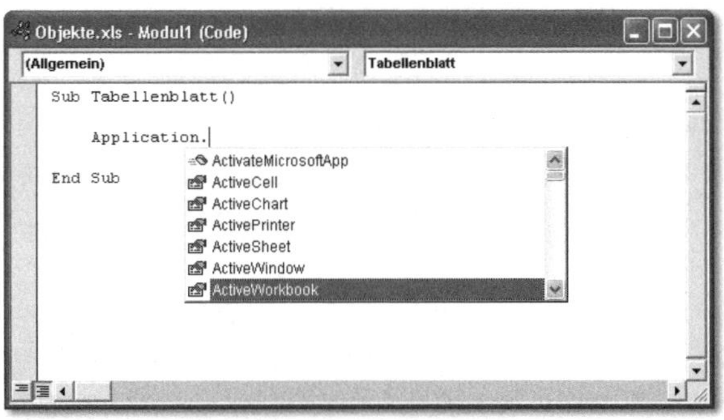

Abbildung 10.2 Eigenschaften und Methoden des Application-Objekts

Abbildung 10.2 zeigt das Listenfeld mit den verfügbaren Eigenschaften und Methoden des `Application`-Objekts. Diese Eingabehilfe habe ich Ihnen bereits in Kapitel 3, *Visual Basic Editor*, vorgestellt und auch, wie Elemente aus diesem Listenfeld ausgewählt werden können. Nun will ich Ihnen zeigen, welche Bedeutung diese Elemente haben. Dabei kann ich natürlich nicht auf alle Eigenschaften und Methoden eingehen. Das ist aber auch gar nicht nötig, denn Sie müssen ohnehin nur zwischen der Anwendung von Eigenschaften und der Anwendung von Methoden unterscheiden.

Das Application-Objekt besitzt unter anderem die Eigenschaft ActiveWorkbook. Die Eigenschaft ActiveWorkbook gibt ein Workbook-Objekt zurück, und zwar das Workbook-Objekt, das die Arbeitsmappe repräsentiert, die sich im aktiven Fenster befindet. Anders ausgedrückt, handelt es sich dabei um die Arbeitsmappe, die gerade bearbeitet wird. Sind mehrere Arbeitsmappen geöffnet, hängt es vom Benutzer ab, welche Arbeitsmappe gerade im aktiven Fenster zu sehen ist.

Das durch die Eigenschaft ActiveWorkbook zurückgegebene Workbook-Objekt enthält nun ebenfalls Eigenschaften und Methoden. Die zum Workbook-Objekt gehörenden Eigenschaften und Methoden werden angezeigt, wenn Sie hinter ActiveWorkbook einen Punkt eingeben.

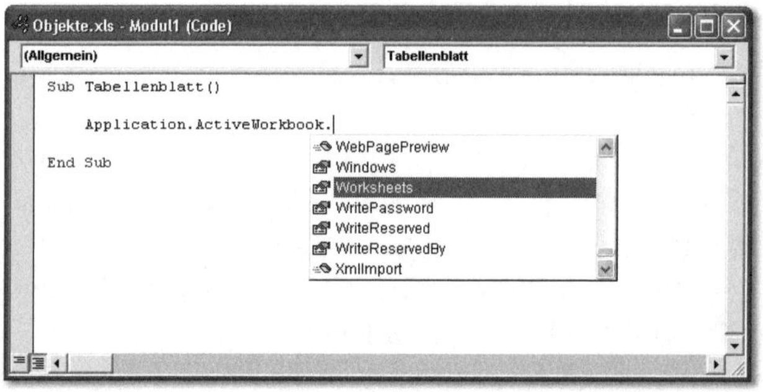

Abbildung 10.3 Eigenschaften und Methoden des Workbook-Objekts

Für das Workbook-Objekt soll nun die Eigenschaft Worksheets ausgewählt werden, so wie in Abbildung 10.3 zu sehen. Die Eigenschaft Worksheets gibt eine Sheets-Auflistung zurück. Eine Auflistung ist eine Gruppe von gleichen oder gleichartigen Objekten. In Falle der Sheets-Auflistung handelt es sich um Worksheet- und Chart-Objekte. Worksheet- und Chart-Objekte repräsentieren Tabellen- und Diagrammblätter einer Arbeitsmappe. Auflistungen erkennen Sie immer daran, dass für die Bezeichnung der Auflistung der Plural verwendet wird.

Wenn Sie nun in bewährter Manier wiederum einen Punkt – diesmal hinter der Eigenschaft Worksheets – eingeben, dann werden nicht die Eigenschaften und Methoden der Worksheet- und Chart-Objekte angezeigt, die in der Auflistung enthalten sind, sondern die Eigenschaften und Methoden der Sheets-Auflistung selbst. Um auf ein Objekt einer Auflistung zuzugreifen, gibt es zwei Vorgehensweisen, die ich Ihnen nun vorstellen werden. Die erste Vorgehensweise funktioniert so ähnlich wie der Zugriff auf einen Speicherplatz eines Datenfelds. Unmittelbar hinter dem Bezeichner Worksheets wird ein Paar runder Klammern angefügt. In diese Klammern wird ein Index eingefügt, der ein

Objekt aus der `Sheets`-Auflistung auswählt. Der Index kann eine numerischen Angabe sein, wobei die Elemente einer Auflistung mit eins beginnend durchnummeriert werden. Die Objekte können jedoch nicht nur über einen Index, sondern auch über deren Eigenschaft `Name` ausgewählt werden. Der Wert der Eigenschaft `Name` eines Tabellenblatts entspricht dem Namen auf dem Registerfalz in der Arbeitsmappe. Um also auf das `Worksheet`-Objekt aus der `Sheets`-Auflistung zuzugreifen, das dem Tabellenblatt mit dem Namen *Tabelle1* entspricht, fügen Sie diesen Namen zwischen den runden Klammern ein. Zusätzlich muss der Name noch in doppelte Anführungszeichen gesetzt werden, siehe Listing 10.2.

```
Application.ActiveWorkbook.Worksheets(1)
Application.ActiveWorkbook.Worksheets("Tabelle1")
```

Listing 10.2 Indizierung eines Objekts in einer Auflistung

Die Objekte, die mit den Anweisungen in Listing 10.2 ausgewählt werden, müssen nicht zwangsläufig die gleichen sein. Mit dem numerischen Index *1* wird das erste Objekt der Auflistung ausgewählt, ganz gleich, um welches Objekt es sich dabei handelt. Es ist jedoch nur dann das Tabellenblatt *Tabelle1*, wenn dieses Tabellenblatt in der Arbeitsmappe an erster Stelle eingeordnet ist. Dagegen wird mit der zweiten Anweisung genau das Tabellenblatt *Tabelle1* ausgewählt, unabhängig davon, an welcher Stelle in der Auflistung das korrespondiere Objekt geführt wird.

Die zweite Vorgehensweise mit der auf ein bestimmtes Objekt einer Auflistung zugegriffen werden kann, verwendet die Methode `Item`. Die Methode `Item` wird mit einem Punkt an die Eigenschaft `Worksheets` angehängt. An die Methode `Item` schließt sich wiederum ein Paar runder Klammern an, die den Index zur Auswahl des Objekts enthalten. Für diesen Index gelten dieselben Regeln wie zuvor beschrieben. Listing 10.3 verdeutlicht die Verwendung der Methode `Item`.

```
Application.ActiveWorkbook.Worksheets.Item(1)
Application.ActiveWorkbook.Worksheets.Item("Tabelle1")
```

Listing 10.3 Indizierung eines Objekts mit der Item-Methode

Nachdem nun ein Objekt aus der `Sheets`-Auflistung ausgewählt wurde, kann es weitergehen. Also wird wieder ein Punkt an die Eigenschaft `Worksheets` oder an die `Item`-Methode angefügt, so dass die Eigenschaften und Methoden des ausgewählten Objekts angezeigt werden. In diesem Beispiel ist das ausgewählte Objekt ein `Worksheet`-Objekt, für das die Eigenschaft `Name` ausgewählt werden soll. Mit der Eigenschaft `Name` kann nicht nur der Name eines Tabellenblatts ausgelesen, sondern auch gesetzt werden. Das gilt übrigens für die meisten Eigenschaften, obwohl es auch einige Eigenschaften gibt, die nur gelesen werden können. Der Eigenschaft `Name` soll ein neuer Name für das erste Tabellenblatt in der Arbeitsmappe zugewiesen werden. Die fertige Prozedur `Tabellenblatt()` ist in Listing 10.4 wiedergegeben.

```
Sub Tabellenblatt()
   Application.ActiveWorkbook.Worksheets(1).Name = "Neuer Name"
End Sub
```

Listing 10.4 Ändern der Eigenschaft »Name« für ein Tabellenblatt

Wenn Sie nach der Ausführung der Prozedur `Tabellenblatt()` ein Blick auf Ihre Arbeitsmappe werfen, dann sollten die Tabellennamen so aussehen wie in Abbildung 10.4.

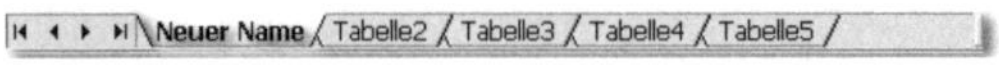

Abbildung 10.4 Der geänderte Name des Tabellenblatts

Wenn Sie sich noch einmal vor Augen halten, was in der Prozedur `Tabellenblatt()` eigentlich abläuft, dann werden Sie feststellen, dass ausgehend von `Application`-Objekt, welches Microsoft Office Excel 2003 selbst darstellt, weitere untergeordnete Objekte angesprochen wurden, bis das Objekt erreicht wurde, dessen Eigenschaft verändert wird. Die Abhängigkeit der Objekte untereinander wird als Objekthierarchie bezeichnet, und die Anweisung der Prozedur `Tabellenblatt()` ist ein Pfad innerhalb dieser Objekthierarchie. Diese Pfade zu finden, ist einer der Wesenszüge der objektorientierten Programmierung mit VBA.

Tipp: Angabe des Application-Objekts nicht erforderlich

Wenn Sie einen Pfad innerhalb der Objekthierarchie durchschreiten, müssen Sie nicht mit dem `Application`-Objekt beginnen, sondern können gleich mit einem der untergeordneten Objekte starten. VBA stellt – sofern möglich – den richtigen Bezug automatisch aus dem Kontext her.

In der Anweisung der Prozedur `Tabellenblatt()` in Listing 10.4 waren implizit mehrere Objekte involviert. Da es jedoch sehr umständlich ist, jedes Mal eine so lange Anweisung zu schreiben, um auf ein bestimmtes Objekt zuzugreifen, lassen sich Objekte in Variablen speichern. Solche Variablen werden als Objektvariablen bezeichnet. Um ein beliebiges Objekt zu speichern, muss eine Variable mit dem allgemeinen Objektdatentyp `Object` erstellt werden. Um genau zu sein, wird nicht das Objekt selbst in der Variablen gespeichert, sondern nur eine Referenz auf das Objekt. Während die Deklaration einer Objektvariablen sich nicht von anderen Variablen unterscheidet, gibt es einen großen Unterschied bei der Zuweisung an eine Objektvariable. Neben dem Zuweisungsoperator wird noch das Schlüsselwort `Set` benötigt. In Listing 10.5 wurde die Prozedur `Tabellenblatt()` so umgeschrieben, dass nun eine Objektvariable verwendet wird.

```
Sub Tabellenblatt2()
   Dim objWorksheet As Object
   Set objWorksheet = ActiveWorkbook.Worksheets(1)
   objWorksheet.Name = "Ganz neuer Name"
End Sub
```

Listing 10.5 Verwendung einer Objektvariablen

Zunächst wird die Objektvariable `objWorksheet` mit der `Dim`-Anweisung und dem Datentyp `Object` deklariert. Anschließend folgt die Zuweisung eines Objekts an die Objektvariable `objWorksheet` mit der `Set`-Anweisung. Das zugewiesene Objekt ist ein `Worksheet`-Objekt aus der `Sheets`-Auflistung. Die Objektvariable `objWorksheet` kann nun so verwendet werden wie zuvor der Ausdruck `Application.ActiveWorkbook.Worksheets(1)`. Dieser Sachverhalt wird durch die anschließende Verwendung der Eigenschaft `Name` verdeutlicht, die mit einem Punkt an die Objektvariable `objWorksheet` angehängt wird. Die Zuweisung an diese Eigenschaft verändert den Namen des Tabellenblatts auf dieselbe Weise wie zuvor in der Prozedur `Tabellenblatt()`.

Der allgemeine Objektdatentyp `Object` ist vergleichbar mit dem Datentyp `Variant`, denn einer Variablen, die mit `Object` deklariert wurde, kann jedes beliebige Objekt zugewiesen werden. Neben dem allgemeinen Objektdatentyp `Object` gibt es noch die speziellen Objektdatentypen. Genau genommen gibt es zu jedem Objekt in VBA einen entsprechenden speziellen Objektdatentyp, zum Beispiel für ein `Worksheet`-Objekt den Objektdatentyp `Worksheet` und für ein `Application`-Objekt den Objektdatentyp `Application`. Warum das so ist, erkläre ich Ihnen etwas später in diesem Kapitel, wenn von Klassen die Rede sein wird. Diese speziellen Objektdatentypen sind natürlich hoch spezialisiert, das heißt, dass mit einer Objektvariablen, die mit dem Objektdatentyp `Worksheet` deklariert wurde, nur `Worksheet`-Objekte referenziert werden können. Mit dem speziellen Objektdatentyp `Worksheet` kann die Prozedur aus Listing 10.5 auch so formuliert werden wie in Listing 10.6.

```
Sub Tabellenblatt3()
   Dim wksWorksheet As Worksheet
```

```
    Set wksWorksheet = ActiveWorkbook.Worksheets(1)
    wksWorksheet.Name = "Brandneuer Name"
End Sub
```

Listing 10.6 Verwendung des speziellen Objektdatentyps »Worksheet«

An der Funktionsweise der Prozedur Tabellenblatt3() hat sich gegenüber der Prozedur aus Listing 10.5 nichts geändert, dennoch bietet die Verwendung des speziellen Objektdatentyps Worksheet für Sie als Programmierer gewisse Vorteile. So können Sie leicht verfolgen, welche Objekte die Objektvariable wksWorksheet speichern kann, denn es können ausschließlich Worksheet-Objekte sein. Der Programmtext kann dadurch leichter nachvollzogen werden. Außerdem werden Doppeldeutigkeiten bei der Verwendung von Objektvariablen ausgeschlossen. Ein anderer Vorteil ist, dass bei Objektvariablen eines speziellen Objektdatentyps die Microsoft IntelliSense-Technologie als Eingabehilfe funktioniert. Wenn Sie also hinter eine Objektvariable eines speziellen Objektdatentyps einen Punkt eingeben, wird Ihnen das Listenfeld mit den Eigenschaften und Methoden des Objekts angezeigt, auf das die Objektvariable verweist.

Mit der Set-Anweisung können Sie einer Objektvariablen nicht nur ein Objekt zuweisen, sondern auch das Schlüsselwort Nothing. Mit dem Schlüsselwort Nothing kann die Verbindung einer Objektvariablen zu einem Objekt aufgehoben werden. Nach der Zuweisung des Wertes Nothing verweist die Objektvariable auf kein aktuelles Objekt mehr. Sofern auch keine andere Objektvariable auf dasselbe Objekt verweist, wird der Speicherplatz, der für das betreffende Objekt reserviert wurde, wieder freigegeben. Meistens wird das Schlüsselwort Nothing dazu verwendet, vor dem Verlassen einer Prozedur alle Verbindungen von Objektvariablen zu den jeweiligen Objekten aufzuheben und damit die Systemressourcen freizugeben, die durch die Objekte belegt wurden. Dies ist zwar nicht unbedingt notwendig, da eine Objektvariable beim Verlassen des Gültigkeitsbereichs implizit den Wert Nothing zugewiesen bekommt, aber es ist guter Programmierstil und macht die Programmausführung sicherer und effizienter. Die Zuweisung des Wertes Nothing an eine Objektvariable ist keine große Sache und wird in Listing 10.7 dargestellt.

```
Sub Tabellenblatt3()
    Dim wksWorksheet As Worksheet
    Set wksWorksheet = ActiveWorkbook.Worksheets(1)
    wksWorksheet.Name = "Brandneuer Name"
    Set wksWorksheet = Nothing
End Sub
```

Listing 10.7 Verwendung des Schlüsselworts »Nothing«

Selbstverständlich kann das Schlüsselwort `Nothing` nicht nur für Objektvariablen der speziellen Objektdatentypen verwendet werden, sondern auch für Objektvariablen des allgemeinen Objektdatentyps `Object`.

Neben der Verwendung von Objektvariablen gibt es eine weitere Anweisung, die den Zugriff auf ein bestimmtes Objekt erleichtert, vor allem dann, wenn viele Zugriffe auf dessen Eigenschaften und Methoden erfolgen sollen. Es handelt sich dabei um die `With`-Anweisung, die als Blockstruktur mit dem Schlüsselwort `With` beginnt und mit der Anweisung `End With` endet. Auf das Schlüsselwort `With` folgt die Angabe eines Objekts, das entweder durch eine Objektvariable oder durch die Angabe der vollständigen Objekthierarchie bestimmt wird. Die Anweisungen im Inneren der `With`-Anweisung bestehen hauptsächlich aus Aufrufen von Eigenschaften und Methoden des in der `With`-Anweisung angegebenen Objekts. Aber natürlich können auch andere Anweisungen verwendet werden, damit eine sinnvolle Programmierung weiterhin möglich ist. Listing 10.8 und Listing 10.9 zeigen die Verwendung der `With`-Anweisung im Zusammenhang mit der bekannten Benennung eines Tabellenblatts. Dabei wird einmal eine Objektvariable und einmal die vollständige Objekthierarchie angegeben.


```
Sub Tabellenblatt4()
   Dim wksWorksheet As Worksheet
   Set wksWorksheet = ActiveWorkbook.Worksheets(1)
   With wksWorksheet
      .Name = "Absolut neuer Name"
      .Range("C1").Value = .Name
      Debug.Print .Range("C1").Value
   End With
   Set wksWorksheet = Nothing
End Sub
```

Listing 10.8 With-Anweisung mit einer Objektvariablen

```
Sub Tabellenblatt5()
   With ActiveWorkbook.Worksheets(1)
      .Name = "Absolut neuer Name"
      .Range("C1").Value = .Name
      Debug.Print .Range("C1").Value
   End With
End Sub
```

Listing 10.9 With-Anweisung mit vollständiger Objekthierarchie

Der Clou der With-Anweisung besteht darin, dass auf die Methoden und Eigenschaften eines Objekts zugegriffen werden kann, ohne das Objekt jedes Mal angeben zu müssen. Die Angabe des Objekts wird implizit durch VBA ergänzt, so dass Sie gleich mit einem Punkt und der darauf folgenden Eigenschaft oder Methode beginnen können. Besonders nützlich ist die With-Anweisung, wenn mehrere Aufrufe von Eigenschaften oder Methoden für ein Objekt erfolgen sollen. In den beiden Beispielen in Listing 10.8 und Listing 10.9 wurde nicht nur die Eigenschaft Name geändert, sondern auch die Eigenschaft Value des Range-Objektes, das die Zelle *C1* repräsentiert. Anschließend wird der Wert der Eigenschaft Value auch noch mit der Debug.Print-Anweisung ausgegeben. Insgesamt erfolgen vier Aufrufe von Eigenschaften innerhalb der With-Anweisung, trotzdem bleibt der Programmtext übersichtlich. Den Vorteil der With-Anweisung werden Sie sofort erkennen, wenn Sie einmal versuchen, die Prozedur in Listing 10.9 unter Angabe der vollständigen Objekthierarchie zu schreiben.

In Kapitel 5, *Operatoren*, bin ich Ihnen die Funktionsweise des Vergleichsoperators Is schuldig geblieben, weil zu diesem Zeitpunkt Objekte noch nicht besprochen wurden. Mit dem Is-Operator können Sie feststellen, ob zwei Objektvariablen auf das gleiche Objekt verweisen. Die Verwendung des Is-Operators ist auch nicht schwieriger als die Verwendung eines beliebigen anderen Vergleichsoperators, wie Sie in Listing 10.10 sehen werden.

```
Sub Objekte_vergleichen()
   Dim wksWorksheet1 As Worksheet
   Dim wksWorksheet2 As Worksheet
   Dim objWorksheet3 As Object
   Dim strMeldung(1) As String
   strMeldung(0) = "Die Objekte sind gleich"
   strMeldung(1) = "Die Objekte sind ungleich"
   Set wksWorksheet1 = ActiveWorkbook.Worksheets(1)
   Set wksWorksheet2 = ActiveWorkbook.Worksheets(2)
   Set objWorksheet3 = wksWorksheet1
   If wksWorksheet1 Is wksWorksheet2 Then _
      Debug.Print strMeldung(0) Else Debug.Print strMeldung(1)
   If wksWorksheet2 Is objWorksheet3 Then _
      Debug.Print strMeldung(0) Else Debug.Print strMeldung(1)
   If wksWorksheet1 Is objWorksheet3 Then _
      Debug.Print strMeldung(0) Else Debug.Print strMeldung(1)
End Sub
```

Listing 10.10 Vergleich von Objekten mit dem Is-Operator

In der Prozedur `Objekte_vergleichen()` werden als Erstes drei Objektvariablen deklariert, zwei davon mit dem Objektdatentyp `Worksheet` und eine mit dem Objektdatentyp `Object`. Anschließend werden den Objektvariablen `Worksheet`-Objekte aus der `Sheets`-Auflistung zugewiesen. Die Objektvariablen `wksWorksheet1` und `wksWorksheet2` verweisen auf unterschiedliche Objekte, während die Objektvariable `objWorksheet3` auf das gleiche Objekt verweist wie die Objektvariable `wksWorksheet1`. Dass dem tatsächlich so ist, soll mit Hilfe des `Is`-Operators verifiziert werden. In den Bedingungen der `If`-Anweisungen werden deshalb jeweils zwei Objektvariablen mit dem `Is`-Operator verglichen, und das Ergebnis des Vergleichs wird mit einer entsprechenden Meldung im Direktfenster ausgegeben. Nur der Vergleich in der dritten `If`-Anweisung stellt eine Gleichheit zwischen den Objekten fest, womit die zuvor gemachten Aussagen sich als wahr erweisen.

10.2 Klassen

Vielleicht haben Sie sich bei der Lektüre des vorangegangenen Unterkapitels die Frage gestellt, wie Objekte erzeugt werden und wo die Eigenschaften und Methoden eines Objekts überhaupt festgelegt werden. Genau das sind die entscheidenden Fragen, die ich Ihnen jetzt beantworten werde. Sie werden feststellen, dass die Antworten darauf gar nicht so kompliziert sind.

Wie eingangs dieses Kapitels erwähnt, werden Objekte durch die Gesamtheit der Eigenschaften und Methoden vollständig beschrieben. Also ist der Ort, an dem die Eigenschaften und Methoden eines Objekts festgelegt werden, gleichzeitig auch der Ort, an dem ein Objekt definiert wird. Eigenschaften und Methoden von Objekten werden in so genannten Klassen festgelegt. Somit können Klassen als Blaupausen oder als Schablonen für Objekte bezeichnet werden. Wie berechtigt eine solche Bezeichnung ist, werden Sie im Laufe dieses Kapitels noch sehen.

In Microsoft Office Excel 2003 gibt es jede Menge Objekte, von denen Sie ein paar bereits kennen gelernt haben, wie das `Application`-Objekt oder das `Worksheet`-Objekt. Die Definition dieser Objekte, also deren Klassen, haben Sie jedoch noch nicht zu Gesicht bekommen. Diese Klassen befinden sich in den Bibliotheken von Microsoft Office Excel 2003. Sie haben keine Möglichkeit auf diese Klassen zuzugreifen, um deren Eigenschaften und Methoden zu verändern oder auch nur deren Implementierung anzusehen. Das ist auch gut so, denn dadurch wird gewährleistet, dass alle Applikationen des Typs Microsoft Office Excel 2003 sich genau gleich verhalten. In VBA haben Sie jedoch die Möglichkeit, eigene Klassen zu erstellen, um daraus eigene Objekte abzuleiten. Genau diese Möglichkeit möchte ich Ihnen im Folgenden beschreiben.

Um eine Klasse zu erstellen, benötigen Sie ein Klassenmodul. Wie Sie ein Klassenmodul in Ihr VBA-Projekt einfügen, habe ich Ihnen bereits in Kapitel 2, *Basiswissen*, erläutert. Nun werde ich Ihnen zeigen, wie daraus eine Klasse wird. Die Objekte, die später aus der Klasse erzeugt werden sollen, sollen Fenster darstellen. Entsprechend wird das Klassenmodul erst einmal in *Fenster* umbenannt. Dazu markieren Sie das soeben eingefügte Klassenmodul im Projekt-Explorer und ändern im Eigenschaftenfenster die Eigenschaft `(Name)` in *Fenster* um, so wie in Abbildung 10.5 zu sehen.

Abbildung 10.5 Ändern der Eigenschaft (Name) des Klassenmoduls

Nun können in dem Klassenmodul *Fenster* die Eigenschaften und Methoden der späteren `Fenster`-Objekte festgelegt werden. Doch zuvor muss natürlich überlegt werden, durch welche Eigenschaften und Methoden ein solches `Fenster`-Objekt beschrieben wird. Wie jeder weiß, kann ein Fenster geöffnet, geschlossen oder gekippt sein. Damit wird eine Eigenschaft benötigt, die anzeigt, welchen dieser drei Zustände das Fenster momentan besitzt. Des Weiteren kann der Rollladen eines Fensters hochgezogen oder heruntergelassen sein. Damit wird eine zweite Eigenschaft benötigt, die den Zustand des Rollladens beschreibt.

Um einen Zustandswechsel herbeizuführen, das heißt, das Fenster zu öffnen oder den Rollladen herunter zu lassen, werden Methoden benötigt, die eine Änderung der entsprechenden Eigenschaften herbeiführen. Somit wird jeweils eine Methode benötigt, um das Fenster zu öffnen, zu schließen, zu kippen, den Rollladen herunterzulassen und den Rollladen hochzuziehen. Mit diesen Eigenschaften und Methoden ist die Funktionalität eines `Fenster`-Objekts ausreichend beschrieben. Nun gilt es, diese Funktionalität durch VBA-Prozeduren zu formulieren.

Zunächst einmal werden zwei Variablen auf Modulebene des Klassenmoduls *Fenster* angelegt, die später die Werte der Eigenschaften des Objekts `Fenster` speichern sollen. Listing 10.11 zeigt die entsprechenden Variablendeklarationen.

```
Private strFensterStatus As String
Private strRollladenStatus As String
```

Listing 10.11 Deklarationen auf Modulebene des Klassenmoduls »Fenster«

Mit der Variablen `strFensterStatus` wird angezeigt, ob das `Fenster`-Objekt geöffnet, geschlossen oder gekippt ist, und in der Variablen `strRollladenStatus` wird der Zustand des Rollladens – oben oder unten – gespeichert. Diese Variablen sind mit dem Schlüsselwort `Private` deklariert, so dass die Werte dieser beiden Variablen nur von Prozeduren verändert werden können, die sich innerhalb des Klassenmoduls befinden. Dadurch wird verhindert, dass die Eigenschaften der `Fenster`-Objekte von außen beeinflusst werden können.

Die Werte der beiden Variablen `strFensterStatus` und `strRollladenStatus` sind nur durch die Zuweisung an die entsprechenden Eigenschaften beziehungsweise durch die Methoden der Klasse `Fenster` veränderbar. Damit jedoch die Eigenschaften eines Objekts gelesen und verändert werden können, bedarf es Prozeduren eines speziellen Prozedurtyps, nämlich Eigenschaftsprozeduren. Es gibt drei Arten von Eigenschaftsprozeduren: Die eine ist für das Auslesen der Eigenschaft verantwortlich und die andere für die Veränderung des Wertes der Eigenschaft. Mit der dritten Art kann ein Verweis auf ein Objekt erstellt werden. Es ist nicht nötig, für jede Eigenschaft immer alle drei Arten von Eigenschaftsprozeduren bereitzustellen. Zum Beispiel gibt es Eigenschaften, die nur gelesen, nicht aber verändert werden können. In diesem Fall wurde keine Eigenschaftsprozedur zum Verändern der Eigenschaft erstellt. Im Folgenden werde ich Ihnen zunächst den allgemeinen Aufbau von Eigenschaftsprozeduren vorstellen, bevor ich Ihnen die Implementierung der Eigenschaften für die Klasse `Fenster` beschreibe.

```
[Public | Private] [Static] Property Get Name [(ArgListe)] _
[As Typ]
   [Anweisungen]
   [Name = Ausdruck]
   [Exit Property]
   [Anweisungen]
   [Name = Ausdruck]
End Property
```

Listing 10.12 Allgemeiner Aufbau einer Property Get-Prozedur

Listing 10.12 zeigt den allgemeinen Aufbau einer Eigenschaftsprozedur, mit der eine Eigenschaft ausgelesen werden kann. Eine Eigenschaftsprozedur wird mit dem Schlüsselwort `Property` eingeleitet, gefolgt von einem Schlüsselwort, das über die Art der Eigenschaftsprozedur entscheidet. In diesem Fall wird das Schlüsselwort `Get` verwendet. Darauf folgt der Name der Eigenschaftsprozedur, der dem Namen der entsprechenden Eigenschaft des Objekts entspricht. Wie eine `Function`-Prozedur, so hat eine `Property Get`-Prozedur einen bestimmten Datentyp. Dieser Datentyp entspricht dem Datentyp des Wertes der Eigenschaft, der als Rückgabewert durch die Eigenschaftsprozedur zurückgegeben wird. Auch der weitere Aufbau einer solchen Eigenschaftsprozedur entspricht dem einer `Function`-Prozedur, die ich bereits ausführlich in Kapitel 8, *Prozeduren und Funktionen*, beschrieben habe.

Die Eigenschaftsprozedur, mit der der Wert einer Eigenschaftsprozedur geändert wird, hat den Charakter einer `Sub`-Prozedur und ist auch vom Aufbau her einer solchen vergleichbar. Eingeleitet wird diese Art von Eigenschaftsprozeduren mit den Schlüsselwörter `Property Let`. Der allgemeine Aufbau einer `Property Let`-Prozedur ist in Listing 10.13 gezeigt.

```
[Public | Private] [Static] Property Let Name ([ArgListe,] Wert)
    [Anweisungen]
    [Exit Property]
    [Anweisungen]
End Property
```

Listing 10.13 Allgemeiner Aufbau der Property Let-Prozedur

Der allgemeine Aufbau und die Funktionalität einer `Property Let`-Prozedur entspricht dem einer `Sub`-Prozedur. Der einzige bemerkenswerte Unterschied findet sich in der Argumentliste der `Property Let`-Prozedur. Die Argumente dieser Prozedur sind optional, bis auf das Argument `Wert`, denn dieses Argument enthält den Wert, der der Eigenschaft zugewiesen werden soll. Es ist völlig klar, warum auf dieses Argument nicht verzichtet werden kann, denn sonst könnte die `Property Let`-Prozedur keine Zuweisung an die Eigenschaft durchführen. Die Argumente `ArgListe`, sofern vorhanden, sind zusätzliche Argumente, die zur korrekten Ausführung der Eigenschaftsprozedur benötigt werden. Sind solche zusätzlichen Argumente vorhanden, dann muss das Argument `Wert` als letztes Argument in der Argumentliste angegeben werden.

Die `Property Set`-Prozedur, deren allgemeiner Aufbau in Listing 10.14 .dargestellt ist, ist weitestgehend vergleichbar mit der `Property Let`-Prozedur und dient ebenfalls der Zuweisung an eine Eigenschaft. Jedoch werden mit der `Property Set`-Anweisung keine Werte zugewiesen, sondern Verweise auf

Objekte. In der Argumentliste sind deshalb alle Argumente optional, außer dem Argument Verweis. Sind außer dem Argument Verweis weitere Argumente in der Argumentliste vorhanden, dann muss das Argument Verweis als letztes Argument angegeben werden.

```
[Public | Private] [Static] Property Set Name ([ArgListe,] _Verweis)
    [Anweisungen]
    [Exit Property]
    [Anweisungen]
End Property
```

Listing 10.14 Allgemeiner Aufbau der Property Set-Prozedur

Für die Klasse Fenster spielt die Property Set-Prozedur keine Rolle. Die Eigenschaften der Klasse Fenster, die in den Variablen strFensterStatus und strRollladenStatus gespeichert werden, sind keine Objektvariablen und können daher auch keine Verweise auf Objekte enthalten. Für die beiden Eigenschaften werden daher jeweils eine Property Get-Prozedur und eine Property Let-Prozedur erstellt. Zuerst nun die beiden Eigenschaftsprozeduren, die den Zustand des Fensters anzeigen:

```
Property Get FensterStatus() As String
    FensterStatus = strFensterStatus
End Property
```

Listing 10.15 Property Get-Prozedur der Eigenschaft »FensterStatus«

Die Eigenschaft eines Fenster-Objekts, mit der angezeigt werden soll, ob ein Fenster geöffnet, geschlossen oder gekippt ist, heißt FensterStatus. Entsprechend wird der Name der Property Get-Prozedur gewählt. Da die Property Get-Prozedur FensterStatus nichts weiter zu tun hat, als den Wert der Eigenschaft FensterStatus zurückzugeben, enthält diese Eigenschaftsprozedur nur eine Zuweisung der Variablen strFensterStatus an den Prozedurnamen FensterStatus.

Ein klein wenig mehr an Programmlogik bietet die Property Let-Prozedur für die Eigenschaft FensterStatus. Mit dieser Eigenschaftsprozedur wird die Eigenschaft FensterStatus geändert, das heißt, der Variablen strFensterStatus wird ein neuer Wert zugewiesen.

```
Property Let FensterStatus(ByVal strStatus As String)
    If strStatus = "geöffnet" Or strStatus = "geschlossen" Or _
        strStatus = "gekippt" Then
```

```
        strFensterStatus = strStatus
    Else
        Exit Property
    End If
End Property
```

Listing 10.16 Property Let-Prozedur der Eigenschaft »FensterStatus«

Der neue Wert für die Eigenschaft `FensterStatus` wird als Argument an die `Property Let`-Prozedur übergeben und in der Argumentvariable `strStatus` gespeichert. Nun wird in der `If ... Then ... Else`-Anweisung überprüft, ob die Argumentvariable `strStatus` einen gültigen Wert für die Eigenschaft `FensterStatus` besitzt. Ist das der Fall, dann wird dieser Wert der Variablen `strFensterStatus` zugewiesen, andernfalls wird die `Property Let`-Prozedur mit der Anweisung `Exit Property` verlassen. Der Wert der Variablen `strFensterStatus` bleibt in diesem Fall unverändert. Die Überprüfung des Wertes von `strStatus` ist unbedingt notwendig, damit die Eigenschaft `FensterStatus` nur definierte Werte annehmen kann.

Um den Zustand des Rollladens zu beschreiben, wird die Eigenschaft `RollladenStatus` verwendet. Für diese Eigenschaft wird ebenfalls eine `Property Get`-Prozedur und eine `Property Let`-Prozedur benötigt. Da diese beiden Eigenschaftsprozeduren wie die Eigenschaftsprozeduren der Eigenschaft `FensterStatus` aufgebaut sind, beschränke ich mich darauf, Ihnen diese Prozeduren nur zu zeigen und sie nicht noch einmal ausführlich zu erklären. Die beiden Eigenschaftsprozeduren sind in Listing 10.17 und in Listing 10.18 dargestellt.

```
Property Get RollladenStatus() As String
    RollladenStatus = strRollladenStatus
End Property
```

Listing 10.17 Property Get-Prozedur der Eigenschaft »RollladenStatus«

```
Property Let RollladenStatus(ByVal strStatus As String)
    If strStatus = "oben" Or strStatus = "unten" Then
        strRollladenStatus = strStatus
    Else
        Exit Property
    End If
End Property
```

Listing 10.18 Property Let-Prozedur der Eigenschaft »RollladenStatus«

Damit wäre die Programmierung der Eigenschaften der Klasse `Fenster` abgeschlossen, und es können die Methoden in Angriff genommen werden. Die Methoden der Klasse `Fenster` sollen Änderungen der Eigenschaften herbeiführen, das heißt, die Eigenschaften `FensterStatus` und `RollladenStatus` können manipuliert werden, ohne dass die genauen Werte bekannt sein müssen, die den beiden Eigenschaften zugewiesen werden können. Da es für das Fenster drei Zustände (geöffnet, geschlossen und gekippt) und für den Rollladen zwei Zustände (oben und unten) gibt, werden fünf Methoden benötigt. Alle fünf Methoden sind in Listing 10.19 aufgeführt.

```
Sub Fenster_oeffnen()
   Me.FensterStatus = "geöffnet"
End Sub

Sub Fenster_schliessen()
   Me.FensterStatus = "geschlossen"
End Sub

Sub Fenster_kippen()
   Me.FensterStatus = "gekippt"
End Sub

Sub Rollladen_Auf()
   Me.RollladenStatus = "oben"
End Sub

Sub Rollladen_Ab()
   Me.RollladenStatus = "unten"
End Sub
```

Listing 10.19 Methoden der Klasse »Fenster«

Bei Methoden handelt sich um gewöhnliche `Sub`-Prozeduren. Die Methoden der Klasse `Fenster` sind alle nach dem gleichen Schema aufgebaut. Der jeweiligen Eigenschaft, also `FensterStatus` oder `RollladenStatus`, wird ein passender Wert zugewiesen. Zwar wäre es auch möglich, die Variablen `strFensterStatus` und `strRollladenStatus`, die die Werte der beiden Eigenschaften speichern, direkt zu manipulieren, aber der implizite Aufruf der Eigenschaftsprozeduren über die Eigenschaften ist sicherer, da ja innerhalb der Eigenschaftsprozeduren noch eine Überprüfung stattfindet, ob ein gültiger Wert zugewiesen wurde. Vor den Aufrufen der Eigenschaften finden Sie das Schlüsselwort `Me`, das Ihnen bei der objektorientierten Programmierung in

VBA häufiger begegnen wird. Me verhält sich wie eine implizit deklarierte Objektvariable und stellt einen Selbstbezug auf dasjenige Fenster-Objekt her, dessen Methoden gerade aufgerufen werden.

Die Klasse Fenster soll noch eine weitere Methode bekommen, nämlich eine, mit der der momentane Zustand von Fenster und Rollladen ausgegeben werden kann. Diese Aufgabe erledigt die Methode StatusAbfrage aus Listing 10.20.

```
Sub Statusabfrage()
   Debug.Print "----------------------------------"
   Debug.Print "Das Fenster ist " & Me.FensterStatus
   Debug.Print "Der Rollladen ist " & Me.RollladenStatus
   Debug.Print "----------------------------------"
End Sub
```

Listing 10.20 Die Methode StatusAbfrage

Die Methode StatusAbfrage gibt im Direktfenster die Werte der Eigenschaften FensterStatus und RollladenStatus aus. Auch hier wird wieder ein Selbstbezug durch das Schlüsselwort Me hergestellt.

Mit den bisher programmierten Eigenschaften und Methoden ist die Klasse Fenster bereits voll funktionsfähig. Die Klasse Fenster kann jedoch noch um zwei Prozeduren erweitert werden, die das Verhalten eines Fenster-Objekts bei dessen Erzeugung oder dessen Terminierung steuern. Diese Prozeduren heißen Class_Initialize() und Class_Terminate() und werden implizit aufgerufen, sobald ein Fenster-Objekt erzeugt beziehungsweise terminiert wird. Die Prozeduren Class_Initialize() und Class_Terminate() können in jede Klasse eingebaut werden, natürlich mit angepassten Anweisungen im Inneren der Prozeduren. Wie diese Prozeduren für die Klasse Fenster aussehen können, zeigen Listing 10.21 und Listing 10.22.

```
Private Sub Class_Initialize()
   Me.Fenster_schliessen
   Me.Rollladen_Ab
   Me.Statusabfrage
End Sub
```

Listing 10.21 Die Prozedur Class_Initialize()

```
Private Sub Class_Terminate()
   Debug.Print "Schotten dicht!"
   Me.Fenster_schliessen
   Me.Rollladen_Ab
```

```
    Me.Statusabfrage
End Sub
```

Listing 10.22 Die Prozedur Class_Terminate()

Die Prozedur `Class_Initialize()` wird immer dann aufgerufen, sobald ein neues `Fenster`-Objekt erzeugt wurde, natürlich nur, wenn eine solche Prozedur vorhanden ist. In der Klasse `Fenster` sorgt die Prozedur `Class_Initialize()` dafür, dass die Eigenschaften `FensterStatus` und `RollladenStatus` auf einen definierten Anfangszustand gesetzt werden. Dazu werden die Methoden `Fenster_schliessen` und `Rollladen_Ab` aufgerufen. Anschließend werden die Zustände der beiden Eigenschaften mit der Methode `Statusabfrage` im Direktfenster ausgegeben.

Im Allgemeinen führt die Prozedur `Class_Terminate()` alle Arbeitsschritte aus, die notwendig sind, um vor der Terminierung eines Objekts einen bestimmten Zustand der Programmausführung herbeizuführen. Für die Klasse `Fenster` heißt das, dass die Eigenschaften `FensterStatus` und `RollladenStatus` wieder auf den Ausgangszustand gesetzt werden und dieser Zustand im Direktfenster ausgegeben wird. Dazu werden wiederum die Methoden `Fenster_schliessen`, `Rollladen_Ab` und `Statusabfrage` aufgerufen. Erst nach Ausführung der Prozedur `Class_Terminate()` wird das entsprechende `Fenster`-Objekt gelöscht.

Mit der Fertigstellung der Prozeduren `Class_Initialize()` und `Class_Terminate()` ist die Programmierung der Klasse `Fenster` abgeschlossen, und es können `Fenster`-Objekte erzeugt und verwendet werden. Um die Verwendung der `Fenster`-Objekte zu demonstrieren, will ich Ihnen die Prozedur `Raum_lueften()` in Listing 10.23 vorstellen.

```
Sub Raum_lueften()
    Dim fenWohnzimmerfenster As Fenster
    Set fenWohnzimmerfenster = New Fenster
    Debug.Print "Der Raum wird nun gelüftet."
    fenWohnzimmerfenster.Rollladen_Auf
    fenWohnzimmerfenster.Fenster_oeffnen
    fenWohnzimmerfenster.Statusabfrage
    Debug.Print "Das Lüften des Raumes wird beendet."
    fenWohnzimmerfenster.FensterStatus = "gekippt"
    fenWohnzimmerfenster.Statusabfrage
    Set fenWohnzimmerfenster = Nothing
End Sub
```

Listing 10.23 Verwendung von Objekten der Klasse »Fenster«

Die Prozedur Raum_lueften() beginnt mit der Deklaration einer Objektvariablen mit dem speziellen Objektdatentyp Fenster. Die Objektvariable fenWohnzimmerfenster wird also nur auf Objekte verweisen können, die von der Klasse Fenster abgeleitet werden. Als Nächstes wird die Objektvariable fenWohnzimmerfenster mit einem Verweis auf ein Fenster-Objekt versehen. Dies geschieht mit der Set-Anweisung, so wie Sie das bereits von anderen Objekten her kennen. Neu ist allerdings die Verwendung des Schlüsselwortes New. Bisher wurden mit der Set-Anweisung nur Verweise auf Objekte erstellt, die bereits existierten. Doch ein Fenster-Objekt existiert bisher noch nicht, deshalb muss erst eines erzeugt werden, und das geschieht mit dem Schlüsselwort New. Nachdem das Fenster-Objekt erzeugt und der Verweis darauf der Objektvariablen fenWohnzimmerfenster zugewiesen worden ist, kann auf die Methoden und Eigenschaften des Fenster-Objekts zugegriffen werden. So werden in der Prozedur Raum_lueften() die Eigenschaften FensterStatus und RollladenStatus durch die Aufrufe der Methoden Rollladen_Auf und Fenster_oeffnen verändert. Die neuen Werte der beiden Eigenschaften werden mit der Methode Statusabfrage ausgegeben. Dass die Eigenschaft FensterStatus nicht nur über die entsprechenden Methoden, sondern auch direkt verändert werden kann, zeigt die Anweisung, in der die Eigenschaft FensterStatus den Wert *gekippt* zugewiesen bekommt. Danach wird erneut die Methode Statusabfrage aufgerufen, wodurch sich im Direktfenster gut die Änderungen der Eigenschaften des Fenster-Objekts verfolgen lassen. Am Ende der Prozedur wird der Verweis der Objektvariablen fenWohnzimmerfenster auf das Fenster-Objekt aufgehoben. Da keine weiteren Verweise auf das Fenster-Objekt bestehen, wird nun implizit die Prozedur Class_Terminate() aufgerufen. Dass dies tatsächlich der Fall ist, lässt sich anhand der Ausgaben im Direktfenster nachvollziehen.

10.3 Aufgaben und Übungen

1. Aus welchen Komponenten setzen sich Objekte zusammen? Beschreiben Sie kurz diese Komponenten.
2. Welche Funktion haben Objektvariablen?
3. Wie wird eine Objektvariable deklariert und initialisiert?
4. Was ist der Unterschied zwischen Objektvariablen des allgemeinen Objektdatentyps Object und Objektvariablen eines speziellen Objektdatentyps?
5. Schreiben Sie die Prozedur aus Listing 10.9 ohne With-Anweisung unter Verwendung der vollständigen Objekthierarchie neu.
6. Was sind Klassen?

7. Wie werden Objekte aus Klassen erzeugt?
8. Aus welchem Grund werden Variablen, die in Klassenmodulen die Werte von Eigenschaften speichern, mit dem Schlüsselwort `Private` deklariert?
9. Welche Typen von Eigenschaftsprozeduren kennen Sie? Erläutern Sie kurz deren Funktionsweise.
10. Erweitern Sie die Klasse `Fenster` um eine Eigenschaft, die anzeigt, ob das Fenster sauber oder schmutzig ist. Erstellen Sie des Weiteren eine Methode, die das Fenster reinigt, wenn es schmutzig ist. Erweitern Sie außerdem die Methode `Statusabfrage` so, dass angezeigt wird, ob das Fenster sauber oder schmutzig ist.

11 Ereignisprozeduren

Ereignisprozeduren sind für die Programmierung von Applikationen für die Microsoft Windows-Betriebssysteme derart wichtig, dass zur Beschreibung dieses Prozedurtyps ein eigenes Kapitel mehr als gerechtfertigt ist. In diesem Kapitel lernen Sie das Konzept der ereignisgesteuerten Programmierung kennen.

Wenn im Zusammenhang mit der Programmierung von Applikationen von Ereignissen gesprochen wird, dann sind damit Zustandsänderungen gemeint, die zumeist durch den Benutzer herbeigeführt werden. Solche Zustandsänderungen können das Anklicken von Steuerelementen, das Öffnen oder Schließen einer Arbeitsmappe oder das Aktivieren eines Tabellenblatts sein. Sobald ein Ereignis ausgelöst wird, wird eine mit dem Ereignis verbundene Ereignisprozedur ausgeführt. Es ist jedoch nicht notwendig, für jedes Ereignis eine Ereignisprozedur zu erstellen. Eine Ereignisprozedur muss nur dann geschrieben werden, wenn das Eintreten eines bestimmten Ereignisses Einfluss auf die weitere Programmausführung haben soll.

Wie bereits erwähnt, werden Ereignisprozeduren beim Eintreten eines bestimmten Ereignisses ausgeführt. Dies geschieht implizit, das heißt, dass es keinen Prozeduraufruf für Ereignisprozeduren aus anderen Prozeduren heraus gibt. Diese Einschränkung ist absolut notwendig, denn sonst könnte eine Ereignisprozedur auch dann ausgeführt werden, wenn kein entsprechendes Ereignis vorliegt. In diesem Falle wäre die ereignisgesteuerte Programmierung vollständig ausgehebelt worden.

Neben Steuerelementen, mit denen Windows-Applikationen bedient werden können, gibt es in Microsoft Office Excel 2003 verschiedene Objekte, die auf Ereignisse reagieren können. In diesem Kapitel wird hauptsächlich von diesen Objekten die Rede sein, auf die Ereignisprozeduren von Steuerelementen werde ich dagegen nur kurz eingehen. Steuerelemente und deren Ereignisprozeduren werden ausführlich in Kapitel 16, *UserForms*, behandelt.

11.1 Ereignisprozeduren bei Excel-Objekten

Die Objekte `Workbook`, `Worksheet`, `Chart`, `Application` und `QueryTable` können in Microsoft Office Excel 2003 auf Ereignisse reagieren. Die Art und Anzahl der Ereignisse ist jedoch bei allen Objekten größtenteils verschieden. Auch werden die Ereignisprozeduren für die verschiedenen Objekte auf völlig unterschiedliche Weise erstellt.

Beginnen werde ich nun mit der Beschreibung der Ereignisse des `Workbook`-Objekts. Ein `Workbook`-Objekt repräsentiert eine geöffnete Arbeitsmappe in Microsoft Office Excel 2003. Das Erstellen von Ereignisprozeduren für ein `Workbook`-Objekt ist relativ einfach. Im Projekt-Explorer des VBE führen Sie einen Doppelklick auf die Komponente *DieseArbeitsmappe* aus, um das dazugehörige Code-Fenster zu öffnen. In dem linken Listenfeld des Code-Fensters können Sie den Eintrag *Workbook* und damit das `Workbook`-Objekt auswählen. Im rechten Listenfeld werden nun alle Ereignisse angezeigt, die für das `Workbook`-Objekt zur Verfügung stehen.

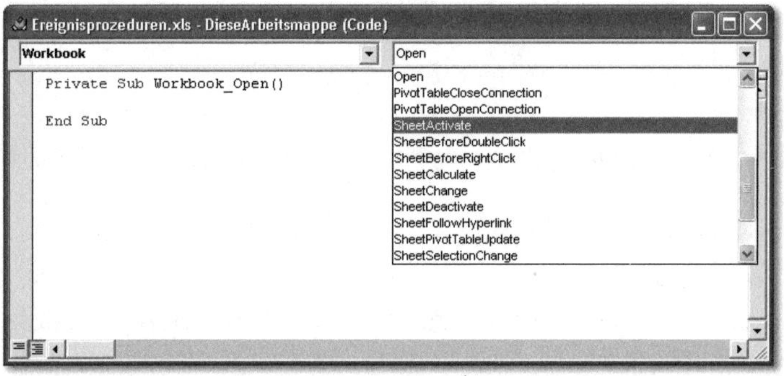

Abbildung 11.1 Auswahl der Ereignisse im Code-Fenster

Wählen Sie nun für das `Workbook`-Objekt das Ereignis *SheetActivate* aus dem rechten Listenfeld aus, so wie in Abbildung 11.1 angedeutet. Im Code-Fenster wird nun der Prozedurrumpf für die Ereignisprozedur `Workbook_SheetActivate()` eingefügt, so wie in Abbildung 11.2 zu sehen.

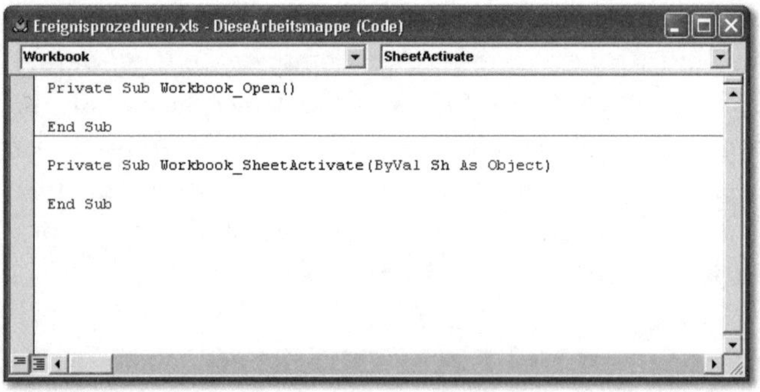

Abbildung 11.2 Prozedurrumpf für Workbook_SheetActivate()

Wahrscheinlich werden Sie bemerkt haben, dass das Code-Fenster neben dem Prozedurrumpf für die Ereignisprozedur `Workbook_SheetActivate()` auch noch den Prozedurrumpf für die Ereignisprozedur `Workbook_Open()` enthält.

Dieser Prozedurrumpf wurde einfügt, als Sie den Eintrag *Workbook* aus dem linken Listenfeld ausgewählt haben, obwohl Sie zu diesem Zeitpunkt noch kein Ereignis aus dem rechten Listenfeld ausgewählt haben. Das hat folgenden Grund: Da bei der Auswahl eines Eintrags im linken Listenfeld automatisch der Inhalt des rechten Listenfeldes aktualisiert wird, wird der Eintrag *Open* im rechten Listenfeld angezeigt. Da aber gleichzeitig bei Auswahl eines Ereignisses aus dem rechten Listenfeld ein Prozedurrumpf in das Code-Fenster eingefügt wird, wird nun der Prozedurrumpf für die Ereignisprozedur `Workbook_Open()` erstellt, auch wenn Sie gar nicht die Absicht haben, eine solche Ereignisprozedur zu verwenden. Vielleicht werden Sie sich jetzt fragen, warum ausgerechnet der Prozedurrumpf für das Ereignis *Open* erstellt wird und nicht der Prozedurrumpf für das erste Ereignis in der Liste. Nun, offensichtlich waren die Entwickler bei Microsoft der Ansicht, dass am häufigsten eine Ereignisprozedur für das Ereignis *Open* erstellt werden würde, und entschieden sich deshalb für dieses Ereignis. Wenn Sie jedoch den Prozedurrumpf nicht benötigen, dann können Sie die entsprechenden Programmzeilen aus dem Code-Fenster löschen.

Das Ereignis *SheetActivate* wird immer dann ausgelöst, wenn der Benutzer ein Tabellen- oder Diagrammblatt durch Anklicken des entsprechenden Registerfalzes oder durch irgendeine andere Art und Weise zum aktuellen Arbeitsblatt macht. Dabei erhält die Ereignisprozedur als Argument einen Verweis auf dasjenige Arbeitsblatt, welches das Ereignis ausgelöst hat. Der Verweis ist in der Argumentvariablen `Sh` gespeichert und kann so verwendet werden wie ein `Worksheet`- oder `Chart`-Objekt.

11

Ergänzen Sie nun die Ereignisprozedur `Workbook_SheetActivate()` wie in Listing 11.1 und klicken Sie anschließend in der geöffneten Arbeitsmappe auf den Registerfalz eines beliebigen Tabellenblatts, jedoch nicht auf das aktuelle Tabellenblatt im Vordergrund.

```
Private Sub Workbook_SheetActivate(ByVal Sh As Object)
   MsgBox "Workbook_SheetActivate: " & Sh.Name
End Sub
```

Listing 11.1 Ereignisprozedur für das Ereignis SheetActivate

Jedes Mal, wenn Sie ein anderes Tabellenblatt anklicken als das gerade aktuelle, wird das Ereignis *SheetActivate* ausgelöst und damit die Ereignisprozedur `Workbook_SheetActivate()` aufgerufen. Die Ereignisprozedur gibt ein Meldungsfenster aus, das nicht nur den Namen der Ereignisprozedur zeigt, sondern auch den Namen des Tabellenblatts, welches das Ereignis ausgelöst hat. Zur Ausgabe des Namens des Tabellenblatts wird die Eigenschaft `Name` verwendet, die mit einem Punkt an die Objektvariable `Sh` angehängt wird.

Sie haben nun eine Ereignisprozedur erstellt, die Anweisungen enthält und sich damit von dem leeren Prozedurrumpf der Ereignisprozedur `Workbook_Open()` unterscheidet. Damit Sie im Code-Fenster leichter herausfinden können, für welche Ereignisse bereits Ereignisprozeduren vorhanden sind, werden diese im rechten Listenfeld in Fettdruck dargestellt, so wie in Abbildung 11.3 zu sehen.

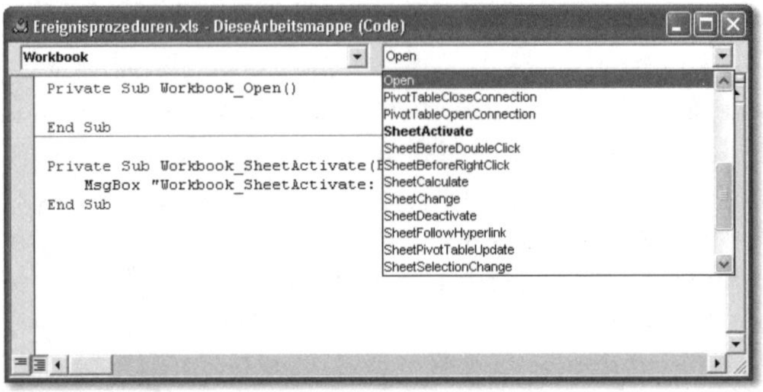

Abbildung 11.3 Verwendete Ereignisse werden hervorgehoben.

Wie Sie anhand des rechten Listenfeldes im Code-Fenster bereits erkennen können, gibt es für das `Workbook`-Objekt eine ganze Reihe von Ereignissen. Eine Liste aller Ereignisse sowie eine Beschreibung, wann diese Ereignisse eintreten, finden Sie in Tabelle 11.1.

Ereignisse	**Beschreibung**
`Activate`	Tritt ein, wenn die Arbeitsmappe aktiviert wird.
`AddinInstall`	Tritt ein, wenn die Arbeitsmappe als Add-In installiert wird.
`AddinUninstall`	Tritt ein, wenn die Arbeitsmappe als Add-In deinstalliert wird.
`BeforeClose`	Tritt ein, bevor die Arbeitsmappe geschlossen wird. Wurde die Arbeitsmappe geändert, tritt dieses Ereignis ein, bevor der Benutzer gefragt wird, ob die Änderungen gespeichert werden sollen.
`BeforePrint`	Tritt ein, bevor die Arbeitsmappe (oder darin enthaltene Teile) gedruckt wird.
`BeforeSave`	Tritt ein, bevor die Arbeitsmappe gespeichert wird.
`Deactivate`	Tritt ein, wenn die Arbeitsmappe deaktiviert wird.
`NewSheet`	Tritt ein, wenn in einer Arbeitsmappe ein neues Arbeitsblatt erstellt wird.

Tabelle 11.1 Ereignisse des Workbook-Objekts

Ereignisse	Beschreibung
`Open`	Tritt ein, wenn die Arbeitsmappe geöffnet wird.
`PivotTableCloseConnection`	Tritt ein, nachdem ein `PivotTable`-Bericht die Verbindung zur Datenquelle geschlossen hat.
`PivotTableOpenConnection`	Tritt ein, nachdem ein `PivotTable`-Bericht die Verbindung zur Datenquelle geöffnet hat.
`SheetActivate`	Tritt ein, wenn ein beliebiges Arbeitsblatt aktiviert wird.
`SheetBeforeDoubleClick`	Tritt ein, wenn vor Durchführung des Standard-Doppelklicks auf ein beliebiges Arbeitsblatt doppelgeklickt wird.
`SheetBeforeRightClick`	Tritt ein, wenn vor Durchführung des Standard-Rechtsklicks mit der rechten Maustaste auf ein beliebiges Arbeitsblatt geklickt wird.
`SheetCalculate`	Tritt nach Neuberechnungen jedes Arbeitsblattes ein oder wenn beliebige geänderte Daten in einem Diagrammblatt aufgezeichnet werden.
`SheetChange`	Tritt ein, wenn ein beliebiges Arbeitsblatt durch den Benutzer oder durch eine externe Verknüpfung geändert wird.
`SheetDeactivate`	Tritt ein, wenn ein beliebiges Arbeitsblatt deaktiviert wird.
`SheetFollowHyperlink`	Tritt ein, wenn Sie in einem Arbeitsblatt auf einen beliebigen Hyperlink klicken.
`SheetPivotTableUpdate`	Tritt ein, nachdem das Tabellenblatt des `PivotTable`-Berichts aktualisiert wurde.
`SheetSelectionChange`	Tritt ein, wenn sich die Markierung in einem Arbeitsblatt ändert (tritt nicht ein, falls sich die Markierung in einem Diagrammblatt befindet).
`WindowActivate`	Tritt ein, wenn ein Arbeitsmappenfenster aktiviert wird.
`WindowDeactivate`	Tritt ein, wenn ein Arbeitsmappenfenster deaktiviert wird.
`WindowResize`	Tritt ein, wenn die Größe eines Arbeitsmappenfensters angepasst wird.

Tabelle 11.1 Ereignisse des Workbook-Objekts (Forts.)

Die Bezeichnungen der Ereignisse sowie deren Beschreibungen sprechen für sich, Sie müssen lediglich überlegen, auf welches Ereignis Sie reagieren müssen, damit Ihr VBA-Programm genau in der vorgesehenen Weise arbeitet. Ich werde Ihnen an dieser Stelle keine weiteren Beispiele für Ereignisprozeduren des `Workbook`-Objekts vorstellen, sondern gleich zu den Ereignissen des `Worksheet`-Objekts übergehen.

Das `Worksheet`-Objekt kann auf Ereignisse reagieren, die von Aktionen an einem Arbeitsblatt der Arbeitsmappe ausgelöst werden. Das gilt jedoch nicht für Diagrammblätter. Diese werden durch ein `Chart`-Objekt repräsentiert und verfügen über eigene Ereignisse, wie Sie später in diesem Kapitel noch sehen werden. Die Ereignisse des `Worksheet`-Objekts finden Sie in Tabelle 11.2.

Bezeichnung der Ereignisse	Beschreibung
`Activate`	Tritt ein, wenn das Arbeitsblatt aktiviert wird.
`BeforeDoubleClick`	Tritt ein, wenn vor Durchführung des Standard-Doppelklicks auf ein beliebiges Arbeitsblatt doppelgeklickt wird.
`BeforeRightClick`	Tritt ein, wenn vor Durchführung des Standard-Rechtsklicks mit der rechten Maustaste auf ein beliebiges Arbeitsblatt geklickt wird.
`Calculate`	Tritt nach Neuberechnungen jedes Arbeitsblattes ein.
`Change`	Tritt ein, wenn Zellen des Arbeitsblattes durch den Benutzer oder durch eine externe Verknüpfung geändert werden.
`Deactivate`	Tritt ein, wenn ein beliebiges Arbeitsblatt deaktiviert wird.
`FollowHyperlink`	Tritt ein, wenn Sie in einem Arbeitsblatt auf einen beliebigen Hyperlink klicken.
`PivotTableUpdate`	Tritt ein, nachdem ein `PivotTable`-Bericht für ein Arbeitsblatt aktualisiert wurde.
`SelectionChange`	Tritt ein, wenn sich die Markierung in einem Arbeitsblatt ändert.

Tabelle 11.2 Ereignisse des Worksheet-Objekts

Um eine Ereignisprozedur für ein bestimmtes Tabellenblatt zu erstellen, gehen Sie so ähnlich vor wie beim Erstellen einer Ereignisprozedur für die Arbeitsmappe. Führen Sie einen Doppelklick auf das gewünschte Tabellenblatt im Projekt-Explorer aus, damit sich das entsprechende Code-Fenster öffnet. Aus dem linken Listenfeld wählen Sie den Eintrag *Worksheet* und aus dem rechten Listenfeld ein Ereignis aus. Als Beispiel werde ich Ihnen die Ereignisprozedur `Worksheet_Activate()` in Listing 11.2 vorstellen.

```
Private Sub Worksheet_Activate()
  MsgBox "Worksheet_Activate: " & ActiveSheet.Name
End Sub
```

Listing 11.2 Ereignisprozedur für das Ereignis »Activate«

Laut Definition des Ereignisses *Activate* wird die Ereignisprozedur `Worksheet_Activate()` immer dann aufgerufen, wenn ein bestimmtes Arbeitsblatt aktiviert wird, zum Beispiel das Tabellenblatt *Tabelle2*. Damit ist die Ereignisprozedur `Worksheet_Activate()` der Ereignisprozedur `Workbook_SheetActivate()`, die ich Ihnen in Listing 11.1 vorgestellt habe, funktional sehr ähnlich.

Ich werde daher auf die Unterschiede zwischen dem Ereignis *SheetActivate* des Workbook-Objekts und dem Ereignis *Activate* des Worksheet-Objekts ein wenig genauer eingehen. Eine Arbeitsmappe kann mehrere Arbeitsblätter, zum Beispiel Tabellenblätter, enthalten. Ein Ereignis *SheetActivate*, das auf der Ebene der Arbeitsmappe verankert ist, muss also alle Arbeitsblätter berücksichtigen. Zur Unterscheidung, welches der möglichen Arbeitsblätter nun das Ereignis ausgelöst hat, wurde der Ereignisprozedur Workbook_SheetActivate() der Verweis auf das entsprechende Arbeitsblatt als Argument übergeben. Ganz anders sieht es dagegen bei dem Ereignis *Activate* aus. Dieses Ereignis ist auf Ebene eines Arbeitsblattes verankert und kann damit nur ein bestimmtes Arbeitsblatt berücksichtigen. Entsprechend muss der Ereignisprozedur Worksheet_Activate() auch kein Argument übergeben werden, das einen Verweis auf das Ereignis auslösende Arbeitsblatt enthält. Mit dem Ereignis *SheetActivate* haben Sie also die Möglichkeit, alle Arbeitsblätter pauschal zu überwachen, während Sie mit dem Ereignis *Activate* ein bestimmtes Arbeitsblatt überwachen können.

Eine ganz interessante Frage in diesem Zusammenhang ist, wie es sich auf die Programmausführung auswirkt, wenn sowohl eine Ereignisprozedur Workbook_SheetActivate() als auch eine Ereignisprozedur Worksheet_Activate() implementiert ist. Aus Sicht der Programmiersprache VBA spricht absolut nichts gegen ein solches Vorgehen, allerdings muss berücksichtigt werden, was passiert, wenn das Arbeitsblatt, das die Ereignisprozedur Worksheet_Activate() enthält, aktiviert wird. Die simple Antwort darauf ist, dass beide Ereignisprozeduren ausgeführt werden, nacheinander, versteht sich. Entscheidend ist also die Frage nach der Reihenfolge der Ausführung. Da das Worksheet-Objekt in der Objekthierarchie dem Workbook-Objekts untergeordnet ist, wird zuerst die Ereignisprozedur Worksheet_Activate() ausgeführt, bevor die Ereignisprozedur Workbook_SheetActivate() dran kommt. Es wird also zunächst die speziellere Ereignisprozedur ausgeführt, bevor die allgemeinere Ereignisprozedur an der Reihe ist. Diese Tatsache sollten Sie in Ihren Ereignisprozeduren berücksichtigen, um ungewollte Nebeneffekte zu vermeiden.

Arbeitsmappen können nicht nur Arbeitsblätter, sondern auch Diagrammblätter enthalten. Diagrammblätter, aber auch eingebettete Diagramme werden durch Chart-Objekte repräsentiert. Obwohl die Ereignisse für das Chart-Objekt für beide Arten von Diagrammen dieselben sind, werden die Ereignisprozeduren auf zwei völlig verschiedene Arten erstellt. Bei Chart-Objekten, die ein Diagrammblatt repräsentieren, werden die Ereignisprozeduren genau so erstellt, wie zuvor bei den Objekten Workbook und Worksheet beschrieben. Sie führen also einen Doppelklick auf ein Diagrammblatt im Projekt-Explorer aus, wählen aus dem linken Listenfeld des entsprechenden Code-

Fensters den Eintrag *Chart* aus und aus dem rechten Listenfeld das gewünschte Ereignis. Die Ereignisse, die Ihnen dabei zur Verfügung stehen, sind in Tabelle 11.3 aufgeführt.

Bezeichnung der Ereignisse	Beschreibung
`Activate`	Tritt ein, wenn das Diagrammblatt aktiviert wird.
`BeforeDoubleClick`	Tritt ein, wenn vor Durchführung des Standard-Doppelklicks auf ein beliebiges Diagramm doppelgeklickt wird.
`BeforeRightClick`	Tritt ein, wenn vor Durchführung des Standard-Rechtsklicks mit der rechten Maustaste auf ein beliebiges Diagramm geklickt wird.
`Calculate`	Tritt nach Neuberechnungen jedes Arbeitsblattes ein.
`Deactivate`	Tritt ein, wenn ein beliebiges Diagramm deaktiviert wird.
`DragOver`	Tritt ein, wenn ein Zellbereich über ein Diagramm gezogen wird.
`DragPlot`	Tritt ein, wenn ein Zellbereich auf ein Diagramm gezogen und dort abgelegt wird.
`MouseDown`	Tritt ein, wenn eine Maustaste gedrückt wird, während sich der Zeiger über einem Diagramm befindet.
`MouseMove`	Tritt ein, wenn sich die Position des Mauszeigers über einem Diagramm ändert.
`MouseUp`	Tritt ein, wenn eine Maustaste losgelassen wird, während sich der Zeiger über einem Diagramm befindet.
`Resize`	Tritt ein, wenn die Größe eines Diagramms geändert wird.
`Select`	Tritt ein, wenn ein Diagramm ausgewählt wird.
`SeriesChange`	Tritt ein, wenn der Benutzer den Wert eines Diagrammdatenpunktes ändert.

Tabelle 11.3 Ereignisse des Chart-Objekts

Da die Erstellung einer Ereignisprozedur für ein `Chart`-Objekt, das ein Diagrammblatt repräsentiert, nichts Neues bringt, werde ich auf ein entsprechendes Beispiel verzichten und Ihnen gleich zeigen, wie Sie Ereignisprozeduren für ein `Chart`-Objekt erstellen, das ein eingebettetes Diagramm repräsentiert. Eingebettete Diagramme werden in ein Tabellenblatt eingefügt, damit ein direkter Bezug zwischen Datentabellen und Diagramm vorhanden ist. Ein Beispiel für ein eingebettetes Diagramm ist in Abbildung 11.4 zu sehen.

Damit so ein eingebettetes Diagramm beziehungsweise das korrespondierende `Chart`-Objekt auf Ereignisse reagieren kann, müssen die Ereignisse erst aktiviert werden. Dazu erstellen Sie als Erstes ein Klassenmodul in Ihrem VBA-Pro-

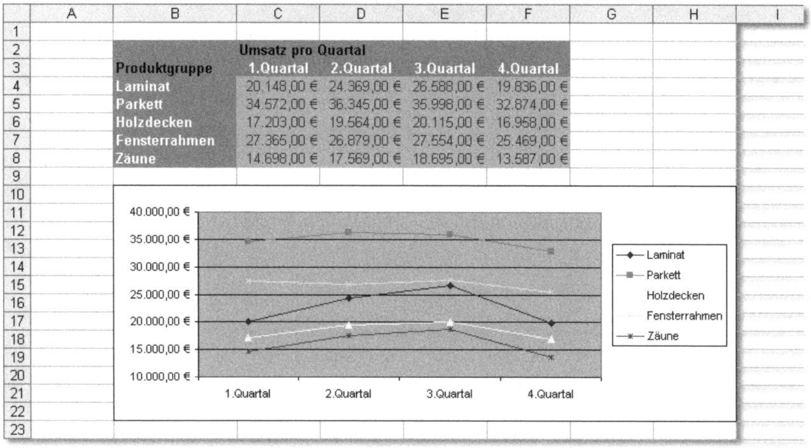

Abbildung 11.4 Chart-Objekt als eingebettetes Diagramm

jekt und nennen es *ChartEvents*. Der Name des Klassenmoduls kann natürlich beliebig gewählt werden, aber ein beschreibender Name ist für alle Bezeichner innerhalb einer Programmiersprache empfehlenswert. Als nächstes fügen Sie die Programmzeile aus Listing 11.3 in das Klassenmodul ein, und zwar auf Modulebene.


```
Public WithEvents chtEvents As Chart
```

Listing 11.3 Deklaration einer Variablen mit der WithEvents-Anweisung

Wahrscheinlich werden Sie die Programmzeile als Deklaration einer Objektvariablen `chtEvents` mit dem speziellen Objektdatentyp `Chart` erkennen. Allerdings erfolgt die Deklaration unter Verwendung der Anweisung `WithEvents`. Die Anweisung `WithEvents` kann nur in Klassenmodulen verwendet werden und gibt an, dass die deklarierte Objektvariable dazu verwendet wird, um auf Ereignisse zuzugreifen.

Direkt nach der Deklaration der Objektvariablen `chtEvents` können Sie damit beginnen, Ereignisprozeduren für eingebettete Diagramme zu schreiben. Die Ereignisprozeduren werden ebenfalls im Klassenmodul `ChartEvents` erstellt. Die Vorgehensweise dazu dürfte Ihnen mittlerweile gut bekannt sein. Abbildung 11.5 zeigt, wie Sie im Code-Fenster des Klassenmoduls die Objektvariable `chtEvents` auswählen können.

Mit Auswahl der Objektvariablen `chtEvents` im linken Listenfeld des Code-Fensters wird das rechte Listenfeld aktualisiert und zeigt jetzt die Ereignisse an, auf die ein `Chart`-Objekt reagieren kann. Diese Aussage wird durch Abbildung 11.6 illustriert.

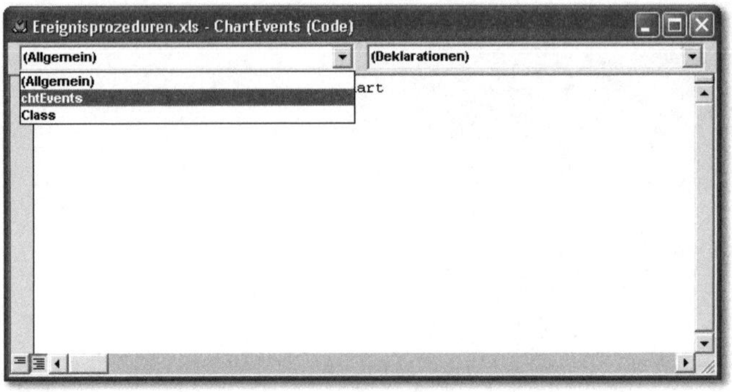

Abbildung 11.5 Auswählen der Objektvariablen chtEvents

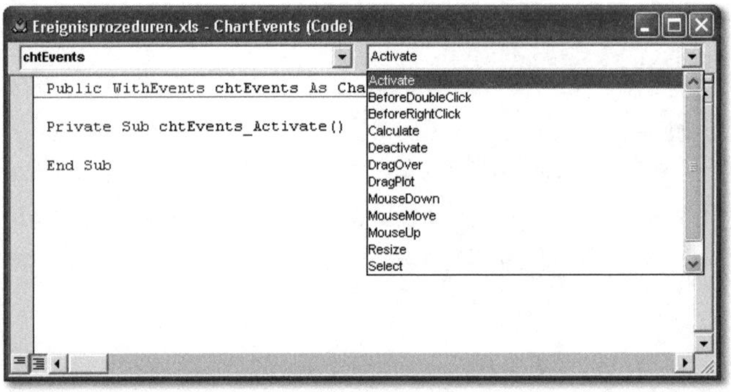

Abbildung 11.6 Ereignisse für die Objektvariable chtEvents

Wie bereits erwähnt, sind die Ereignisse für Diagrammblätter und eingebettete Diagramme gleich. Im Folgenden soll nun eine Ereignisprozedur für das Ereignis `Activate` erstellt werden. Die vollständige Ereignisprozedur ist in Listing 11.4 notiert.

```
Private Sub chtEvents_Activate()
  MsgBox "Das eingebettete Diagramm wurde aktiviert"
End Sub
```

Listing 11.4 Ereignisprozedur für das Ereignis »Activate«

Die Ereignisprozedur `chtEvents_Activate()` gibt eine Meldung aus, sobald das eingebettete Diagramm aktiviert wird. Die Ereignisprozedur ist nun zwar vorhanden, aber noch nicht aktiviert, das heißt, dass das Ereignis `Activate`, wie auch alle anderen Ereignisse der Objektvariablen `chtEvent`, noch nicht verarbeitet wird, obwohl die Ereignisprozedur bereits fertig gestellt ist. Der nächste Schritt besteht nun darin, die Ereignisprozedur zu aktivieren. Dazu fügen Sie den Programmtext aus Listing 11.5 in ein beliebiges Standardmodul ein.

```
'Deklaration auf Modulebene
Dim cheObject As New ChartEvents

Sub Initialisiere_chtEvents()
   Set cheObject.chtEvents = Worksheets(1).ChartObjects(1).Chart
End Sub
```

Listing 11.5 Initialisierung der Objektvariablen chtEvents

Zunächst einmal wird in der `Dim`-Anweisung ein neues Objekt `cheObject` aus der Klasse `ChartEvents` erzeugt. Damit wird die Objektvariable `chtEvents`, die im Klassenmodul `ChartEvents` deklariert wurde, zu einer Eigenschaft des `ChartEvents`-Objekts `cheObject`. In der Prozedur `Initialisiere_chtEvents()` wird nun dieser Eigenschaft ein entsprechendes Objekt zugewiesen. Bei dem zugewiesenen Objekt handelt es sich natürlich um ein eingebettetes Diagramm. Durch die Anweisung `Worksheets(1).ChartObjects(1).Chart` wird das erste eingebettete Diagramm aus der Auflistung `ChartObjects` ausgewählt, das sich auf dem ersten Tabellenblatt der Auflistung `Worksheets` befindet. Sobald nun die Prozedur `Initialisiere_chtEvents()` aufgerufen wurde, sind die Ereignisprozeduren für die Objektvariable `chtEvents` aktiviert. Sie können das sehr leicht nachprüfen: Sofern Sie noch nicht die Prozedur `Initialisiere_chtEvents()` aufgerufen haben, können Sie auf das eingebettete Diagramm aus Abbildung 11.4 klicken, ohne dass die Ereignisprozedur `chtEvents_Activate()` aufgerufen und das entsprechende Meldungsfenster angezeigt wird. Nun führen Sie die Prozedur `Initialisiere_chtEvents()` aus, indem Sie den Schreibcursor innerhalb der Prozedur platzieren und die Taste [F5] drücken. Wenn Sie nun wiederum auf das eingebettete Diagramm klicken, wird jetzt die Ereignisprozedur ausgeführt und das Meldungsfenster angezeigt.

Ereignisprozeduren für die Objekte `Application` und `QueryTable` werden analog zu den Ereignisprozeduren des `Chart`-Objekts für eingebettete Diagramme erstellt. Als Beispiel für eine Ereignisprozedur für das `Application`-Objekt wird das Ereignis `SheetActivate` verwendet. Das Ereignis `SheetActivate` haben Sie bereits im Zusammenhang mit dem Objekt `Workbook` kennen gelernt. Allerdings gibt es einen wesentlichen Unterschied. Während das Ereignis `SheetActivate` des `Workbook`-Objekts nur dann erkannt wird, wenn ein Arbeitsblatt der betreffenden Arbeitsmappe aktiviert wird, wird das Ereignis `SheetActivate` des `Application`-Objekts ausgelöst, wenn ein Arbeitsblatt einer beliebigen geöffneten Arbeitsmappe aktiviert wird. Damit stellt das Ereignis `SheetActivate` des `Application`-Objekts eine Verallgemeinerung des Ereignisses `SheetActivate` des `Workbook`-Objekts dar. Das ist auch verständlich, wenn man bedenkt, dass Workbook-Objekte dem Application-Objekt untergeordnet sind.

Zur Umsetzung der Ereignisprozedur SheetActivate des Application-Objekts legen Sie am besten ein neues Klassenmodul an und nennen es *ApplicationEvents*. Auf diese Weise werden die Ereignisprozeduren eines bestimmten Objekts in jeweils einer eigenen Klasse zusammengefasst. In das Klassenmodul werden die Programmzeilen aus Listing 11.6 eingefügt.

```
'Deklaration auf Modulebene
Public WithEvents appEvents As Application

Private Sub appEvents_SheetActivate(ByVal Sh As Object)
  MsgBox "appEvents_SheetActivate: " & Sh.Name
End Sub
```

Listing 11.6 Deklaration und Ereignisprozedur für das Klassenmodul

Auch die Ereignisprozedur appEvents_SheetActivate() muss erst aktiviert werden, bevor das Application-Objekt auf das Ereignis SheetActivate reagieren kann. Die Programmzeilen, die für die Initialisierung benötigt werden, finden Sie in Listing 11.7. Diese fügen Sie wiederum in ein beliebiges Standardmodul ein. Sie können dazu das Standardmodul verwenden, das Sie zuvor für die Aktivierung der Ereignisprozedur des Chart-Objekts benutzt haben.

```
'Deklaration auf Modulebene
Dim apeObject As New ApplicationEvents

Sub Initialisiere_appEvents()
  Set apeObject.appEvents = Application
End Sub
```

Listing 11.7 Initialisierung der Objektvariablen appEvents

Die Initialisierung der Objektvariablen appEvents fällt ein wenig einfacher aus als die entsprechende Initialisierung der Objektvariablen chtEvents. Das liegt daran, dass eine Arbeitsmappe beliebig viele eingebettete Diagramme enthalten kann, während es immer nur ein Application-Objekt gibt. Nach Aufruf der Prozedur Initialisiere_appEvents() sind auch die Ereignisprozeduren für das Application-Objekt aktiviert.

Sofern die Ereignisprozeduren Workbook_SheetActivate() und Worksheet_Activate für das Tabellenblatt *Tabelle2* noch aktiv sind, werden nach der Aktivierung der Ereignisprozedur `appEvents_SheetActivate()` nun drei Meldungsfenster nacheinander angezeigt, sobald das Tabellenblatt *Tabelle2* aktiviert wird. Dabei wird das Meldungsfenster der Ereignisprozedur `appEvents_SheetActivate()` als Letztes angezeigt, weil das `Application`-Objekt den Objekten `Worksheet` und `Workbook` übergeordnet ist und damit in der Objekthierarchie ein allgemeineres Objekt darstellt.

Weil das `Application`-Objekt in der Objekthierarchie so weit oben steht, kann es auch auf die meisten Ereignisse reagieren. Tabelle 11.4 zeigt alle Ereignisse des `Application`-Objekts.

Bezeichung der Ereignisse	**Beschreibung**
`NewWorkbook`	Tritt ein, wenn eine neue Arbeitsmappe erstellt wird.
`SheetActivate`	Tritt ein, wenn ein beliebiges Arbeitsblatt aktiviert wird.
`SheetBeforeDoubleClick`	Tritt ein, wenn vor Durchführung des Standard-Doppelklicks auf ein beliebiges Arbeitsblatt doppelgeklickt wird.
`SheetBeforeRightClick`	Tritt ein, wenn vor Durchführung des Standard-Rechtsklicks mit der rechten Maustaste auf ein beliebiges Arbeitsblatt geklickt wird.
`SheetCalculate`	Tritt nach Neuberechnung jedes Arbeitsblattes auf oder wenn beliebige geänderte Daten in einem Diagramm aufgezeichnet werden.
`SheetChange`	Tritt ein, wenn ein beliebiges Arbeitsblatt durch den Benutzer oder durch eine externe Verknüpfung geändert wird.
`SheetDeactivate`	Tritt ein, wenn ein beliebiges Arbeitsblatt deaktiviert wird.
`SheetFollowHyperlink`	Tritt ein, wenn Sie in Microsoft Office Excel 2003 auf einen beliebigen Hyperlink klicken.
`SheetSelectionChange`	Tritt ein, wenn sich die Markierung in einem Arbeitsblatt ändert (tritt nicht ein, falls sich die Markierung in einem Diagrammblatt befindet).
`SheetPivotTableUpdate`	Tritt ein, nachdem das Blatt des `PivotTable`-Berichts aktualisiert wurde.
`WindowActivate`	Tritt ein, wenn ein Arbeitsmappenfenster aktiviert wird.
`WindowDeactivate`	Tritt ein, wenn ein Arbeitsmappenfenster deaktiviert wird.

Tabelle 11.4 Ereignisse des Application-Objekts

Bezeichung der Ereignisse	Beschreibung
WindowResize	Tritt ein, wenn die Größe eines Arbeitsmappenfensters angepasst wird.
WorkbookActivate	Tritt ein, wenn eine Arbeitsmappe aktiviert wird.
WorkbookAddinInstall	Tritt ein, wenn eine Arbeitsmappe als Add-In installiert wird.
WorkbookAddinUninstall	Tritt ein, wenn eine Add-In-Arbeitsmappe deinstalliert wird.
WorkbookBeforeClose	Tritt direkt vor dem Schließen einer geöffneten Arbeitsmappe ein.
WorkbookBeforePrint	Tritt ein, bevor eine Arbeitsmappe gedruckt wird.
WorkbookBeforeSave	Tritt ein, bevor eine geöffnete Arbeitsmappe gespeichert wird.
WorkbookDeactivate	Tritt ein, wenn eine geöffnete Arbeitsmappe deaktiviert wird.
WorkbookNewSheet	Tritt ein, wenn in einer geöffneten Arbeitsmappe ein neues Arbeitsblatt erstellt wird.
WorkbookOpen	Tritt ein, wenn eine Arbeitsmappe geöffnet wird.
WorkbookPivotTableCloseConnection	Tritt ein, nachdem die Verbindung zu einem PivotTable-Bericht geschlossen wurde.
WorkbookPivotTableOpenConnection	Tritt ein, nachdem eine Verbindung zu einem PivotTable-Bericht geöffnet wurde.

Tabelle 11.4 Ereignisse des Application-Objekts (Forts.)

Eher bescheiden fallen dagegen die Ereignisse des QueryTable-Objekts aus, die in Tabelle 11.5 aufgelistet sind. Tatsächlich gibt es für dieses sehr spezielle Objekt nur zwei Ereignisse, nämlich AfterRefresh und BeforeRefresh.

Bezeichnung der Ereignisse	
AfterRefresh	Tritt ein, wenn eine Abfrage abgeschlossen oder abgebrochen wird.
BeforeRefresh	Tritt vor jeder Aktualisierung der Abfragetabelle ein. Dazu zählen auch Aktualisierungen, die durch Aufrufen der Refresh-Methode, durch Aktionen des Benutzers im Produkt oder durch Öffnen der Arbeitsmappe, die die Abfragetabelle enthält, ausgelöst werden.

Tabelle 11.5 Ereignisse des QueryTable-Objekts

QueryTable-Objekte repräsentieren unter anderem so genannte Webabfragen, also den Import von Tabellen einer beliebigen Website in Microsoft Office

Excel 2003. Damit ich Ihnen die Verwendung von Ereignisprozeduren für ein `QueryTable`-Objekt demonstrieren kann, muss zunächst eine Webabfrage erstellt werden. Dazu benennen Sie ein leeres Tabellenblatt, zum Beispiel *Tabelle5*, in einer beliebigen Arbeitsmappe mit dem Namen *QueryTable*. Nun führen Sie den Menübefehl **Daten · Externe Daten importieren · Neue Webabfrage...** aus, woraufhin sich das Dialogfenster **Neue Webabfrage** öffnet. In dem Dialogfenster wird die Website angezeigt, die Ihr Internet-Browser als Startseite verwendet. Für dieses Beispiel einer Webabfrage soll die Tabelle mit den aktuellen Microsoft Security Bulletins von meiner Website *www.workstream.de* importiert werden. Dazu geben Sie in das Kombinationsfeld *Adresse* die URL *http://www.workstream.de/* ein und klicken auf die Schaltfläche **Start**. Im Dialogfenster **Neue Webabfrage** wird nun die Website *www.workstream.de* angezeigt, so wie in Abbildung 11.7 zu sehen.

Abbildung 11.7 Das Dialogfenster »Neue Webabfrage«

Nun müssen Sie die Tabelle mit den Microsoft Security Bulletins auswählen. Dazu bewegen Sie den Bildausschnitt der Webseite mit der Bildlaufleiste nach unten, bis Sie die entsprechende Tabelle sehen. Anschließend klicken Sie auf das gelbe Kästchen mit dem schwarzen Pfeil, um die Tabelle auszuwählen. Um den Import der Tabellendaten zu starten, klicken Sie nun auf die Schaltfläche **Importieren**.

Nachdem Sie die Schaltfläche **Importieren** angeklickt haben, wird das Dialogfenster **Neue Webabfrage** geschlossen und das Dialogfenster **Daten importieren** angezeigt. Hier geben Sie an, ab welcher Zelle die importierten Daten eingefügt werden sollen. Klicken Sie in Ihrem Tabellenblatt *QueryTable* in die Zelle *B2* und anschließend auf die Schaltfläche **OK**. Nun werden die Daten in das

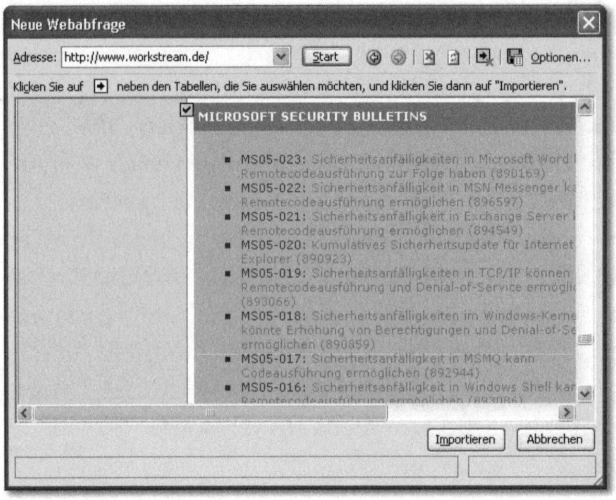

Abbildung 11.8 Ausgewählte Tabelle für die Webabfrage

Tabellenblatt eingefügt, wobei ein `QueryTable`-Objekt erzeugt wird, anhand dessen ich Ihnen das Erstellen einer Ereignisprozedur zeigen werde.

Legen Sie in Ihrem VBA-Projekt ein Klassenmodul an und benennen Sie es *QueryTableEvents*. Wie gehabt fügen Sie dort nun die Deklaration einer Objektvariablen und die Ereignisprozedur für das Ereignis *AfterRefresh* ein. Den Programmtext dazu finden Sie in Listing 11.8.

```
'Deklaration auf Modulebene
Public WithEvents qtEvents As QueryTable

Private Sub qtEvents_AfterRefresh(ByVal Success As Boolean)
   If Success = True Then
      MsgBox "Daten wurden aktualisiert."
   Else
      MsgBox "Daten konnten nicht aktualisiert werden."
   End If
End Sub
```

Listing 11.8 Deklaration und Ereignisprozedur im Modul QueryTableEvents

Das Ereignis *AfterRefresh* tritt ein, nachdem eine Webabfrage abgeschlossen oder abgebrochen wurde. Ob die Webabfrage erfolgreich war, wird durch die Argumentvariable `Success` der Ereignisprozedur `qtEvents_AfterRefresch()` angezeigt. Hat die Variable `Success` den Wert `True`, so war die Webabfrage erfolgreich, bei `False` konnte die Webabfrage nicht korrekt durchgeführt werden. Der Wert der Variablen `Success` wird in der `If ... Then`

... `Else`-Anweisung überprüft, und es wird eine entsprechende Meldung an den Benutzer ausgegeben. Wie schon beim `Application`-Objekt und beim `Chart`-Objekt, sofern es ein eingebettetes Diagramm darstellt, muss die Ereignisprozedur vor der Verwendung aktiviert werden. Dazu fügen Sie in ein Standardmodul den Programmtext aus Listing 11.9 ein.

```
'Deklaration auf Modulebene
Dim qteObject As New QueryTableEvents

Sub Initialisiere_qtEvents()
   Set qteObject.qtEvents = Worksheets(5).QueryTables(1)
End Sub
```

Listing 11.9 Initialisierung der Objektvariablen qtEvents

Zur Initialisierung der Objektvariablen `qtEvents` wird das erste `QueryTable`-Objekt aus der `QueryTables`-Auflistung ausgewählt, das durch die `QueryTables`-Eigenschaft zurückgeliefert wird. Die `QueryTables`-Eigeschaft ist eine Eigenschaft der `Sheets`-Auflistung, die durch die Eigenschaft `Worksheets` bestimmt wird. Aus der `Sheets`-Auflistung wird das fünfte Element ausgewählt, das heißt, dass das Tabellenblatt *QueryTable* das fünfte Arbeitsblatt in der Arbeitsmappe ist. Falls Sie ein anderes Tabellenblatt als das fünfte verwendet haben, müssen Sie natürlich den Index entsprechend anpassen.

11

Nach Ausführung der Prozedur `Initialisiere_qtEvents()` kann die Ereignisprozedur `qtEvents_AfterRefresh()` auf das Ereignis *AfterRefresh* reagieren. Um nun ein Ereignis *AfterRefresh* auszulösen, müssen Sie eine Zelle innerhalb der importierten Daten markieren und mit der rechten Maustaste das Kontextmenü aufrufen. Aus dem Kontextmenü wählen Sie den Menübefehl **Daten aktualisieren** aus. Eventuell erhalten Sie jetzt ein Meldungsfenster mit einer Sicherheitswarnung, das Sie getrost mit der Schaltfläche **OK** schließen können. Danach werden die Daten der Webabfrage automatisch aktualisiert, und nach Abschluss dieses Vorgangs wird das Meldungsfenster der Ereignisprozedur `qtEvents_AfterRefresh()` angezeigt.

11.2 Ereignisprozeduren bei Steuerelementen

Nicht nur die soeben beschriebenen Objekte von Microsoft Office Excel 2003 können auf Ereignisse reagieren, sondern auch ActiveX-Steuerelemente. Als Steuerelemente werden die Bedienelemente bezeichnet, die Sie in fast jeder Applikation für die Microsoft Windows-Betriebssysteme vorfinden, wie Befehlsschaltflächen, Kontrollkästchen, Listenfelder, Textfelder und so weiter. Jedes dieser Steuerelemente kann auf eine Vielzahl von Ereignissen reagieren.

Manche dieser Ereignisse finden Sie bei verschiedenen Steuerelementen, andere wiederum ergeben sich aus dem speziellen Verhalten eines Steuerelements. Alle Ereignisse für alle Steuerelemente zu beschreiben, würde zu weit führen, deshalb beschränke ich mich auf ein Beispiel, das die Verwendung von Ereignisprozeduren im Zusammenhang mit Steuerelementen verdeutlicht.

Steuerelemente können entweder in einem Arbeitsblatt oder in einer UserForm eingefügt werden. Eine UserForm ist ein benutzerdefiniertes Dialogfenster. Im Folgenden werde ich Ihnen beschreiben, wie Sie ein benutzerdefiniertes Dialogfenster anlegen und ein paar Steuerelemente einfügen. Anschließend werde ich Ihnen zeigen, wie für diese Steuerelemente Eigenschaftsprozeduren geschrieben werden.

Eine UserForm fügen Sie in Ihr VBA-Projekt ein, indem Sie im Projekt-Explorer die rechte Maustaste drücken und aus dem Kontextmenü den Menübefehl **Einfügen · UserForm** ausführen. Daraufhin werden ein leeres Dialogfenster und die Werkzeugsammlung angezeigt, so wie in Abbildung 11.9 zu sehen.

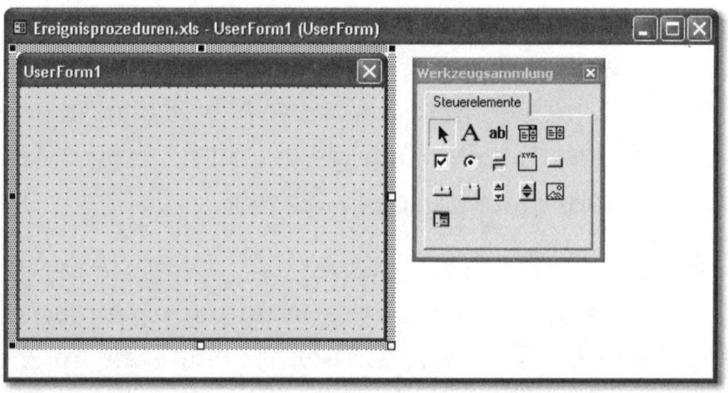

Abbildung 11.9 UserForm und Werkzeugsammlung

Aus der Werkzeugsammlung fügen Sie nun eine Befehlsschaltfläche und ein Textfeld ein. Das Textfeld ist die dritte Schaltfläche in der ersten Reihe der Werkzeugsammlung, und die Befehlsschaltfläche ist die letzte Schaltfläche in der zweiten Reihe. Wenn Sie den Mauszeiger über einer der Schaltflächen platzieren und für einen Moment die Maus nicht bewegen, dann wird Ihnen ein Tooltip mit dem Namen des Steuerelements angezeigt. Das Einfügen der Steuerelemente funktioniert folgendermaßen: Entweder ziehen Sie bei gedrückter linker Maustaste das Steuerelement aus der Werkzeugsammlung in die UserForm und lassen dann die linke Maustaste los (Drag and Drop), oder Sie klicken in der Werkzeugsammlung auf die jeweilige Schaltfläche und drücken dann in der UserForm auf die linke Maustaste. Halten Sie die linke Maustaste gedrückt und ziehen Sie ein Rechteck auf, das der gewünschten Größe des Steuerelements entspricht, und lassen Sie dann die linke Maustaste los. Die UserForm mit den beiden Steuerelementen sollte so aussehen wie in Abbildung 11.10. Auf die Formatierung der Steuerelemente oder die Veränderung von deren Eigenschaften möchte ich nicht eingehen, da dies keine Relevanz für dieses Kapitel hat. Außerdem wird die Erstellung von UserForms in Kapitel 16, *UserForms*, noch ausführlich besprochen werden.

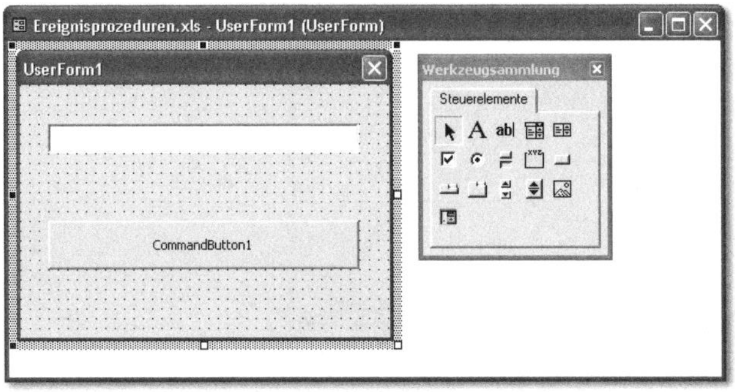

Abbildung 11.10 UserForm mit Steuerelementen

Nach dieser Vorbereitung kann bereits mit der Programmierung der Ereignisprozeduren begonnen werden. Dazu müssen Sie das Code-Fenster für die UserForm öffnen. Das geschieht am besten mit einem Doppelklick in die UserForm selbst. Sie können aber auch einen Doppelklick auf eines der Steuerelemente in der UserForm durchführen. Was jetzt kommt, wird Ihnen ziemlich bekannt vorkommen, denn im linken Listenfeld des Code-Fensters finden Sie die Bezeichner der Steuerelemente aufgelistet, siehe Abbildung 11.11.

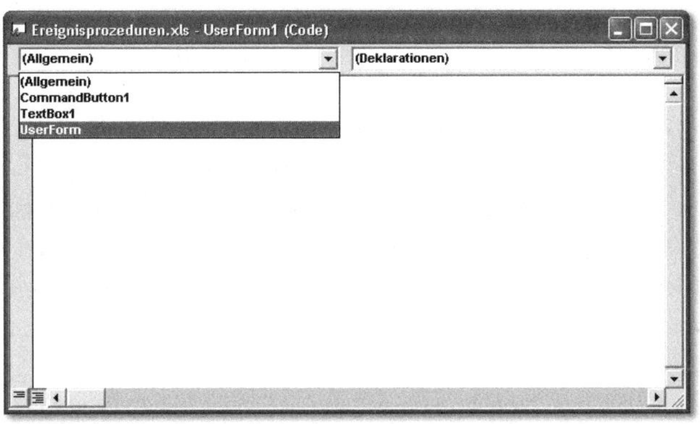

Abbildung 11.11 Steuerelemente und UserForm im linken Listenfeld

Das Besondere ist, dass nicht nur die Steuerelemente aufgeführt sind, sondern auch die UserForm selbst. Tatsächlich kann auch eine UserForm auf Ereignisse reagieren. Wählen Sie nun den Eintrag *UserForm* im linken Listenfeld aus.

Direkt nach der Auswahl werden im rechten Listenfeld die Ereignisse für die UserForm angezeigt. Hier wählen Sie den Eintrag *Initialize* aus.

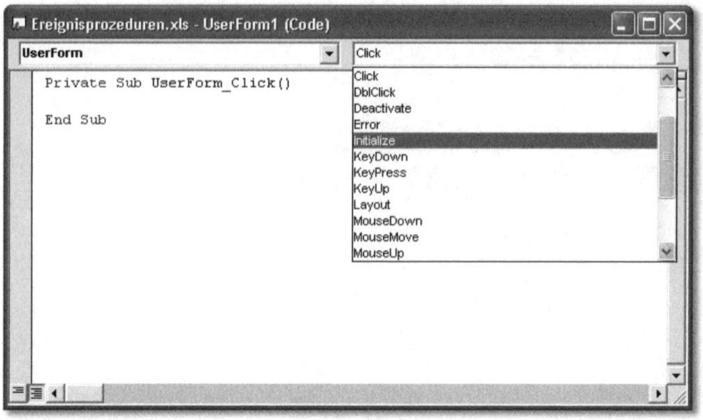

Abbildung 11.12 Auswahl des Ereignisses »Initialize«

Das Ereignis *Initialize* tritt ein, sobald eine UserForm geladen wird, und eignet sich besonders für Initialisierungen, ganz so, wie es der Name des Ereignisses impliziert. In diesem Fall soll die Beschriftung der Befehlsschaltfläche geändert und eventuell vorhandener Text im Textfeld gelöscht werden. Die fertige Ereignisprozedur `UserForm_Initialize()` finden Sie in Listing 11.10.

```
Private Sub UserForm_Initialize()
   CommandButton1.Caption = "Text einfügen"
   TextBox1.Text = ""
End Sub
```

Listing 11.10 Die Ereignisprozedur UserForm_Initialize()

Mit der Eigenschaft `Caption` wird die Beschriftung der Befehlsschaltfläche in *Text einfügen* geändert, und mit der Eigenschaft `Text` wird der im Textfeld angezeigte Text auf eine leere Zeichenfolge gesetzt. Natürlich hätten diese Eigenschaften auch schon im Eigenschaftenfenster zur Entwicklungszeit eingestellt werden können, aber bei Eigenschaften, die sich während der Laufzeit ändern, ist es ganz sinnvoll, in der Ereignisprozedur `UserForm_Initialize()` definierte Ausgangswerte festzulegen.

Als Nächstes wird eine Ereignisprozedur benötigt, die darauf reagiert, wenn der Benutzer auf die Befehlsschaltfläche klickt. Also wird im Code-Fenster nun der Eintrag *CommandButton1* aus dem linken Listenfeld und der Eintrag *Click* aus dem rechten Listenfeld ausgewählt. Dadurch wird ein Prozedurrumpf angelegt, den Sie wie in Listing 11.11 erweitern.

```
Private Sub CommandButton1_Click()
   If CommandButton1.Caption = "Text einfügen" Then
      TextBox1.Text = "Text in Textfeld eingefügt"
   Else
      Unload UserForm1
   End If
End Sub
```

Listing 11.11 Die Ereignisprozedur CommandButton1_Click()

In der `If ... Then ... Else`-Anweisung wird die Beschriftung der Befehlsschaltfläche *CommandButton1* überprüft. Solange die Beschriftung *Text einfügen* lautet, kann die Befehlsschaltfläche dazu benutzt werden, einen Standardtext in das Textfeld einzufügen. Die entsprechende Anweisung dazu befindet sich im `Then`-Zweig. Sofern die Befehlsschaltfläche eine andere Beschriftung als *Text einfügen* aufweist, wird mit der Anweisung `Unload` die UserForm geschlossen und das entsprechende Objekt dazu aus dem Arbeitsspeicher Ihres Computers entfernt.

Auch das Textfeld soll eine Ereignisprozedur erhalten, und zwar eine, mit der auf das Ereignis *Change* reagiert werden kann. Das Ereignis *Change* tritt ein, wenn der Text im Textfeld geändert wird. Listing 11.12 zeigt die entsprechende Ereignisprozedur.

```
Private Sub TextBox1_Change()
   CommandButton1.Caption = "UserForm schließen"
End Sub
```

Listing 11.12 Die Ereignisprozedur TextBox1_Change()

Sobald der Text in dem Textfeld *TextBox1* geändert wird, veranlasst die Ereignisprozedur `TextBox1_Change()`, dass die Beschriftung der Befehlsschaltfläche *CommandButton1* geändert wird.

Obwohl jede der drei vorgestellten Ereignisprozeduren ziemlich unspektakulär ist, lässt sich damit ein ausgefeilter Programmablauf realisieren. Am besten, Sie überzeugen sich selbst davon, indem Sie die UserForm nun ausführen. Bringen Sie das Entwurfsfenster mit der UserForm in den Vordergrund des VBE, zum Beispiel indem Sie im Projekt-Explorer auf die Komponente *UserForm1* einen Doppelklick ausführen, und drücken Sie dann die Taste [F5]. Die UserForm wird nun gestartet und wartet auf Ihre Eingaben. Sie können entweder einen Text in das Textfeld eingeben oder den Standardtext mit Hilfe der Befehlsschaltfläche in das Textfeld einfügen. In beiden Fällen wird das Ereignis *Change* des Textfelds ausgelöst. In der entsprechenden Ereignisprozedur wird nun die

Beschriftung der Befehlsschaltfläche von *Text einfügen* in *UserForm schließen* umgewandelt. Dadurch wird dem Benutzer angezeigt, dass die Befehlsschaltfläche jetzt eine andere Bedeutung hat. Mit dem Ändern der Beschriftung ist es jedoch nicht getan, sondern die Ereignisprozedur des Ereignisses *Click* muss auch entsprechend darauf reagieren, was natürlich auch der Fall ist. Ist die Beschriftung der Befehlsschaltfläche eine andere als *Text einfügen*, wird der `Else`-Zweig der `If ... Then ... Else`-Anweisung ausgeführt und die UserForm geschlossen. Nur mit Hilfe von Ereignisprozeduren wird erreicht, dass sich die Bedeutung der Befehlsschaltfläche in Abhängigkeit einer Eingabe in das Textfeld ändert.

11.3 Aufgaben und Übungen

1. Was sind Ereignisse?
2. Was sind Ereignisprozeduren?
3. Wie werden Ereignisprozeduren aufgerufen?
4. Beschreiben Sie kurz den Ablauf zum Erstellen einer Ereignisprozedur für das Objekt `Workbook`.
5. Welcher Aspekt muss bei der Erstellung von Ereignisprozeduren für das `Chart`-Objekt besonders berücksichtigt werden?
6. Erstellen Sie für ein bestimmtes Tabellenblatt eine Ereignisprozedur, die eine Meldung ausgibt, sobald Daten auf diesem Tabellenblatt geändert werden.
7. Wozu dient die Anweisung `WithEvents`? Wo kann diese Anweisung ausschließlich verwendet werden?
8. Beschreiben Sie kurz den Ablauf zum Erstellen einer Ereignisprozedur für das Objekt `Application`.
9. Erstellen Sie eine Ereignisprozedur für das `Application`-Objekt, die eine Meldung ausgibt, sobald eine neue Arbeitsmappe erstellt wird.
10. Welchem Ereignis des `Application`-Objekts entspricht das Ereignis *Change* des `Worksheet`-Objekts? Was sind die grundlegenden Unterschiede zwischen den beiden Ereignissen?

Teil V
Excel automatisieren mit VBA

12 Arbeitsmappen und Arbeitsblätter

Arbeitsmappen und Arbeitsblätter, vornehmlich Tabellenblätter, sind für die Arbeit mit Microsoft Office Excel 2003 unentbehrlich. Das gilt auch für die Erstellung von Applikationen mit Hilfe von VBA. Deshalb werden in diesem Kapitel die grundlegenden Operationen mit Arbeitsmappen und Arbeitsblättern vorgestellt.

Alles, was der Benutzer in Microsoft Office Excel 2003 tun kann, können Sie auch mit VBA programmieren. Dabei gehört der Umgang mit Arbeitsmappen und Arbeitsblättern zum kleinen Einmaleins. Sie werden lernen, wie Arbeitsmappen geöffnet, geschlossen und erstellt werden. In den Unterkapiteln über Arbeitsblätter werden ausschließlich Tabellenblätter betrachtet. Diagrammblätter werden noch gesondert in Kapitel 14, *Diagramme*, besprochen. Aber jetzt wollen Sie sicher gleich loslegen und endlich konkrete Lösungen in Microsoft Office Excel 2003 programmieren.

12.1 Arbeitsmappen erstellen

Die meisten Vorgänge in Microsoft Office Excel 2003 spielen sich in Arbeitsmappen ab. Deshalb liegt es nahe, zunächst einmal eine Arbeitsmappe zu erstellen. Da jedoch der gesamte Programmtext eines VBA-Projekts in Arbeitsmappen gespeichert wird, muss erst einmal eine Arbeitsmappe vorhanden sein, welche die Prozedur enthält, mit der eine Arbeitsmappe per VBA erzeugt werden kann. Sie merken schon, dieses Problem erinnert stark an die Frage, was zuerst da war, das Ei oder die Henne. Wie dem auch sei, Sie werden nicht vermeiden können, zunächst einmal eine Arbeitsmappe von Hand anzulegen, um darin die folgenden Prozeduren zu speichern.

Arbeitsmappen werden durch das `Workbook`-Objekt repräsentiert. Da es möglich ist, mehrere Arbeitsmappen gleichzeitig zu öffnen, können auch mehrere `Workbook`-Objekte zur selben Zeit existieren. `Workbook`-Objekte werden in der Auflistung `Workbooks` zusammengefasst. Die `Workbooks`-Auflistung erhalten Sie durch die Eigenschaft `Workbooks` des `Application`-Objekts. Damit kennen Sie bereits den kompletten Pfad in der Objekthierarchie vom `Application`-Objekt zu einem `Workbook`-Objekt.

Eine neue Arbeitsmappe zu öffnen, ist gleichbedeutend mit dem Hinzufügen eines neuen `Workbook`-Objekts in die `Workbooks`-Auflistung. Wie in der objektorientierten Programmierung üblich, gibt es für das Hinzufügen eines `Workbook`-Objekts eine Methode. Es handelt sich um die Methode `Add` der

`Workbooks`-Auflistung. Die Prozedur zum Erstellen einer neuen Arbeitsmappe ist in Listing 12.1 dargestellt.

```
Sub Arbeitsmappe_erstellen()
   Application.Workbooks.Add
End Sub
```

Listing 12.1 Erstellen einer neuen Arbeitsmappe

Wenn eine neue Arbeitsmappe erstellt wird, dann enthält diese immer eine bestimmte Anzahl an Tabellenblättern. Die Anzahl der Tabellenblätter kann zwischen eins und 255 variieren und wird durch eine globale Option in Microsoft Office Excel 2003 bestimmt. Diese Option können Sie im Dialogfenster **Optionen** einstellen. Dazu rufen Sie das Dialogfenster über den Menübefehl **Extras · Optionen...** auf und klicken auf die Registerkarte *Allgemein*. Mit dem Drehfeld der Option *Blätter in neuer Arbeitsmappe* können Sie die gewünschte Anzahl von Tabellenblättern festlegen, die in eine neu erstellte Arbeitsmappe eingefügt werden sollen.

Natürlich lässt sich diese Option auch per VBA verändern. So können Sie sicherstellen, dass die neu erstellte Arbeitsmappe eine bestimmte Anzahl an Tabellenblättern enthält. Die Eigenschaft, mit der die Anzahl der Tabellenblätter festgelegt wird, heißt `SheetsInNewWorkbook` und ist eine Eigenschaft des `Application`-Objekts. Dass die Eigenschaft `SheetsInNewWorkbook` eine Eigenschaft des `Application`-Objekts ist, liegt an der Tatsache, dass es sich um eine globale Option handelt, also um eine Option, die in der ganzen Applikation zur Verfügung steht. Um eine neue Arbeitsmappe mit drei Tabellenblättern zu erstellen, führen Sie die Prozedur aus Listing 12.2 aus.

```
Sub Arbeitsmappe_erstellen2()
   Application.SheetsInNewWorkbook = 3
   Application.Workbooks.Add
End Sub
```

Listing 12.2 Eine Arbeitsmappe mit drei Tabellenblättern wird erstellt.

Die Zuweisung des Wertes *3* an die Eigenschaft `SheetsInNewWorkbook` hat nicht nur Auswirkungen auf die neu erstellte Arbeitsmappe, sondern ändert die globale Option permanent. Sie können das leicht nachvollziehen, indem Sie die Werte für die Eigenschaft `SheetsInNewWorkbook` variieren und im Dialogfenster **Optionen** verfolgen, wie dort der Wert für diese Option ebenfalls geändert wird. Da der Benutzer nicht sonderlich erbaut darüber sein wird, dass Sie seine Einstellungen beliebig verändern, sollten Sie die Option nur temporär verändern.

```
Sub Arbeitsmappe_erstellen3()
    Dim intSheets As Integer
    intSheets = Application.SheetsInNewWorkbook
    Application.SheetsInNewWorkbook = 3
    Application.Workbooks.Add
    Application.SheetsInNewWorkbook = intSheets
End Sub
```

Listing 12.3 Temporäre Änderung der Eigenschaft SheetsInNewWorkbook

Die Prozedur `Arbeitsmappe_erstellen3()` in Listing 12.3 nutzt die Tatsache aus, dass die Eigenschaft `SheetsInNewWorkbook` nicht nur geschrieben, sondern auch ausgelesen werden kann. So wird der aktuelle Wert der Eigenschaft zunächst in der Variablen `intSheets` zwischengespeichert, bevor ein neuer Wert dieser Eigenschaft zugewiesen wird. In der letzten Zeile der Prozedur wird dann der Eigenschaft `SheetsInNewWorkbook` wieder der ursprüngliche Wert zugewiesen. Auf diese Weise können Sie eine Arbeitsmappe mit beliebig vielen Tabellenblättern erstellen, ohne die Einstellungen des Benutzers permanent zu verändern.

12.2 Arbeitsmappen öffnen

Noch häufiger als das Anlegen neuer Arbeitsmappen werden Sie wahrscheinlich das Öffnen von Arbeitsmappen programmieren müssen. Um eine Arbeitsmappe öffnen zu können, benötigen Sie den Dateinamen und den Pfad der Arbeitsmappe. Pfad und Dateiname können der Prozedur zum Öffnen einer Arbeitsmappe als Argument übergeben werden. Die einfachste Ausführung einer solchen Prozedur finden Sie in Listing 12.4.

```
Sub Arbeitsmappe_oeffnen(strFilename As String)
    On Error Resume Next
    Application.Workbooks.Open strFilename
End Sub
```

Listing 12.4 Öffnen einer Arbeitsmappe mit der Methode »Open«

Das Öffnen der Arbeitsmappe erfolgt mit der Methode `Open` der `Workbooks`-Auflisting. Das Argument `strFilename`, das an die Prozedur `Arbeitsmappe_oeffnen()` übergeben wird, wird direkt an die Methode `Open` weitergeleitet. Nun ist es jedoch möglich, dass die Angaben von Dateiname und Pfad der zu öffnenden Arbeitsmappe, die mit `strFilename` übergeben wurde, nicht korrekt sind. Vielleicht wurde der Dateiname geändert, oder die Arbeitsmappe wurde in einem anderen Verzeichnis gespeichert. In diesen Fällen würde der

Versuch, die Arbeitsmappe mit der Methode `Open` zu öffnen, einen Laufzeitfehler hervorrufen und die Programmausführung beenden. Um die Fehlermeldung zu unterdrücken und die Programmausführung fortzusetzen, wurde die Anweisung `On Error Resume Next` in die Prozedur eingefügt. Nach Auftreten eines Fehlers wird die Programmausführung mit der Programmzeile fortgesetzt, die auf die Fehler verursachende Programmzeile folgt.

Obwohl der Methode `Open` ein Argument genügt, nämlich die Angabe des Pfads und des Dateinamens der zu öffnenden Arbeitsmappe, gibt es noch viele weitere Argumente für die Methode `Open`. Dank der IntelliSense-Technologie müssen Sie sich nicht alle Argumente merken, sondern bei der Eingabe des Namens der Methode werden Ihnen die möglichen Argumente im Code-Fenster angezeigt. Für die `Open`-Methode sieht die Anzeige der Argumente so aus wie in Abbildung 12.1. Die Anzeige der Argumente wird als QuickInfo bezeichnet. Wenn Sie mehr über diese Eingabehilfe wissen möchten, dann lesen Sie noch einmal in Kapitel 3, *Visual Basic Editor,* nach.

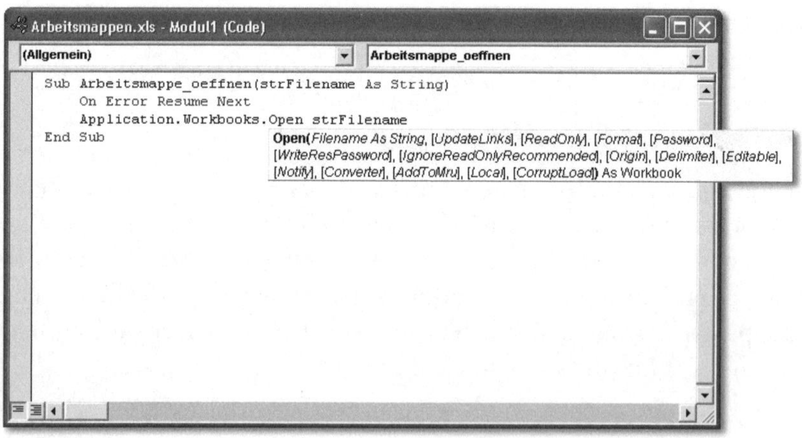

Abbildung 12.1 QuickInfo für die Open-Methode

Auf zwei der am meisten verwendeten Argumente der `Open`-Methode werde ich näher eingehen. Oft werden Arbeitsmappen geöffnet, um die darin enthaltenen Daten auszulesen, ohne diese jedoch zu verändern. Um außerdem ein unbeabsichtigtes Verändern der Daten zu vermeiden, sollte die Arbeitsmappe schreibgeschützt geöffnet werden. Die Prozedur in Listing 12.5 erfüllt diese Aufgabe.

```
Sub Arbeitsmappe_ReadOnly(strFilename As String, _
boolReadOnly As Boolean)
   On Error Resume Next
```

```
    Application.Workbooks.Open Filename:=strFilename, _
      ReadOnly:=boolReadOnly
End Sub
```

Listing 12.5 Arbeitsmappe schreibgeschützt öffnen

Ob die Arbeitsmappe schreibgeschützt geöffnet wird, wird durch einen booleschen Wert festgelegt, der für das Argument `ReadOnly` verwendet wird. Ist der Wert dieses Argumentes `True`, dann wird die Arbeitsmappe schreibgeschützt geöffnet, bei `False` sind Schreibzugriffe erlaubt. Die Argumente werden der `Open`-Methode in einer speziellen Art und Weise übergeben. Zunächst wird der Name des Arguments der `Open`-Methode angegeben, gefolgt von einem Doppelpunkt und einem Gleichheitszeichen. Rechts des Gleichheitszeichens wird dann der Wert für dieses Argument zugewiesen. Diese Methode der Argumentübergabe hat unter anderem den Vorteil, dass genau ersichtlich ist, welcher Wert an welches Argument übergeben wird.

Häufig kommt es auch vor, dass Arbeitsmappen gegen einen Lese- und Schreibzugriff mit einem Kennwort geschützt sind. Dieser Kennwortschutz wird beim Speichern einer Arbeitsmappe festgelegt, und zwar im Dialogfenster **Speichern unter**. Dort finden Sie das Menü **Extras**, aus dem Sie den Menübefehl **Allgemeine Optionen...** auswählen. Daraufhin öffnet sich das Dialogfenster **Speicheroptionen**, in dem Sie den Lese- und Schreibzugriff auf die zu speichernde Arbeitsmappe durch die Eingabe eines Kennworts beschränken können, wie in Abbildung 12.2 gezeigt.

Abbildung 12.2 Kennwortschutz für den Lese- und Schreibzugriff

Dieses Kennwort lässt sich als Argument in der `Open`-Methode angeben, so dass auch derart geschützte Arbeitsmappen geöffnet werden können. Die entsprechende Prozedur ist in Listing 12.6 aufgeführt.

```
Sub Arbeitsmappe_Password(strFilename As String, _
strPassword As String)
    On Error Resume Next
    Application.Workbooks.Open Filename:=strFilename, _
```

```
      Password:=strPassword
End Sub
```

Listing 12.6 Aufheben des Lese- und Schreibzugriffs für eine Arbeitsmappe

Das Kennwort für den Lese- und Schreibzugriff für die Arbeitsmappe wird an das Argument Password übergeben. In diesem Zusammenhang ist es wichtig zu erwähnen, dass mit dem Argument Password der Open-Methode nur der Lese- und Schreibzugriff gestattet wird. Andere Bereiche einer Arbeitsmappe, die eventuell mit einem Kennwort geschützt sind, wie der Schreibschutz, der Blattschutz oder der Schutz der Arbeitsmappe, bleiben selbstverständlich erhalten und müssen separat aufgehoben werden.

Ganz interessant aus programmiertechnischer Sicht ist auch die Frage, ob eine bestimmte Arbeitsmappe bereits geöffnet ist. Dabei gibt es zwei mögliche Varianten, wie eine Prozedur zur Beantwortung dieser Frage programmiert werden kann. Die erste Variante finden Sie in Listing 12.7.

```
Sub Arbeitsmappe_suchen(strName As String)
   Dim intWorkbooks As Integer
   Dim intCounter As Integer
   intWorkbooks = Application.Workbooks.Count
   For intCounter = 1 To intWorkbooks
      If Workbooks(intCounter).Name = strName Then
         MsgBox "Die Arbeitsmappe " & strName & " ist geöffnet!"
         Exit For
      End If
   Next intCounter
End Sub
```

Listing 12.7 Prüfen, ob eine Arbeitsmappe geöffnet ist (Variante I)

Der Variablen intWorkbooks wird die Anzahl der offenen Arbeitsmappen zugewiesen. Dazu wird die Eigenschaft Count der Workbooks-Auflistung verwendet. Anschließend wird die Variable intWorkbooks als Obergrenze für die For ... Next-Schleife verwendet. Dadurch wird die Anzahl der Schleifendurchläufe mit der Anzahl der geöffneten Arbeitsmappen gleichgesetzt. Die Zählvariable intCounter der For ... Next-Schleife wird dazu benutzt, um jeweils ein Workbook-Objekt aus der Workbooks-Auflistung auszuwählen. Innerhalb der Schleife wird nun für jede der geöffneten Arbeitsmappen getestet, ob deren Name mit dem Namen der Arbeitsmappe übereinstimmt, der in der Variablen strName übergeben wurde. Damit der Vergleich funktioniert, darf der Wert der Variablen strName weder Laufwerks- noch Pfadangaben enthalten, sondern nur den Dateinamen und die Dateierweiterung. Wird eine Übereinstimmung zwischen dem Wert der Eigenschaft `Name` und dem Wert der Variablen `strName` festgestellt, wird eine entsprechende Meldung ausgegeben und die Ausführung der Schleife mit `Exit For` unterbrochen.

Die Prozedur aus Listing 12.7 lässt sich wesentlich vereinfachen, wenn anstatt der `For ... Next`-Schleife eine `For Each ... Next`-Schleife verwendet wird. Die Verarbeitung einer Auflistung wie der `Workbooks`-Auflistung ist geradezu ein klassisches Anwendungsbeispiel für eine `For Each ... Next`-Schleife. Deshalb enthält Listing 12.8 eine entsprechend umgearbeitete Version der Prozedur `Arbeitsmappe_suchen()`.

```
Sub Arbeitsmappe_suchen2(strName As String)
   Dim wkbWorkbook As Workbook
   For Each wkbWorkbook In Application.Workbooks
      If wkbWorkbook.Name = strName Then
         MsgBox "Die Arbeitsmappe " & strName & " ist geöffnet!"
         Exit For
      End If
   Next wkbWorkbook
End Sub
```

Listing 12.8 Prüfen, ob eine Arbeitsmappe geöffnet ist (Variante II)

12

In Listing 12.8 wird als Erstes eine Objektvariable des speziellen Objektdatentyps `Workbook` deklariert. Dieser Objektvariablen werden nacheinander in der `For Each ... Next`-Schleife die `Workbook`-Objekte der `Workbooks`-Auflistung zugewiesen. Innerhalb der Schleife spielt sich genau das Gleiche ab wie zuvor bei der `For ... Next`-Schleife der Prozedur `Arbeitsmappe_suchen()`. Durch die Verwendung der `For Each ... Next`-Schleife wurde die Prozedur jedoch kompakter und besser nachvollziehbar.

12.3 Arbeitsmappen schließen

Wenn Arbeitsmappen per VBA geöffnet werden können, dann können diese Arbeitsmappen auch wieder mit VBA geschlossen werden. Das Schließen einer Arbeitsmappe ist ein relativ einfacher Vorgang, es muss jedoch berücksichtigt werden, ob eventuelle Änderungen an der Arbeitsmappe gespeichert werden sollen oder nicht.

Um eine bestimmte Arbeitsmappe zu schließen, verwenden Sie die Prozedur in Listing 12.9.

```
Sub Arbeitsmappe_schliessen(strName As String)
   On Error Resume Next
   Application.Workbooks(strName).Close
End Sub
```

Listing 12.9 Schließen einer bestimmten Arbeitsmappe

Zum Schließen der Arbeitsmappe wird die Methode `Close` verwendet. `Close` ist eine Methode des `Workbook`-Objekts, das durch den Namen der Arbeitsmappe, der in der Variablen `strName` übergeben wurde, aus der `Workbooks`-Auflistung ausgewählt wurde. Der Wert der Variablen `strName` darf wiederum nur den Dateinamen und die Dateierweiterung der Arbeitsmappe enthalten.

Sofern keine Änderungen an der Arbeitsmappe vorgenommen wurden, die mit der Prozedur aus Listing 12.9 geschlossen werden soll, funktioniert das Schließen vollständig automatisch. Sind jedoch Änderungen an der Arbeitsmappe vorgenommen worden, so wird ein Meldungsfenster eingeblendet, das den Benutzer fragt, ob die Änderungen gespeichert werden sollen. Die Programmausführung wird nun so lange angehalten, bis der Benutzer das Meldungsfenster schließt. So etwas ist jedoch im Sinne einer vollständigen Automatisierung unerwünscht. Deshalb kann der `Close`-Methode ein Parameter hinzugefügt werden, der darüber entscheidet, ob die Änderungen gespeichert oder verworfen werden.

```
Sub Arbeitsmappe_speichern_und_schliessen(strName As String)
   On Error Resume Next
   Application.Workbooks(strName).Close SaveChanges:=True
End Sub
```

Listing 12.10 Änderungen an der Arbeitsmappe werden gespeichert.

In Listing 12.10 wird der `Close`-Methode das Argument `SaveChanges` mit dem Wert `True` übergeben. Dadurch werden die Änderungen gespeichert. Falls Sie nicht wünschen, dass die Änderungen an der Arbeitsmappe gespeichert werden, verwenden Sie das Argument `SaveChanges` mit dem Wert `False`.

Eine weitere Möglichkeit, die Arbeitsmappe zu schließen, ohne dass eventuelle Änderungen gespeichert werden, ist, das Meldungsfenster an den Benutzer einfach zu unterdrücken. Diese Möglichkeit wird in der Prozedur in Listing 12.11 verwendet.

```
Sub Arbeitsmappe_ohne_speichern_schliessen(strName As String)
   On Error Resume Next
   Application.DisplayAlerts = False
```

```
    Application.Workbooks(strName).Close
    Application.DisplayAlerts = True
End Sub
```

Listing 12.11 Meldungsfenster unterdrücken mit DisplayAlerts

Das Meldungsfenster wird mit Eigenschaft `DisplayAlerts` des `Application`-Objekts unterdrückt, sofern der Wert dieser Eigenschaft `False` ist. Da `DisplayAlerts` eine Eigenschaft des `Application`-Objekts ist, handelt es sich um eine globale Eigenschaft, das heißt, es werden sämtliche Warnungen und Meldungen in Microsoft Office Excel 2003 unterdrückt, wenn die Eigenschaft den Wert `False` besitzt. Deshalb wird in Listing 12.11 nach dem Schließen der Arbeitsmappe der Wert von `DisplayAlerts` wieder auf `True` gesetzt, damit dem Benutzer weiterhin Warnungen und Meldungen angezeigt werden können. Die temporäre Deaktivierung hat jedoch dazu geführt, dass selbst eine geänderte Arbeitsmappe geschlossen werden kann, ohne dass ein Meldungsfenster vom Benutzer bestätigt werden muss.

Tipp: Vorsicht bei der Verwendung von DisplayAlerts

Kleine Ursache, große Wirkung! Obwohl das Ändern des Wertes der Eigenschaft `DisplayAlerts` eine unspektakuläre Sache ist, können die Folgen für den Benutzer verheerend sein, denn häufig werden Warnung in Microsoft Office Excel 2003 ausgegeben, wenn die Möglichkeit eines Datenverlustes besteht. Ohne diese Warnungen ist die Wahrscheinlichkeit sehr hoch, dass es tatsächlich zu einem Datenverlust kommt. Vergessen Sie daher nicht, die Eigenschaft `DisplayAlerts` wieder auf den Wert `True` zu setzen, wenn Sie die Unterdrückung von Warnungen und Meldungen nicht mehr benötigen.

Nicht nur das `Workbook`-Objekt besitzt die Methode `Close`, sondern auch die `Workbooks`-Auflistung. Das hat natürlich Konsequenzen für den Wirkungsbereich dieser Methode, denn die `Workbooks`-Auflistung kann mehrere `Workbook`-Objekte enthalten, von denen jedes eine Arbeitsmappe repräsentiert. Entsprechend wirkt sich die `Close`-Methode der `Workbooks`-Auflistung auf alle `Workbook`-Objekte und damit auf alle Arbeitsmappen aus. Mit der Prozedur in Listing 12.12 können Sie alle geöffneten Arbeitsmappen auf einmal schließen.

```
Sub Alle_Arbeitsmappen_schliessen()
    Application.DisplayAlerts = False
    Application.Workbooks.Close
```

```
    Application.DisplayAlerts = True
End Sub
```

Listing 12.12 Alle Arbeitsmappen werden geschlossen

Leider bietet die Close-Methode der Workbooks-Auflistung nicht den Komfort der entsprechenden Methode des Workbook-Objekts. So kann nicht der Parameter SaveChanges verwendet werden, um Änderungen an den Arbeitsmappen zu speichern. Wenn Sie also die Close-Methode der Workbooks-Auflistung verwenden, dann sollten Sie sich im Klaren darüber sein, dass Sie die Speicherung der Daten entweder durch den Benutzer bestätigen lassen oder so wie in Listing 12.12 die entsprechenden Meldungsfenster unterdrücken müssen.

12.4 Tabellenblätter einfügen

Beim Erstellen einer neuen Arbeitsmappe habe ich Ihnen gezeigt, dass eine neue Arbeitsmappe bereits eine bestimmte Anzahl von Tabellenblättern enthält. Die Anzahl der Tabellenblätter in einer neu erstellten Arbeitsmappe wird durch eine globale Option bestimmt und kann zwischen eins und 255 liegen. Sofern die Arbeitsmappe noch nicht 255 Tabellenblätter enthält, können weitere Tabellenblätter eingefügt werden.

```
Sub Tabellenblatt_einfuegen()
    If ActiveWorkbook.Worksheets.Count < 255 Then
        ActiveWorkbook.Worksheets.Add
    Else
        MsgBox "Maximale Anzahl an Tabellenblätter erreicht."
    End If
End Sub
```

Listing 12.13 Einfügen eines Tabellenblatts

Die Prozedur in Listing 12.13 fügt ein Tabellenblatt in die aktuelle Arbeitsmappe ein, sofern noch nicht 255 Tabellenblätter vorhanden sind. Ob das der Fall ist, wird in der If-Anweisung überprüft. Dazu wird die Count-Eigenschaft der Worksheets-Auflistung verwendet, die durch die Worksheets-Eigenschaft des Workbook-Objekts zurückgegeben wird. Das Workbook-Objekt wird durch die Eigenschaft ActiveWorkbook des Application-Objekts ermittelt, welche die Arbeitsmappe im aktuellen Fenster repräsentiert. Die Angabe des Application-Objekts ist nicht nötig, da aus dem Kontext eindeutig hervorgeht, welche Objekte involviert sind. Ist die Bedingung der If-Anweisung erfüllt, dann wird ein neues Tabellenblatt der Worksheets-Auflistung hinzugefügt, und zwar mit dessen Methode Add.

Typischerweise werden Sie Tabellenblätter immer einzeln einfügen, es kann jedoch vorkommen, dass Sie der Arbeitsmappe mehrere Tabellenblätter hinzufügen wollen. Durch das Argument Count können Sie der Add-Methode mitteilen, wie viele Tabellenblätter Sie einfügen möchten. Natürlich müssen Sie auch hierbei darauf achten, dass die maximale Anzahl von 255 Tabellenblättern pro Arbeitsmappe nicht überschritten wird.

```
Sub Mehrere_Tabellenblaetter_einfuegen(bytSheets As Byte)
   If (ActiveWorkbook.Worksheets.Count + bytSheets) <= 255 Then
      ActiveWorkbook.Worksheets.Add Count:=bytSheets
   Else
      MsgBox "Tabellenblätter können nicht eingefügt werden."
   End If
End Sub
```

Listing 12.14 Mehrere Tabellenblätter einfügen

In der Prozedur in Listing 12.14 wird als Erstes festgestellt, ob die Summe aus vorhandenen Tabellenblättern und einzufügenden Tabellenblättern die maximale Anzahl von 255 Tabellenblättern übersteigt. Ist das nicht der Fall, dann werden mit der Add-Methode die Tabellenblätter eingefügt. Wie viele Tabellenblätter eingefügt werden, wird durch das Argument Count bestimmt. Count wird der Wert der Argumentvariablen bytSheets zugewiesen.

12

Die neuen Tabellenblätter werden vor dem aktiven Tabellenblatt einer Arbeitsmappe eingefügt. Das ist jedoch nicht immer erwünscht. Deshalb hat die Add-Methode zwei weitere Argumente, nämlich Before und After, mit denen das einzufügende Tabellenblatt vor oder hinter einem bereits vorhandenen Tabellenblatt eingefügt werden kann. In Listing 12.15 finden Sie eine Prozedur, die ein Tabellenblatt hinter den bereits vorhandenen Tabellenblättern der Arbeitsmappe einfügt.

```
Sub Tabellenblatt_am_Ende_einfuegen()
   If ActiveWorkbook.Worksheets.Count < 255 Then
      ActiveWorkbook.Worksheets.Add _
         After:=Worksheets(Worksheets.Count)
   Else
      MsgBox "Maximale Anzahl an Tabellenblättern erreicht."
   End If
End Sub
```

Listing 12.15 Tabellenblatt am Ende einfügen

Neben dem obligatorischen Test, ob bereits die maximale Anzahl an Tabellenblättern in der Arbeitsmappe vorhanden ist, verdient diesmal das Argument `After` besondere Aufmerksamkeit. Diesem Argument muss das Objekt eines Tabellenblatts übergeben werden, hinter dem das neue Tabellenblatt eingefügt werden soll. Das entsprechende `Worksheet`-Objekt wird aus der `Worksheets`-Auflistung durch einen Index ausgewählt, dessen numerischer Wert durch die Eigenschaft `Count` der `Worksheets`-Auflistung bestimmt wird. Dabei wird der Umstand ausgenutzt, dass die Anzahl der `Worksheet`-Objekte in der Auflistung dem Index des letzten `Worksheet`-Objekts in der Auflistung entspricht. Wenn Sie die Prozedur aus Listing 12.15 so abwandeln, dass das Argument `Before` der `Add`-Methode verwendet wird, dann wird das neue Tabellenblatt an vorletzter Stelle eingefügt. Den Beweis dafür liefert die Prozedur in Listing 12.16.

```
Sub Tabellenblatt_an_vorletzter_Stelle_einfuegen()
  If ActiveWorkbook.Worksheets.Count < 255 Then
    ActiveWorkbook.Worksheets.Add _
      Before:=Worksheets(Worksheets.Count)
  Else
    MsgBox "Maximale Anzahl an Tabellenblätter erreicht."
  End If
End Sub
```

Listing 12.16 Tabellenblatt an vorletzter Stelle einfügen

Die `Add`-Methode der `Worksheets`-Auflistung ist nicht die einzige Methode einer Auflistung, mit der neue Tabellenblätter in einer Arbeitsmappe erzeugt werden können. Das funktioniert ebenfalls mit der `Sheets`-Auflistung. Wie Sie vielleicht wissen, kann eine Arbeitsmappe verschiedene Arten von Arbeitsblättern enthalten, als da sind Tabellenblätter, Diagrammblätter und Makroarbeitsblätter. Die verschiedenen Arten der Arbeitsblätter werden auch durch unterschiedliche Objekte repräsentiert, nämlich durch `Worksheet`-Objekte, durch `Chart`-Objekte und durch `Excel4MacroSheet`-Objekte. In der `Sheets`-Auflistung finden sich nun alle diese Objekte wieder, während in der `Worksheets`-Auflistung nur `Worksheet`-Objekte vorhanden sind. Die Prozedur in Listing 12.17 zeigt, wie der `Sheets`-Auflistung ein neues `Worksheet`-Objekt hinzugefügt wird.

```
Sub Tabellenblatt_einfuegen2()
  If ActiveWorkbook.Worksheets.Count < 255 Then
    ActiveWorkbook.Sheets.Add
  Else
    MsgBox "Maximale Anzahl an Tabellenblätter erreicht."
```

```
    End If
End Sub
```

Listing 12.17 Verwendung der Add-Methode der Sheets-Auflistung

Möglicherweise stellen Sie sich jetzt folgende Frage: Wenn die `Sheets`-Auflistung verschiedene Arten von Objekten enthalten kann, woher weiß die `Add`-Methode in der Prozedur in Listing 12.17, dass ein Tabellenblatt und nicht etwa ein Diagrammblatt eingefügt werden soll? Die Antwort: Das liegt an dem Argument `Type` der `Add`-Methode, mit dem festgelegt werden kann, was für eine Art von Arbeitsblatt der Arbeitsmappe hinzugefügt werden soll. Das Argument `Type` ist zwar in der Prozedur `Tabellenblatt_einfuegen2()` nicht verwendet worden, aber in dem Fall wird der Standardwert dieses Arguments genommen, und der erzeugt nun einmal ein Tabellenblatt.

Tipp: Worksheets- und Sheets-Auflistung richtig verwenden

Prinzipiell können Sie mit beiden Auflistungen arbeiten, solange es um Tabellenblätter geht. Allerdings wird durch die Verwendung der `Worksheets`-Auflistung deutlicher, dass nur Tabellenblätter verarbeitet werden. Dadurch wird die Semantik Ihrer Prozeduren klarer. Die `Sheets`-Auflistung sollten Sie nur dann verwenden, wenn der Typ der Arbeitsblätter, die Sie verarbeiten wollen, keine Rolle spielt, sondern nur die Gesamtheit der Arbeitsblätter an sich.

12

12.5 Tabellenblätter löschen

Das Löschen von Tabellenblättern stellt programmiertechnisch keine große Herausforderung dar, aber wie so oft kommt es auf die Details an. So muss berücksichtigt werden, dass eine Arbeitsmappe immer mindestens ein Tabellenblatt enthalten muss. Das letzte Tabellenblatt einer Arbeitsmappe kann also nicht gelöscht werden. Des Weiteren muss beachtet werden, dass beim Löschen eines Tabellenblatts eine Warnung an den Benutzer ausgegeben wird. Damit die Programmausführung nicht durch die Warnung unterbrochen wird, muss die entsprechende Meldung unterdrückt werden. All diese Gesichtspunkte sind in der Prozedur in Listing 12.18 bereits berücksichtigt.

```
Sub Tabellenblatt_loeschen(intIndex As Integer)
    On Error Resume Next
    If ActiveWorkbook.Worksheets.Count > 1 Then
        Application.DisplayAlerts = False
        ActiveWorkbook.Worksheets(intIndex).Delete
```

```
        Application.DisplayAlerts = True
    Else
        MsgBox "Tabellenblatt kann nicht gelöscht werden."
    End If
End Sub
```

Listing 12.18 Löschen eines beliebigen Tabellenblatts

In der If-Anweisung wird als Erstes geprüft, ob noch mehr als ein Tabellenblatt in der aktiven Arbeitsmappe vorhanden ist. Ist das der Fall, dann kann der Löschvorgang eingeleitet werden. Zuerst wird die Eigenschaft DisplayAlerts auf den Wert False gesetzt, damit keine Meldung während des Löschens eingeblendet wird. Das eigentliche Löschen erfolgt mit der Methode Delete des Worksheet-Objekts. Das Worksheet-Objekt, das gelöscht werden soll, wird aus der Worksheets-Auflistung über einen Indexwert ausgewählt, welcher der Prozedur als Argument übergeben wird. Da jedoch keine Garantie besteht, dass der übergebene Indexwert auch tatsächlich den Index eines Worksheet-Objekts angibt, wurde vorsorglich die Anweisung On Error Resume Next in die Prozedur eingefügt, um eventuell auftretende Laufzeitfehler zu unterdrücken. Sofern jedoch ein entsprechendes Worksheet-Objekt in der Worksheets-Auflistung gefunden wird, wird dieses gelöscht. Danach wird der Wert der Eigenschaft DisplayAlerts wieder auf True gesetzt.

12.6 Tabellenblätter benennen

Der Name eines Tabellenblatts ist das Hauptidentifizierungsmerkmal, sowohl für den Benutzer als auch für Sie als Programmierer. Der Benutzer sieht den Namen der Tabelle im Registerfalz und kann dort diesen Namen auch ändern. Um den Namen eines Tabellenblatts zu ändern, benötigen Sie die Eigenschaft Name.

```
Sub Aktuelles_Tabellenblatt_benennen(strName As String)
    ActiveSheet.Name = strName
End Sub
```

Listing 12.19 Das aktuelle Tabellenblatt wird umbenannt.

Der Prozedur in Listing 12.19 wird als Argument der neue Name für das Tabellenblatt übergeben. Der Wert der Variablen strName wird dann der Eigenschaft Name zugewiesen. Mit der Eigenschaft ActiveSheet wird ein Objekt zurückgegeben, welches das aktive Arbeitsblatt in der Arbeitsmappe repräsentiert. Ich sage bewusst »Arbeitsblatt«, denn die Eigenschaft gibt nicht nur Worksheet-Objekte, sondern auch Chart- und Excel4MacroSheet-Objekte zurück. Damit ist es möglich, mit dieser Prozedur auch Diagrammblätter und Makroarbeitsblätter zu benennen.

Wenn Sie jedoch sicher gehen möchten, dass nur Tabellenblätter und keine anderen Arbeitsblätter benannt werden, dann muss die Auswahl des zu benennenden Tabellenblatts über die `Worksheets`-Auflistung erfolgen, so wie in Listing 12.20 gezeigt.

```
Sub Tabellenblatt_benennen(intIndex As Integer, _
strName As String)
   On Error Resume Next
   ActiveWorkbook.Worksheets(intIndex).Name = strName
End Sub
```

Listing 12.20 Benennen eines beliebigen Tabellenblatts

Zur Auswahl eines Tabellenblatts aus der `Worksheets`-Auflistung benötigen Sie entweder den Index oder den aktuellen Namen des Tabellenblatts. Da der Name des Tabellenblatts geändert werden soll, ist an dieser Stelle die Verwendung des Index sicherer. So müssen also der Prozedur `Tabellenblatt_benennen()` zwei Argumente übergeben werden, nämlich der Index des Tabellenblatts und der neue Name. Der Wert der Variablen `strName` wird wiederum der Eigenschaft `Name` zugewiesen. In diesem Fall steht fest, dass es sich dabei um eine Eigenschaft des `Worksheet`-Objekts handelt.

12

In Arbeitsmappen werden Tabellenblätter häufig nach einem bestimmten Schema benannt. Sie können alle Tabellenblätter nach so einem Schema benennen, wenn Sie nacheinander die Elemente der `Worksheets`-Auflistung abarbeiten. In Listing 12.21 zeige ich Ihnen eine Prozedur, die die Tabellenblätter einer Arbeitsmappe nach dem Schema *1.Tabellenblatt*, *2.Tabellenblatt* und so weiter benennt.

```
Sub Alle_Tabellenblaetter_benennen()
   Dim intCounter As Integer
   For intCounter = 1 To Worksheets.Count
      Worksheets(intCounter).Name = intCounter &
      ".Tabellenblatt"
   Next intCounter
End Sub
```

Listing 12.21 Alle Tabellenblätter werden nach einem Schema benannt.

Die `For ... Next`-Schleife stellt in der Zählvariablen `intCounter` die Indizes für die `Worksheet`-Objekte der `Worksheets`-Auflistung zur Verfügung. Die

Obergrenze für `intCounter` wird durch die Eigenschaft `Count` der `Worksheets`-Auflistung festgelegt. Vielleicht fragen Sie sich, warum an dieser Stelle nicht die `For Each ... Next`-Schleife zum Einsatz kommt, mit der ja auch alle Elemente einer Auflistung sequentiell abgearbeitet werden können. Die Antwort darauf finden Sie im Inneren der Schleife, denn die Zählvariable `intCounter` wird nicht nur zur Indizierung verwendet, sondern auch zur Nummerierung der Tabellenblätter. Bei einer `For Each ... Next`-Schleife hätte dafür eine zusätzliche Variable deklariert und initialisiert werden müssen, außerdem noch eine Anweisung, welche die Variable nach jedem Schleifendurchlauf erhöht. Die Verwendung der `For ... Next`-Schleife ist also in diesem Fall die effizientere Lösung.

Während der Benutzer ein Tabellenblatt lediglich über den Namen im Registerfalz identifizieren kann, stehen Ihnen als Programmier jeweils zwei Namen für ein Tabellenblatt zur Verfügung. Wenn Sie mit dem VBE arbeiten, dann haben Sie diese beiden Namen sicher schon im Projekt-Explorer gesehen, ohne sich jedoch über deren Bedeutung im Klaren gewesen zu sein.

Abbildung 12.3 Jedes Tabellenblatt hat zwei Namen.

Abbildung 12.3 zeigt die beiden Namen eines Tabellenblatts im Projekt-Explorer. Der Name, der in runden Klammern steht, ist der Name, der auch im Registerfalz des Tabellenblatts angezeigt und in VBA durch die Eigenschaft `Name` des `Worksheet`-Objekts repräsentiert wird. Bei dem anderen Namen handelt es sich um den so genannten Codenamen. Der Codename ist für den Benutzer gänzlich unsichtbar und kann nur von Ihnen als Programmierer verändert werden. Da der Benutzer den Codenamen nicht sieht, kann er diesen auch nicht verändern, und das wiederum bringt Vorteile für die Programmierung. Wenn Sie zum Beispiel in einer Prozedur den Namen des Tabellenblatts dazu benutzen, um das entsprechende `Worksheet`-Objekt aus der `Worksheets`-Auflistung auszuwählen (`Worksheets("Tabelle3")`), dann funktioniert die Prozedur nur so lange, bis der Benutzer das Tabellenblatt umbenennt. Ganz anders dagegen beim Codenamen. Dieser kann durch den Benutzer nicht geändert werden, sondern nur durch Sie als Programmierer. Prozeduren, die den Codenamen eines `Worksheet`-Objekts verwenden, erweisen sich also als robuster.

Sowohl der Name eines Tabellenblatts als auch der Codename können im Eigenschaftenfenster verändert werden. Dazu wählen Sie ein Tabellenblatt im Projekt-Explorer aus und rufen das Eigenschaftenfenster mit der Taste [F4] auf, sofern es nicht bereits geöffnet ist.

Abbildung 12.4 Codename und Name eines Tabellenblatts

Abbildung 12.4 zeigt das Eigenschaftenfenster für ein Tabellenblatt. Wenn Sie einmal die linke Spalte genauer ansehen, dann erkennen Sie zwei Eigenschaften `(Name)` und `Name`. Die Eigenschaft `(Name)` entspricht dem Codenamen des Tabellenblatts, während `Name` die bekannte Eigenschaft des `Worksheet`-Objekts darstellt. Um jedoch in einer Prozedur auf den Codenamen zuzugreifen, können Sie nicht einfach `(Name)` als Eigenschaft angeben, da die runden Klammern einen syntaktischen Fehler erzeugen würden. Vielmehr benötigen Sie die Eigenschaft `CodeName` des `Worksheet`-Objekts. Die Prozedur in Listing 12.22 gibt die Codenamen aller Tabellenblätter der aktuellen Arbeitsmappe im Direktfenster aus.

```
Sub Tabellenblaetter_CodeName()
   Dim wksWorksheet As Worksheet
   For Each wksWorksheet In ActiveWorkbook.Worksheets
      Debug.Print wksWorksheet.CodeName
   Next wksWorksheet
End Sub
```

Listing 12.22 Ausgabe der Codenamen im Direktfenster

Die `For Each ... Next`-Schleife entnimmt aus der `Worksheets`-Auflistung jeweils ein `Worksheet`-Objekt. Die Eigenschaft `CodeName` wird im Inneren der Schleife ausgelesen und im Direktfenster durch die `Debug.Print`-Anweisung ausgegeben.

Der Codename erfüllt natürlich nicht nur einen Selbstzweck, sondern kann vereinfachend in Prozeduren verwendet werden, um auf bestimmte Objekte zuzugreifen. In der Prozedur in Listing 12.23 wird der Codename eines Tabellenblatts benutzt, um den Zugriff auf das entsprechende `Worksheet`-Objekt zu ermöglichen.

```
Sub Tabellenblatt_benennen2(strName As String)
   Tabelle1.Name = strName
End Sub
```

Listing 12.23 Zugriff auf ein Worksheet-Objekt durch den Codenamen

Der Zugriff auf ein bestimmtes Tabellenblatt vereinfacht sich durch die Verwendung des Codenamens enorm und natürlich können auch weiterhin die Eigenschaften und Methoden des `Worksheet`-Objekts genutzt werden. Die Prozedur `Tabellenblatt_benennen2()` zeigt eine weitere Variante, wie mit der Eigenschaft `Name` ein Tabellenblatt umbenannt werden kann.

Tipp: Verwendung des Codenamens bei anderen Objekten

Viele der Objekte in Microsoft Office Excel 2003 besitzen einen Codenamen, den Sie dazu benutzen können, um direkt auf das entsprechende Objekt zuzugreifen. Damit können Sie die Lesbarkeit Ihrer Prozeduren erhöhen. Allerdings sollten Sie darauf achten, dass der Codename so gewählt ist, dass der direkte Bezug zum korrespondierenden Objekt hergestellt werden kann.

12.7 Tabellenblätter aktivieren und markieren

In der VBA-Programmierung müssen Sie unterscheiden, ob Sie ein Tabellenblatt beziehungsweise das entsprechende `Worksheet`-Objekt markieren oder ob Sie ein Tabellenblatt aktivieren. Das Aktivieren eines Tabellenblatts entspricht dem Vorgang, wenn der Benutzer auf den Registerfalz des Tabellenblatts klickt. Dadurch wird das Tabellenblatt innerhalb der Arbeitsmappe zum aktiven Tabellenblatt. Um Operationen auf ein oder mehrere Tabellenblätter auszuführen, müssen die Tabellenblätter markiert werden. Zunächst einmal zeige ich Ihnen in Listing 12.24, wie Sie ein bestimmtes Tabellenblatt aktivieren können.

```
Sub Tabellenblatt_aktivieren(intIndex As Integer)
   On Error Resume Next
   ActiveWorkbook.Worksheets(intIndex).Activate
   Debug.Print ActiveSheet.Name
End Sub
```

Listing 12.24 Ein beliebiges Tabellenblatt wird aktiviert.

Mit der Methode `Activate` des `Worksheet`-Objekts wird das korrespondierende Tabellenblatt zum aktiven Tabellenblatt. Dadurch ändert sich der Wert der Eigenschaft `ActiveSheet`, die immer das Objekt des aktiven Arbeitsblatts zurückgibt. Der Name des aktiven Arbeitsblatts wird im Direktfenster ausgegeben. Alle nachfolgenden Operationen, die sich auf Tabellenblätter beziehen, jedoch keinen Verweis auf ein bestimmtes Tabellenblatt enthalten, beziehen sich nun implizit auf das aktive Tabellenblatt.

Es gibt jedoch auch Operationen, die sich ausschließlich auf markierte Tabellenblätter beziehen. Ein Tabellenblatt können Sie mit der Methode `Select` des `Worksheet`-Objekts markieren.

```
Sub Tabellenblatt_markieren(intIndex As Integer)
   On Error Resume Next
   ActiveWorkbook.Worksheets(intIndex).Select
End Sub
```

Listing 12.25 Markieren eines Tabellenblatts

Wie gehabt wird in Listing 12.25 ein `Worksheet`-Objekt aus der `Worksheets`-Auflistung ausgewählt. Das ausgewählte `Worksheet`-Objekt wird mit der Methode `Select` markiert.

Anhand der Tabellenblätter in einer Arbeitsmappe können Sie nicht unterscheiden, ob ein einzelnes Tabellenblatt nur aktiviert oder auch markiert wurde. Diese Unterscheidung können Sie erst treffen, wenn mehrere Tabellenblätter markiert werden. Um mehrere Tabellenblätter zu markieren, können Sie nicht einfach mehrere `Worksheet`-Objekte nacheinander aus der `Worksheets`-Auflistung auswählen und mit der Methode `Select` markieren, denn bei jedem neuen Aufruf der Methode `Select` wird die alte Markierung aufgehoben und durch die neue ersetzt. In der Prozedur `Mehrere_Tabellenblaetter_markieren()` zeige ich Ihnen, wie Sie dieses Problem in Angriff nehmen müssen.

```
Sub Mehrere_Tabellenblaetter_markieren()
   On Error Resume Next
```

```
   ActiveWorkbook.Worksheets(Array(1, 2, 4)).Select
End Sub
```

Listing 12.26 Mehrere Tabellenblätter auf einmal markieren

Der entscheidende Punkt in Listing 12.26 ist die Auswahl der Worksheet-Objekte aus der Worksheets-Auflistung. Statt eines einzelnen Index wird ein Datenfeld mit der Funktion Array() erstellt, das die Indizes der Workbook-Objekte enthält, die markiert werden sollen. Die Select-Methode wirkt sich in diesem Fall auf alle ausgewählten Worksheet-Objekte aus.

Nun, da mehrere Tabellenblätter markiert sind, können Sie dies auch in der Arbeitsmappe erkennen. Die Registerfalze der markierten Tabellenblätter sind nämlich weiß hinterlegt, so wie in Abbildung 12.5 dargestellt.

Abbildung 12.5 Eine Gruppe von Tabellenblättern

Die Markierung mehrerer Tabellenblätter wird auch als Gruppe bezeichnet.

Neben dem Worksheet-Objekt verfügt auch die Worksheets-Auflistung über eine Select-Methode. Die Semantik der Select-Methode der Worksheets-Auflistung ist eindeutig, denn damit werden alle Worksheet-Objekte der Worksheets-Auflistung markiert. Eine entsprechende Prozedur ist in Listing 12.27 angegeben.

```
Sub Alle_Tabellenblaetter_markieren()
   ActiveWorkbook.Worksheets.Select
End Sub
```

Listing 12.27 Alle Tabellenblätter der aktiven Arbeitsmappe werden markiert.

Tabellenblätter zu markieren, ist eine Sache, aber es muss auch möglich sein herauszufinden, welche Tabellenblätter momentan ausgewählt sind. Dabei hilft Ihnen die Eigenschaft SelectedSheets des Window-Objekts.

```
Sub Markierte_Tabellenblaetter_ausgeben()
   Dim wksWorksheet As Worksheet
   For Each wksWorksheet In ActiveWindow.SelectedSheets
      Debug.Print wksWorksheet.Name
   Next wksWorksheet
End Sub
```

Listing 12.28 Die Namen der markierten Tabellenblätter werden ausgegeben.

Die SelectedSheets-Eigenschaft gibt eine Sheets-Auflistung zurück, die alle markierten Arbeitsblätter des angegebenen Window-Objekts enthält. In Listing 12.28 wird das aktive Fenster als Window-Objekt angegeben, dessen SelectedSheets-Eigenschaft die Sheets-Auflistung bereitstellt, die in der For Each ... Next-Schleife verarbeitet wird. Innerhalb der Schleife werden dann die Namen der markierten Tabellenblätter ausgegeben.

Tipp: Select-Methode der Sheets-Auflistung verwenden

Wenn Sie Arbeitsblätter verschiedenen Typs markieren wollen, dann verwenden Sie zur Auswahl der entsprechenden Objekte nicht die Worksheets-Auflistung, sondern die Sheets-Auflistung. In der Sheets-Auflistung sind neben den Objekten, die Tabellenblätter repräsentieren, auch die Objekte für Diagrammblätter und Makroarbeitsmappen enthalten.

12.8 Tabellenblätter ein- und ausblenden

Eine häufig genutzte Funktion in Microsoft Office Excel 2003 ist das Ein- und Ausblenden von Tabellenblättern. Ein ausgeblendetes Tabellenblatt ist zwar noch vorhanden, wird aber nicht in der Arbeitsmappe angezeigt. Es gibt verschiedene Gründe, warum ein Tabellenblatt ausgeblendet werden soll. Meistens sind auf solchen Tabellenblättern Funktionen oder Hilfstabellen enthalten, die der Benutzer nicht für seine Arbeit an der Arbeitsmappe benötigt. Ein beliebiges Tabellenblatt können Sie mit der Prozedur aus Listing 12.29 ausblenden.

```
Sub Tabellenblatt_ausblenden(intIndex As Integer)
   On Error Resume Next
   ActiveWorkbook.Worksheets(intIndex).Visible = False
End Sub
```

Listing 12.29 Ein bestimmtes Tabellenblatt wird ausgeblendet.

Das Ausblenden erfolgt über die Eigenschaft Visible des Worksheet-Objekts. Der Wert dieser Eigenschaft wird dazu auf False gesetzt. Um ein ausgeblendetes Tabellenblatt wieder einzublenden, müssen Sie lediglich den Wert der Eigenschaft Visible wieder True setzen. Anstatt der Werte True und False können Sie auch die vordefinierten Konstanten xlSheetVisible und xlSheetHidden verwenden. Die Prozedur in Listing 12.30 benutzt die Konstante xlSheetVisible, um ein Tabellenblatt einzublenden.

```
Sub Tabellenblatt_einblenden(intIndex As Integer)
   On Error Resume Next
```

```
    ActiveWorkbook.Worksheets(intIndex).Visible = xlSheetVisible
End Sub
```

Listing 12.30 Einblenden eines Tabellenblatts mit Visible und xlSheetVisible

Dass ein Tabellenblatt unsichtbar ist, bedeutet jedoch nicht, dass es für den Benutzer unerreichbar ist. So kann der Benutzer die ausgeblendeten Tabellenblätter jederzeit über den Menübefehl **Format · Blatt · Einblenden...** wieder sichtbar machen. Auch beim Drucken werden ausgeblendete Tabellenblätter berücksichtigt, wenn die Druckoption *Gesamte Arbeitsmappe* ausgewählt wurde. Um ein Tabellenblatt nachhaltig vor dem Benutzer zu verbergen, müssen Sie der Eigenschaft `Visible` den Wert der Konstanten `xlVeryHidden` zuweisen. Ein so ausgeblendetes Tabellenblatt kann weder über das Menü eingeblendet noch beim Drucken ausgegeben werden. In Listing 12.31 finden Sie eine Prozedur, die ein Tabellenblatt vollständig ausblendet.

```
Sub Tabellenblatt_vollstaendig_ausblenden(intIndex As Integer)
    On Error Resume Next
    ActiveWorkbook.Worksheets(intIndex).Visible = xlVeryHidden
End Sub
```

Listing 12.31 Vollständiges Ausblenden eines Tabellenblatts mit xlVeryHidden

Auch Tabellenblätter, die mit `xlVeryHidden` ausgeblendet wurden, können mit einer Zuweisung des Wertes `True` oder der Konstanten `xlSheetVisible` an die `Visible`-Eigenschaft wieder sichtbar gemacht werden.

Tipp: Vorsicht beim Umgang mit xlVeryHidden

Setzen Sie die Konstante `xlVeryHidden` nur sehr sparsam und gezielt ein, denn ein Tabellenblatt, das mit dieser Konstanten verborgen wird, gibt in Microsoft Office Excel 2003 keinen Hinweis darauf, dass es überhaupt vorhanden ist. Die Wahrscheinlichkeit ist also sehr hoch, dass die Existenz eines solchen Tabellenblatts irgendwann vergessen wird.

12.9 Tabellenblätter kopieren und verschieben

Wahrscheinlich werden Sie irgendwann einmal eine identische Kopie eines Tabellenblatts in Ihrer Arbeitsmappe benötigen. Das Kopieren eines Tabellenblatts ist wirklich sehr einfach und wird mit der Methode `Copy` des `Worksheet`-Objekts durchgeführt. Eine einfache Anwendung dieser Methode finden Sie in Listing 12.32.

```
Sub Tabellenblatt_kopieren(intIndex As Integer)
   On Error Resume Next
   ActiveWorkbook.Worksheets(intIndex).Copy _
      After:=Worksheets(Worksheets.Count)
End Sub
```

Listing 12.32 Die Kopie eines Tabellenblatts wird erstellt.

Wie schon aus der Add-Methode bekannt, verwendet die Copy-Methode die Argumente Before und After, um die Position zu bestimmen, an der die Kopie des Tabellenblatts eingefügt werden soll. In der Prozedur Tabellenblatt_kopieren() wird die Kopie als letztes Tabellenblatt in die Arbeitsmappe eingefügt. Dabei erhält das Tabellenblatt einen generischen Namen zugewiesen. Angenommen, Sie haben das Tabellenblatt *Tabelle3* kopiert, dann erhält die Kopie den Namen *Tabelle3 (2)*. Eine weitere Kopie des Tabellenblatts *Tabelle3* würde den Namen *Tabelle3 (3)* erhalten und so weiter. Sie erkennen also die Kopie eines Tabellenblatts an der Ordnungszahl in runden Klammern, die an den ursprünglichen Namen des Tabellenblatts angehängt wurde.

Die Verwendung der Argumente Before und After im Zusammenhang mit der Methode Copy ist wichtig, wenn Sie Kopien innerhalb derselben Arbeitsmappe erstellen wollen. Lassen Sie die Argumente weg, wird eine neue Arbeitsmappe angelegt, die eine Kopie des Tabellenblatts enthält.


```
Sub Kopie_in_neuer_Arbeitsmappe_erstellen(intIndex As Integer)
   On Error Resume Next
   ActiveWorkbook.Worksheets(intIndex).Copy
End Sub
```

Listing 12.33 Das Tabellenblatt wird in eine neue Arbeitsmappe kopiert.

Ausschließlich in derselben Arbeitsmappe bewegen Sie sich, wenn Sie Tabellenblätter verschieben. Durch das Verschieben ändern Sie die Reihenfolge der Tabellenblätter in der Arbeitsmappe. Implizit ändern Sie damit auch die Reihenfolge der Worksheet-Objekte in der Worksheets-Auflistung.

```
Sub Tabellenblatt_verschieben(strName As String, _
intPosition As Integer)
   Dim intIndex As Integer
   On Error Resume Next
   intIndex = (intPosition Mod Worksheets.Count) + 1
   ActiveWorkbook.Worksheets(strName).Move _
```

```
    After:=Worksheets(intIndex)
End Sub
```

Listing 12.34 Verschieben eines Tabellenblatts innerhalb der Arbeitsmappe

Die Prozedur in Listing 12.34 zeigt, wie mit der Move-Methode des Worksheet-Objekts ein Tabellenblatt verschoben wird. Die Position, an die das Tabellenblatt verschoben werden soll, wird wiederum durch die Argumente Before und After bestimmt. Dem Argument After wird dabei ein Worksheet-Objekt zugewiesen, auf dessen nachfolgende Position das Tabellenblatt verschoben werden soll. Die Positionsangabe erhält die Prozedur durch das Argument intPosition. Nun kann es jedoch vorkommen, dass der Wert der Variablen intPosition größer ist als die Anzahl der Tabellenblätter in der Arbeitsmappe. Um diesem Problem zu begegnen, wird die tatsächliche Position zyklisch berechnet. Angenommen, die Arbeitmappe enthält fünf Tabellenblätter, und ein beliebiges Tabellenblatt soll auf die Position acht verschoben werden. Nun wird die Position so berechnet, dass nach dem Erreichen der letzten Position in der Arbeitsmappe wieder mit der ersten Position begonnen wird. Die tatsächliche Position ergibt sich also aus dem Rest der Positionsangabe, der nicht mehr durch die Anzahl der Tabellenblätter teilbar ist. Diese Berechnung wird mit Hilfe des Modulo-Operators durchgeführt. Da der Rest null ist, sobald der Wert der Variablen intPosition durch die Anzahl der Tabellenblätter teilbar ist, muss noch ein Offset von eins hinzuaddiert werden.

12.10 Tabellenblätter drucken

Legt man den Papierverbrauch in deutschen Büros zugrunde, dann scheint das Ausdrucken von Dokumenten eine beliebte Tätigkeit zu sein. Besser, Sie wappnen sich schon mal und lernen, wie mit VBA Tabellenblätter ausgedruckt werden können. Eigentlich ist dieser Vorgang sehr einfach, denn es wird lediglich die Methode PrintOut eines Worksheet-Objekts verwendet. Um ein bestimmtes Tabellenblatt auszudrucken, können Sie die Prozedur in Listing 12.35 verwenden.

```
Sub Tabellenblatt_drucken(strName As String)
   On Error Resume Next
   ActiveWorkbook.Worksheets(strName).PrintOut
End Sub
```

Listing 12.35 Drucken eines bestimmten Tabellenblatts

Der Aufbau der Prozedur Tabellenblatt_drucken() dürfte Ihnen mittlerweile bekannt sein, deshalb will ich mich nicht mit langen Erklärungen aufhalten, sondern Ihnen zeigen, wie Sie nicht nur ein bestimmtes Tabellenblatt, sondern mehrere Tabellenblätter, alle Tabellenblätter und alle Arbeitsblätter einer Arbeitsmappe ausdrucken können.

Um mehrere Tabellenblätter einer Arbeitsmappe zu drucken, müssen Sie eine gewisse Auswahl treffen. Zum Beispiel können Sie mehrere Tabellenblätter markieren und anschließend ausdrucken, so wie es in der Prozedur in Listing 12.36 gemacht wird.

```
Sub Mehrere_Tabellenblaetter_drucken()
    On Error Resume Next
    ActiveWorkbook.Worksheets(Array(2, 3, 5)).Select
    ActiveWorkbook.Windows(1).SelectedSheets.PrintOut
End Sub
```

Listing 12.36 Mehrere Tabellenblätter werden markiert und ausgedruckt.

Mit der `Select`-Methode werden zunächst einige Tabellenblätter aus der `Worksheets`-Auflistung markiert. Die markierten Tabellenblätter werden in einer `Sheets`-Auflistung zusammengefasst, die durch die Eigenschaft `SelectedSheets` zurückgegeben wird. Anschließend wird die Methode `PrintOut` der `Sheets`-Auflistung ausgeführt, um die markierten Tabellenblätter zu drucken.

Natürlich hätten Sie auch die `PrintOut`-Methode direkt auf die `Worksheets`-Auflistung, beziehungsweise auf die darin ausgewählten `Worksheet`-Objekte anwenden können. Eine entsprechende Prozedur ist in Listing 12.37 zu sehen.

```
Sub Mehrere_Tabellenblaetter_drucken2()
    On Error Resume Next
    ActiveWorkbook.Worksheets(Array(2, 3, 5)).PrintOut
End Sub
```

Listing 12.37 Mehrere Tabellenblätter aus der Worksheets-Auflistung drucken

Noch einfacher ist es, wenn Sie alle Tabellenblätter drucken wollen. In diesem Fall verwenden Sie die `PrintOut`-Methode der `Worksheets`-Auflistung und nicht die `PrintOut`-Methode eines `Worksheet`-Objekts. An der Verwendung der `PrintOut`-Methode ändert sich dadurch natürlich nichts, wovon Sie sich in Listing 12.38 überzeugen können.

```
Sub Alle_Tabellenblaetter_ausdrucken()
    ActiveWorkbook.Worksheets.PrintOut
End Sub
```

Listing 12.38 Ausdrucken aller Tabellenblätter der Worksheets-Auflistung

Noch einen Schritt weiter gehen Sie, wenn Sie die `PrintOut`-Methode eines `Workbook`-Objekts verwenden. Da eine Arbeitsmappe, die durch ein `Workbook`-Objekt repräsentiert wird, nicht nur Tabellenblätter, sondern auch Diagrammblätter und Makroarbeitsblätter enthalten kann, werden auf dieser Ebene durch die Methode `PrintOut` alle Arbeitsblätter einer Arbeitsmappe ausgedruckt. In Listing 12.39 wird die `PrintOut`-Methode auf die aktive Arbeitsmappe angewendet.

```
Sub Arbeitsmappe_ausdrucken()
   ActiveWorkbook.PrintOut
End Sub
```

Listing 12.39 Ausdrucken der gesamten Arbeitsmappe

Der `PrintOut`-Methode können eine Reihe von Argumenten übergeben werden, zum Beispiel, auf welchem Drucker der Ausdruck erfolgen soll, wie viele Kopien gedruckt werden sollen oder ob eine Vorschau des Ausdrucks angezeigt werden soll. Exemplarisch möchte ich Ihnen die Verwendung des Arguments `Copies` zeigen, mit der die Anzahl der Kopien des Ausdrucks festgelegt wird.

```
Sub Mehrere_Kopien_drucken(intCopies As Integer)
   Tabelle1.PrintOut Copies:=intCopies
End Sub
```

Listing 12.40 Ausdruck mehrerer Kopien eines Tabellenblatts

In der Prozedur in Listing 12.40 sollen mehrere Kopien des Tabellenblatts mit dem Codenamen *Tabelle1* ausgedruckt werden. Die Anzahl der Kopien wird dabei als Argument `intCopies` an die Prozedur übergeben. Der Wert von `intCopies` wird dann dem Argument `Copies` der `PrintOut`-Methode zugewiesen.

12.11 Aufgaben und Übungen

1. Erklären Sie den Unterschied zwischen der `Workbooks`-Auflistung und dem `Workbook`-Objekt.
2. Erstellen Sie eine Prozedur, welche die Anzahl der geöffneten Arbeitsmappen und den Wert der globalen Option für die Anzahl von Tabellenblättern in einer neuen Arbeitsmappe im Direktfenster ausgibt.
3. Erstellen Sie eine Prozedur, welche die Namen aller geöffneten Arbeitsmappen im Direktfenster ausgibt.

4. Erstellen Sie eine Prozedur, die immer genau so viele Tabellenblätter in eine Arbeitsmappe einfügt, dass sich als Gesamtzahl der Tabellenblätter 255 ergibt.
5. Erstellen Sie eine Prozedur, die alle Tabellenblätter aus einer Arbeitsmappe löscht bis auf das aktive Tabellenblatt.
6. Erstellen Sie eine Prozedur, welche die Tabellenblätter einer Arbeitsmappe nach dem Schema *x.Tabellenblatt*, *x-1.Tabellenblatt*, ... *2.Tabellenblatt*, *1.Tabellenblatt* benennt.
7. Erstellen Sie eine Prozedur, die jeweils das erste und das letzte Tabellenblatt in einer Arbeitsmappe markiert.
8. Erstellen Sie eine Prozedur, die alle nicht markierten Tabellenblätter in einer Arbeitsmappe im Direktfenster ausgibt.
9. Erstellen Sie eine Prozedur, in der ein Tabellenblatt aus einer Arbeitsmappe in eine andere kopiert wird. Dabei können Sie davon ausgehen, dass beide Arbeitsmappen bereits geöffnet sind.
10. Erstellen Sie eine Prozedur, welche die fünf Tabellenblätter einer Arbeitsmappe so verschiebt, dass sich die Reihenfolge *Tabelle4*, *Tabelle2*, *Tabelle5*, *Tabelle1*, *Tabelle3* ergibt. Verwenden Sie dabei möglichst wenig Verschiebungen.

13 Zellen und Zellbereiche

Nach Arbeitsmappen und Tabellenblättern bilden Zellen und Zellbereiche die nächst kleinere Struktur in Microsoft Office Excel 2003. Dieses Kapitel befasst sich damit, wie auf diese Strukturen zugegriffen werden kann und wie dabei elementare Operationen ausgeführt werden.

Eine Zelle ist derjenige Teil eines Tabellenblatts, in den die Daten eingegeben werden. Ein einziges Tabellenblatt umfasst 16.777.216 Zellen. Organisiert werden diese Zellen durch Zeilen und Spalten. Zeilen bestehen aus einer Reihe von horizontal angeordneten Zellen und Spalten aus einer Reihe von vertikal angeordneten Zellen. Auf diese Weise entstehen in einem Tabellenblatt 65.536 Zeilen und 256 Spalten. Durch die Angabe einer Zeile und einer Spalte kann jede Zelle im Tabellenblatt eindeutig angesprochen werden.

Zeilen und Spalten bilden natürliche Zellbereiche in einem Tabellenblatt. Unter einem Zellbereich versteht man mehrere Zellen, die zumeist in rechteckiger, zusammenhängender Formation angeordnet sind. Wenn Sie wollen, dann können Sie auch alle Zellen eines Tabellenblatts als Zellbereich betrachten. Meistens stellen Zellbereiche aber eine Untermenge der insgesamt vorhandenen Zellen dar.

Wie bereits erwähnt, können Zellen über die Angabe einer Zeile und einer Spalte eindeutig adressiert werden. Typischerweise werden Zeilen mit einer Nummer, der so genannten Zeilennummer, und Spalten mit einer alphabetisch sortierten Buchstabenkombination, dem so genannten Spaltennamen, gekennzeichnet. Eine Zelle wird dann durch die Angabe eines Spaltennamens und einer Zeilennummer angesprochen, zum Beispiel *C7* oder *F36*. Diese Adressierung von Zellen wird auch als A1-Bezugsart bezeichnet, wobei das *A* für einen Spaltennamen und *1* für eine Zeilennummer steht. Neben der A1-Bezugsart gibt es noch die Z1S1-Bezugsart, bei der sowohl Zeilen als auch Spalten durch eine Nummer angegeben werden. Um die Z1S1-Bezugsart zu verwenden, müssen Sie den Menübefehl **Extras · Optionen...** ausführen, worauf sich das Dialogfenster **Optionen** öffnet. In diesem Dialogfenster wählen Sie nun die Registerkarte *Ansicht* aus und aktivieren das Kontrollkästchen *Z1S1-Bezugsart*. In der Standardeinstellung ist diese Option deaktiviert, das bedeutet, dass typischerweise die A1-Bezugsart verwendet wird. Die Zellen *C7* und *F36* würden in der Z1S1-Bezugsart mit *Z7S3* beziehungsweise *Z36S6* bezeichnet werden. Hinter dem *Z* wird die Zeilennummer und hinter dem *S* die entsprechende Spaltennummer angegeben.

Die Bezugsart können Sie auch per VBA ändern, und zwar mit der Eigenschaft ReferenceStyle des Application-Objekts. Die beiden Prozeduren in Listing 13.1 und Listing 13.2 stellen die jeweilige Bezugsart ein.

```
Sub Bezugsart_A1()
   Application.ReferenceStyle = xlA1
End Sub
```

Listing 13.1 Einstellen der A1-Bezugsart

```
Sub Bezugart_Z1S1()
   Application.ReferenceStyle = xlR1C1
End Sub
```

Listing 13.2 Einstellen der Z1S1-Bezugsart

Für die Zuweisung von Werten an die Eigenschaft ReferenceStyle werden die vordefinierten Konstanten xlA1 und xlR1C1 verwendet. Wundern Sie sich nicht darüber, dass die Konstante xlR1C1 heißt, denn für den Bezeichner wurden lediglich die englischen Bezeichnungen für Zeile (Row) und Spalte (Column) verwendet.

In den folgenden Unterkapiteln wird meistens die A1-Bezugsart verwendet, weil diese weiter verbreitet ist als die Z1S1-Bezugsart. Es ist aber auch kein Problem, die Prozeduren so umzuschreiben, dass die Z1S1-Bezugsart benutzt wird.

13.1 Zeilen und Spalten einfügen

Der Begriff »Einfügen« im Zusammenhang mit Zeilen und Spalten ist etwas irreführend, denn es können in einem Tabellenblatt keine Zeilen und Spalten hinzugefügt werden. Die Anzahl von Zeilen und Spalten bleibt also immer gleich. Das Einfügen müssen Sie so verstehen, dass in einer Tabelle, die in einem Tabellenblatt angelegt wurde, zusätzliche Spalten und zusätzliche Zeilen eingefügt werden können. An der Einfügestelle werden die vorhandenen Daten der Tabelle nach rechts beziehungsweise nach unten verschoben. Zeilennummern und Spaltennamen werden bei diesem Vorgang so angepasst, dass weiterhin eine durchgehende Benennung vorhanden ist. Diesen Vorgang möchte ich anhand von Abbildung 13.1 illustrieren.

Abbildung 13.1 zeigt zwei Ausschnitte eines Tabellenblatts. In dem oberen Abschnitt werden die Spalten vor dem Einfügen einer neuen Spalte gezeigt. Dabei befindet sich der Zellwert *Spalte B* in der Spalte *B*, der Zellwert *Spalte C* in Spalte *C* und so weiter. Der untere Ausschnitt zeigt nun, wie sich die Spaltenanordnung verändert, wenn eine neue Spalte eingefügt wird.

	A	B	C	D	E	F	G
1							
2		Spalte B	Spalte C	Spalte D	Spalte E		
3							
4							
5							
6							
7							

	A	B	C	D	E	F	G
1							
2		Spalte B		Spalte C	Spalte D	Spalte E	
3							
4							
5							
6							
7							

Abbildung 13.1 Einfügen einer Spalte

Hinter der Spalte *B* wurde die neue Spalte eingefügt, und dadurch sind die nachfolgenden Zellwerte um jeweils eine Spalte nach rechts gerückt. So ist der Zellwert *Spalte C* nun in Spalte *D*, der Zellwert *Spalte D* in Spalte *E* und schließlich der Zellwert *Spalte E* in Spalte *F*. Hier noch einmal der Hinweis, dass trotz des Einfügens der Spalte die Gesamtzahl der Spalten konstant geblieben ist. Das Verhalten beim Einfügen von Zeilen ist übrigens analog, jedoch werden bestehende Zeilen beim Einfügen einer neuen Zeile nach unten verschoben.

Wenn Sie in VBA mit Spalten arbeiten, dann haben Sie die Möglichkeit, entweder eine Spaltennummer oder einen Spaltennamen zu verwenden. Diese beiden Optionen stehen Ihnen immer zur Verfügung, unabhängig davon, welche Bezugsart Sie verwenden. VBA kümmert sich implizit darum, dass immer die richtige Spalte adressiert wird. Für das Einfügen einer Spalte möchte ich Ihnen beide Möglichkeiten vorstellen. Ansonsten werde ich mich darauf beschränken, den Spaltennamen zu verwenden, wenn es um die Adressierung von Spalten geht.

```
Sub Spalte_einfuegen(intPosition As Integer)
   ActiveSheet.Columns(intPosition).Insert
End Sub
```

Listing 13.3 Einfügen einer Spalte mit einer Spaltennummer

```
Sub Spalte_einfuegen2(strName As String)
   ActiveSheet.Columns(strName).Insert
End Sub
```

Listing 13.4 Einfügen einer Spalte mit einem Spaltennamen

In Listing 13.3 und Listing 13.4 wird jeweils die `Insert`-Methode des `Range`-Objekts verwendet. Das `Range`-Objekt wiederum wird durch die Eigenschaft `Columns` zurückgegeben, die alle Spalten enthält. Die Auswahl eines `Range`-Objektes erfolgt durch die Spaltennummer `intPosition` oder durch den Spaltennamen `strName`.

Auf ganz ähnliche Weise funktioniert das Einfügen von Zeilen, allerdings werden Zeilen nur durch eine Zeilennummer ausgewählt, einen Zeilennamen gibt es nicht. Eine Prozedur zum Einfügen einer Zeile finden Sie in Listing 13.5.

```
Sub Zeile_einfuegen(intPosition As Integer)
   ActiveSheet.Rows(intPosition).Insert
End Sub
```

Listing 13.5 Einfügen einer Zeile

Zum Einfügen einer Zeile wird wiederum die Methode `Insert` des `Range`-Objekts verwendet. Allerdings wird das `Range`-Objekt diesmal durch die Eigenschaft `Rows` zur Verfügung gestellt.

Müssen mehr als eine Zeile oder eine Spalte eingefügt werden, dann geschieht das ebenfalls mit der `Insert`-Methode des `Range`-Objekts. Allerdings müssen die Zeilen oder Spalten in besonderer Weise an die Eigenschaften `Rows` beziehungsweise `Columns` übergeben werden. Angenommen, Sie möchten drei Spalten, beginnend ab Spalte *C*, einfügen. Das bedeutet, dass die Spalten *C*, *D* und *E* neu eingefügt werden. Um diesen Zellbereich zu beschreiben, werden die Spaltennamen der ersten und der letzten Spalte angegeben und durch einen Doppelpunkt getrennt. Die entsprechende Angabe für dieses Beispiel lautet also *C:E*. Für Spalten, bei denen die Spaltennummern verwendet werden sollen, und für Zeilen funktioniert die Angabe des Zellbereiches analog. So kann der Zellbereich *3:5* sowohl für die Spalten *3* bis *5*, als auch für die Zeilen *3* bis *5* verwendet werden. Ob sich die Angabe des Zellbereichs auf Zeilen- oder auf Spaltennummern bezieht, hängt von dem Kontext ab. Wird dieser Zellbereich als Angabe für die Eigenschaft `Columns` benutzt, dann handelt es sich um einen Spaltenbereich, bei der Eigenschaft `Rows` entsprechend um eine Zeilenbereich. Allgemeine Zellbereiche werden durch die Adressen der Zellen beschrieben, die sich oben links und unten rechts befinden, zum Beispiel *C3:F7*.

Nach diesem kleinen Exkurs verfügen Sie nun über alle Kenntnisse, um eine Prozedur für das Einfügen mehrerer Spalten zu schreiben. In Listing 13.6 und Listing 13.7 finden Sie jeweils ein Beispiel für das Einfügen von Spalten mit Spaltennamen und Spaltennummern.

```
Sub Mehrere_Spalten_einfuegen_Spaltennamen()
   ActiveSheet.Columns("C:F").Insert
End Sub
```

Listing 13.6 Einfügen mehrerer Spalten (Spaltennamen)

```
Sub Mehrere_Spalten_einfuegen_Spaltennummern()
   ActiveSheet.Columns("3:6").Insert
End Sub
```

Listing 13.7 Einfügen mehrerer Spalten (Spaltennummern)

Mehrere Zeilen können Sie einfügen, wenn Sie die Eigenschaft Rows benutzen und die Zeilennummern in der zuvor beschriebenen Weise angeben. Obwohl ich Ihnen erklärt habe, dass beim Einfügen einer Spalte die vorhandenen Spalten nach rechts verschoben werden und beim Einfügen von Zeilen die bestehenden Zeilen nach unten verschoben werden, gibt es Sonderfälle, in denen eine Verschiebung nach links oder nach oben erfolgt. Um sicherzustellen, dass die Verschiebung nach rechts oder nach unten geht, kann das Argument Shift der Insert-Methode verwendet werden. Diesem Argument können die Werte der vordefinierten Konstanten xlShiftDown und xlShiftToRight zugewiesen werden. Die Prozedur in Listing 13.8 zeigt die Anwendung des Arguments Shift.

```
Sub Mehrere_Zeilen_einfuegen()
   ActiveSheet.Rows("3:6").Insert Shift:=xlShiftDown
End Sub
```

Listing 13.8 Verwendung des Arguments »Shift« der Insert-Methode

13.2 Zeilen und Spalten löschen

Das Löschen von Zeilen und Spalten kann in jeder Hinsicht als das Pendant zum Einfügen von Zeilen und Spalten betrachtet werden. Auch nach dem Löschen von Zeilen und Spalten bleibt die Gesamtzahl von Zeilen und Spalten in einem Tabellenblatt unverändert. Durch das Löschen werden lediglich die Inhalte der bestehenden Zeilen und Spalten verschoben. Erfolgte das Verschieben von Zeilen und Spalten beim Einfügen nach unten beziehungsweise nach rechts, so werden beim Löschen die Zeilen nach oben und die Spalten nach links verschoben.

Das Löschen erfolgt mit der Methode Delete des Range-Objekts. Auch die Methode Delete verfügt über das Argument Shift, mit dem die Verschiebungsrichtung festgelegt werden kann. Die Werte, die das Argument Shift für die Delete-Methode erwartet, sind xlShiftUp und xlShiftToLeft. In Listing 13.9 und Listing 13.10 zeige ich Ihnen jeweils eine Prozedur zum Löschen einer Zeile und einer Spalte.

```
Sub Zeile_loeschen(lngPosition As Long)
   ActiveSheet.Rows(lngPosition).Delete Shift:=xlShiftUp
End Sub
```

Listing 13.9 Löschen einer Zeile

```
Sub Spalte_loeschen(strName As String)
   ActiveSheet.Columns(strName).Delete Shift:=xlShiftToLeft
End Sub
```

Listing 13.10 Löschen einer Spalte

Während Sie für die Angabe von Spaltennummern nur eine Variable des Datentyps Integer benötigen, ist der Wertebereich einer solchen Variablen für die Adressierung von Zeilen zu klein. Deshalb wird in der Prozedur Zeile_loeschen() eine Variable des Datentyps Long übergeben. Sie sollten immer darauf achten, eine Variable des Datentyps Long zur Verfügung zu stellen, wenn Sie mit Zeilennummern arbeiten, um Laufzeitfehler zu vermeiden.

Die Delete-Methode kann ebenfalls dazu benutzt werden, um mehrere Zeilen oder Spalten auf einmal zu löschen. Die Angabe der Zeilen oder Spalten erfolgt analog zur Angabe, die Sie zum Einfügen mehrerer Zeilen oder Spalten verwenden. Listing 13.11 und Listing 13.12 zeigen die entsprechenden Prozeduren zum Löschen mehrerer Zeilen beziehungsweise mehrerer Spalten.

```
Sub Mehrere_Zeilen_loeschen()
   ActiveSheet.Rows("3:6").Delete Shift:=xlShiftUp
End Sub
```

Listing 13.11 Mehrere Zeilen löschen

```
Sub Mehrere_Spalten_loeschen()
   ActiveSheet.Columns("C:F").Delete Shift:=xlShiftToLeft
End Sub
```

Listing 13.12 Mehrere Spalten löschen

13.3 Zeilen und Spalten ein- und ausblenden

Das Ein- und Ausblenden von Zeilen und Spalten erfolgt durch die Eigenschaft Hidden des Range-Objekts. Dabei kann die Eigenschaft Hidden nur auf solche Range-Objekte angewendet werden, die eine Zeile oder eine Spalte repräsentieren. Derartige Range-Objekte werden wiederum durch die Eigenschaften Rows und Columns zurückgegeben. Mit dieser Aussage ist auch klar, dass die Eigenschaft Hidden nicht auf Range-Objekte angewendet werden kann, die eine einzelne Zelle oder einen beliebigen Zellbereich repräsentieren.

Die Eigenschaft Hidden kann die Werte True oder False annehmen. Ist der Wert True, so ist das korrespondierende Range-Objekt, also die Zeile oder die Spalte, ausgeblendet. Bei False sind die korrespondierenden Range-Objekte eingeblendet.

```
Sub Zeile_ausblenden(lngPosition As Long)
   ActiveSheet.Rows(lngPosition).Hidden = True
End Sub
```

Listing 13.13 Ausblenden einer Zeile

```
Sub Spalte_ausblenden(strName As String)
   ActiveSheet.Columns(strName).Hidden = True
End Sub
```

Listing 13.14 Ausblenden einer Spalte

Listing 13.13 und Listing 13.14 zeigen je eine Prozedur, mit der eine Zeile beziehungsweise eine Spalte ausgeblendet werden kann. Die jeweilige Zeile oder Spalte ist jedoch noch vorhanden, nur eben nicht sichtbar. An den Beschriftungen der übrigen Zeilen und Spalten ändert sich durch das Ausblenden nichts. Eine ausgeblendetete Zeile oder Spalte können Sie mit den Prozeduren in Listing 13.15 und Listing 13.16 wieder einblenden.

```
Sub Zeile_einblenden(lngPosition As Long)
   ActiveSheet.Rows(lngPosition).Hidden = False
End Sub
```

Listing 13.15 Einblenden einer Zeile

```
Sub Spalte_einblenden(strName As String)
   ActiveSheet.Columns(strName).Hidden = False
End Sub
```

Listing 13.16 Einblenden einer Spalte

Die Eigenschaft Hidden kann auch auf alle Range-Objekte kollektiv angewendet werden, die durch die Eigenschaften Columns und Rows zurückgegeben werden. Dadurch werden alle Zeilen beziehungsweise alle Spalten aus- und eingeblendet.

```
Sub Alle_Zeilen_ausblenden()
   ActiveSheet.Rows.Hidden = True
End Sub
```

Listing 13.17 Ausblenden aller Zeilen eines Tabellenblatts

```
Sub Alle_Zeilen_einblenden()
   ActiveSheet.Rows.Hidden = False
End Sub
```

Listing 13.18 Einblenden aller Zellen eines Tabellenblatts

Wie Sie in Listing 13.17 und Listing 13.18 sehen können, findet keine Auswahl von Range-Objekten statt. Dadurch wird die Eigenschaft Hidden auf alle Range-Objekte angewendet, die durch die Eigenschaft Rows zurückgegeben werden können. Analog dazu erfolgt das Ein- und Ausblenden von Spalten. Sie müssen lediglich die Eigenschaft Rows durch die Eigenschaft Columns ersetzen. Es spielt jedoch keine Rolle, ob Sie alle Zeilen oder alle Spalten ausblenden, denn das Resultat ist in beiden Fällen das Gleiche, nämlich das Ausblenden sämtlicher Zellen eines Tabellenblatts. Inwieweit das sinnvoll ist, hängt natürlich von der konkreten Anwendung ab.

13.4 Zeilen und Spalten markieren

In Kapitel 12, *Arbeitsmappen und Arbeitsblätter*, haben Sie schon erfahren, dass das Markieren von Tabellenblättern eine wichtige Vorbereitung für weitere Operationen ist, die auf die markierten Tabellenblätter ausgeführt werden sollen. Für Operationen, die auf Zeilen und Spalten ausgeführt werden sollen, gilt dasselbe. Als Vorbereitung dieser Operationen müssen die Zeilen und Spalten markiert werden. Zum Markieren von Zeilen und Spalten wird Methode Select des Range-Objektes verwendet. Wie eine einzelne Zeile beziehungsweise eine einzelne Spalte markiert wird, ist in Listing 13.19 und Listing 13.20 dargestellt.

```
Sub Zeile_markieren(lngPosition As Long)
   ActiveSheet.Rows(lngPosition).Select
End Sub
```

Listing 13.19 Markieren einer einzelnen Zeile

```
Sub Spalte_markieren(strName As String)
   ActiveSheet.Columns(strName).Select
End Sub
```

Listing 13.20 Markieren einer einzelnen Spalte

Wie üblich, wird ein Range-Objekt, das entweder eine Zeile oder eine Spalte repräsentiert, durch die Rows- oder die Columns-Eigenschaft zurückgegeben. Auf dieses Range-Objekt wird nun dessen Select-Methode ausgeführt. Im Gegensatz zum Markieren eines einzelnen Tabellenblatts ist die Markierung einer einzelnen Spalte deutlich sichtbar, wie in Abbildung 13.2 zu sehen ist.

Abbildung 13.2 Die Spalte C ist markiert.

Interessanter wird die Thematik, wenn nicht nur eine Zeile oder eine Spalte, sondern mehrere Zeilen und Spalten markiert werden sollen. In diesem Fall ist noch zu unterscheiden, ob die betreffenden Zeilen- und Spaltenbereiche zusammenhängend sind oder nicht. Einfacher ist natürlich, wenn die Bereiche zusammenhängen, denn dann können Sie weiterhin die vertrauten Eigenschaften Rows und Columns zur Auswahl der Range-Objekte verwenden. Wie Sie mehrere zusammenhängende Zeilen oder Spalten angeben können, habe ich bereits in Abschnitt 13.1, *Zeilen und Spalten einfügen*, erläutert, deshalb werde ich Ihnen gleich die entsprechenden Prozeduren vorstellen.

```
Sub Zeilenbereich_markieren()
   ActiveSheet.Rows("3:6").Select
End Sub
```

Listing 13.21 Markieren mehrerer zusammenhängender Zeilen

```
Sub Spaltenbereich_markieren()
   ActiveSheet.Columns("C:F").Select
End Sub
```

Listing 13.22 Markieren mehrerer zusammenhängender Spalten

Der Spaltenbereich beziehungsweise der Zeilenbereich wird an die Eigenschaften `Columns` und `Rows` übergeben, woraufhin die entsprechenden `Range`-Objekte zurückgegeben werden. Auf diese `Range`-Objekte wird dann die `Select`-Methode angewendet. Die Markierung, welche die Prozedur in Listing 13.22 erzeugt, ist in Abbildung 13.3 zu sehen.

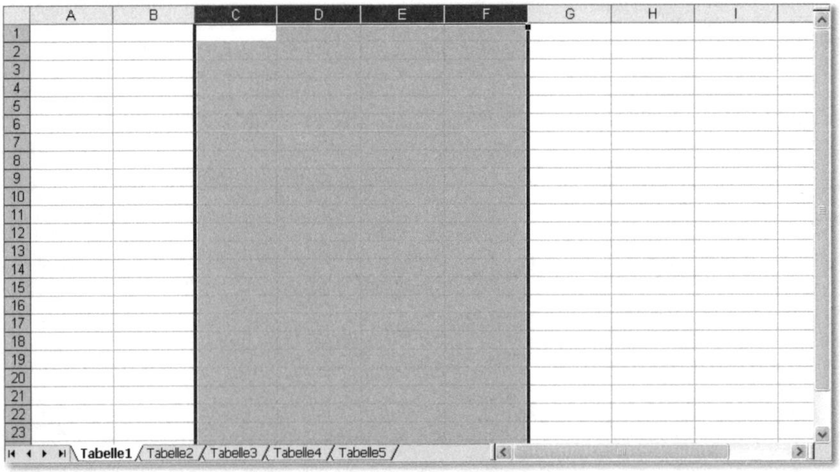

Abbildung 13.3 Der Spaltenbereich C:F wurde markiert.

Wenn Sie mehrere Zeilen oder Spalten markieren möchten, die keinen zusammenhängenden Bereich darstellen, dann helfen Ihnen die Eigenschaften `Columns` und `Rows` nicht weiter. Hierfür müssen Sie auf die Eigenschaft `Range` des `Worksheet`-Objekts zurückgreifen. Im Gegensatz zu den Eigenschaften `Rows` und `Columns` kann die `Range`-Eigenschaft nicht nur `Range`-Objekte zurückgeben, die einer ganzen Zeile oder einer ganzen Spalte entsprechen, sondern auch `Range`-Objekte, die jeden beliebigen Zellbereich in einem Tabellenblatt repräsentieren können. Diese Tatsache muss natürlich bei der Angabe der Zeilen- und Spaltenbereiche berücksichtigt werden. In Listing 13.23 finden Sie eine Prozedur, die einen nicht zusammenhängenden Spaltenbereich markiert.

```
Sub Mehrere_Spalten_markieren()
   ActiveSheet.Range("A:A,C:C,E:F").Select
End Sub
```

Listing 13.23 Nicht zusammenhängende Spaltenbereiche werden markiert.

Die Angabe der Spalten, die markiert werden sollen, wird der Eigenschaft `Range` in doppelten Anführungszeichen übergeben. Darin sind die Spaltenangaben *A:A*, *C:C* und *E:F*, die durch Kommata getrennt werden, eingeschlossen. Es sollen also die Spalten *A*, *C*, *E* und *F* markiert werden. Die Kommata haben in dem Ausdruck die Funktion eines Verkettungsoperators, das heißt, dass die Spaltenbereiche zu einem einzigen Zellbereich zusammengefügt werden. Das Ergebnis der Prozedur `Mehrere_Spalten_markieren()` ist in Abbildung 13.4 dargestellt.

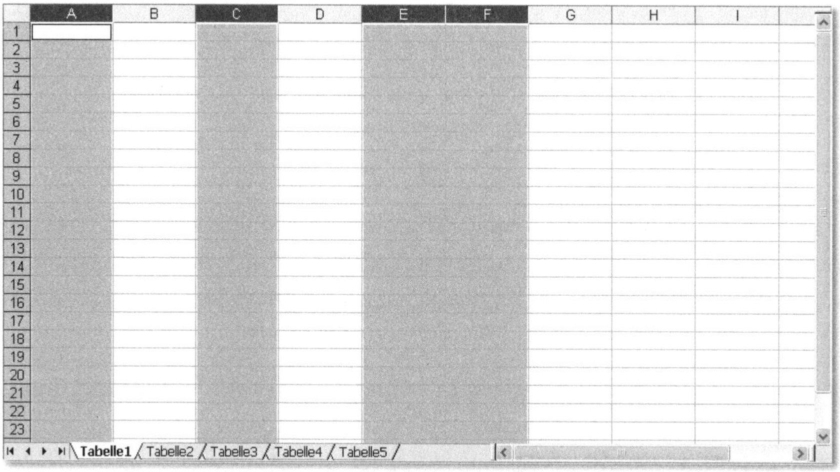

Abbildung 13.4 Ergebnis der Prozedur Mehrere_Spalten_markieren()

Das Markieren mehrerer nicht zusammenhängender Zeilen funktioniert analog zur Prozedur `Mehrere_Spalten_markieren()` aus Listing 13.23 und ist in Listing 13.24 zu sehen.

```
Sub Mehrere_Zeilen_markieren()
   ActiveSheet.Range("2:2,4:4,7:10").Select
End Sub
```

Listing 13.24 Nicht zusammenhängende Zeilenbereiche werden markiert.

Wenn Sie die Angabe des Zeilenbereiches für die Eigenschaft `Range` in Listing 13.24 betrachten, dann stellen Sie sich vielleicht die Frage, wie die `Range`-Eigenschaft unterscheiden kann, ob es sich um Zeilennummern oder um Spaltennummern handelt. Die Antwort darauf: Die Eigenschaft `Range` erwartet immer eine Angabe in der A1-Bezugsart, das heißt, dass Spaltennummern nicht in der `Range`-Eigenschaft verwendet werden können.

13.5 Zellen und Zellbereiche markieren

Zeilen und Spalten sind sehr spezielle Zellbereiche, ich spreche in diesem Zusammenhang auch gerne von den natürlichen Zellbereichen eines Tabellenblatts. Natürlich deshalb, weil diese Zellbereiche aufgrund des Aufbaus eines

Tabellenblatts gegenüber allen anderen möglichen Zellbereichen eine Superposition einnehmen. Nichtsdestotrotz können auch andere beliebige Zellbereiche oder auch nur einzelne Zellen markiert werden. Die folgenden Prozeduren zeigen, wie eine Zelle, ein zusammenhängender Zellbereich, mehrere einzelne Zellen und mehrere nicht zusammenhängende Zellbereiche markiert werden.

```
Sub Zelle_markieren()
  ActiveSheet.Range("C3").Select
End Sub
```

Listing 13.25 Markieren einer einzelnen Zelle

In Listing 13.25 wird eine einzelne Zelle, nämlich die Zelle *C3*, markiert. Die Adresse der Zelle ist in der A1-Bezugsart angegeben, denn wie bereits erwähnt, können der Eigenschaft `Range` nur Bereichsangaben in dieser Bezugsart übergeben werden.

Ein zusammenhängender Zellbereich mit einer rechteckigen Form wird durch die Angabe der Zelle oben links und der Zelle unten rechts spezifiziert. Rechteckige Zellbereiche werden sehr häufig verwendet, da Tabellen in der Regel diese Form aufweisen. Die Prozedur in Listing 13.26 zeigt, wie ein solcher Zellbereich markiert wird.

```
Sub Zellbereich_markieren()
  ActiveSheet.Range("C2:F7").Select
End Sub
```

Listing 13.26 Markieren eines rechteckigen Zellbereichs

Der markierte Zellbereich in der Prozedur `Zellbereich_markieren()` umfasst alle Zellen, die in den Spalten *C* bis *F* und den Zeilen *2* bis *7* liegen. Die Zelle *C2* stellt die obere linke Ecke und die Zelle *F7* die untere linke Ecke des zu markierenden Bereichs dar.

Wenn Sie einzelne Zellen markieren wollen, müssen diese nicht notwendigerweise einen zusammenhängenden Bereich bilden. Die Prozedur in Listing 13.27 markiert einzelne Zellen, die sich nicht einmal an den Eckpunkten berühren.

```
Sub Mehrere_Zellen_markieren()
  ActiveSheet.Range("C3,D5,E2,F8").Select
End Sub
```

Listing 13.27 Markieren mehrerer einzelner Zellen

Die Adressen der Zellen werden durch Kommata getrennt aufgelistet. Da das Komma in diesem Fall wie ein Verkettungsoperator wirkt, wird der so komponierte Zellbereich markiert. In ähnlicher Weise werden auch mehrere Zellbereiche markiert, so wie das in Listing 13.28 der Fall ist.

```
Sub Mehrere_Zellbereiche_markieren()
   ActiveSheet.Range("B3:D5,C1:F2,E6:G8").Select
End Sub
```

Listing 13.28 Markieren mehrerer Zellbereiche

Die einzelnen Zellbereiche werden wiederum durch die obere linke Zelle und die untere rechte Zelle definiert und anschließend durch die Kommata zum gesamten Zellbereich zusammengefügt. Das Ergebnis der Prozedur `Mehrere_Zellbereiche_markieren()` können Sie in Abbildung 13.5 betrachten.

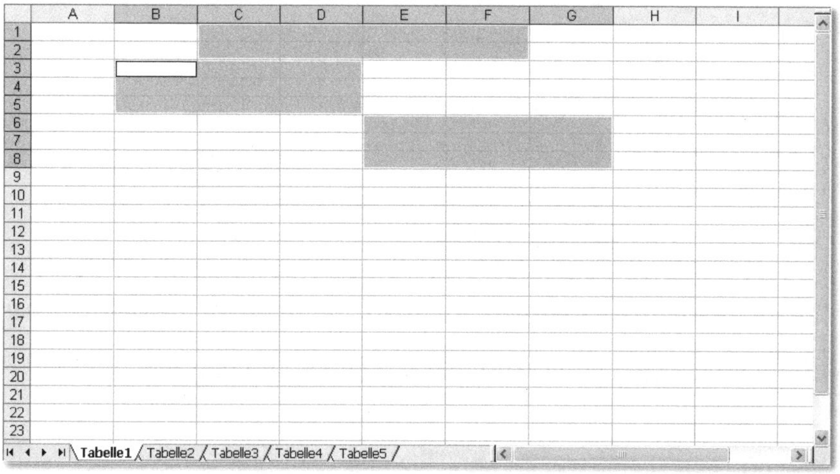

Abbildung 13.5 Ergebnis der Prozedur Mehrere_Zellbereiche_markieren()

Das Komma ist jedoch nicht der einzige Operator, den Sie bei der Übergabe von Zellbereichen an die Eigenschaft `Range` verwenden können. Der Doppelpunkt, den Sie bereits häufig für Bereichsangaben benutzt haben, gehört ebenfalls dazu. Es handelt sich dabei um den so genannten Bereichsoperator. Auch wenn Sie bisher nicht gewusst haben, dass der Doppelpunkt wie ein Operator behandelt wird, so kennen Sie doch dessen Einsatzweise. Noch ein dritter Operator kann für Bereichsangaben genutzt werden, nämlich das Leerzeichen. Das Leerzeichen verbindet die angegebenen Zellbereiche in der Art, dass die Schnittmenge dieser Zellbereiche gebildet wird. Anders ausgedrückt, enthält der resultierende Zellbereich diejenigen Zellen, die allen Zellbereichen gemeinsam sind. Sie müssen bei der Angabe der Zellbereiche darauf achten, dass diese sich auch wirklich überlappen, und zwar jeder Zellbereich mit jedem anderen. Die Prozedur in Listing 13.29 bildet die Schnittmenge der Zellbereiche *C4:E12*, *D9:H12* und *D2:E20*.

```
Sub Zellbereiche_Schnittmenge()
   ActiveSheet.Range("C4:E12 D9:H12 D2:E20").Select
End Sub
```

Listing 13.29 Markieren der Schnittmenge mehrerer Zellbereiche

Der resultierende Zellbereich ist der Zellbereich *D9:E12*. Diese Zellen sind allen Zellbereichen gemeinsam. Abbildung 13.6 zeigt die drei Zellbereiche und deren Schnittmenge.

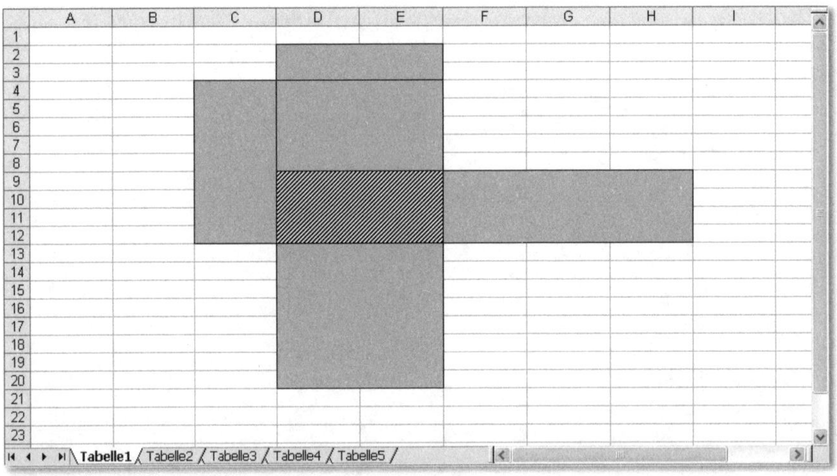

Abbildung 13.6 Überlappende Zellbereiche und deren Schnittmenge

Sie haben bisher gelernt, dass ein Zellbereich durch die Angabe der oberen linken Zelle und der unteren rechten Zelle definiert werden kann. Deshalb können der `Range`-Eigenschaft auch zwei Adressen von Zellen übergeben werden, die als die obere linke und die untere rechte Zelle eines Zellbereichs interpretiert werden können, zum Beispiel `Range("C3", "F12")`. Beachten Sie, dass die doppelten Anführungszeichen jeweils eine Adresse umschließen und dass das Komma nicht innerhalb der doppelten Anführungszeichen steht und somit auch nicht als Verkettungsoperator interpretiert wird, sondern lediglich die beiden Angaben voneinander trennt, wie es in Argumentlisten üblich ist. Nun hat die Form `Range("C3", "F12")` an sich keinen Vorteil gegenüber `Range("C3:F12")`, mit der derselbe Zellbereich angesprochen wird. Der Vorteil ergibt sich erst dann, wenn während der Programmierung die Adressen für einen Zellbereich getrennt ermittelt und auch getrennt an die Eigenschaft Range übergeben werden. Die Prozedur in Listing 13.30 soll dies verdeutlichen.

```
Sub Zellbereich_Komponenten()
    Dim intRow As Integer
    Dim intColumn As Integer
    intRow = 2
    For intColumn = 10 To 2 Step -1
        Range(Cells(2, 2), Cells(intRow, intColumn)).Select
        Debug.Print Selection.Address(False, False)
        intRow = intRow + 1
    Next intColumn
End Sub
```

Listing 13.30 Übergabe von zwei Komponenten an die Range-Eigenschaft

Als Erstes werden in der Prozedur Zellbereich_Komponenten() die beiden Variablen intRow und intColumn deklariert, die später eine Zeilennummer und eine Spaltennummer enthalten werden. Die Variable intRow erhält als Ausgangswert den Wert *2*, und intColumn wird als Zählvariable der For ... Next-Schleife verwendet, die rückwärts zählend die Werte *10* bis *2* annimmt. In der Schleife wird nun ein Zellbereich mit der Methode Select markiert. Der Zellbereich wird dabei wie üblich durch die Range-Eigenschaft bestimmt. Dazu werden der Range-Eigenschaft die Adressen zweier Zellen übergeben, die mit der Eigenschaft Cells des Range-Objekts bestimmt werden. Die Argumente der Cells-Eigenschaft repräsentieren eine Zeilennummer und eine Spaltennummer. So ergibt der Ausdruck Cells(2, 2) die Zelle *B2*. Während der Ausdruck Cells(2, 2) immer konstant bleibt, verändert sich der Ausdruck Cells(intRow, intColumn), welcher der Range-Eigenschaft als zweites Argument übergeben wird, mit jedem Schleifendurchlauf. Dabei wird der Wert von intColumn immer kleiner und der Wert von intRow immer größer, da dieser bei jedem Schleifendurchlauf um eins erhöht wird. Entsprechend ändert sich auch der markierte Zellbereich. Damit sich diese Änderungen leichter verfolgen lassen, wird die Adresse des jeweils ausgewählten Zellbereichs im Direktfenster ausgegeben. Die Adresse wird über die Eigenschaft Address des Range-Objekts ermittelt. Das entsprechende Range-Objekt wiederum wird durch die Eigenschaft Selection des Application-Objekts zurückgegeben. Die Eigenschaft Selection gibt immer die momentan markierten Objekte zurück.

Wenn Sie Applikationen für Microsoft Office Excel 2003 programmieren, dann werden Sie Zellbereiche nicht nur nach deren Adressen markieren, sondern auch nach deren Inhalten. Zu diesem Zweck gibt es die Methode `SpecialCells` des `Range`-Objekts. Die `SpecialCells`-Methode gibt ein `Range`-Objekt zurück, das alle Zellen enthält, die einen bestimmten Typ von Wert enthalten. Dieser Typ wird durch eine vordefinierte Konstante bestimmt, die der Methode `SpecialCells` als Argument übergeben wird. Die vordefinierten Konstanten für das Argument `Type` der `SpecialCells`-Methode finden Sie in Tabelle 13.1.

Konstante	**Beschreibung**
`xlCellTypeAllFormatCondition`	Zellen mit beliebigem Format
`xlCellTypeAllValidation`	Zellen mit Gültigkeitskriterien
`xlCellTypeBlanks`	Leerzellen
`xlCellTypeComments`	Zellen mit Kommentaren
`xlCellTypeConstants`	Zellen mit Konstanten
`xlCellTypeFormulas`	Zellen mit Formeln
`xlCellTypeLastCell`	letzte Zelle im verwendeten Bereich
`xlCellTypeSameFormatConditions`	Zellen mit gleichem Format
`xlCellTypeSameValidation`	Zellen mit gleichen Gültigkeitskriterien
`xlCellTypeVisible`	alle sichtbaren Zellen

Tabelle 13.1 Übersicht über die XlCellType-Konstanten

Neben dem Argument `Type` können Sie der Methode `SpecialCells` noch ein weiteres optionales Argument übergeben, nämlich das Argument `Value`. Während das Argument `Type` den Zelltyp beschreibt, kann mit dem Argument `Value` der Wert einer Zelle bis zu einem gewissen Grad analysiert werden. Auch die Werte für das Argument `Value` werden durch vordefinierte Konstanten festgelegt. Diese Konstanten sind in Tabelle 13.2 aufgelistet.

Konstante	**Beschreibung**
`xlErrors`	Zellen mit fehlerhaften Werten
`xlLogical`	Zellen mit logischen Werten
`xlNumbers`	Zellen mit numerischen Werten
`xlTextValues`	Zellen mit alphanumerischen Werten

Tabelle 13.2 Übersicht über die XlSpecialCellsValues-Konstanten

Anhand von Tabelle 13.1 und Tabelle 13.2 ist es nun leicht möglich, eine Prozedur zu schreiben, die alle Zellen in einem Tabellenblatt markiert, die Formeln enthalten.

```
Sub Zellen_mit_Formel_markieren()
   On Error Resume Next
   ActiveSheet.Cells.SpecialCells(xlCellTypeFormulas).Select
End Sub
```

Listing 13.31 Zellen mit Formeln werden markiert.

Die Prozedur in Listing 13.31 markiert alle Zellen mit der Methode `Select`, die Formeln enthalten. Dazu wird die Methode `SpecialCells` des `Range`-Objekts mit dem Argument `xlCellTypeFormulas` aufgerufen. Das `Range`-Objekt wird durch die Eigenschaft `Cells` des `Worksheet`-Objekts zurückgegeben. Das durch die Eigenschaft `Cells` zurückgegebene `Range`-Objekt enthält alle Zellen eines Tabellenblatts.

Wie bereits erwähnt, benötigen Sie das Argument `Value`, wenn Sie mit der `SpecialCells`-Methode alle Zellen eines Tabellenblatts finden möchten, die einen bestimmten Wert enthalten. Die Prozedur in Listing 13.32 markiert alle Zellen, die einen numerischen Wert enthalten.

```
Sub Zellen_mit_numerischen_Werten_markieren()
   On Error Resume Next
   ActiveSheet.Cells.SpecialCells(xlCellTypeConstants, _
      xlNumbers).Select
End Sub
```

Listing 13.32 Alle Zellen mit numerischen Werten werden markiert.

Um ein `Range`-Objekt zurückzugeben, das alle Zellen mit numerischen Werten enthält, wird für das Argument `Value` der Methode `SpecialCells` die Konstante `xlNumbers` übergeben.

13.6 Zellen und Zellbereiche formatieren

An Zellen und Zellbereichen können eine Reihe von Formatierungen vorgenommen werden. Dazu gehören im Wesentlichen Formatierungen der Schrift, des Rahmens und der Hintergrundfarbe beziehungsweise des Hintergrundmusters. Mit den Einstellungen zu Hintergrundfarbe und Hintergrundmuster werde ich meine Ausführungen zu diesem Thema beginnen.

Die Hintergrundfarbe einer Zelle können Sie über zwei Eigenschaften verändern, erstens über die Eigenschaft `ColorIndex` und zweitens über die Eigenschaft `Color`. Der Unterschied zwischen den beiden Eigenschaften ist, dass Sie für `ColorIndex` nur einen Farbwert aus einer Palette mit 56 Farben auswählen können, während Sie mit der Eigenschaft `Color` einen von über 16 Millionen Farbtönen festlegen können. Die Prozedur in Listing 13.33 benutzt die Eigenschaft `ColorIndex`, um einem Zellbereich einen neuen Farbwert zuzuweisen.

```
Sub Hintergrundfarbe_ColorIndex()
   Dim intColor As Integer
   On Error Resume Next
   intColor = CInt(InputBox("Eine Zahl eingeben (1 - 56)"))
   Range("C2:F7").Interior.ColorIndex = xlColorIndexNone
   Range("C2:F7").Interior.ColorIndex = intColor
End Sub
```

Listing 13.33 Hintergrundfarbe mit der Eigenschaft »ColorIndex« festlegen

Zunächst wird in der Prozedur `Hintergrundfarbe_ColorIndex()` der Benutzer dazu aufgefordert, eine Zahl zwischen eins und 56 einzugeben. Die Zahl wird der Eigenschaft `ColorIndex` als Wert zugewiesen, wodurch ein Farbwert aus der Palette ausgewählt wird. Die Eigenschaft `ColorIndex` ist eine Eigenschaft des `Interior`-Objekts, das durch die Eigenschaft `Interior` zurückgegeben wird. Grundsätzlich beschreibt das `Interior`-Objekt das Innere eines grafischen Objekts, in diesem Fall das Innere der Zellen eines Zellbereichs. Bevor die Eigenschaft `ColorIndex` den Wert der Variablen `intColor` zugewiesen bekommt, wird dieser Eigenschaft der Wert der vordefinierten Konstante `xlColorIndexNone` zugewiesen. Dadurch wird eine bereits bestehende Farbzuweisung an den Hintergrund des ausgewählten Zellbereichs aufgehoben.

Um eine Hintergrundfarbe mit der Eigenschaft `Color` festzulegen, benötigen Sie drei Angaben, denn ein Farbwert für die Eigenschaft `Color` wird aus den Farbanteilen Rot, Grün und Blau zusammengesetzt.

```
Sub Hintergrund_Color()
   Dim intRed As Integer
   Dim intGreen As Integer
   Dim intBlue As Integer
   On Error Resume Next
   intRed = Range("B3").Value
   intGreen = Range("B4").Value
   intBlue = Range("B5").Value
   Range("C2:F7").Interior.Color = RGB(intRed, intGreen, intBlue)
End Sub
```

Listing 13.34 Hintergrundfarbe mit der Eigenschaft »Color« festlegen

Die Prozedur in Listing 13.34 liest die Werte der Zellen *B3* bis *B5* aus und weist diese den Variablen `intRed`, `intGreen` und `intBlue` zu. Die Zellen müssen numerische Werte zwischen null und 255 enthalten. Dadurch werden die Farbanteile für die Farben Rot, Grün und Blau bestimmt. Je größer die Zahl, desto größer der entsprechende Farbanteil. Die Werte der Variablen `intRed`, `intGreen` und `intBlue` werden an die Funktion `RGB()` übergeben, die aus den Farbanteilen eine Mischfarbe erstellt. Der daraus resultierende Farbwert wird der Eigenschaft `Color` des `Interior`-Objekts zugewiesen.

Neben einer Hintergrundfarbe kann dem Inneren einer Zelle auch ein Muster zugeordnet werden. Dafür stehen 18 verschiedene Muster zur Verfügung. Die Auswahl eines Musters erfolgt über die Eigenschaft `Pattern` des `Interior`-Objekts.

```
Sub Hintergrundmuster()
   Dim intPattern As Integer
   On Error Resume Next
   intPattern = CInt(InputBox("Eine Zahl eingeben (1 - 18)"))
   Range("C2:F7").Interior.Pattern = intPattern
   Range("C2:F7").Interior.PatternColorIndex = 1
End Sub
```

Listing 13.35 Festlegen eines Hintergrundmusters

In Listing 13.35 wird der Eigenschaft `Pattern` ein numerischer Wert zugewiesen, der zwischen eins und 18 liegt. Dadurch wird das korrespondierende Hintergrundmuster ausgewählt. Dem Muster selbst kann über die Eigenschaft `PatternColorIndex` ein Farbwert zugeordnet werden, der wie bei der Eigenschaft `ColorIndex` aus einer Farbpalette mit 56 Farben stammt. Ich möchte noch darauf hinweisen, dass Sie einer Zelle oder einem Zellbereich gleichzeitig sowohl eine Hintergrundfarbe als auch ein Hintergrundmuster zuweisen können.

Neben dem Inneren von Zellen lassen sich auch deren Rahmen formatieren. Außer der Rahmenfarbe können vor allem die Linienart und die Stärke der Begrenzungslinien verändert werden. Eine Prozedur, in der alle diese Formatierungen durchgeführt werden, ist in Listing 13.36 dargestellt.

```
Sub Rahmen_formatieren()
   With Range("C2:F7").Borders
      .ColorIndex = 14
      .LineStyle = xlDouble
      .Weight = xlThick
```

```
    End With
End Sub
```

Listing 13.36 Formatierung des Rahmens von Zellen

Um den Rahmen von Zellen und Zellbereichen zu formatieren, benötigen Sie die Eigenschaft `Borders` des `Range`-Objekts, die eine `Borders`-Auflistung mit allen Rahmen zurückgibt. Zur Einstellung der Rahmenfarbe können Sie entweder die Eigenschaft `Color` oder, wie in diesem Beispiel, die Eigenschaft `ColorIndex` benutzen. Die Art der Linie wird mit der Eigenschaft `LineStyle` festgelegt, während die Stärke der Linie mit der Eigenschaft `Weight` bestimmt wird. Für die Eigenschaften `LineStyle` und `Weight` existieren eine Reihe von vordefinierten Konstanten, die in Tabelle 13.3 und Tabelle 13.4 aufgelistet sind.

Konstante	Beschreibung
`xlContinuous`	Der Rahmen besteht aus einer durchgezogenen Linie.
`xlDash`	Der Rahmen besteht aus einer gestrichelten Linie.
`xlDashDot`	Der Rahmen besteht aus einer Strich-Punkt-Linie.
`xlDashDotDot`	Der Rahmen besteht aus einer Strich-Punkt-Punkt-Linie.
`xlDot`	Der Rahmen besteht aus einer gepunkteten Linie.
`xlDouble`	Der Rahmen besteht aus einer doppelten Linie.
`xlSlantDashDot`	Der Rahmen besteht aus einer Wellen-Punkt-Linie.
`xlLineStyleNone`	Es wird kein Rahmen angezeigt.

Tabelle 13.3 Übersicht über die xlLineStyle-Konstanten

Konstante	Beschreibung
`xlHairline`	Die Stärke des Rahmens ist fein.
`xlThin`	Die Stärke des Rahmens ist dünn.
`xlMedium`	Die Stärke des Rahmens ist mittel.
`xlThick`	Die Stärke des Rahmens ist dick.

Tabelle 13.4 Übersichtüber die xlBorderWeight-Konstanten

Ebenfalls eine wichtige Formatierung, die an Zellen und Zellbereichen vorgenommen werden kann, ist die Schrift. Gerade die Schrift bietet eine Vielzahl von Formatierungsmöglichkeiten, die in Tabelle 13.5 aufgelistet sind.

Eigenschaft	Beschreibung
`Background`	Gibt den Hintergrundtyp zurück oder legt diesen fest. Diese Eigenschaft bezieht sich auf Texte, die in Diagrammen verwendet werden.
`Bold`	Diese Eigenschaft hat den Wert `True`, wenn der Text fett formatiert ist.
`Color`	Gibt die Farbe der Schriftart zurück oder legt diese fest.
`ColorIndex`	Gibt die Farbe der Schriftart zurück oder legt diese fest. Anders als bei der Eigenschaft `Color` können bei `ColorIndex` nur Indexwerte der aktuellen Farbpalette angegeben werden oder die Konstanten `xlColorIndexAutomatic` bzw. `xlColorIndexNone`. Die Indexwerte für `ColorIndex` liegen zwischen null und 56.
`FontStyle`	Gibt den Schriftschnitt zurück oder legt diesen fest.
`Italic`	Diese Eigenschaft hat den Wert `True`, wenn der Text kursiv formatiert ist.
`Name`	Gibt den Namen der Schriftart zurück oder legt diesen fest.
`Shadow`	Diese Eigenschaft hat den Wert `True`, wenn der Text schattiert formatiert ist.
`Size`	Gibt die Schriftgröße zurück oder legt diese fest.
`Strikethrough`	Diese Eigenschaft hat den Wert `True`, wenn der Text horizontal durchgestrichen formatiert ist.
`Subscript`	Diese Eigenschaft hat den Wert `True`, wenn der Text tiefgestellt formatiert ist.
`Superscript`	Diese Eigenschaft hat den Wert `True`, wenn der Text hochgestellt formatiert ist.
`Underline`	Diese Eigenschaft hat den Wert `True`, wenn der Text unterstrichen formatiert ist.

Tabelle 13.5 Übersicht über die Eigenschaften des Font-Objekts (nur Formatierung)

Auf alle Formatierungsmöglichkeiten einzugehen, würde zu weit führen, deshalb werde ich exemplarisch ein paar der Eigenschaften aus Tabelle 13.5 herausgreifen und in Listing 13.37 verwenden.

```
Sub Schrift_formatieren()
   With Range("C2:F7").Font
      .Name = "Times New Roman"
      .Size = 20
      .Italic = True
      .Underline = True
   End With
End Sub
```

Listing 13.37 Formatierung der Schrift von Zellen

Zur Formatierung der Schrift wird auf die Eigenschaften eines `Font`-Objekts zurückgegriffen, das durch die Eigenschaft `Font` des `Range`-Objekts zurückgegeben wird. Die Eigenschaften zur Formatierung des `Font`-Objekts sind in Tabelle 13.5 aufgeführt, und einige davon werden auch in der Prozedur `Schrift_formatieren()` benutzt. Dazu gehören die Eigenschaft `Name`, mit der eine Schriftart festgelegt wird, oder die Eigenschaft `Size` für die Schriftgröße.

13.7 Aufgaben und Übungen

1. Welche Bezugsarten gibt es in Microsoft Office Excel 2003? Worin unterscheiden sich diese Bezugsarten?
2. Erstellen Sie eine Prozedur zum Einfügen von Spalten, bei der die Spaltennamen der einzufügenden Spalten als Argumente übergeben werden.
3. Erstellen Sie eine Prozedur zum Einfügen von Zeilen, bei der die Zeilennummern der einzufügenden Zeilen als Argumente übergeben werden.
4. Erstellen Sie eine Prozedur, mit der Spalten sowohl aus- als auch eingeblendet werden können. Verwenden Sie zur Adressierung der Spalten Spaltennummern.
5. Erstellen Sie eine Prozedur, die alle Zellen markiert, die sich aus der Schnittmenge der Spalten *B:F* und der Zeilen *2:8* ergeben.
6. Erstellen Sie eine Prozedur, bei der in einer Schleife nacheinander die Zellbereiche *C1:F1*, *C2:F2*, ... *C10:F10* markiert werden.
7. Erstellen Sie eine Prozedur, die alle Zellen markiert, die leer sind.
8. Erstellen Sie eine Prozedur, die alle Zellen markiert, die alphanumerische Werte enthalten.
9. Erstellen Sie eine Prozedur, die in den Zellen B1 bis B56 jeden Wert der aktuellen Farbpalette ausgibt.
10. Erstellen Sie eine Prozedur, die für den ausgewählten Zellbereich die folgenden Formatierungen vornimmt: Schriftart Helvetica, 10 Punkt, schattiert und Fettdruck.

14 Diagramme

Diagramme sind die grafische Aufbereitung von Daten, die in Tabellen gespeichert sind. Selbstverständlich können Diagramme auch mit VBA erstellt und formatiert werden. Die Beschreibung der Objekte, Methoden und Eigenschaften von Diagrammen ist Gegenstand dieses Kapitels.

Wenn Sie in Microsoft Office Excel 2003 mit Diagrammen arbeiten, dann müssen Sie immer unterscheiden, ob es sich um ein Diagramm auf einem Diagrammblatt oder um ein eingebettetes Diagramm handelt. Besonders wichtig ist diese Unterscheidung, wenn Sie Diagramme mit VBA bearbeiten. Zwar werden beide Diagrammtypen durch `Chart`-Objekte repräsentiert, der Kontext, in dem die `Chart`-Objekte verwendet werden ist jedoch ein völlig anderer. In Kapitel 11, *Ereignisprozeduren*, haben Sie bereits einen Vorgeschmack darauf erhalten, wie unterschiedlich `Chart`-Objekte behandelt werden müssen, je nachdem, ob das jeweilige `Chart`-Objekt ein Diagrammblatt oder ein eingebettetes Diagramm repräsentiert. In diesem Kapitel werden sowohl Diagramme auf Diagrammblättern als auch eingebettete Diagramme betrachtet.

14.1 Diagramme erstellen

Zunächst einmal möchte ich Ihnen zeigen, wie Diagramme auf Diagrammblättern erstellt werden, da diese etwas einfacher in der Handhabung sind. Als Erstes muss ein Diagrammblatt in die aktuelle Arbeitsmappe eingefügt werden. Dies kann auf zweierlei Arten geschehen, wie Listing 14.1 und Listing 14.2 beweisen.

```
Sub Diagrammblatt_einfuegen()
   ActiveWorkbook.Charts.Add
End Sub
```

Listing 14.1 Einfügen eines Diagrammblatts (Variante I)

```
Sub Diagrammblatt_einfuegen2()
   ActiveWorkbook.Sheets.Add Type:=xlChart
End Sub
```

Listing 14.2 Einfügen eines Diagrammblatts (Variante II)

In Listing 14.1 wird die `Add`-Methode der `Sheets`-Auflistung verwendet, um ein neues Diagrammblatt in der aktiven Arbeitsmappe zu erstellen. Die

Sheets-Auflistung wird dabei durch die Eigenschaft Charts zurückgegeben. Die Eigenschaft Charts gibt in der Sheets-Auflistung nur Diagrammblätter zurück. Durch die Add-Methode wird ein neues Chart-Objekt in der Sheets-Auflistung erzeugt.

Natürlich wird auch in Listing 14.2 ein neues Chart-Objekt in der Sheets-Auflistung erstellt, denn nur ein Chart-Objekt kann ein Diagramm repräsentieren. Nur wird diesmal die Sheets-Eigenschaft verwendet, um die Sheets-Auflistung zurückzugeben. Diese Sheets-Auflistung enthält nicht nur die Diagrammblätter der aktiven Arbeitsmappe, sondern auch alle anderen Arbeitsblätter, so dass die Semantik der Add-Methode nicht eindeutig anzeigt, was für ein Arbeitsblatt der Sheets-Auflistung hinzugefügt werden soll. Das wird erst durch das Argument Type klar, dem der Wert der vordefinierten Konstanten xlChart zugewiesen wird. Dadurch wird die Add-Methode veranlasst, ein Diagrammblatt einzufügen.

Eine Schwalbe macht noch keinen Frühling, oder besser gesagt, ein Diagrammblatt macht noch kein Diagramm. Damit in dem Diagrammblatt auch wirklich ein Diagramm angezeigt wird, werden Daten in Form einer Tabelle benötigt. Das Diagramm, das auf dem Diagrammblatt entstehen soll, bezieht sich auf die Tabelle des Tabellenblatts *Datentabelle*, die in Abbildung 14.1 zu sehen ist.

	A	B	C	D	E	F	G
1							
2			**2002**	**2003**	**2004**	**2005**	
3		**Hühner**	165	220	268	217	
4		**Schafe**	104	130	146	168	
5		**Schweine**	150	134	152	128	
6		**Rinder**	75	82	68	52	
7							
8							
9							

Abbildung 14.1 Datentabellen für das Diagramm

Im nächsten Schritt müssen Datentabelle und Diagrammblatt miteinander verknüpft werden. Das geschieht mit der Prozedur in Listing 14.3.

```
Sub Diagramm_erstellen()
   Dim chtChart As Chart
   Set chtChart = ActiveWorkbook.Charts("Diagramm1")
   chtChart.ChartType = xl3DLine
   chtChart.SetSourceData _
      Source:=Worksheets("Datentabelle").Range("B2:F6")
   Set chtChart = Nothing
End Sub
```

Listing 14.3 Diagramm auf einem Diagrammblatt erstellen

In der Prozedur Diagramm_erstellen() wird zunächst eine Objektvariable mit dem Objektdatentyp Chart angelegt. Diese Objektvariable wird mit dem Chart-Objekt initialisiert, welches das Diagrammblatt repräsentiert, das zuvor erstellt wurde. Dazu wird aus der Sheets-Auflistung, die durch die Eigenschaft Charts zurückgegeben wird, das Chart-Objekt mit dem Namen *Diagramm1* ausgewählt. Als Nächstes wird für dieses Chart-Objekt die ChartType-Eigenschaft auf den Wert der vordefinierten Konstanten xl3DLine gesetzt. Die Eigenschaft ChartType bestimmt darüber, welcher Diagrammtyp verwendet wird. In diesem Fall handelt es sich um einen Untertyp von Liniendiagrammen in dreidimensionaler Darstellung. Nun muss noch der Verweis auf die Datentabelle gemacht werden. Dazu wird die Methode SetSourceData verwendet. Mit dem Argument Source der SetSourceData-Methode wird ein Range-Objekt an die Methode übergeben. Das Range-Objekt enthält natürlich alle Zellen, die zur Datentabelle gehören. Mit diesen Angaben wird nun das Diagramm auf dem Diagrammblatt erstellt. Das fertige Diagramm ist in Abbildung 14.2 zu sehen.

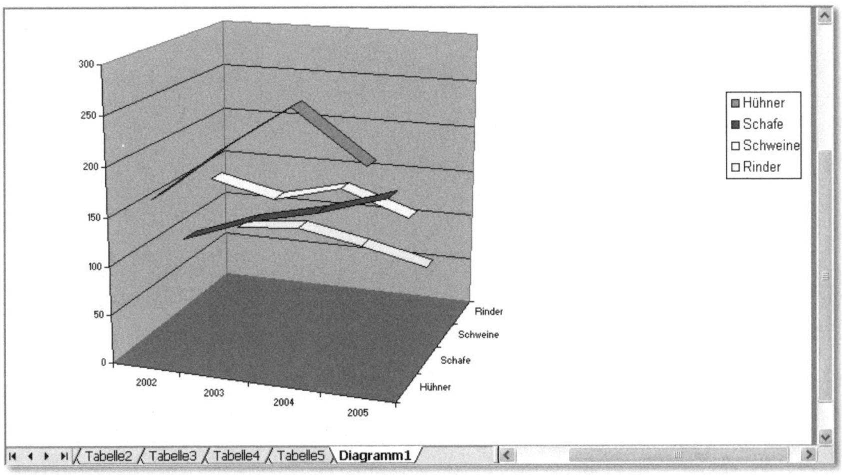

Abbildung 14.2 Diagramm auf einem Diagrammblatt

Microsoft Office Excel 2003 ist reich gesegnet mit Diagrammtypen und Untertypen. In Tabelle 14.1 werden deshalb alle Diagrammtypen aufgelistet sowie die Konstanten, mit denen der Diagrammtyp in der Eigenschaft ChartType festgelegt werden kann. Selbstverständlich gelten diese Konstanten auch für eingebettete Diagramme.

Diagrammtyp	Untertyp	Konstante
Balkendiagramm	Balken (gruppiert)	`xlBarClustered`
	Balken aus Kreis	`xlBarOfPie`
	Balken (gestapelt)	`xlBarStacked`
	Balken (100 %, gestapelt)	`xlBarStacked100`
	3-D-Balken (gruppiert)	`xl3DBarClustered`
	3-D-Balken (gestapelt)	`xl3DBarStacked`
	3-D-Balken (100 %, gestapelt)	`xl3DBarStacked100`
Blasendiagramm	Blasendiagramm	`xlBubble`
	Blasen mit 3-D-Effekt	`xlBubble3DEffect`
Flächendiagramm	Flächendiagramm	`xlArea`
	Flächen (gestapelt)	`xlAreaStacked`
	Flächen (100 %, gestapelt)	`xlAreaStacked100`
	3-D-Flächen	`xl3DArea`
	3-D-Flächen (gestapelt)	`xl3DAreaStacked`
	Flächen (100 %, gestapelt)	`xl3DAreaStacked100`
Kegeldiagramm	Kegelbalken (gruppiert)	`xlConeBarClustered`
	Kegelbalken (100 %, gestapelt)	`xlConeBarStacked`
	Kegelbalken (100 %, gestapelt)	`xlConeBarStacked100`
	3-D-Kegelsäulen	`xlConeCol`
	Kegelsäulen (gruppiert)	`xlConeColClustered`
	Gestapelte Kegelspalte	`xlConeColStacked`
	Kegelsäulen (100 %, gestapelt)	`xlConeColStacked100`
Kreisdiagramm	Kreisdiagramm	`xlPie`
	Kreis aus Kreis	`xlPieOfPie`
	Kreis (auseinander gezogen)	`xlPieExploded`
	3-D-Kreis	`xl3DPie`
	3-D-Kreis (auseinander gezogen)	`xl3DPieExploded`
Kursdiagramm	höchst-tiefst-geschlossen	`xlStockHLC`
	geöffnet-höchst-tiefst-geschlossen	`xlStockOHLC`
	Volumen-höchst-tiefst-geschlossen	`xlStockVHLC`

Tabelle 14.1 Diagrammtypen und Konstanten der Klasse XlChartType

Diagrammtyp	Untertyp	Konstante
	Volumen-Öffnung-höchst-tiefst-geschlossen	xlStockVOHLC
Liniendiagramm	Liniendiagramm	xlLine
	Linien (gestapelt) mit Datenpunkten	xlLineMarkersStacked
	Linien (gestapelt)	xlLineStacked
	3-D-Linien	xl3DLine
	Linien mit Datenpunkten	xlLineMarkers
	Linien (100 %, gestapelt, mit Datenpunkten)	xlLineMarkersStacked100
	Linien (100 %, gestapelt)	xlLineStacked100
Netzdiagramm	Netzdiagramm	xlRadar
	Netz (gefüllt)	xlRadarFilled
	Netz mit Datenpunkten	xlRadarMarkers
Oberflächendiagramm	3-D-Oberfläche	xlSurface
	Oberfläche (Draufsicht)	xlSurfaceTopView
	Oberfläche (Draufsicht, Drahtmodell)	xlSurfaceTopViewWireframe
	3-D-Oberfläche (Drahtmodell)	xlSurfaceWireframe
Punktdiagramm	Punktdiagramm	xlXYScatter
	Punkte mit Linien	xlXYScatterLines
	Punkte mit Linien ohne Datenpunkte	xlXYScatterLinesNoMarkers
	Punkte mit interpolierten Linien	xlXYScatterSmooth
	Punkte mit interpolierten Linien ohne Datenpunkte	xlXYScatterSmoothNoMarkers
Pyramidendiagramm	Pyramidenbalken (gestapelt)	xlPyramidBarStacked
	Pyramidenbalken (gruppiert)	xlPyramidBarClustered
	Pyramidenbalken (100 %, gestapelt)	xlPyramidBarStacked100
	3-D-Pyramidensäulen	xlPyramidCol
	Pyramidensäulen (gruppiert)	xlPyramidColClustered
	Pyramidensäulen (gestapelt)	xlPyramidColStacked

Tabelle 14.1 Diagrammtypen und Konstanten der Klasse XlChartType (Forts.)

Diagrammtyp	Untertyp	Konstante
	Pyramidensäulen (100 %, gestapelt)	xlPyramidColStacked100
Ringdiagramm	Ringdiagramm	xlDoughnut
	Ring (auseinandergezogen)	xlDoughnutExploded
Säulendiagramm	Säulen (gruppiert)	xlColumnClustered
	gestapelte Säulen	xlColumnStacked
	Säulen (100 %, gestapelt)	xlColumnStacked100
	3-D-Säulen	xl3DColumn
	3-D-Säulen (gruppiert)	xl3DColumnClustered
	3-D-Säulen (gestapelt)	xl3DColumnStacked
	3-D-Säulen (100 %, gestapelt)	xl3DColumnStacked100
Zylinderdiagramm	Zylinderbalken (gruppiert)	xlCylinderBarClustered
	Zylinderbalken (gestapelt)	xlCylinderBarStacked
	Zylinderbalken (100 %, gestapelt)	xlCylinderBarStacked100
	3-D-Zylindersäulen	xlCylinderCol
	Kegelsäulen (gruppiert)	xlCylinderColClustered
	Kegelsäulen (gestapelt)	xlCylinderColStacked
	Zylindersäulen (100 %, gestapelt)	xlCylinderColStacked100

Tabelle 14.1 Diagrammtypen und Konstanten der Klasse XlChartType (Forts.)

Als Nächstes möchte ich Ihnen zeigen, wie Sie ein eingebettetes Diagramm erstellen. Eingebettete Diagramme befinden sich nicht auf einem separaten Diagrammblatt, sondern als Objekt in einem Tabellenblatt. So kann das Diagramm in unmittelbarer Nähe zur Datentabelle platziert werden. Der Benutzer hat auf diese Weise die Möglichkeit, Tabellendaten und grafische Darstellung direkt miteinander zu vergleichen. In Listing 14.4 wird ein eingebettetes Diagramm auf dem Tabellenblatt *Datentabelle* eingefügt.

```
Sub Eingebettetes_Diagramm_erstellen()
   Dim choChartObject As ChartObject
   Set choChartObject = _
   Worksheets("Datentabelle").ChartObjects.Add(60, 90, 400, 200)
   choChartObject.Chart.ChartType = xlLine
   choChartObject.Chart.SetSourceData _
      Source:=Worksheets("Datentabelle").Range("B2:F6")
```

```
    Set choChartObject = Nothing
End Sub
```

Listing 14.4 Erstellen eines eingebetteten Diagramms

Die Prozedur Eingebettetes_Diagramm_erstellen() deklariert als Erstes eine Objektvariable des Objektdatentyps ChartObject. Mit dem ChartObject-Objekt wird ein eingebettetes Diagramm in einem Tabellenblatt repräsentiert. Wenn Sie jetzt stutzig werden, dann völlig zu Recht, denn bisher habe ich immer geschrieben, dass sowohl eingebettete Diagramme als auch Diagramme auf Diagrammblättern durch ein Chart-Objekt repräsentiert werden. Und so paradox das klingen mag, diese Aussage ist absolut richtig. Deshalb werde ich Ihnen zu erklären versuchen, wie das ChartObject-Objekt in dieses Szenario einzuordnen ist. Das ChartObject-Objekt verhält sich zum Chart-Objekt wie ein Behälter, der das Chart-Objekt umschließt. In der Programmierung werden solche Behälter als Container bezeichnet. Das Chart-Objekt ist also in dem ChartObject-Objekt enthalten. Um an das Chart-Objekt heranzukommen, wird eine Eigenschaft für das ChartObject-Objekt benötigt, die das Chart-Objekt zurückgibt. Diese Eigenschaft heißt Chart, doch dazu gleich mehr.

Die Objektvariable choChartObject wird in der Set-Anweisung mit einem neuen ChartObject-Objekt initialisiert, das durch die Add-Methode der ChartObjects-Auflistung erzeugt wird. Die ChartObjects-Auflistung wird durch die Methode ChartObjects des Worksheet-Objekts zurückgegeben. Der Add-Methode werden vier Argumente übergeben, die Größe und Position des eingebetteten Diagramms bestimmen. Nachdem nun die Objektvariable choChartObject initialisiert ist, kann über die Eigenschaft Chart auf das eigentliche Chart-Objekt zugegriffen werden. Wie schon in Listing 14.3 gezeigt, werden die Eigenschaft ChartType und die Methode SetSourceData aufgerufen, um das Diagramm zu erstellen. Das Ergebnis des Prozedur Eingebettetes_Diagramm_erstellen() ist in Abbildung 14.3 dargestellt.

Im Gegensatz zu einem Diagramm auf einem Diagrammblatt kommt es bei einem eingebetteten Diagramm auf die richtige Größe und Position an, damit keine Daten des Tabellenblatts durch das Diagramm verdeckt werden. Schon beim Erzeugen des entsprechenden ChartObject-Objekts in Listing 14.4 wurden der Add-Methode Angaben über die Größe und Position des Tabellenblatts mitgegeben. Die Argumente des Methodenaufrufs Add(60, 90, 400, 200) legen die Werte für den Abstand vom linken Rand des Tabellenblatts, für den Abstand vom oberen Rand des Tabellenblatts, für die Breite und für die Höhe des Diagramms fest. Natürlich können diese Werte auch nach dem Einfügen des eingebetteten Diagramms verändert werden.

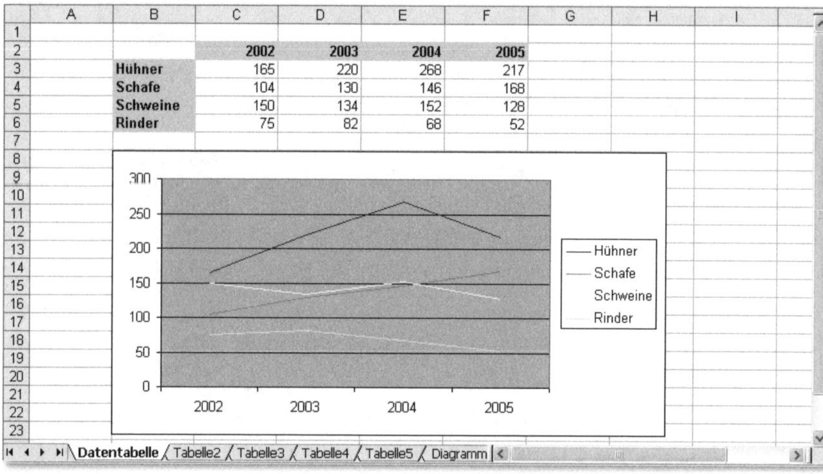

Abbildung 14.3 Eingebettetes Diagramm auf dem Tabellenblatt »Datentabelle«

Die Prozeduren in Listing 14.5 und Listing 14.6 legen die Höhe und Breite eines eingebetteten Diagramms fest.

```
Sub Eingebettetes_Diagramm_Hoehe(dblHeight As Double)
   Worksheets("Datentabelle").ChartObjects(1).Height = dblHeight
End Sub
```

Listing 14.5 Höhe eines eingebetteten Diagramms verändern

```
Sub Eingebettetes_Diagramm_Breite(dblWidth As Double)
   Worksheets("Datentabelle").ChartObjects(1).Width = dblWidth
End Sub
```

Listing 14.6 Breite eines eingebetteten Diagramms verändern

Die Eigenschaften `Width` und `Height`, mit denen die Breite und die Höhe eines eingebetteten Diagramms verändert werden können, sind keine Eigenschaften des `Chart`-Objekts sondern des `ChartObject`-Objekts. Hieran zeigt sich, was der eigentliche Zweck eines Containers ist. Der Container, in diesem Fall das `ChartObject`-Objekt, stellt zusätzliche Eigenschaften und Methoden für ein Objekt zur Verfügung, um deren spezielle Ausprägungen zu reflektieren. Die speziellen Ausprägungen sind hier die Unterschiede zwischen einem Diagramm auf einem Diagrammblatt und einem eingebetteten Diagramm.

Die Eigenschaften zum Positionieren eines eingebetteten Diagramms suchen Sie allerdings auch beim Container `ChartObject`-Objekt vergeblich, wie die Prozedur in Listing 14.7 zeigen wird.

```
Sub Eingebettetes_Diagramm_positionieren(_
sngLeft As Single, sngTop As Single)
   Dim shpDiagramm As Shape
   Set shpDiagramm = Worksheets("Datentabelle") _
      .Shapes(Worksheets("Datentabelle").ChartObjects(1).Name)
   shpDiagramm.Left = sngLeft
   shpDiagramm.Top = sngTop
   Set shpDiagramm = Nothing
End Sub
```

Listing 14.7 Positionieren eines eingebetteten Diagramms

Um ein eingebettetes Diagramm zu positionieren, wird dieses nicht als Diagramm, sondern als Zeichnungsobjekt betrachtet. Zeichnungsobjekte werden durch Shape-Objekte repräsentiert. Entsprechend wird in Listing 14.7 zunächst eine Objektvariable mit dem Objektdatentyp Shape angelegt. Initialisiert wird diese Objektvariable mit dem Shape-Objekt, das dem eingebetteten Diagramm entspricht. Dabei wird das Shape-Objekt durch die Eigenschaft Shapes des Worksheet-Objekts zurückgegeben. Die Auswahl des Shape-Objekts wird durch die Eigenschaft Name des ChartObject-Objekts bewerkstelligt, deren Wert an die Eigenschaft Shapes übergeben wird. Nun kann die Positionierung des eingebetteten Diagramms mit den Eigenschaften Left und Top des Shape-Objekts durchgeführt werden.

Wie die Prozedur Eingebettetes_Diagramm_positionieren() gezeigt hat, haben auch Diagramme einen Namen. Bei Diagrammen, die sich auf einem Diagrammblatt befinden, entspricht der Name des Diagramms dem Namen, der im Registerfalz des Diagrammblatts angezeigt wird. Dieser Name kann, wie bei anderen Arbeitsblättern auch, über die Eigenschaft Name des Sheet-Objekts geändert werden. Natürlich ist auch eine Änderung über die Eigenschaft Name des Chart-Objekts möglich.

Eingebettete Diagramme besitzen ebenfalls einen Namen, auch wenn dieser nicht so offensichtlich ist wie bei Diagrammblättern. Den Namen eines eingebetteten Diagramms verändern Sie über die Eigenschaft Name des ChartObject-Objekts, wie in Listing 14.8 zu sehen.

```
Sub Eingebettetes_Diagramm_benennen(strName As String)
   Worksheets("Datentabelle").ChartObjects(1).Name = strName
End Sub
```

Listing 14.8 Benennen eines eingebetteten Diagramms

14.2 Diagramme formatieren

Das Erstellen eines Diagramms ist durch die Zuweisung eines Diagrammtyps an die Eigenschaft ChartType und durch das Setzen eines Datenbereichs durch die Methode SetSourceData ein relativ einfacher Vorgang. Die Standardformatierungen des so erzeugten Diagramms sind aber nicht jedermanns Geschmack. Deshalb lassen sich an Diagrammen jede Menge Formatierungen vornehmen.

Ein Diagramm ist kein monolithisches Objekt, sondern setzt sich aus mehreren Objekten zusammen, wie der Diagrammfläche, der Zeichnungsfläche, den Achsen und der Legende. Für alle diese Objekte können Formatierungen vorgenommen werden. Natürlich wäre es zu umfangreich, Ihnen alle Formatierungsmöglichkeiten zu zeigen. Deshalb werde ich für jedes dieser Objekte ein paar der Formatierungsmöglichkeiten herausgreifen.

Als Erstes soll die Diagrammfläche formatiert werden. Die Diagrammfläche ist der Gesamtbereich, den das Diagramm einnimmt. Sie wird durch das Objekt ChartArea repräsentiert.

```
Sub Diagrammflaeche_formatieren()
   Dim chaChartArea As ChartArea
   Set chaChartArea = _
      Worksheets("Datentabelle").ChartObjects(1).Chart.ChartArea
   With chaChartArea
      .Font.Bold = True
      .Border.ColorIndex = 1
      .Interior.ColorIndex = 40
   End With
   Set chaChartArea = Nothing
End Sub
```

Listing 14.9 Formatieren der Diagrammfläche eines Diagramms

Das ChartArea-Objekt, das für die Formatierung der Diagrammfläche benötigt wird, wird durch die Eigenschaft ChartArea des Chart-Objekts geliefert und der Objektvariablen chaChartArea zugewiesen. Danach werden in der With-Anweisung verschiedene Eigenschaften des ChartArea-Objekts verändert. So wird die Beschriftung des Diagramms nun in Fettdruck dargestellt, dem umgebenden Rahmen des Diagramms wird die Farbe Schwarz zugewiesen und das Innere der Diagrammfläche wird farblich der Datentabelle angepasst. Die Veränderungen der Diagrammfläche sind in Abbildung 14.4 dargestellt.

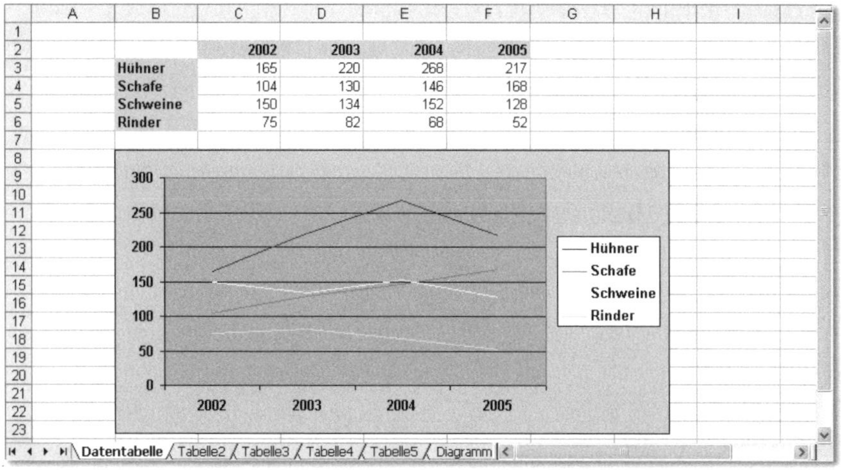

Abbildung 14.4 Diagramm nach der Formatierung der Diagrammfläche

Der nächste – und vielleicht wichtigste – Bereich eines Diagramms ist die Zeichnungsfläche. Die Zeichnungsfläche stellt den Bereich dar, der umgangssprachlich als das Diagramm bezeichnet wird. Dabei handelt es sich bei der Zeichnungsfläche lediglich um den Hintergrund der eigentlichen Zeichnung. Die Zeichnungsfläche wird durch das Objekt `PlotArea` repräsentiert.

```
Sub Zeichenflaeche_formatieren()
   Dim cpaPlotArea As PlotArea
   Set cpaPlotArea = _
      Worksheets("Datentabelle").ChartObjects(1).Chart.PlotArea
   With cpaPlotArea
      .Border.ColorIndex = 1
      .Interior.Color = RGB(255, 255, 255)
      .Left = 24
      .Top = 24
      .Width = 240
      .Height = 140
   End With
   Set cpaPlotArea = Nothing
End Sub
```

Listing 14.10 Formatieren der Zeichnungsfläche eines Diagramms

Das `PlotArea`-Objekt wird in Listing 14.10 durch die Eigenschaft `PlotArea` des `Chart`-Objekts ermittelt. Auch für die Zeichnungsfläche wird über die Eigenschaften `Border` und `Interior` die Rahmenfarbe, beziehungsweise die

Farbe der Zeichnungsfläche geändert. Zusätzlich werden durch die Eigenschaften `Left`, `Top`, `Width` und `Height` die Größe und Position der Zeichnungsfläche neu festgelegt. Abbildung 14.5 zeigt die weiteren Änderungen an dem eingebetteten Diagramm.

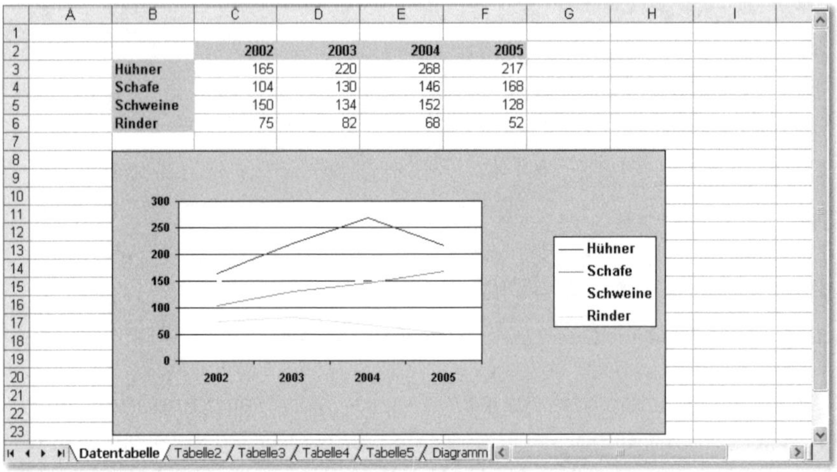

Abbildung 14.5 Diagramm nach der Formatierung der Zeichnungsfläche

Ebenfalls wichtig ist die Formatierung der Achsen in einem Diagramm. Die Beschriftung sollte so gestaltet sein, dass die Ablesbarkeit von Werten aus dem Diagramm gewährleistet ist. Ein zweidimensionales Diagramm besitzt zwei Achsen, die Rubrikachse und die Größenachse. In diesem Beispiel entspricht die Rubrikachse der waagerecht verlaufenden Achse, während die senkrecht verlaufende Achse die Größenachse darstellt. Bei dreidimensionalen Diagrammen kommt noch die so genannte Reihenachse dazu. Eine Achse wird durch das `Axis`-Objekt repräsentiert. Alle `Axis`-Objekte werden in der `Axes`-Auflistung zusammengefasst. Um eine bestimmte Achse auszuwählen, wird der Methode `Axes` des `Chart`-Objekts eine vordefinierte Konstante übergeben, welche die betreffende Achse bestimmt. Die vordefinierten Konstanten für diesen Zweck finden Sie in Tabelle 14.2.

Konstante	**Bezeichnete Achse**
`xlCategory`	Rubrikachse
`xlSeriesAxis`	Reihenachse
`xlValue`	Größenachse

Tabelle 14.2 Konstanten der Klasse XlAxisType

In Listing 14.11 werden die Konstanten xlCategory und xlValue benutzt, um jeweils eine Achse aus der Axes-Auflistung auszuwählen und zu formatieren.

```
Sub Achsen_formatieren()
   Dim chtChart As Chart
   Dim caxAxis As Axis
   Set chtChart = _
      Worksheets("Datentabelle").ChartObjects(1).Chart
   'Rubrikachse formatieren
   Set caxAxis = chtChart.Axes(xlCategory)
   With caxAxis
      .HasMajorGridlines = True
      .HasMinorGridlines = True
      .HasTitle = True
      .AxisTitle.Text = "Jahresübersicht"
      .TickLabels.Font.ColorIndex = 3
   End With
   'Größenachse formatieren
   Set caxAxis = chtChart.Axes(xlValue)
   With caxAxis
      .HasMajorGridlines = True
      .HasMinorGridlines = False
      .HasTitle = True
      .AxisTitle.Text = "Bestand"
      .TickLabels.Font.ColorIndex = 3
   End With
   Set caxAxis = Nothing
   Set chtChart = Nothing
End Sub
```

Listing 14.11 Formatieren der Achsen eines Diagramms

Zunächst wird in der Prozedur Achsen_formatieren() die Rubrikachse formatiert. Dazu wird der Axes-Methode die Konstante xlCategory übergeben, was die Methode veranlasst, das entsprechende Axis-Objekt der Variablen caxAxis zuzuweisen. In der With-Anweisung werden nun die Eigenschaften HasMajorGridlines und HasMinorGridlines auf True gesetzt. Das bewirkt, dass die Haupt- und Hilfsgitterlinien angezeigt werden. Des Weiteren wird ein Titel für die Rubrikachse angegeben. Dazu wird durch die Eigenschaft AxisTitle des Axis-Objekts ein AxisTitle-Objekt zurückgegeben. Mit der Eigenschaft Text des AxisTitle-Objekts kann nun der Titel der Achse angegeben werden. Damit die Text-Eigenschaft des AxisTitle-Objekts auch wirklich geändert werden kann, muss zuvor die Eigenschaft HasTitle des Axis-Objekts auf True gesetzt werden. Schließlich werden noch die Teilbeschriftungen der Achse umgefärbt. Mit der TickLabels-Eigenschaft des Axis-Objekts wird die TickLabels-Auflistung zurückgegeben, die alle Teilbeschriftungen einer Achse enthält. Für die TickLabels-Auflistung wird nun die Eigenschaft Font aufgerufen, die ein Font-Objekt zurückgibt. Mit der Eigenschaft ColorIndex des Font-Objekts wird schließlich die Farbe der Teilbeschriftung geändert.

Nach der Rubrikachse wird die Größenachse formatiert. Das entsprechende Axis-Objekt wird mit der Methode Axes und der Konstanten xlValue ausgewählt und der Variablen caxAxis zugewiesen. Für die Größenachse werden zwar die Hauptgitterlinien, nicht jedoch die Hilfsgitterlinien angezeigt. Entsprechend wird die Eigenschaft HasMinorGridlines auf False gesetzt. Zudem wird wie bei der Rubrikachse ein Titel festgelegt und die Farbe der Teilbeschriftung geändert. In Abbildung 14.6 sehen Sie die Änderungen an den Achsen des Diagramms.

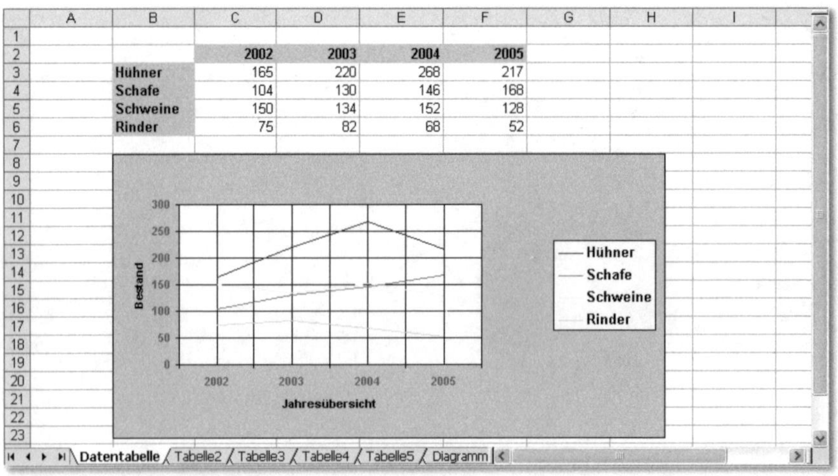

Abbildung 14.6 Diagramm nach der Formatierung der Achsen

Nicht nur für die einzelnen Achsen, auch für das gesamte Diagramm kann ein Titel festgelegt werden. Da der Diagrammtitel nur aus einer Beschriftung besteht, können die üblichen Formatierungen für Schriften vorgenommen werden.

```
Sub Diagrammtitel_formatieren()
   With Worksheets("Datentabelle").ChartObjects(1).Chart
```

```
        .HasTitle = True
        .ChartTitle.Text = "Viehbestand in der Jahresübersicht"
        .ChartTitle.Font.Size = 18
        .ChartTitle.Font.Bold = True
        .ChartTitle.Font.Underline = True
    End With
End Sub
```

Listing 14.12 Formatieren des Diagrammtitels

Damit der Diagrammtitel im Diagramm angezeigt und formatiert werden kann, muss die `HasTitle`-Eigenschaft des `Chart`-Objekts auf `True` gesetzt werden. Anschließend können die Werte der Eigenschaften des `ChartTitle`-Objekts geändert werden. Das `CharTitle`-Objekt wird dabei durch die Eigenschaft `ChartTitle` des `Chart`-Objekts zurückgegeben. Abbildung 14.7 zeigt das Diagramm mit dem fertig formatierten Diagrammtitel.

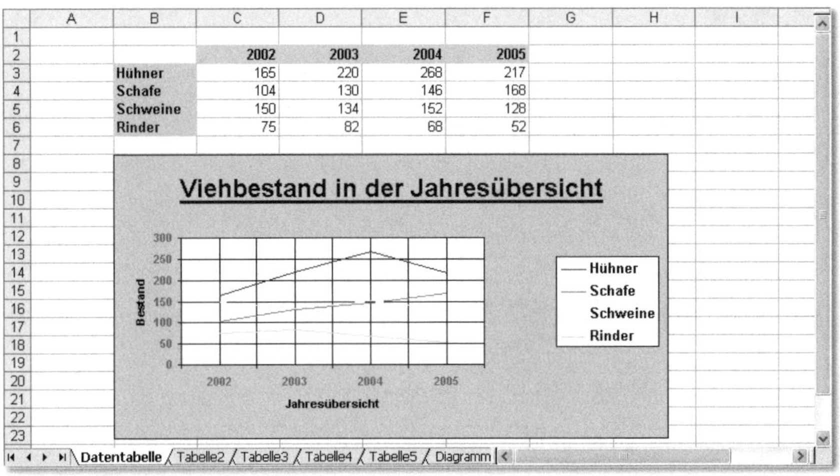

Abbildung 14.7 Diagramm nach der Formatierung des Diagrammtitels

Als Letztes soll nun noch die Legende formatiert werden. Eine Legende wird durch das `Legend`-Objekt repräsentiert, das durch die Eigenschaft `Legend` des `Chart`-Objekts zurückgegeben wird.

```
Sub Legende_formatieren()
    Dim chlLegend As Legend
    Set chlLegend = _
        Worksheets("Datentabelle").ChartObjects(1).Chart.Legend
    With chlLegend
```

```
        .Left = 300
        .Border.ColorIndex = 1
        .Interior.ColorIndex = 40
        .Font.Bold = False
    End With
End Sub
```

Listing 14.13 Formatieren der Legende

Die Legende wird durch die Zuweisung eines neuen Wertes an die Eigenschaft `Left` etwas nach links versetzt. Anschließend wird der Rahmen schwarz und das Innere der Legende in der Farbe der Diagrammfläche eingefärbt. Als Letztes wird der Fettdruck für die Beschriftung der Legende aufgehoben. Das nun fertig formatierte Diagramm ist in Abbildung 14.8 dargestellt.

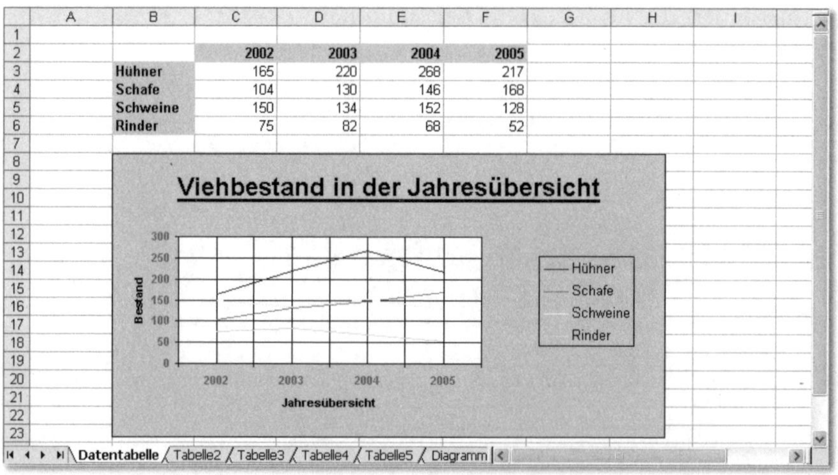

Abbildung 14.8 Diagramm nach der Formatierung der Legende

14.3 Diagramme entfernen

Hin und wieder wird es vorkommen, dass Sie Diagramme aus Ihrer Arbeitsmappe entfernen wollen. Das Löschen eines Diagramms mit VBA ist relativ unkompliziert, allerdings muss immer beachtet werden, ob es sich um ein eingebettetes Diagramm oder um ein Diagramm auf einem Diagrammblatt handelt. Bei Diagrammblättern entspricht das Entfernen eines Diagramms dem Entfernen des Diagrammblatts aus der Arbeitsmappe. Ein beliebiges Diagrammblatt können Sie mit der Prozedur in Listing 14.14 löschen.

```
Sub Diagrammblatt_entfernen(strName As String)
    On Error Resume Next
```

```
    Application.DisplayAlerts = False
    ActiveWorkbook.Charts(strName).Delete
    Application.DisplayAlerts = True
End Sub
```

Listing 14.14 Löschen eines Diagrammblatts

Das Diagrammblatt wird mittels der Methode `Delete` des `Chart`-Objekts entfernt. Zur Auswahl desjenigen Diagrammblatts, das entfernt werden soll, wird die Eigenschaft `Charts` verwendet. In der `Sheets`-Auflistung, die durch die Eigenschaft `Charts` zurückgegeben wird, wird das zu löschende Diagrammblatt über den Namen identifiziert.

Die `Delete`-Methode lässt sich auch auf alle Diagrammblätter der `Sheets`-Auflistung gleichzeitig anwenden. Dadurch werden alle Diagrammblätter einer Arbeitsmappe entfernt. Eine Prozedur, die diesen Vorgang realisiert, ist in Listing 14.15 zu sehen.

```
Sub Alle_Diagrammblaetter_entfernen()
    On Error Resume Next
    Application.DisplayAlerts = False
    ActiveWorkbook.Charts.Delete
    Application.DisplayAlerts = True
End Sub
```

Listing 14.15 Entfernen aller Diagrammblätter aus einer Arbeitsmappe

Zum Entfernen eines eingebetteten Diagramms müssen Sie die Methode `Delete` des `ChartObject`-Objekts benutzen.


```
Sub Eingebettetes_Diagramm_entfernen(intIndex As Integer)
    On Error Resume Next
    ActiveSheet.ChartObjects(intIndex).Delete
End Sub
```

Listing 14.16 Entfernen eines eingebetteten Diagramms

In Listing 14.16 wird mittels der Variablen `intIndex`, die den Index eines eingebetteten Diagramms angeben soll, ein `ChartObject`-Objekt durch die Methode `ChartObjects` zurückgegeben. Das so ausgewählte `ChartObject`-Objekt wird dann durch dessen `Delete`-Methode entfernt.

14.4 Aufgaben und Übungen

1. Erstellen Sie eine Prozedur, die für die Datentabelle aus Abbildung 14.1 ein Diagramm auf einem Diagrammblatt erstellt, und zwar mit dem Diagrammtyp *Zylinderbalken (gruppiert)*.
2. Erstellen Sie eine Prozedur, die das Diagrammblatt aus Aufgabe 1 mit dem Namen *Viehbestand* benennt.
3. Erstellen Sie eine Prozedur, die für die Datentabelle aus Abbildung 14.1 ein eingebettetes Diagramm auf dem Tabellenblatt *Tabelle2* erstellt, und zwar mit dem Diagrammtyp *Zylinderbalken (gruppiert)*.
4. Erstellen Sie eine Prozedur, die das eingebettete Diagramm aus Aufgabe 3 mit dem Namen *Viehbestand* benennt.
5. Erstellen Sie eine Prozedur, welche die Diagrammfläche des Diagramms aus Aufgabe 1 grau einfärbt.
6. Erstellen Sie eine Prozedur, welche die Zeichnungsfläche des Diagramms aus Aufgabe 1 auf das ganze Diagrammblatt ausdehnt. Entfernen Sie außerdem die Legende mit der Eigenschaft `HasLegend` des `Chart`-Objekts.
7. Erstellen Sie eine Prozedur, welche die Achsen des Diagramms aus Aufgabe 1 so formatiert, dass die Hilfsgitterlinien angezeigt werden.
8. Erstellen Sie eine Prozedur, die für das eingebettete Diagramm aus Aufgabe 3 die Angaben zu Größe und Position im Direktfenster ausgibt.
9. Erstellen Sie eine Prozedur, die alle eingebetteten Diagramme von einem Tabellenblatt entfernt.
10. Erstellen Sie eine Prozedur, die alle eingebetteten Diagramme aus einer Arbeitsmappe entfernt.

15 Berechnungen und Filter

Die Hauptaufgabe von Microsoft Office Excel 2003 besteht nicht nur darin, Daten tabellarisch zu erfassen, sondern auch darin, diese Daten für Berechnungen und Auswertungen zu verwenden. Der Zugriff auf diese Daten sowie deren Verarbeitung in Formeln und Filtern wird in diesem Kapitel besprochen.

Microsoft Office Excel 2003 ermöglicht eine Vielzahl von Berechnungen innerhalb von Tabellenblättern. Dazu steht eine große Anzahl an Tabellenfunktionen zur Verfügung. Manche dieser Tabellenfunktionen wirken sich nur auf eine einzelne Zelle aus, manche auf einzelne Zeilen und Spalten und manche auf eine ganze Tabelle. Doch ganz gleich, wie groß der Zellbereich ist, auf den eine Tabellenfunktion angewendet wird, letztendlich muss auf jeden einzelnen Zellwert zugegriffen werden. Der Zugriff auf Zellwerte mit VBA wird deshalb auch gleich zu Anfang dieses Kapitels beschrieben.

Neben den Berechnungen mit Zellwerten spielt auch die Auswertung von Tabellendaten mit Filtern eine wesentliche Rolle in Microsoft Office Excel 2003. Deshalb wird in diesem Kapitel auch auf diese Thematik eingegangen.

15.1 Zugriff auf Zellwerte

Zellwerte werden über die Eigenschaft `Value` des `Range`-Objekts zurückgegeben. Dabei spielt es keine Rolle, welchen Zellbereich das `Range`-Objekt repräsentiert. Handelt es sich bei dem Zellbereich nur um eine einzelne Zelle, dann kann der durch die Eigenschaft `Value` zurückgegebene Wert wie jeder andere skalare Wert in VBA benutzt werden. Umfasst der Zellbereich, der durch das `Range`-Objekt repräsentiert wird, mehr als eine Zelle, so werden durch die `Value`-Eigenschaft alle Zellwerte als Datenfeld zurückgegeben.

15

```
Sub Zellwert()
    Debug.Print "Der Wert der Zelle A1 ist: " & Range("A1").Value
End Sub
```

Listing 15.1 Zugriff auf den Wert einer einzelnen Zelle

Die Prozedur in Listing 15.1 zeigt den Zugriff auf den Wert der Zelle *A1*. Der Zellwert kann direkt für die Ausgabe verwendet werden. Das wäre nicht möglich, wenn der Eigenschaft `Range` ein größerer Zellbereich übergeben worden wäre. In diesem Fall müssten die Zellwerte ausgegeben werden wie in Listing 15.2.

```
Sub Zellwerte_ausgeben()
   Dim varElement As Variant
   For Each varElement In Range("A1:A3").Value
      Debug.Print varElement
   Next varElement
End Sub
```

Listing 15.2 Ausgabe der Zellwerte eines Zellbereichs

Der Eigenschaft Range wird der Zellbereich *A1:A3* übergeben. Auf diesen Zellbereich wird nun die Eigenschaft Value angewendet. Da jede der Zellen im ausgewählten Zellbereich einen Wert besitzt, müssen drei Werte zurückgegeben werden. Die Zellwerte werden als Datenfeld zusammengefasst und können deshalb mit der For Each ... Next-Schleife abgearbeitet und einzeln im Direktfenster ausgegeben werden.

Ob die Eigenschaft Value ein Datenfeld oder einen skalaren Wert zurückgegeben hat, können Sie mit der integrierten Funktion IsArray() überprüfen.

```
Sub Zellwerte_IsArray()
   Debug.Print IsArray(Range("A1").Value)
   Debug.Print IsArray(Range("A1:A3").Value)
End Sub
```

Listing 15.3 Verwendung der integrierten Funktion IsArray()

Die Funktion IsArray() stellt fest, ob es sich bei dem übergebenen Ausdruck um ein Datenfeld handelt. Ist das der Fall, wird der Wert True ausgegeben, andernfalls False. Auf die Prozedur in Listing 15.3 angewendet bedeutet das, dass in der ersten Debug.Print-Anweisung der Wert False und in der zweiten der Wert True im Direktfenster ausgegeben wird.

Enthält eine Zelle keinen Wert, was auf die meisten Zellen eines Tabellenblatts zutrifft, dann wird durch die Eigenschaft Value der spezielle Wert Empty zurückgegeben. Der Wert Empty wird als Unterdatentyp des Datentyps Variant verwendet und zeigt einen nicht initialisierten Wert an. Mit der integrierten Funktion IsEmpty() können Sie testen, ob eine Zelle einen Wert enthält oder leer ist.

```
Sub Zellwerte_IsEmpty()
   Debug.Print IsEmpty(Range("A1").Value)
End Sub
```

Listing 15.4 Testen, ob eine Zelle den Zellwert Empty enthält

In der Prozedur in Listing 15.4 wird der Wert der Zelle *A1* mit der integrierten Funktion `IsEmpty()` überprüft. Die Funktion gibt dabei den Wert `True` zurück, wenn die Zelle leer ist.

Hinweis: IsEmpty() nicht auf Zellbereiche anwenden

Die integrierte Funktion `IsEmpty()` kann nicht auf Zellbereiche angewendet werden, die mehr als eine Zelle umfassen. In diesem Fall ist das Ergebnis immer `False`, unabhängig davon, ob die Zellen Werte enthalten oder nicht.

Neben der Eigenschaft `Value` besitzt das `Range`-Objekt noch die Eigenschaft `Value2`. Im Wesentlichen verhält sich die Eigenschaft `Value2` wie die Eigenschaft `Value`, es sei denn, die Zellen enthalten Werte des Datentyps `Date` oder des Datentyps `Currency`. Wie Sie in Kapitel 4, *Variablen und Konstanten*, gelernt haben, werden Datums- und Zeitwerte intern als Gleitkommazahlen und Werte des Datentyps `Currency` als Ganzzahlen mit einem Skalierungsfaktor gespeichert und stellen dadurch quasi eine Festkommazahl dar. Die Eigenschaft `Value2` gibt nun nicht etwa den Zellwert zurück, so der Benutzer den Zellwert in der Zelle sieht, sondern eine Gleitkommazahl, die der internen Darstellung der beiden Datentypen `Date` und `Currency` entspricht. Ich werde dieses Verhalten anhand eines Beispiels verdeutlichen. Dazu gehe ich davon aus, dass die Zelle *C2* den Wert *10.05.2005 18:44:39* und die Zelle *C3* den Wert *45.699,23 €* enthält.

```
Sub Value_Value2()
   Debug.Print "Ausgabe mit der Eigenschaft Value"
   Debug.Print "Zellwert von Zelle C2: " & Range("C2").Value
   Debug.Print "Zellwert von Zelle C3: " & Range("C3").Value
   Debug.Print
   Debug.Print "Ausgabe mit der Eigenschaft Value2"
   Debug.Print "Zellwert von Zelle C2: " & Range("C2").Value2
   Debug.Print "Zellwert von Zelle C3: " & Range("C3").Value2
End Sub
```

Listing 15.5 Unterschiede zwischen den Eigenschaften Value und Value2

Die Prozedur `Value_Value2()` aus Listing 15.5 gibt die Zellwerte der Zellen *C2* und *C3* je einmal mit der Eigenschaft `Value` und der Eigenschaft `Value2` im Direktfenster aus. Die Ausgabe der Prozedur ist in Abbildung 15.1 zu sehen.

Während die Eigenschaft `Value` den Zellwert der Zelle *C2* so darstellt, wie auch der Benutzer diesen Wert wahrnimmt, zeigt die Eigenschaft `Value2` die interne

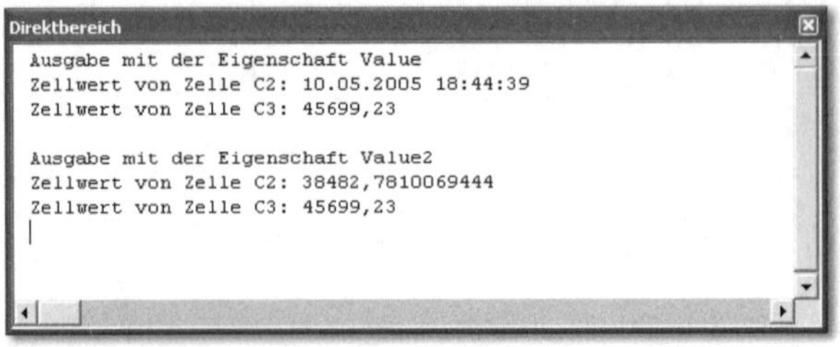

Abbildung 15.1 Ausgabe der Prozedur Value_Value2()

Darstellung des Datums- und Zeitwerts an. Nicht ganz so offensichtlich ist der Unterschied zwischen `Value` und `Value2` bei dem Wert der Zelle *C3*. Zwar ist die Ausgabe für beide Eigenschaften gleich, dennoch unterscheiden sich die beiden zurückgegebenen Werte im Datentyp. Die Prozedur in Listing 15.6 arbeitet diesen Aspekt noch deutlicher heraus.

```
Sub Value_Value2_Datentyp()
   Debug.Print "Ausgabe mit der Eigenschaft Value"
   Debug.Print "Datentyp C2: " & TypeName(Range("C2").Value)
   Debug.Print "Datentyp C3: " & TypeName(Range("C3").Value)
   Debug.Print
   Debug.Print "Ausgabe mit der Eigenschaft Value2"
   Debug.Print "Datentyp C2: " & TypeName(Range("C2").Value2)
   Debug.Print "Datentyp C3: " & TypeName(Range("C3").Value2)
End Sub
```

Listing 15.6 Unterschiedliche Datentypen bei Value und Value2

In der Prozedur `Value_Value2_Datentyp()` werden die Datentypen der Zellwerte ausgegeben, die durch die Eigenschaften `Value` und `Value2` zurückgegeben werden. Abbildung 15.2 zeigt die Ausgabe, die die Prozedur im Direktfenster erzeugt.

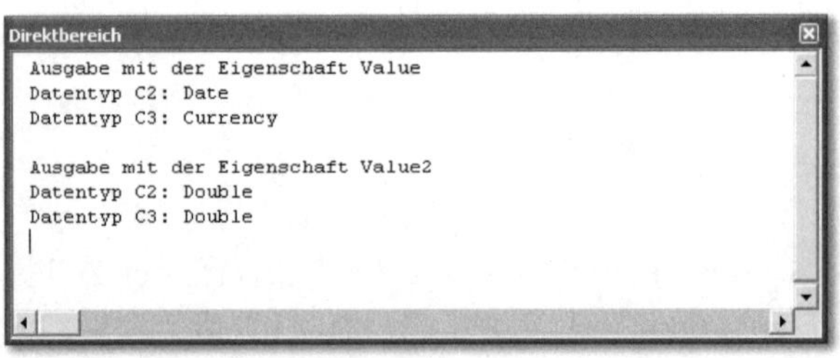

Abbildung 15.2 Ausgabe der Prozedur Value_Value2_Datentyp()

Während die Eigenschaft `Value` die Zellwerte der Zellen *C2* und *C3* als Werte des Datentyps `Date` und `Currency` zurückgibt, gibt die Eigenschaft `Value2` zwei Werte des Datentyps `Double` zurück. Dieser Unterschied besteht jedoch nur bei Datums- und Zeitwerten, beziehungsweise bei Währungsbeträgen. Bei allen anderen Zellwerten würden die Datentypen der durch `Value` und `Value2` zurückgegebenen Werte übereinstimmen.

15.2 Tabellenfunktionen und Formeln

Die meisten Berechnungen in Tabellenblättern werden über Formeln realisiert, von denen die meisten Tabellenfunktionen enthalten. Tabellenfunktionen sind vordefinierte Funktionen, die bestimmte Berechnungen oder Operationen durchführen. Üblicherweise werden Formeln und Tabellenfunktionen über die Bearbeitungsleiste oberhalb eines Tabellenblatts eingegeben, so wie in Abbildung 15.3 zu sehen.

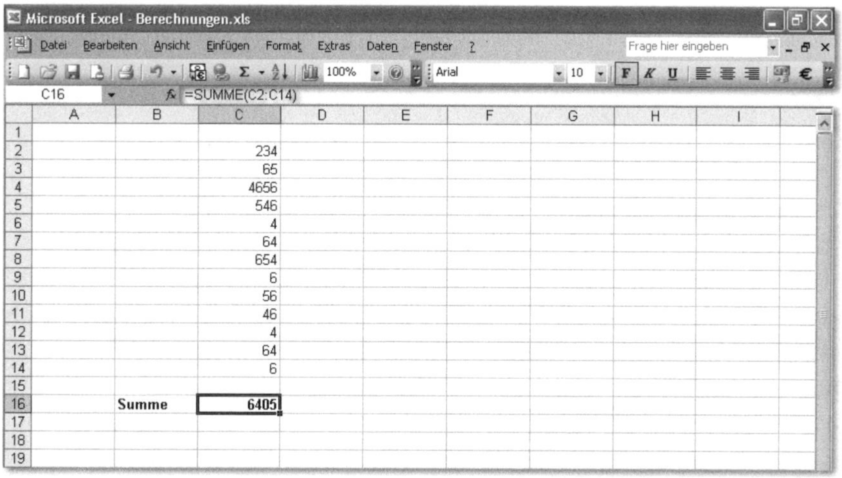

Abbildung 15.3 Eingabe der Tabellenfunktion in die Bearbeitungsleiste

Für die Zelle *C16* wurde in der Bearbeitungsleiste die Tabellenfunktion *SUMME* eingegeben, welche die Zellwerte der Zellen *C2* bis *C14* addiert und das Ergebnis in Zelle *C16* anzeigt. Der gesamte Ausdruck in der Bearbeitungsleiste, der auch mehrere Tabellenfunktionen umfassen kann, wird als Formel bezeichnet. Aus Sicht der Programmiersprache VBA stellt eine Formel eine Eigenschaft einer Zelle dar. So ist es denn auch nicht verwunderlich, dass es für das `Range`-Objekt eine Eigenschaft gibt, welche die Formel einer Zelle zurückgibt. Die Eigenschaft des `Range`-Objekts heißt `FormulaLocal`, und Sie weisen dieser Eigenschaft genau die gleiche Zeichenfolge zu, die Sie auch in die Bearbeitungsleiste eingeben würden.

Als Beispiel für die Verwendung der Eigenschaft `FormulaLocal` soll mit Hilfe der Tabellenfunktion *SUMME* nun ein magisches Quadrat dritter Ordnung und ein magisches Quadrat vierter Ordnung berechnet werden. Magische Quadrate zeichnen sich dadurch aus, dass die Summen jeder Spalte und jeder Zeile immer den gleichen Wert ergeben. Für ein magisches Quadrat dritter Ordnung müssen daher sechs Summen berechnet werden (drei Zeilen und drei Spalten) und für ein magisches Quadrat vierter Ordnung acht Summen (vier Zeilen und vier Spalten). Damit Sie eine genaue Vorstellung von den magischen Quadraten bekommen, sind diese in Abbildung 15.4 dargestellt.

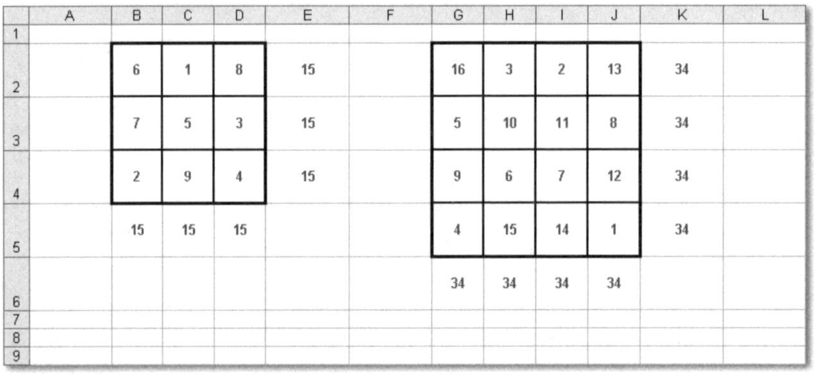

	A	B	C	D	E	F	G	H	I	J	K	L
1												
2		6	1	8	15		16	3	2	13	34	
3		7	5	3	15		5	10	11	8	34	
4		2	9	4	15		9	6	7	12	34	
5		15	15	15			4	15	14	1	34	
6							34	34	34	34		
7												
8												
9												

Abbildung 15.4 Magische Quadrate dritter und vierter Ordnung

Die Summen der magischen Quadrate werden für jede Zeile und für jede Spalte berechnet. Werden die Zahlen im Inneren der magischen Quadrate so angeordnet, dass immer die gleiche Summe berechnet wird, dann sind die Bedingungen für ein magisches Quadrat erfüllt. Sie können gerne versuchen, ob Sie auch ein anderes magisches Quadrat konstruieren können. Bei dem magischen Quadrat vierter Ordnung handelt es sich übrigens um das gleiche magische Quadrat, das Albrecht Dürer (1471–1528) in seinem berühmten Kupferstich *Melencolia I* von 1514 verewigt hat.

Doch zurück zu der Berechnung der magischen Quadrate. Die Prozedur in Listing 15.7 fügt in die Zellen *E2* bis *E4*, *B5* bis *D5*, *K2* bis *K5* und *G6* bis *J6* jeweils die Tabellenfunktion *SUMME* ein, welche die Summen für Zeilen und Spalten berechnet.

```
Sub Magische_Quadrate()
   Worksheets("Magische Quadrate").Activate
   'Magisches Quadrat dritter Ordnung
   Range("E2").FormulaLocal = "=SUMME(B2:D2)"
   Range("E3").FormulaLocal = "=SUMME(B3:D3)"
```

```
    Range("E4").FormulaLocal = "=SUMME(B4:D4)"
    Range("B5").FormulaLocal = "=SUMME(B2:B4)"
    Range("C5").FormulaLocal = "=SUMME(C2:C4)"
    Range("D5").FormulaLocal = "=SUMME(D2:D4)"
    'Magisches Quadrat vierter Ordnung
    Range("K2").FormulaLocal = "=SUMME(G2:J2)"
    Range("K3").FormulaLocal = "=SUMME(G3:J3)"
    Range("K4").FormulaLocal = "=SUMME(G4:J4)"
    Range("K5").FormulaLocal = "=SUMME(G5:J5)"
    Range("G6").FormulaLocal = "=SUMME(G2:G5)"
    Range("H6").FormulaLocal = "=SUMME(H2:H5)"
    Range("I6").FormulaLocal = "=SUMME(I2:I5)"
    Range("J6").FormulaLocal = "=SUMME(J2:J5)"
End Sub
```

Listing 15.7 Verwendung der Tabellenfunktion SUMME

Der Eigenschaft `FormulaLocal` wird genau die Zeichenfolge zugewiesen, die Sie auch in die Bearbeitungsleiste eingeben würden. Wichtig ist dabei, dass Sie das Gleichheitszeichen nicht vergessen.

Die Eigenschaft `FormulaLocal` ist nur eine von vier Eigenschaften, mit der Sie einer Zelle eine Formel zuweisen können. Bei den anderen Eigenschaften handelt es sich um `Formula`, `FormulaR1C1` und `FormulaR1C1Local`. Doch worin bestehen die Unterschiede zwischen den einzelnen Eigenschaften? Zunächst einmal fällt auf, dass zwei der Eigenschaften die Endung *Local* besitzen. Wann immer Sie in VBA auf eine Eigenschaft oder Methode treffen, die diese Endung besitzt, wissen Sie, dass Sie Angaben und Zuweisungen in der aktuellen Sprachversion machen müssen. Die Anpassungen von Microsoft Office Excel 2003 an die Sprache und die sonstigen länderspezifischen Einstellungen eines bestimmten Landes werden als Lokalisierung bezeichnet, daher auch die Endung »*Local*«. Wenn Sie mit der deutschen Sprachversion von Microsoft Office Excel 2003 arbeiten und die lokalisierten Tabellenfunktionen wie *SUMME* verwenden wollen, dann benötigen Sie also entweder die Eigenschaft `FormulaLocal`, so wie in Listing 15.7 gezeigt, oder die Eigenschaft `FormulaR1C1Local`.

Die Sprachversion, in der Microsoft Office Excel 2003 entwickelt wurde, ist Englisch. Falls Sie die englischsprachigen Tabellenfunktionen verwenden möchten, müssen Sie die Eigenschaften `Formula` oder `FormulaR1C1` benutzen. Zwar können Sie in einer nicht englischen Sprachversion von Microsoft Office Excel 2003 keine englischsprachigen Tabellenfunktionen in die Bearbeitungsleiste eingeben, die Verwendung der Eigenschaften `Formula` und

FormulaR1C1 ist aber dennoch möglich. Das liegt daran, dass die beiden Eigenschaften im Tabellenblatt die lokalisierten Tabellenfunktionen einfügen.

Es gibt aber noch ein weiteres Unterscheidungsmerkmal zwischen den Eigenschaften Formula, FormulaLocal, FormulaR1C1 und FormulaR1C1Local. Die Eigenschaften Formula und FormulaLocal verwenden die A1-Bezugsart, während FormulaR1C1 und FormulaR1C1Local die Z1S1-Bezugsart benutzen.

Mit den vier eben besprochenen Eigenschaften werden Formeln, die in den meisten Fällen Tabellenfunktionen enthalten, an eine Zelle gebunden. Tabellenfunktionen lassen sich aber auch nutzen, ohne dass der Zelle eine entsprechende Formel zugewiesen werden muss. Dafür zuständig ist die Eigenschaft WorksheetFunction des Application-Objekts. Die Eigenschaft WorksheetFunction gibt ein WorksheetFunction-Objekt zurück, welches als Container für die Tabellenfunktionen von Microsoft Office Excel 2003 dient. Die Berechnung einer Summe mit Hilfe des WorksheetFunction-Objekts könnte so aussehen, wie in Listing 15.8 dargestellt.

```
Sub WorksheetFunction_SUMME()
  Range("C7").Value = WorksheetFunction.Sum(Range("F1:F10"))
End Sub
```

Listing 15.8 Berechnung einer Summe über das WorksheetFunction-Objekt

Die Zelle *C7* soll die Summe der Zellwerte *F1* bis *F10* enthalten. Dazu wird über das WorksheetFunction-Objekt die Methode Sum aufgerufen, welche der Tabellenfunktion *SUMME* entspricht. Die Methoden, die das WorksheetFunction-Objekt enthält, sind nach den englischsprachigen Tabellenfunktionen benannt. Lokalisierte Bezeichnungen gibt es für diese Methoden nicht.

Der Aufruf einer Methode aus dem WorksheetFunction-Objekt und die Zuweisung einer Formel an eine Zelle mit der Eigenschaft FormulaLocal sind funktional gleichwertig. Dennoch bieten beide Lösungsarten spezifische Vor- und Nachteile. So wird durch die Zuweisung einer Formel an die Eigenschaft FormulaLocal die Formel dauerhaft an die Zelle gebunden. Änderungen an den Zellwerten, die in der Formel enthalten sind, werden sofort durch eine Neuberechnung des Ergebnisses reflektiert. Dagegen muss eine Methode des WorksheetFunction-Objekts explizit neu aufgerufen werden, bevor eine Neuberechnung stattfindet. Bei der Verwendung des WorksheetFunction-Objekts handelt es sich um eine reine VBA-Lösung, während für die Erstellung einer Formel mit der FormulaLocal-Eigenschaft Kenntnisse in der Programmierung eines Tabellenblatts erforderlich sind. Allerdings ist der Programmtext für die Erstellung einer solchen Formel kompakter. Wie Sie sehen, müssen Sie genau abwägen, wie Sie Formeln in VBA erstellen.

Ob eine Zelle eine Formel enthält, können Sie leicht mit der Eigenschaft `HasFormula` des `Range`-Objekts feststellen.

```
Sub Formeln_vorhanden()
   If Selection.HasFormula = True Then
      MsgBox "Alle ausgewählten Zellen enthalten Formeln."
   ElseIf Selection.HasFormula = False Then
      MsgBox "Keine der ausgewählten Zellen enthält eine Formel."
   Else
      MsgBox "Einige de ausgewählten Zellen enthalten Formeln."
   End If
End Sub
```

Listing 15.9 Feststellen, ob Zellen Formeln enthalten

In Listing 15.9 wird mit Hilfe der Eigenschaft `HasFormula` ermittelt, ob ein markierter Zellbereich Formeln enthält. Enthalten alle Zellen des markierten Zellbereichs Formeln, dann hat die Eigenschaft `HasFormula` den Wert `True`. Enthält keine Zelle des markierten Zellbereichs eine Formel, dann ist der Wert der Eigenschaft `HasFormula` `False`. Für Zellbereiche, die sowohl Zellen mit Formeln als auch Zellen ohne Formeln enthalten, gibt die Eigenschaft `HasFormula` den Wert `Null` zurück.

Mit der Methode `SpecialCells` lassen sich Zellen, die Formeln enthalten, leicht herausfiltern. In Listing 15.10 werden die Adressen aller Zellen des aktiven Arbeitsblatts ausgegeben, die Formeln enthalten.

```
Sub Formeln_ausgeben()
   Dim rngCell As Range
   On Error Resume Next
   For Each rngCell In _
      ActiveSheet.Cells.SpecialCells(xlCellTypeFormulas)
         Debug.Print rngCell.Address & " " & rngCell.FormulaLocal
   Next rngCell
End Sub
```

Listing 15.10 Adressen und Formeln werden ausgegeben.

Die Methode `SpecialCells` wird mit der vordefinierten Konstante `xlCellTypeFormulas` aufgerufen, mit der alle Zellen mit Formeln herausgefiltert werden. Für jede dieser Zellen wird im Inneren der `For Each ... Next`-Schleife die Adresse und die Formel selbst im Direktfenster ausgegeben.

15.3 AutoFilter und Spezialfilter

Mit einem AutoFilter lassen sich die Datensätze von Tabellen nach den darin enthaltenen Werten filtern. In den folgenden Beispielen soll der AutoFilter auf eine Datentabelle angewendet werden, die Personaldaten enthält. Die Datentabelle ist in Abbildung 15.5 zu sehen.

	A	B	C	D	E	F	G
1							
2		**Personal-Nr.**	**Nachname**	**Vorname**	**Abteilung**	**Gruppe**	
3		165848	Müller	Susanne	Forschung	R12	
4		846557	Braun	Günther	Marketing	M04	
5		654879	Lohmann	Siegfried	Marketing	M16	
6		256987	Wessmann	Gerlinde	Vertrieb	S78	
7		326587	Müller	Thomas	Verwaltung	A01	
8		478511	Pitzner	Silvia	Vertrieb	S78	
9		654987	Münchhoff	Sabine	Verwaltung	A01	
10		321648	Kronauer	Anette	Marketing	M16	
11		548513	Ocker	Yvonne	Vertrieb	S21	
12		564586	Delfs	Manfred	Forschung	R12	
13		321657	Kreegling	Bruno	Forschung	R12	
14		987356	Hagerer	Thomas	Verwaltung	A01	
15							
16							

Abbildung 15.5 Datentabelle für die Anwendung des AutoFilters

Um den AutoFilter zu aktivieren, müssen Sie eine beliebige Zelle innerhalb der Datentabelle markieren und anschließend den Menübefehl **Daten · Filter · AutoFilter** ausführen. Dadurch werden alle Spaltenbezeichnungen der Datentabelle mit einer Schaltfläche versehen, auf der ein kleiner, schwarzer Pfeil angezeigt wird. Die Datentabelle mit aktiviertem AutoFilter sehen Sie in Abbildung 15.6.

	A	B	C	D	E	F	G
1							
2		**Personal-Nr.** ▾	**Nachname** ▾	**Vorname** ▾	**Abteilung** ▾	**Gruppe** ▾	
3		165848	Müller	Susanne	Forschung	R12	
4		846557	Braun	Günther	Marketing	M04	
5		654879	Lohmann	Siegfried	Marketing	M16	
6		256987	Wessmann	Gerlinde	Vertrieb	S78	
7		326587	Müller	Thomas	Verwaltung	A01	
8		478511	Pitzner	Silvia	Vertrieb	S78	
9		654987	Münchhoff	Sabine	Verwaltung	A01	
10		321648	Kronauer	Anette	Marketing	M16	
11		548513	Ocker	Yvonne	Vertrieb	S21	
12		564586	Delfs	Manfred	Forschung	R12	
13		321657	Kreegling	Bruno	Forschung	R12	
14		987356	Hagerer	Thomas	Verwaltung	A01	
15							
16							

Abbildung 15.6 Aktivierter AutoFilter

Der AutoFilter wird grundsätzlich für alle Spalten einer Tabelle aktiviert, Sie können jedoch auch nur bestimmte Spalten aktivieren. Dazu markieren Sie die gewünschten Spalten und rufen wiederum den Menübefehl **Daten · Filter · AutoFilter** auf. Sie müssen allerdings darauf achten, dass Sie nur einen zusammenhängenden Spaltenbereich markieren können.

Der aktivierte AutoFilter ermöglicht es Ihnen, nur solche Datensätze aus einer Datentabelle zu filtern, die einem bestimmten Wert innerhalb der Spalte entsprechen. So können Sie zum Beispiel die Personaldaten nach den Mitarbeitern der Abteilung *Marketing* filtern. Dazu klicken Sie auf die Schaltfläche mit dem schwarzen Pfeil und wählen den entsprechenden Eintrag aus dem Listenfeld aus. Dieser Vorgang ist in Abbildung 15.7 dargestellt.

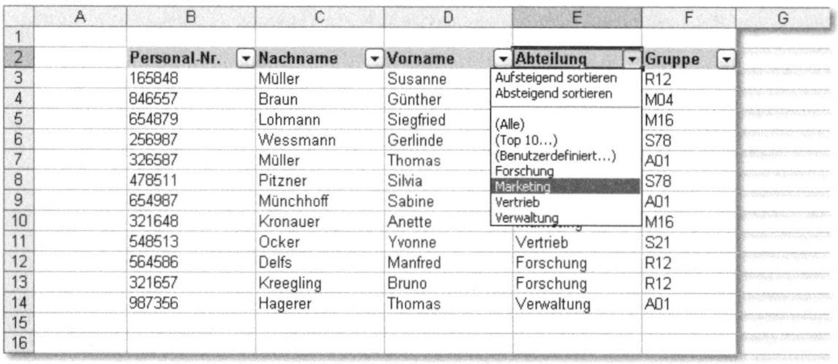

	A	B	C	D	E	F	G
1							
2		Personal-Nr.	Nachname	Vorname	Abteilung	Gruppe	
3		165848	Müller	Susanne		R12	
4		846557	Braun	Günther		M04	
5		654879	Lohmann	Siegfried		M16	
6		256987	Wessmann	Gerlinde		S78	
7		326587	Müller	Thomas		A01	
8		478511	Pitzner	Silvia		S78	
9		654987	Münchhoff	Sabine		A01	
10		321648	Kronauer	Anette		M16	
11		548513	Ocker	Yvonne	Vertrieb	S21	
12		564586	Delfs	Manfred	Forschung	R12	
13		321657	Kreegling	Bruno	Forschung	R12	
14		987356	Hagerer	Thomas	Verwaltung	A01	
15							
16							

Abbildung 15.7 Filtern nach allen Mitarbeitern der Marketing-Abteilung

Nach dem Filtern werden in der Datentabelle nur noch die Datensätze angezeigt, bei denen in der Spalte *Abteilung* der Wert *Marketing* steht. Sofern solche Datensätze existieren, kann auf das Ergebnis ein weiterer AutoFilter angewendet werden, zum Beispiel die Zugehörigkeit zur Gruppe *M04*. Die verbleibenden Datensätze spiegeln dann das Ergebnis auf die Fragestellung »Welche Mitarbeiter gehören der Abteilung *Marketing* an und sind in der Gruppe *M04*« wider. Mit anderen Worten, es ist auch eine Verkettung von Filterergebnissen möglich.

Nachdem Sie nun die Funktionsweise des AutoFilters kennen, möchte ich Ihnen die Steuerung des AutoFilters durch VBA erklären. Zunächst einmal muss der AutoFilter für eine Datentabelle aktiviert werden. Die Prozedur in Listing 15.11 erledigt diese Aufgabe.

```
Sub AutoFilter_aktivieren()
   If Worksheets("AutoFilter").AutoFilterMode = False Then
      Range("B2:F2").AutoFilter
   End If
End Sub
```

Listing 15.11 Aktivieren des AutoFilters

Mit der Eigenschaft `AutoFilterMode` des `Worksheet`-Objekts wird geprüft, ob der AutoFilter für das Tabellenblatt *AutoFilter* bereits aktiviert ist. Ist das nicht der Fall, dann besitzt die Eigenschaft `AutoFilterMode` den Wert `False`, so dass die Anweisung `Range("B2:F2").AutoFilter` ausgeführt wird. Eigentlich ist die Methode `AutoFilter` der `Range`-Auflistung dazu gedacht, eine Filterung durchzuführen. Wird jedoch die Methode `AutoFilter` wie in Listing 15.11 ohne Argumente aufgerufen, dann wird lediglich der AutoFilter aktiviert. Allerdings kann mit der Methode `AutoFilter` der AutoFilter auch wieder deaktiviert werden. Aus diesem Grund ist es wichtig mit der Eigenschaft `AutoFilterMode` zu überprüfen, ob der AutoFilter bereits aktiv ist.

Nach der Aktivierung des AutoFilters sollen natürlich Datensätze gefiltert werden. Wie bereits erwähnt, geschieht das ebenfalls mit der Methode `AutoFilter`. Zur Durchführung der Filterung benötigt die Methode jedoch ein paar Argumente. Alle Argumente der Methode `AutoFilter` sind in Tabelle 15.1 aufgeführt.

Argument	Beschreibung
`Field`	Versatz der Spalte in einer Datentabelle, auf der derFilter basieren soll. Die linke Spalte der Datentabelle ist immer das erste Feld.
`Criteria1`	erstes Filterkriterium
`Operator`	Operator zur Verknüpfung der beiden Filterkriterien. Der Wert von `Operator` ist eine Konstante der Klasse `XlAutoFilterOperator`.
`Criteria2`	zweites Filterkriterium
`VisibleDropDown`	Die Schaltfläche mit dem Pfeil wird angezeigt, wenn dieses Argument den Wert `True` hat.

Tabelle 15.1 Optionale Argumente der AutoFilter-Methode

Für einfache Filteraufgaben benötigen Sie lediglich die Argumente `Field` und `Criteria1`. So werden mit der Prozedur in Listing 15.12 alle Datensätze herausgefiltert, bei denen die Spalte *Abteilung* den Wert *Marketing* hat.

```
Sub AutoFilter_anwenden()
  Range("B2").AutoFilter Field:=4, Criteria1:="Marketing"
End Sub
```

Listing 15.12 Einfache Anwendung des AutoFilters

Als Basis für die Anwendung der `AutoFilter`-Methode dient die Zelle *B2*, also die Zelle mit der ersten Spaltenüberschrift der Datentabelle. Gefiltert werden soll jedoch nicht nach Werten der ersten Spalte *Personal-Nr.*, sondern nach der vierten Spalte *Abteilung*. Deshalb wird dem Argument `Field` der Wert vier übergeben. Das Argument `Criterial` enthält den eigentlichen Wert, nach dem gefiltert werden soll, in diesem Fall also den Wert *Marketing*. Nach Anwendung der Methode `AutoFilter` sind alle Datensätze in der Datentabelle ausgeblendet, die nicht in der Spalte *Abteilung* den Wert *Marketing* besitzen. Sie können das Ergebnis des AutoFilters mit Abbildung 15.8 vergleichen.

	A	B	C	D	E	F	G
1							
2		Personal-Nr.	Nachname	Vorname	Abteilung	Gruppe	
4		846557	Braun	Günther	Marketing	M04	
5		654879	Lohmann	Siegfried	Marketing	M16	
10		321648	Kronauer	Anette	Marketing	M16	
15							
16							

Abbildung 15.8 Filterung nach dem Wert »Marketing«

In der allgemeinen Beschreibung der Funktionsweise des AutoFilters habe ich Ihnen gesagt, dass AutoFilter auch auf bereits gefilterte Datensätze angewendet werden können. So können Sie das Ergebnis aus Abbildung 15.8 nach dem Wert *M04* aus der Spalte *Gruppe* filtern. Das mehrmalige Anwenden des AutoFilters entspricht dabei dem mehrmaligen Aufruf der Methode `AutoFilter`. Die Prozedur in Listing 15.13 zeigt den mehrfachen Aufruf der Methode `AutoFilter`.

```
Sub AutoFilter_mehrfach_anwenden()
   Range("B2").AutoFilter Field:=4, Criteria1:="Marketing"
   Range("B2").AutoFilter Field:=5, Criteria1:="M04"
End Sub
```

Listing 15.13 Mehrfaches Anwenden der Methode AutoFilter

Die Argumente der `AutoFilter`-Methode bieten jedoch noch mehr Möglichkeiten, Filterkriterien zu formulieren. Zum Beispiel können mit dem Argument `Operator` und dem Argument `Criteria2` zwei Filterkriterien für eine Spalte miteinander verknüpft werden. Auf diese Weise ist es möglich, alle Datensätze zu filtern, die in der Spalte *Abteilung* die Werte *Vertrieb* oder *Verwaltung* besitzen. Eine solche Filterung wird in Listing 15.14 durchgeführt.

```
Sub AutoFilter_anwenden2()
   Range("B2").AutoFilter Field:=4, Criteria1:="Vertrieb", _
      Operator:=xlOr, Criteria2:="Verwaltung"
End Sub
```

Listing 15.14 Verwendung zweier Filterkriterien

Die Werte *Vertrieb* und *Verwaltung* werden an die Argumente `Criteria1` und `Criteria2` übergeben. Verknüpft werden diese beiden Filterkriterien durch das Argumente `Operator`, welches den Wert der vordefinierten Konstante `xlOr` zugewiesen bekommt. Dadurch werden alle Datensätze gefiltert, die entweder den Wert *Vertrieb* oder den Wert *Verwaltung* in der Spalte *Abteilung* enthalten.

Für das Argument `Operator` können Sie eine Reihe von vordefinierten Konstanten verwenden. Die Konstanten und eine Beschreibung der jeweiligen Funktionsweise sind in Tabelle 15.2 enthalten.

Konstante	**Bedeutung**
`xlAnd`	Verknüpft die beiden Filterkriterien mit einem logischen UND.
`xlBottom10Items`	Filterung nach den zehn kleinsten Werten (absolut)
`xlBottom10Percent`	Filterung nach den zehn kleinsten Werten (relativ)
`xlOr`	Verknüpft die beiden Filterkriterien mit einem logischen OR.
`xlTop10Items`	Filterung nach den zehn größten Werten (absolut)
`xlTop10Percent`	Filterung nach den zehn kleinsten Werten (relativ)

Tabelle 15.2 Konstanten der Klasse XlAutoFilterOperator

Während die Anwendung der Methode `AutoFilter` keine Schwierigkeiten bereitet, ist der Zugriff auf die gefilterten Datensätze nicht ganz einfach. In Listing 15.15 werde ich Ihnen zeigen, wie Werte der Spalten *Nachname* und *Vorname* von gefilterten Datensätze ausgegeben werden.

```
Sub AutoFilter_Datensaetze_ausgeben()
   Dim rngRegion As Range
   Dim rngRow As Range
   Dim rngIntersect As Range
   Set rngRegion = Range("B2").CurrentRegion
   Set rngIntersect = Intersect(rngRegion, _
      rngRegion.SpecialCells(xlCellTypeVisible))
   For Each rngRow In rngIntersect.Rows
      If rngRow.Cells(1, 2).Value <> "Nachname" Then
         Debug.Print "Mitarbeiter: " & rngRow.Cells(1, 2)_
           .Value & ", " & rngRow.Cells(1, 3).Value
      End If
   Next rngRow
```

```
    Set rngIntersect = Nothing
    Set rngRow = Nothing
    Set rngRegion = Nothing
End Sub
```

Listing 15.15 Zugriff auf die gefilterten Datensätze

Nach der Anwendung des AutoFilters wird zunächst einmal der aktuelle Zellbereich mit der Eigenschaft `CurrentRegion` bestimmt, den die Datentabelle einnimmt. Zu diesem Zellbereich zählen nicht nur die sichtbaren Zeilen, welche die Datensätze enthalten, sondern auch die ausgeblendeten Zeilen und die Zeile mit den Spaltenüberschriften. Das durch die Eigenschaft `CurrentRegion` zurückgegebene `Range`-Objekt wird in der Objektvariablen `rngRegion` gespeichert. Nun wird mit der `Intersect`-Methode des `Application`-Objekts die Schnittmenge des aktuellen Zellbereichs der Datentabelle und der tatsächlich sichtbaren Zeilen gebildet. Das auf diese Weise ermittelte `Range`-Objekt wird der Objektvariablen `rngIntersect` übergeben. Der Zellbereich, der in der Objektvariablen `rngIntersect` gespeichert ist, wird nun in der `For Each ... Next`-Schleife zeilenweise verarbeitet. Dabei entspricht eine Zeile immer einem Datensatz. Zu beachten ist allerdings, dass der Zellbereich in `rngIntersect` auch die Zeile mit den Spaltenüberschriften enthält. In der `If`-Anweisung wird daher überprüft, ob diese Zeile gerade verarbeitet wird. Ist das nicht der Fall, dann werden Nachname und Vorname des Mitarbeiters im Direktfenster ausgegeben.

Zum Abschluss meiner Ausführungen zum Thema AutoFilter werde ich Ihnen noch zeigen, wie Sie einen AutoFilter wieder deaktivieren können.

```
Sub AutoFilter_deaktivieren()
    Worksheets("AutoFilter").AutoFilterMode = False
End Sub
```

Listing 15.16 Deaktivieren des AutoFilters

Die Prozedur `AutoFilter_deaktivieren()` in Listing 15.16 bedient sich der Eigenschaft `AutoFilterMode`, um den AutoFilter auf einem Tabellenblatt zu deaktivieren. Die Deaktivierung erfolgt durch die Zuweisung des booleschen Wertes `False` an die Eigenschaft.

Der AutoFilter ermöglicht Ihnen, Datensätze nach bestimmten Werten zu filtern, die in der Datentabelle enthalten sind. Noch mehr Flexibilität bei der Bestimmung von Filterkriterien bietet der Spezialfilter. Den Spezialfilter konfigurieren Sie über das Dialogfenster **Spezialfilter**, das in Abbildung 15.9 dargestellt ist.

Abbildung 15.9 Das Dialogfenster »Spezialfilter«

Das Dialogfenster **Spezialfilter** können Sie über den Menübefehl **Daten · Filter · Spezialfilter...** aufrufen. Damit der Spezialfilter funktioniert, müssen bestimmte Zellbereiche für den Filter definiert werden. Da wäre zunächst einmal der Listenbereich, also der Zellbereich, den die Datentabelle einnimmt. Ebenfalls erforderlich ist der Kriterienbereich. Der Kriterienbereich enthält die Filterkriterien, bestehend aus einer Spaltenbezeichnung der Datentabelle und aus einem Ausdruck, der das Filterkriterium beschreibt. Optional ist dagegen die Angabe des Zellbereiches für das Listenfeld *Kopieren nach*. Je nachdem, ob Sie die gefilterten Datensätze an der Stelle der ursprünglichen Datentabelle oder an einer anderen Stelle anzeigen lassen wollen, aktivieren Sie eine der beiden Optionen, die im oberen Teil des Dialogfensters **Spezialfilter** stehen. Sofern Sie die Option *An eine andere Stelle kopieren* aktivieren, müssen Sie natürlich einen entsprechenden Zellbereich definieren. Die Anwendung eines Spezialfilters könnte so aussehen wie in Abbildung 15.10.

	A	B	C	D	E	F	G
1							
2		**Personal-Nr.**	**Nachname**	**Vorname**	**Abteilung**	**Gruppe**	
3		165848	Müller	Susanne	Forschung	R12	
4		846557	Braun	Günther	Marketing	M04	
5		654879	Lohmann	Siegfried	Marketing	M16	
6		256987	Wessmann	Gerlinde	Vertrieb	S78	
7		326587	Müller	Thomas	Verwaltung	A01	
8		478511	Pitzner	Silvia	Vertrieb	S78	
9		654987	Münchhoff	Sabine	Verwaltung	A01	
10		321648	Kronauer	Anette	Marketing	M16	
11		548513	Ocker	Yvonne	Vertrieb	S21	
12		564586	Delfs	Manfred	Forschung	R12	
13		321657	Kreegling	Bruno	Forschung	R12	
14		987356	Hagerer	Thomas	Verwaltung	A01	
15							
16		**Filterkriterien**		**Abteilung**	**Gruppe**		
17				Marketing	M16		
18							
19		**Personal-Nr.**	**Nachname**	**Vorname**	**Abteilung**	**Gruppe**	
20		654879	Lohmann	Siegfried	Marketing	M16	
21		321648	Kronauer	Anette	Marketing	M16	
22							
23							

Abbildung 15.10 Anwendung des Spezialfilters

Als Listenbereich wurde der Zellbereich *B2:F14* und als Kriterienbereich der Zellbereich *D16:E17* ausgewählt. Während die Bedeutung des Listenbereichs klar ist, muss die Interpretation des Kriterienbereichs erläutert werden. Im Kriterienbereich sind zwei Spaltenbezeichnungen des Listenbereichs und je ein Wert angegeben. Nach diesen Werten soll die Filterung durchgeführt werden. Dabei werden die Werte aus den beiden Spalten mit einem logischen UND verknüpft. Es sollen also alle Datensätze gefiltert werden, die in der Spalte *Abteilung* den Wert *Marketing* und in der Spalte *Gruppe* den Wert *M16* besitzen. Das Ergebnis der Filterung soll ab Zeile *20* angezeigt werden. Dazu geben Sie für den Zellbereich *Kopieren nach* die Adresse der Spaltenbezeichnungen, in diesem Fall *B19:F19*, an.

Wie lässt sich nun die Anwendung des Spezialfilters in VBA realisieren? Die Antwort auf diese Frage finden Sie in Listing 15.17.

```
Sub Spezialfilter()
   Dim rngDataTable As Range
   Dim rngCriteria As Range
   Dim rngCopyResult As Range
   Worksheets("Spezialfilter").Activate
   Set rngDataTable = Range("B2:F14")
   Set rngCriteria = Range("D16:E17")
   Set rngCopyResult = Range("B19:F19")
   rngDataTable.AdvancedFilter Action:=xlFilterCopy, _
      CriteriaRange:=rngCriteria, CopyToRange:=rngCopyResult, _
      Unique:=False
   Set rngCopyResult = Nothing
   Set rngCriteria = Nothing
   Set rngDataTable = Nothing
End Sub
```

Listing 15.17 Anwendung des Spezialfilters

Als Erstes werden die drei benötigten Zellbereiche festgelegt und in den entsprechenden Objektvariablen gespeichert. Der eigentliche Filtervorgang wird mit der Methode `AdvancedFilter` des `Range`-Objekts ausgeführt. Dafür benötigt die Methode `AdvancedFilter` ein paar Argumente. Mit dem Argument `Action` wird festgelegt, wo die Ergebnisse des Filtervorgangs angezeigt werden sollen. Da die Ergebnisse an einer anderen Stelle angezeigt werden sollen, wird dem Argument `Action` der Wert der vordefinierten Konstanten `xlFilterCopy` zugewiesen. Natürlich muss in diesem Fall noch der Zellbereich angegeben werden, an dem die Ergebnisse erscheinen sollen. Der entsprechende Zellbereich wird an das Argument `CopyToRange` übergeben. Das Argument `CriteriaRange` erwartet als Wert den Zellbereich mit den Filterkriterien. Schließlich gibt es noch das Argument `Unique`. Der Wert dieses Arguments repräsentiert die Einstellung, ob Duplikate, also mehrfach vorhandene, identische Datensätze, angezeigt werden sollen oder nicht. Der Wert `False` für dieses Argument sorgt dafür, dass auch Duplikate angezeigt werden.

15.4 Aufgaben und Übungen

1. Erstellen Sie eine Prozedur, welche die Werte des Zellbereichs *C1:C10* in den Zellbereich *F1:O1* überträgt.
2. Erstellen Sie eine Prozedur, welche den Zellbereich *A1:E10* in den Zellbereich *A12:J17* überführt. Dabei soll jeweils eine Zeile des ersten Zellbereichs zu einer Spalte des zweiten Zellbereichs werden.
3. Erstellen Sie eine Prozedur, die für jede Zeile und für jede Spalte des Zellbereichs *A1:E10* das arithmetische Mittel errechnet. Verwenden Sie zur Berechnung nur die Eigenschaft `Value` des `Range`-Objekts. Beachten Sie, dass nicht jede Zelle des angegebenen Zellbereichs einen Wert enthalten muss.
4. Erstellen Sie eine Prozedur, die in der Zelle *A1* die Formel *=QUADRATESUMME(B1:D1)* verwendet.
5. Erstellen Sie eine Prozedur, die in der Zelle *A1* das Ergebnis der Methode `SumSq` des `WorksheetFunction`-Objekts für den Zellbereich *B1:D1* ausgibt.
6. Erstellen Sie eine Prozedur, die alle Formeln in einem Tabellenblatt entfernt.
7. Erstellen Sie einen Prozedur, die den AutoFilter für die Datentabelle aus Abbildung 15.5 nur für die Spalten *Personal-Nr.*, *Nachname* und *Vorname* aktiviert.
8. Erstellen Sie eine Prozedur, die mit dem AutoFilter die Spalte *Nachname* der Datentabelle aus Abbildung 15.5 nach dem Eintrag *Müller* filtert.
9. Erstellen Sie eine Prozedur, die einen Spezialfilter auf die Datentabelle aus Abbildung 15.5 mit den folgenden Filterkriterien anwendet. Wie sind die Filterkriterien zu interpretieren?

Abteilung
Forschung
Verwaltung

10. Erstellen Sie eine Prozedur, die einen Spezialfilter auf die Datentabelle aus Abbildung 15.5 mit den folgenden Filterkriterien anwendet. Wie sind diese Filterkriterien zu interpretieren?

Abteilung	**Gruppe**
Forschung	
	A01

15

16 UserForms

Dialoge, im VBA-Sprachgebrauch auch UserForms genannt, stellen eine wichtige Möglichkeit dar, um Interaktionen mit dem Benutzer zu realisieren. In diesem Kapitel erfahren Sie, wie UserForms erstellt werden und wie der Programmablauf in UserForms funktioniert.

Zwar wurde im bisherigen Verlauf dieses Buches schon mehrfach angesprochen, wie Sie UserForms in Ihr VBA-Projekt einfügen können, ich möchte aber dennoch diesen Vorgang noch einmal kurz beschreiben.

16.1 UserForm erstellen

Im Projekt-Explorer des VBE klicken Sie mit der rechten Maustaste auf das VBA-Projekt, in welches die UserForm eingefügt werden soll. Mit dem Menübefehl **Einfügen · UserForm** des Kontextmenüs erhalten Sie eine neue, leere UserForm in Ihrem VBA-Projekt. Eine UserForm können Sie natürlich auch über die Menüleiste des VBE einfügen. Auch hier lautet der Menübefehl **Einfügen · UserForm**. In der Regel werden bei diesem Vorgang die leere UserForm und die Werkzeugsammlung angezeigt, so wie in Abbildung 16.1 dargestellt.

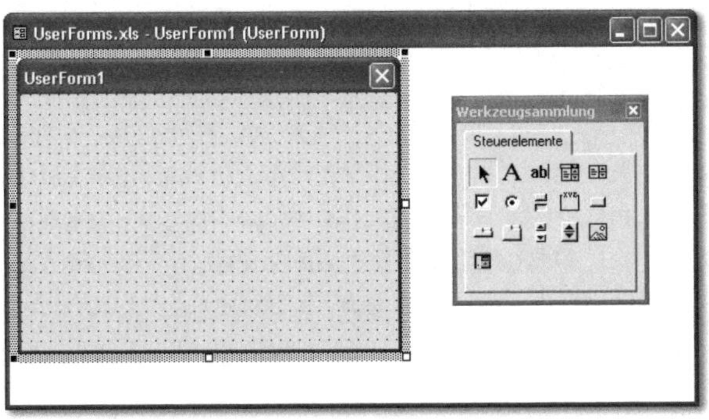

Abbildung 16.1 UserForm und Werkzeugsammlung

Die Werkzeugsammlung enthält die Steuerelemente, die in eine UserForm eingefügt werden können. Falls direkt nach dem Einfügen der UserForm die Werkzeugsammlung nicht angezeigt wird, können Sie diese über den Menübefehl **Ansicht · Werkzeugsammlung** einblenden.

UserForms werden im Projekt-Explorer im Ordner *Formulare* angezeigt. Persönlich ziehe ich für UserForms die Bezeichnung Dialoge oder Dialogfenster vor, da ich den Begriff »Formular« für Tabellenblätter verwende, in denen Steuerelemente vorhanden sind, wie Sie in Kapitel 17, *Formulare*, noch sehen werden. Mit einem Doppelklick auf eine UserForm im Ordner *Formulare* können Sie die UserForm öffnen, um Steuerelemente einzufügen. Dabei können Sie zwei verschiedene Methoden anwenden, um Steuerelemente aus der Werkzeugsammlung auf Ihre UserForm zu übertragen. Bei der ersten Methode klicken Sie die Schaltfläche eines Steuerelements in der Werkzeugsammlung an und klicken dann mit der linken Maustaste in die UserForm. Halten Sie die Maustaste gedrückt, während Sie mit der Maus ein Rechteck aufziehen, das der gewünschten Größe des Steuerelements entspricht. Das Steuerelement wird endgültig eingefügt, wenn Sie die linke Maustaste loslassen. Bei der zweiten Methode verwenden Sie die Verfahrensart Drag-and-Drop. Klicken Sie mit der linken Maustaste auf eine Schaltfläche in der Werkzeugsammlung und halten Sie die Maustaste gedrückt, während Sie das ausgewählte Steuerelement auf die UserForm ziehen. Sobald Sie die Position auf der UserForm erreicht haben, an der Sie das Steuerelement einfügen wollen, lassen Sie die Maustaste los. Das Steuerelement wird in einer Standardgröße eingefügt, so dass Sie nach dem Einfügen die Größe noch anpassen müssen.

Obwohl eine neu erstellte UserForm noch keine Steuerelemente enthält, ist trotzdem schon eine gewisse Grundfunktionalität vorhanden. So können Sie die UserForm bereits ausführen, wenn die UserForm im aktiven Code-Fenster angezeigt wird und Sie die Taste `F5` drücken. Auch der Mechanismus zum Schließen der UserForm ist bereits aktiv. Sie können dazu entweder die Tastenkombination `Alt` + `F4` oder die rote Schaltfläche mit dem Zeichen *X* in der Titelleiste der UserForm verwenden.

Das Starten einer UserForm mit der Taste `F5` aus dem VBE heraus eignet sich besonders gut, um die UserForm zu testen. Allerdings ist diese Vorgehensweise für den Benutzer nicht akzeptabel. Deshalb werden die meisten UserForms durch Anweisungen in VBA aufgerufen. Die Prozedur in Listing 16.1 ruft aus einem Standardmodul eine UserForm auf.

```
Sub UserForm_starten()
  UserForm1.Show
End Sub
```

Listing 16.1 Starten einer UserForm

Zum Starten der UserForm wird die Methode `Show` des `UserForm`-Objekts aufgerufen. Die `Show`-Methode besitzt ein optionales Argument, mit dem die Bindung der UserForm bestimmt werden kann. Unter Bindung wird in diesem Fall das Zusammenwirken von UserForm und der restlichen Applikation verstanden. In der Standardeinstellung ist eine UserForm gebunden, das heißt, der Benutzer muss erst die UserForm schließen, bevor ein Zugriff auf die restliche Applikation wieder möglich ist. Dass eine UserForm gebunden ist, kann durch die vordefinierte Konstante vbModal angezeigt werden, obwohl die Verwendung dieser Konstanten aufgrund der Standardeinstellungen nicht zwingend notwendig ist. Eine ungebundene UserForm lässt sowohl die Bearbeitung der Applikation als auch die Bearbeitung der UserForm zu. Die UserForm bleibt dabei im Vordergrund. Um eine UserForm als ungebunden zu öffnen, verwenden Sie als Argument für die Methode Show die vordefinierte Konstante vbModeless, so wie in Listing 16.2.

```
Sub UserForm_ungebunden()
   UserForm1.Show vbModeless
End Sub
```

Listing 16.2 Ungebundene UserForm starten

Genau genommen erfüllt die Show-Methode zwei Aufgaben, nämlich das Laden einer UserForm und das Anzeigen der UserForm. Allerdings muss die UserForm nur dann geladen werden, wenn diese nicht schon zuvor geladen wurde. Diese Aussage impliziert, dass eine UserForm geladen werden kann, ohne angezeigt zu werden. Das Laden einer UserForm geschieht mit der Load-Anweisung.

```
Sub UserForm_laden()
   Load UserForm1
End Sub
```

Listing 16.3 Laden einer UserForm

Die Prozedur in Listing 16.3 zeigt das Laden einer UserForm, ohne diese jedoch anzuzeigen. Eine solche Möglichkeit macht durchaus Sinn. Obwohl der Benutzer von der Existenz der UserForm nichts ahnt, kann per VBA schon auf die UserForm zugegriffen werden, zum Beispiel um irgendwelche Voreinstellungen vorzunehmen. Bei Bedarf kann die UserForm dann mit der Show-Methode für den Benutzer sichtbar gemacht werden.

Tipp: Load-Anweisung vorsichtig verwenden

Die meisten Menschen neigen dazu, die Existenz von Dingen zu ignorieren, nur weil diese nicht sichtbar sind. Eine mit der Load-Anweisung geladene UserForm ist zwar nicht sichtbar, dennoch existiert das entsprechende UserForm-Objekt und belegt Speicherplatz im Arbeitsspeicher des Computers.

Um die Systemressourcen zu schonen, sollten Sie deshalb die `Load`-Anweisung nur so einsetzen, dass Sie immer die Kontrolle über die Anzahl der geöffneten UserForms haben.

So, wie eine UserForm geladen und angezeigt werden kann, kann diese auch wieder ausgeblendet und aus dem Arbeitsspeicher entfernt werden. Das Ausblenden einer UserForm geschieht mit der Methode `Hide`, so wie in Listing 16.4 gezeigt.

```
Sub UserForm_ausblenden()
    UserForm1.Hide
End Sub
```

Listing 16.4 Ausblenden einer UserForm

Die Methode `Hide` lässt die UserForm für den Benutzer zwar unsichtbar werden, entfernt diese jedoch nicht aus dem Arbeitsspeicher. Somit ist ein Zugriff auf diese UserForm aus VBA heraus jederzeit möglich. Endgültig aus dem Arbeitsspeicher entfernt wird die UserForm erst mit der Anweisung `Unload`.

```
Sub UserForm_entladen()
    Unload UserForm1
End Sub
```

Listing 16.5 Entfernen einer UserForm aus dem Arbeitsspeicher

Da die Anweisung `Unload` das `UserForm`-Objekt aus dem Arbeitsspeicher entfernt, bedeutet das gleichzeitig, dass die UserForm nicht mehr angezeigt wird, denn wenn das Objekt nicht mehr vorhanden ist, das die UserForm repräsentiert, was soll dann noch angezeigt werden?

UserForms können auf Ereignisse reagieren, sofern Sie entsprechende Ereignisprozeduren erstellt haben. Eine Ereignisprozedur für eine UserForm zu erstellen, ist denkbar einfach. Zunächst einmal müssen Sie das Code-Fenster für die UserForm öffnen. Am leichtesten geht das mit einem Doppelklick auf die UserForm selbst. Sie können aber auch im Projekt-Explorer mit der rechten Maustaste auf die UserForm klicken und aus dem Kontextmenü den Menübefehl **Code anzeigen** aufrufen. Was jetzt folgt, sollte Ihnen aus Kapitel 11, *Ereignisprozeduren,* bestens bekannt sein. Aus dem linken Listenfeld des Code-Fensters wählen Sie den Eintrag *UserForm* und aus dem rechten Listenfeld ein Ereignis aus. Nun besitzt eine UserForm eine Reihe von Ereignissen. Diese alle beschreiben zu wollen, würde zu weit führen, deshalb stelle ich Ihnen nur die beiden wichtigsten Ereignisse vor. Es handelt sich dabei um die Ereignisse *Initialize* und *Terminate*. Das Ereignis *Initialize* tritt ein, wenn eine UserForm geladen wird und ist damit sehr gut geeignet, um die UserForm und deren Steuerelemente in einen definierten Anfangszustand zu setzen. Das Pendant dazu ist das Ereignis *Terminate*, welches dann eintritt, wenn die UserForm geschlossen wird. Die Ereignisprozeduren in Listing 16.6 und Listing 16.7 zeigen Ihnen, wann die Ereignisse *Initialize* und *Terminate* eintreten.

```
Private Sub UserForm_Initialize()
   Beep
   MsgBox "Das Ereignis Initialize ist eingetreten."
End Sub
```

Listing 16.6 Ereignisprozedur für das Ereignis »Initialize«

```
Private Sub UserForm_Terminate()
   Beep
   MsgBox "Das Ereignis Terminate ist eingetreten."
End Sub
```

Listing 16.7 Ereignisprozedur für das Ereignis »Terminate«

Jeweils beim Eintreten der Ereignisse *Initialize* und *Terminate* wird ein akustisches Signal und ein Meldungsfenster ausgegeben. So können Sie leicht verfolgen, wann die entsprechenden Ereignisse ausgelöst werden.

16.2 Befehlsschaltfläche

Die Steuerelemente, die Sie aus der Werkzeugsammlung in eine UserForm einfügen können, sind die so genannten ActiveX-Steuerelemente. Es handelt sich dabei um die gleichen Steuerelemente, die Sie in allen Windows-Applikationen vorfinden. Bedient der Benutzer diese Steuerelemente, so werden dadurch Ereignisse ausgelöst, die Sie durch entsprechende Ereignisprozeduren verarbeiten können. Bei den ActiveX-Steuerelementen sind jedoch nicht nur die verfügbaren Ereignisse von Bedeutung, sondern auch deren Eigenschaften und Methoden, die die Funktionalität und den Charakter eines Steuerelements ganz entscheidend mitprägen. Auch für die ActiveX-Steuerelemente ergibt sich wieder das Problem, dass aufgrund der zahlreichen Eigenschaften, Methoden und Ereignisse eine vollständige Beschreibung nicht möglich ist. Deshalb werde ich mich auch hier auf die Hauptmerkmale der jeweiligen Steuerelemente beschränken.

Eines der am häufigsten verwendeten Steuerelemente ist zugleich auch eines der einfachsten. Es handelt sich dabei um die Befehlsschaltfläche, umgangssprachlich auch als Button bezeichnet. Befehlsschaltflächen werden häufig dazu benutzt, um bestimmte Aktionen oder Berechnungen zu starten. Abbildung 16.2 zeigt eine UserForm, die drei Befehlsschaltflächen enthält, mit der verschiedene Aktionen ausgelöst werden können.

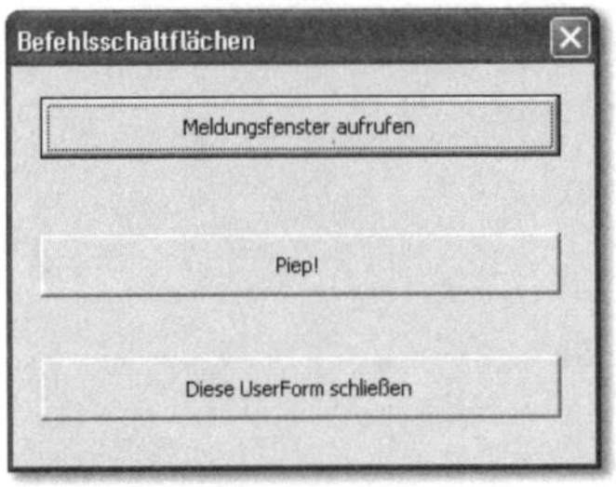

Abbildung 16.2 UserForm mit drei Befehlsschaltflächen

Die Beschriftung der Befehlsschaltflächen können Sie über die Eigenschaft `Caption` im Eigenschaftenfenster ändern. Des Weiteren können Sie dort auch den Codenamen ändern. Schließlich erstellen Sie die Ereignisprozeduren für die Befehlsschaltflächen, so wie Sie es in Listing 16.8 sehen. Das Code-Fenster, in dem Sie die Ereignisprozeduren erstellen, ist dasselbe wie das für die UserForm. Grundsätzlich enthält das Code-Fenster einer UserForm auch den Programmtext für alle Steuerelemente, die in der entsprechenden UserForm enthalten sind. So, wie Sie das Code-Fenster mit einem Doppelklick auf die UserForm öffnen können, so können Sie es auch mit einem Doppelklick auf eines der Steuerelemente öffnen.

```
Private Sub cmdMeldungsfenster_Click()
   MsgBox "Sie haben eine Befehlsschaltfläche angeklickt."
End Sub

Private Sub cmdBeep_Click()
   Beep
End Sub

Private Sub cmdUserFormClose_Click()
   Unload frmCommandButton
End Sub
```

Listing 16.8 Ereignisprozeduren für die Befehlsschaltflächen

Für alle drei Befehlsschaltflächen wurde eine Ereignisprozedur für das Ereignis *Click* implementiert. Für die erste Befehlsschaltfläche wird ein Meldungsfenster ausgegeben, bei der zweiten ein akustisches Signal und bei der dritten wird die UserForm mit Hilfe der `Unload`-Anweisung geschlossen.

16.3 Textfeld und Bezeichnung

Sowohl die Darstellung von Text als auch die Texteingabe sind wichtige Bestandteile in fast jeder UserForm. Entsprechend gibt es auch für beide Aufgaben je ein Steuerelement, nämlich das Textfeld und die Bezeichnung. Mit der Bezeichnung lassen sich Texte frei innerhalb einer UserForm platzieren. Für die Texteingabe ist dagegen das Textfeld zuständig. Die UserForm in Abbildung 16.3 enthält je zwei Textfelder und zwei Bezeichnungen.

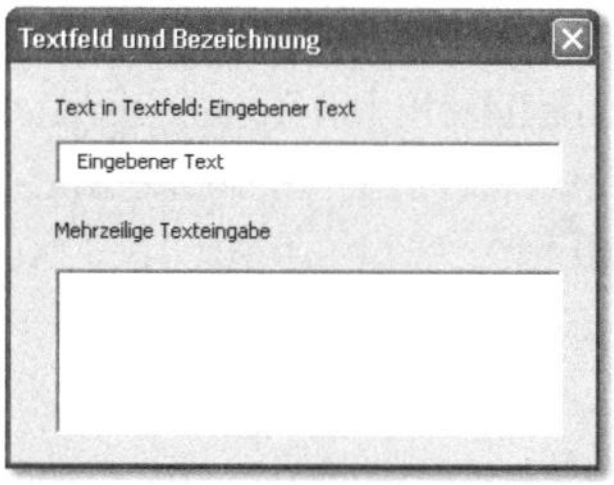

Abbildung 16.3 UserForm mit Textfeldern und Bezeichnungen

Mit Bezeichnungen werden meist Beschriftungen in UserForms realisiert, die zum Beispiel auf die Funktion eines anderen Steuerelements hinweisen. Der Text, der in einer Bezeichnung angezeigt wird, wird über die Eigenschaft `Caption` festgelegt.

Die beiden Textfelder dienen der Texteingabe durch den Benutzer. Der eingegebene Text eines Textfelds kann über die Eigenschaft `Text` abgefragt werden. Gibt der Benutzer Text in das obere Textfeld ein, so wird der eingegebene Text automatisch in der oberen Bezeichnung angezeigt. Möglich wird dies durch die folgende Ereignisprozedur.

```
Private Sub txtInput_Change()
    lblInput.Caption = "Text in Textfeld: " & txtInput.Text
End Sub
```

Listing 16.9 Anzeige des eingegebenen Textes in einer Bezeichnung

Das Ereignis *Change* eines Textfelds tritt immer ein, wenn der Text des Textfelds geändert wird. In der Ereignisprozedur passiert Folgendes: Der Eigenschaft `Caption` der Bezeichnung `lblInput` wird nicht nur die Beschriftung *Text in Textfeld:* zugewiesen, sondern auch noch der aktuelle Wert der Eigenschaft `Text` des Textfelds `txtInput`. So enthält die Bezeichnung `lblInput` immer genau den Text, der auch im Textfeld steht.

Die Standardeinstellungen eines Textfelds sehen vor, dass nur einzeiliger Text eingegeben werden kann. Das ist für die meisten Texteingaben vollkommen ausreichend. Die Länge der Texteingabe lässt sich sogar noch durch die Eigenschaft `MaxLength` beschränken. Sie können dieser Eigenschaft einen Wert des Datentyps `Long` zuweisen, der die Anzahl der Zeichen angibt, die maximal in das Textfeld eingegeben werden dürfen.

In manchen Anwendungen sind einzeilige Texteingaben jedoch nicht ausreichend. Deshalb kann mit der Eigenschaft `MultiLine` des Textfelds die einzeilige Texteingabe in eine mehrzeilige umgeschaltet werden. Sie müssen lediglich der Eigenschaft `MultiLine` den booleschen Wert `True` zuweisen. Mehrzeilige Textfelder akzeptieren harte Zeilenumbrüche, ganz im Gegensatz zu einzeiligen Textfeldern. Übersteigt die Anzahl der Zeilen eines mehrzeiligen Textfelds die darstellbare Anzahl von sichtbaren Zeilen, wird automatisch eine vertikale Bildlaufleiste im Textfeld eingeblendet. Das untere Textfeld in Abbildung 16.3 ist als mehrzeiliges Textfeld ausgeführt.

16.4 Kontrollkästchen und Optionsfeld

Kontrollkästchen und Optionsfelder können als Anzeiger dafür verwendet werden, ob eine bestimmte Einstellung aktiv ist oder nicht. Der Hauptunterschied zwischen Kontrollkästchen und Optionsfeldern besteht darin, dass aus einer Gruppe von Optionsfeldern immer nur ein Optionsfeld aktiviert sein kann, während beliebig viele Kontrollkästchen aktiviert sein können. Von dieser Tatsache hängt auch der jeweilige Einsatzbereich für diese beiden Steuerelemente ab. Wollen Sie dem Benutzer erlauben, mehrere Einstellungen gleichzeitig zu aktivieren, dann verwenden Sie Kontrollkästchen. Darf der Benutzer jedoch höchstens eine Einstellung aus einer Gruppe von Einstellungen aktivieren, dann kommen die Optionsfelder zum Zug.

Die UserForm in Abbildung 16.4 zeigt drei Kontrollkästchen, die je eine Einstellung repräsentieren sollen. Sie können nun beliebig viele dieser Kontrollkästchen aktivieren oder deaktivieren.

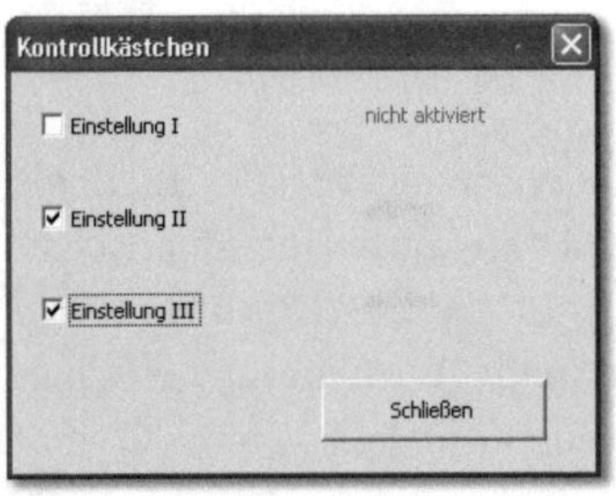

Abbildung 16.4 UserForm frmCheckBox mit Kontrollkästchen

Der Zustand der drei Kontrollkästchen wird in drei Bezeichnungen angezeigt. Ist ein Kontrollkästchen aktiviert, so enthält die korrespondierende Bezeichnung den Text *aktiviert*, der zudem in grüner Schrift angezeigt wird. Bei nicht aktivierten Kontrollkästchen wird der Text *nicht aktiviert* in roter Schrift dargestellt. Die für diese Funktionalität benötigten Prozeduren sind in Listing 16.10 aufgeführt.

```
Private Sub CheckBox1_Click()
   If CheckBox1.Value = True Then
      Label1.Caption = "aktiviert"
      Label1.ForeColor = RGB(0, 255, 0)
   Else
      Label1.Caption = "nicht aktiviert"
      Label1.ForeColor = RGB(255, 0, 0)
   End If
End Sub

Private Sub CheckBox2_Click()
   If CheckBox2.Value = True Then
      Label2.Caption = "aktiviert"
      Label2.ForeColor = RGB(0, 255, 0)
   Else
      Label2.Caption = "nicht aktiviert"
      Label2.ForeColor = RGB(255, 0, 0)
   End If
End Sub

Private Sub CheckBox3_Click()
   If CheckBox3.Value = True Then
      Label3.Caption = "aktiviert"
      Label3.ForeColor = RGB(0, 255, 0)
   Else
      Label3.Caption = "nicht aktiviert"
      Label3.ForeColor = RGB(255, 0, 0)
   End If
End Sub

Private Sub CommandButton1_Click()
   Unload frmCheckBox
End Sub
```

Listing 16.10 Prozeduren der UserForm frmCheckBox

Die Ereignisprozeduren für die Kontrollkästchen, die auf das Ereignis *Click* reagieren, sind alle gleich aufgebaut. In der `If`-Anweisung wird der Wert des jeweiligen Kontrollkästchens über die Eigenschaft `Value` abgefragt. Ist das Kontrollkästchen aktiviert, so hat die Eigenschaft `Value` den Wert `True` und es wird der `Then`-Zweig ausgeführt. Dort wird zunächst die Beschriftung der Bezeichnung über die Eigenschaft `Caption` geändert, und zwar in *aktiviert*. Zudem wird die Schriftfarbe mit der Funktion `RGB()` auf grün gesetzt. Die Zuweisung des Farbwertes erfolgt an die Eigenschaft `ForeColor` der Bezeichnung. Der `Else`-Zweig der `If`-Anweisung, der ausgeführt wird, wenn das Kontrollkästchen deaktiviert ist, enthält ebenfalls die Zuweisungen an die Eigenschaften `Caption` und `ForeColor` der Bezeichnung. Natürlich sind die Werte anders, so dass der Text *nicht aktiviert* und die Schriftfarbe Rot zugewiesen werden.

Die UserForm zur Demonstration von Optionsfeldern ist in Abbildung 16.5 zu sehen.

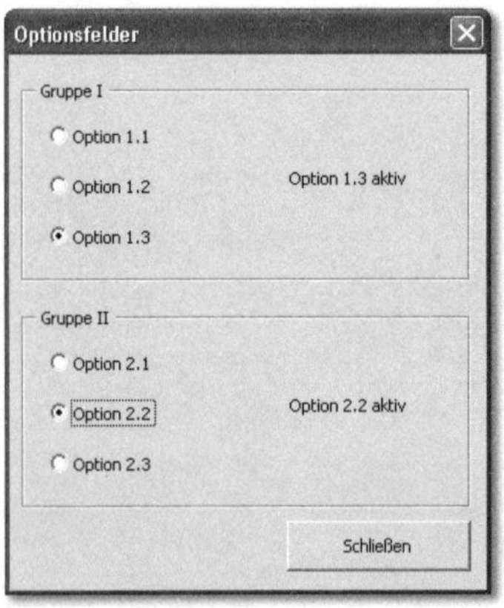

Abbildung 16.5 UserForm frmOption mit Optionsfeldern

Insgesamt sind in der UserForm sechs Optionsfelder untergebracht, die in zwei Gruppen aufgeteilt sind. Zur optischen Gliederung wurden zwei Rahmen-Steuerelemente eingefügt. Die übrigen Steuerelemente, außer der Befehlsschaltfläche, wurden dann auf diesen Rahmen platziert. In jedem Rahmen ist eine Bezeichnung, welche die gerade aktivierte Option anzeigt.

Tipp: Mehr Übersicht mit Rahmen

Das Steuerelement »Rahmen« eignet sich hervorragend, um UserForms in Bereiche zu gliedern und logisch zusammengehörende Steuerelemente zusammenzufassen.

Außerdem bieten Rahmen noch einen weiteren Vorteil: Steuerelemente, die auf einem Rahmen platziert wurden, können zusammen mit dem Rahmen verschoben werden. Die Ausrichtung der Steuerelemente untereinander bleibt dabei erhalten.

Wie ich Ihnen eingangs dieses Unterkapitels erklärt habe, kann immer nur ein Optionsfeld aktiv sein. In Abbildung 16.5 können Sie jedoch erkennen, dass zwei Optionsfelder zur selben Zeit aktiv sind. Das liegt daran, dass die Optionsfelder verschiedenen Gruppen angehören. Innerhalb einer Gruppe kann nur ein Optionsfeld aktiv sein. Die Gruppe, zu der ein Optionsfeld gehört, wird durch die Eigenschaft `GroupName` des jeweiligen Optionsfelds angegeben. Für die oberen drei Optionsfelder wurde der Eigenschaft `GroupName` der Wert *Gruppe1* und für die unteren drei Optionsfelder der Wert *Gruppe2* zugeordnet. Optionsfelder, die den gleichen Wert in der Eigenschaft `GroupName` haben, gehören logisch zusammen. Durch die Eigenschaft `GroupName` ist es möglich, mehrere Gruppen von Optionsfeldern unabhängig voneinander in einer UserForm zu verwenden.

Tipp: Eigenschaft GroupName immer verwenden

Selbst wenn Sie nur eine Gruppe von Optionsfeldern in einer UserForm verwenden, sollten Sie immer einen Wert für die Eigenschaft `GroupName` angegeben. Auf diese Weise machen Sie explizit klar, dass diese Optionsfelder logisch zusammengehören. Außerdem sind Sie auf diese Weise bestens gerüstet, wenn die UserForm durch weitere Optionsfelder erweitert werden soll.

Den Programmtext für die UserForm aus Abbildung 16.5 zeigt Listing 16.11.

```
Private Sub OptionButton1_Click()
   Label1.Caption = OptionButton1.Caption & " aktiv"
End Sub

Private Sub OptionButton2_Click()
   Label1.Caption = OptionButton2.Caption & " aktiv"
End Sub

Private Sub OptionButton3_Click()
   Label1.Caption = OptionButton3.Caption & " aktiv"
End Sub
```

```
Private Sub OptionButton4_Click()
   Label2.Caption = OptionButton4.Caption & " aktiv"
End Sub

Private Sub OptionButton5_Click()
   Label2.Caption = OptionButton5.Caption & " aktiv"
End Sub

Private Sub OptionButton6_Click()
   Label2.Caption = OptionButton6.Caption & " aktiv"
End Sub

Private Sub CommandButton1_Click()
   Unload frmOption
End Sub
```

Listing 16.11 Prozeduren für die UserForm frmOption

Für jedes Optionsfeld wurde eine Ereignisprozedur für das Ereignis *Click* erstellt. Durch Anklicken eines Optionsfeldes wird dieses zum aktivierten Optionsfeld der Gruppe. Es ist also nicht notwendig, den Wert der Eigenschaft `Value` des entsprechenden Optionsfeldes zu überprüfen, da dieser nach dem Anklicken des Optionsfeldes immer `True` sein wird. Deshalb kann gleich die Aktualisierung des Textes in der Bezeichnung erfolgen. Der Eigenschaft `Caption` der jeweiligen Bezeichnung wird der Wert des Eigenschaft `Caption` des aktivierten Optionsfeldes sowie die Zeichenfolge *aktiv* zugewiesen.

16.5 Listenfeld und Kombinationsfeld

Wie es der Name schon impliziert, werden in Listenfeldern Listen mit alphanumerischen Einträgen angezeigt, aus denen der Benutzer einen oder mehrere auswählen kann. Für Sie als Programmierer ist vor allem die Verwaltung der Einträge in einem Listenfeld wichtig: Wie werden Einträge eingefügt, welche Einträge hat der Benutzer ausgewählt und wie werden Einträge gelöscht? Um Ihnen die Eigenschaften eines Listenfelds zu demonstrieren, verwende ich die UserForm `frmListBox`, die in Abbildung 16.6 dargestellt ist.

Das Einfügen eines Eintrags in ein Listenfeld geschieht mit der Methode `AddItem`. Immer, wenn Sie in der UserForm `frmListBox` auf die Befehlsschaltfläche **Eintrag einfügen** klicken, wird ein neuer Eintrag in das Listenfeld eingefügt.

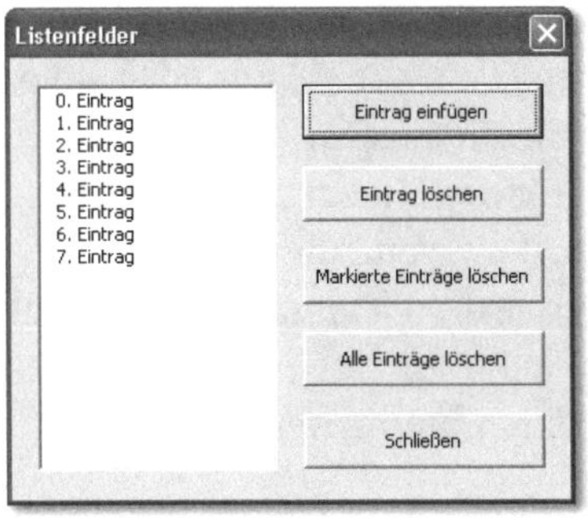

Abbildung 16.6 UserForm frmListBox mit Listenfeld

```
Private Sub CommandButton1_Click()
   ListBox1.AddItem ListBox1.ListCount & ". Eintrag"
End Sub
```

Listing 16.12 Einfügen eines Eintrags in ein Listenfeld

Listing 16.12 zeigt, wie mit der `AddItem`-Methode ein Eintrag eingefügt wird. Als Argument für diese Operation wird natürlich der Text des einzufügenden Eintrags benötigt. In diesem Fall werden die Einträge durchnummeriert, und zwar mit der aktuell vorhandenen Anzahl von Einträgen. Die Anzahl der vorhandenen Einträge lässt sich mit der Eigenschaft `ListCount` bestimmen. Für den ersten Eintrag gibt die Eigenschaft `ListCount` den Wert Null zurück, da bisher noch kein Eintrag vorhanden ist. Also werden die Einträge mit null beginnend durchnummeriert. Das ist so gewollt, wie ich Ihnen später noch erklären werde.

Die `AddItem`-Methode fügt den neuen Eintrag am Ende der Liste ein, aber Sie haben durch ein optionales Argument die Möglichkeit, den Eintrag an einer bestimmten Stelle einzufügen. Für die Verwaltung von Listeneinträgen ist es jedoch einfacher, den neuen Eintrag am Ende einzufügen, da sich dadurch nicht die Reihenfolge der bereits vorhandenen Einträge ändert.

Das Löschen eines Eintrags erfolgt mit der Methode `RemoveItem`. Die dafür benötigte Ereignisprozedur ist in Listing 16.13 aufgeführt.

```
Private Sub CommandButton2_Click()
   ListBox1.RemoveItem (ListBox1.ListIndex)
End Sub
```

Listing 16.13 Entfernen eines Listeneintrags

Die RemoveItem-Methode benötigt als Argument den Index des Listeneintrags, der gelöscht werden soll. In der Prozedur in Listing 16.13 wird der Index durch die Eigenschaft ListIndex zurückgegeben. Die Eigenschaft ListIndex enthält den Index des momentan ausgewählten Eintrags in der Liste. Dabei hat der erste Eintrag in der Liste den Indexwert Null, der zweite Eintrag den Indexwert Eins und so weiter. Die Einträge werden also so nummeriert wie bei einem Datenfeld. Deshalb wurden die Einträge beim Einfügen mit der Prozedur aus Listing 16.12 auch mit null beginnend durchnummeriert.

Ein Listenfeld kann so eingestellt werden, dass der Benutzer nicht nur einen Listeneintrag auswählen kann, sondern auch mehrere. Dazu muss die Eigenschaft MultiSelect den Wert der vordefinierten Konstanten fmMultiSelectMulti zugewiesen bekommen. Sind jedoch mehrere Einträge ausgewählt, dann funktioniert das Löschen von Listeneinträgen mit der Prozedur aus Listing 16.13 nicht mehr so richtig. Deshalb muss die Prozedur aus Listing 16.14 verwendet werden.

```
Private Sub CommandButton3_Click()
   Dim intIndex As Integer
   For intIndex = ListBox1.ListCount - 1 To 0 Step -1
      If ListBox1.Selected(intIndex) = True Then
         ListBox1.RemoveItem intIndex
      End If
   Next intIndex
End Sub
```

Listing 16.14 Entfernen mehrerer Listeneinträge

In der For ... Next-Schleife nimmt die Variable intIndex nacheinander die Indizes der Listeneinträge an, und zwar in umgekehrter Reihenfolge, das heißt, beginnend mit dem größten Indexwert. Das hat folgenden Grund: Würde die For ... Next-Schleife vorwärts zählen, dann wäre der letzte Wert, den die Variable intIndex annimmt, gleich der Anzahl der vorhandenen Listeneinträge. Wird ein Listeneintrag gelöscht, so verringert sich die Anzahl der Listeneinträge und die Variable intIndex würde irgendwann einen Wert annehmen, der keinem gültigen Index mehr entspricht. Durch die rückwärts zählende Schleife ist jedoch diese Gefahr gebannt. Im Inneren der Schleife wird jeder Listeneintrag daraufhin überprüft, ob er im Listenfeld ausgewählt ist. Dazu wird die Eigenschaft Selected verwendet. Ist der Wert der Eigenschaft Selected für einen Listeneintrag True, dann ist der Eintrag ausgewählt und wird mit der Methode RemoveItem gelöscht.

Das Löschen aller Listeneinträge muss nicht über ein Schleifenkonstrukt realisiert werden, sondern funktioniert einfach mit der Methode `Clear`, wie in Listing 16.15 gezeigt.

```
Private Sub CommandButton4_Click()
   ListBox1.Clear
End Sub
```

Listing 16.15 Entfernen aller Listeneinträge aus einem Listenfeld

Das Kombinationsfeld lässt sich als eine Mischung aus Textfeld und Listenfeld beschreiben, wobei die Verwandtschaft zum Listenfeld besonders ausgeprägt ist. Das zeigt sich vor allem bei den Eigenschaften und Methoden, die denen eines Listenfelds gleichen. Die UserForm `frmCheckBox`, mit der ich den Umgang mit einem Kombinationsfeld zeigen möchte, ist in Abbildung 16.7 zu sehen.

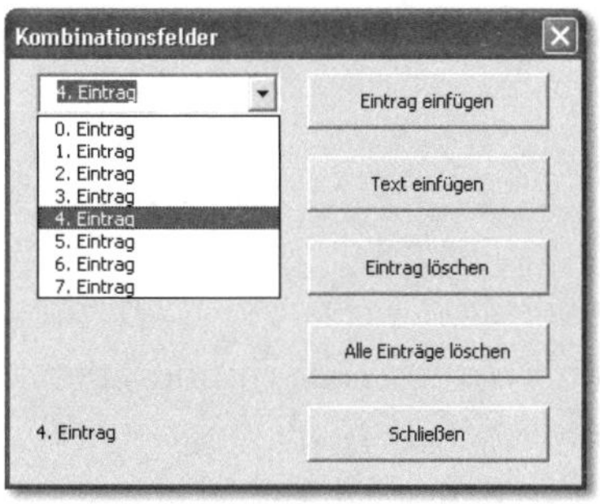

Abbildung 16.7 UserForm frmComboBox mit Kombinationsfeld

Mit einem Klick auf die Schaltfläche an der rechten Seite des Kombinationsfelds lässt sich die Liste mit den Einträgen herunterklappen. Aus dieser Liste kann ein Eintrag ausgewählt werden, der dann im Textfeld des Kombinationsfelds angezeigt wird. Gleichzeitig wird der Text im Textfeld des Kombinationsfelds auch in der Bezeichnung unterhalb des Kombinationsfelds angezeigt. Bei einem Kombinationsfeld kann immer nur ein Eintrag ausgewählt werden, da es keine Eigenschaft `MultiSelect` gibt, so wie bei einem Listenfeld. Das liegt vor allem daran, dass nur ein Eintrag in dem Textfeld des Kombinationsfelds angezeigt werden kann.

Das Einfügen eines Eintrags funktioniert wie bei einem Listenfeld und ist in Listing 16.16 zu sehen.

```
Private Sub CommandButton1_Click()
   ComboBox1.AddItem ComboBox1.ListCount & ". Eintrag"
End Sub
```

Listing 16.16 Einfügen eines Eintrags in das Kombinationsfeld

Auch bei einem Kombinationsfeld wird die `AddItem`-Methode verwendet, um einen neuen Eintrag zu erzeugen. Wie Sie anhand von Abbildung 16.7 sehen können, beginnt die Nummerierung der Einträge wiederum bei null. Diese Tatsache ist wichtig für den Zugriff auf bestimmte Einträge über den Indexwert eines Eintrags.

Das Textfeld des Kombinationsfelds erlaubt die Eingabe von Text. Normalerweise wird diese Funktionalität genutzt, um schnell einen Eintrag im Kombinationsfeld zu finden. Sie können jedoch auch einen Text eingeben, der keinem der bereits vorhandenen Einträge entspricht und diesen Text als neuen Eintrag mit der Befehlsschaltfläche **Text einfügen** erstellen.

```
Private Sub CommandButton2_Click()
   ComboBox1.AddItem ComboBox1.Text
End Sub
```

Listing 16.17 Neuen Eintrag mit dem Textfeld erzeugen

Der eingegebene Text kann mit der Eigenschaft `Text` ausgelesen und gesetzt werden. In Listing 16.17 wird der Wert der Eigenschaft `Text` als Argument für die `AddItem`-Methode verwendet, um damit einen neuen Eintrag zu erzeugen.

Ein Eintrag des Kombinationsfelds kann mit der Methode `RemoveItem` gelöscht werden, wobei die `RemoveItem`-Methode den Index des Eintrags als Argument erwartet. Listing 16.18 zeigt eine entsprechende Prozedur, um einen Eintrag zu löschen.

```
Private Sub CommandButton3_Click()
   ComboBox1.RemoveItem (ComboBox1.ListIndex)
End Sub
```

Listing 16.18 Löschen eines Eintrags mit der RemoveItem-Methode

In Listing 16.18 wird der `RemoveItem`-Methode der Wert der Eigenschaft `ListIndex` als Argument übergeben. Die `ListIndex`-Eigenschaft enthält den Index des momentan ausgewählten Eintrags. Wenn Sie alle Einträge eines Kombinationsfelds entfernen wollen, dann können Sie sich der Methode `Clear` bedienen.

```
Private Sub CommandButton4_Click()
   ComboBox1.Clear
End Sub
```

Listing 16.19 Löschen aller Einträge mit der Methode »Clear«

Als Letztes muss ich Ihnen noch zeigen, wie die Aktualisierung der Bezeichnung erfolgt, so dass diese immer den angezeigten Text in dem Textfeld des Kombinationsfelds enthält. Vermutlich wissen Sie schon, dass dafür auf das Ereignis *Change* reagiert werden muss.

```
Private Sub ComboBox1_Change()
   Label1.Caption = ComboBox1.Text
End Sub
```

Listing 16.20 Aktualisieren der Bezeichnung

Listing 16.20 zeigt eine Ereignisprozedur für das Kombinationsfeld, die für das Ereignis *Change* erstellt wurde. Darin wird der Wert der Eigenschaft `Text` des Kombinationsfelds der Eigenschaft `Caption` der Bezeichnung zugewiesen. Die Aktualisierung der Bezeichnung erfolgt sowohl dann, wenn ein anderer Eintrag aus der Liste ausgewählt wird, als auch wenn ein Text manuell in das Textfeld des Kombinationsfelds eingegeben wird.

16.6 Umschaltfelder

Umschaltfelder sind von der Art vergleichbar mit Befehlsschaltflächen, besitzen jedoch eine Charakteristik, die ein Umschaltfeld von einer Befehlsschaltfläche deutlich unterscheidet. Umschaltfelder können zwei Schaltzustände annehmen, die man als »gedrückt« und »nicht gedrückt« bezeichnen könnte. Damit eignen sich Umschaltfelder besonders gut, wenn ein Umschalten zwischen zwei Zuständen realisiert werden soll. Binäre Zustände werden in VBA meist durch Eigenschaften repräsentiert, die boolesche Werte akzeptieren. Deshalb werden mit den Umschaltfeldern der UserForm `frmToggleButton`, die in Abbildung 16.8 dargestellt ist, zwei solcher Eigenschaften manipuliert.

Ein Umschaltfeld lässt sich von einer gewöhnlichen Befehlsschaltfläche nur dann unterscheiden, wenn diese den Zustand »gedrückt« angenommen hat, so wie das Umschaltfeld in Abbildung 16.8. Der Zustand des Umschaltfelds wird in der Eigenschaft `Value` gespeichert. Hat die Eigenschaft `Value` den Wert `True`, so entspricht das dem Zustand »gedrückt«, während `False` den Zustand »nicht gedrückt« repräsentiert.

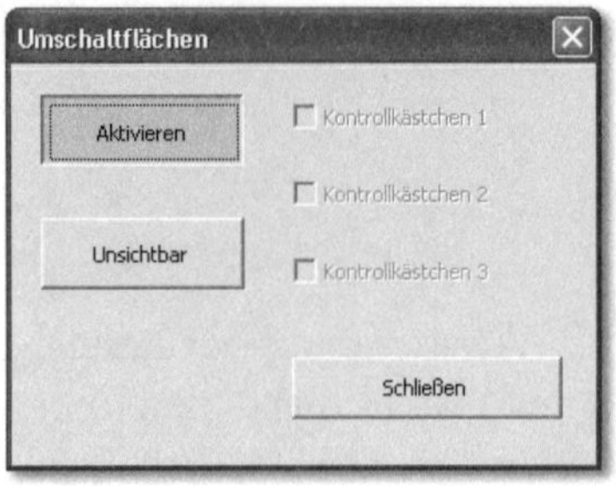

Abbildung 16.8 UserForm frmToggleButton mit Umschaltfeldern

Mit den Umschaltfeldern sollen die Eigenschaften `Enabled` und `Visible` der Kontrollkästchen verändert werden. Die Eigenschaft `Enabled` gibt an, ob ein Steuerelement, in diesem Fall die Kontrollkästchen, durch den Benutzer bedient werden kann und damit in der Lage ist, Ereignisse auszulösen. Hat die Eigenschaft `Enabled` den Wert `False`, so sind die Steuerelemente deaktiviert und in der UserForm nur in grau dargestellt, so wie in Abbildung 16.8 zu sehen. Die Eigenschaft `Visible` gibt an, ob ein Steuerelement für den Benutzer sichtbar ist oder nicht. Auch die Eigenschaft `Visible` akzeptiert die booleschen Werte `True` und `False`, wobei der Wert `True` bedeutet, dass das entsprechende Steuerelement sichtbar ist. Die Prozeduren zum Ändern der Werte dieser beiden Eigenschaften für die Kontrollkästchen sind in Listing 16.21 abgedruckt.

```
Private Sub ToggleButton1_Click()
   If ToggleButton1.Value = True Then
      ToggleButton1.Caption = "Aktivieren"
      CheckBox1.Enabled = False
      CheckBox2.Enabled = False
      CheckBox3.Enabled = False
   Else
      ToggleButton1.Caption = "Deaktivieren"
      CheckBox1.Enabled = True
      CheckBox2.Enabled = True
      CheckBox3.Enabled = True
   End If
End Sub

Private Sub ToggleButton2_Click()
   If ToggleButton2.Value = True Then
      ToggleButton2.Caption = "Sichtbar"
      CheckBox1.Visible = False
```

```
        CheckBox2.Visible = False
        CheckBox3.Visible = False
    Else
        ToggleButton2.Caption = "Unsichtbar"
        CheckBox1.Visible = True
        CheckBox2.Visible = True
        CheckBox3.Visible = True
    End If
End Sub
```

Listing 16.21 Umschaltfelder zum Steuern der Werte von Enabled und Visible

Mit der Eigenschaft Value der Umschaltfelder wird deren Zustand ermittelt. Entsprechend dieses Zustands werden die Eigenschaften Visible und Enabled für die Kontrollkästchen gesetzt. Natürlich muss abhängig vom Zustand der Umschaltfelder auch deren Beschriftung geändert werden, damit immer die auszulösende Änderung der Eigenschaften Enabled und Visible reflektiert wird. Die Beschriftung der Umschaltfelder wird über die Eigenschaft Caption verändert.

16.7 Drehfeld

Drehfelder dienen dazu, dem Benutzer die Auswahl eines numerischen Wertes innerhalb eines vorgegebenen Wertebereiches zu ermöglichen. Sie können sich das wie bei einem Lautstärkeregler eines Radios vorstellen. Ein Lautstärkeregler ermöglicht Ihnen das Einstellen einer beliebigen Lautstärke zwischen einem minimalen und einem maximalen Wert. Bei modernen Radiogeräten wird dieser Wert meist als numerischer Wert in einem Display angezeigt. Die ersten Implementierungen des Steuerelements Drehfeld waren den Drehreglern von Radiogeräten nachempfunden. In der Praxis erwiesen sich diese Steuerelemente jedoch bei der Bedienung mit der Maus als zu unhandlich und zu unpräzise. Heute erinnert nur doch der Name an die einstige Form der Steuerelemente, Aussehen und Bedienung wurden jedoch wesentlich vereinfacht. Die UserForm frmSpinButton in Abbildung 16.9 zeigt ein Drehfeld an.

Mit dem Drehfeld soll die Hintergrundfarbe einer Bezeichnung im Bereich der Rottöne verändert werden. Dazu wird der Zahlenbereich des Drehfelds auf die Werte null bis 255 beschränkt. Diese Beschränkung wird mit der Eigenschaft Min für die Untergrenze und der Eigenschaft Max für die Obergrenze festgelegt. Die Werte für die Eigenschaften Min und Max können Ganzzahlen vom Datentyp Long sein. Listing 16.22 zeigt die Ereignisprozedur für das Drehfeld.

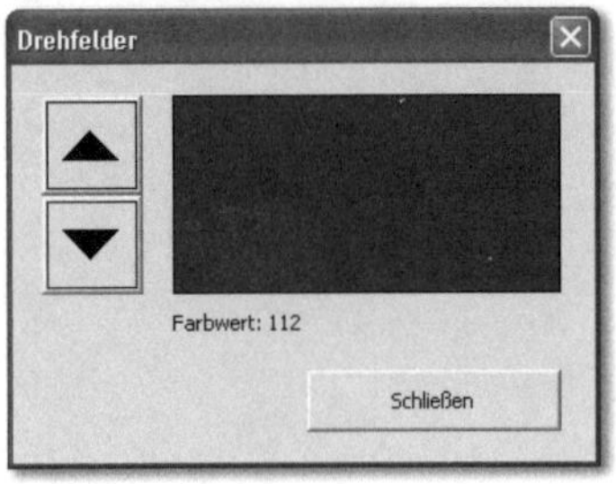

Abbildung 16.9 UserForm frmSpinButton mit Drehfeld

```
Private Sub SpinButton1_Change()
   Label1.BackColor = SpinButton1.Value
   Label2.Caption = "Farbwert: " & SpinButton1.Value
End Sub
```

Listing 16.22 Ändern der Hintergrundfarbe einer Bezeichnung

Die Hintergrundfarbe der Bezeichnung wird über dessen Eigenschaft `BackColor` festgelegt. Dieser Eigenschaft wird der Wert des Drehfelds zugeordnet, der sich in der Eigenschaft `Value` befindet. In einer zweiten Bezeichnung wird zusätzlich der numerische Wert des Drehfelds angezeigt.

Wenn Sie die UserForm `frmSpinButton` ausprobieren, dann werden Sie feststellen, dass die Farbnuancen sehr fein sind und dass eine Änderung des Drehfelds um den Wert Eins kaum eine sichtbare Veränderung der Hintergrundfarbe bewirkt. Es ist also nicht unbedingt erforderlich, den Wertebereich des Drehfelds in so kleinen Schritten zu durchlaufen. Tatsächlich lässt sich eine größere Schrittweite mit der Eigenschaft `SmallChange` festlegen. Der Standardwert für diese Eigenschaft liegt bei eins, es kann aber jede Ganzzahl aus dem Wertebereich des Datentyps `Long` zugewiesen werden. Allerdings beschränkt sich der empfohlene Wertebereich für diese Eigenschaft auf –32.767 bis 32.767. Probieren Sie doch einfach mal verschiedene Werte für die Eigenschaft `SmallChange` aus und beobachten Sie, wie sich das Verhalten beim Durchlaufen des Wertebereichs ändert.

16.8 Bildlaufleiste

Die Bildlaufleiste ist quasi eine Erweiterung des Drehfelds, auch wenn der Name des Steuerelements etwas anderes vermuten lässt. Tatsächlich werden Bildlaufleisten häufig dazu verwendet, um Inhalte, die sich nicht vollständig in einem Fenster oder einem anderen begrenzenden Element darstellen lassen, zu verschieben, damit die verdeckten Teile sichtbar werden. Streng genommen werden Bildlaufleisten jedoch dazu benutzt, um die Werte eines beschränkten Wertebereiches zu durchlaufen.

Wegen der Verwandtschaft der Bildlaufleisten zu den Drehfeldern möchte ich das Beispiel aus dem vorangegangenen Unterkapitel erweitern, indem eine Bezeichnung nun jede beliebige Hintergrundfarbe annehmen kann. Die UserForm mit den dazu benötigten Steuerelementen zeigt Abbildung 16.10.

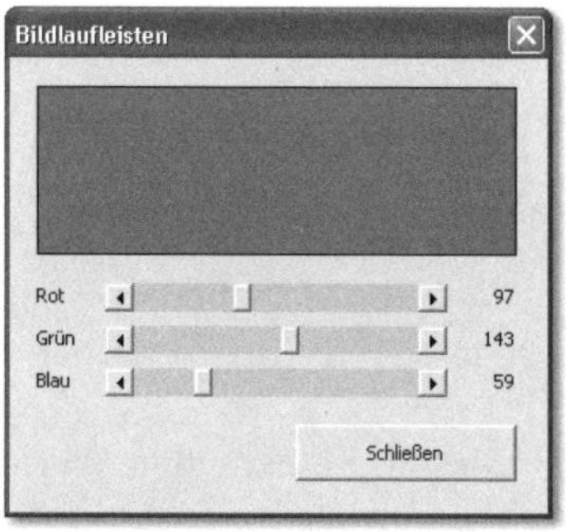

Abbildung 16.10 UserForm frmScrollBar mit Bildlaufleisten

Mit jeder der drei Bildlaufleisten kann ein Wert aus dem Wertebereich null bis 255 eingestellt werden. Entsprechend wurden die Eigenschaften `Min` und `Max` der Bildlaufleisten gesetzt. Ebenso wurde die Eigenschaft `SmallChange` der drei Bildlaufleisten auf den Wert Eins gesetzt. Klickt der Benutzer eine der Schaltflächen am linken, beziehungsweise am rechten Ende der Bildlaufleiste an, so ändert sich der Wert der Bildlaufleiste jeweils um eins. Neben der Eigenschaft `SmallChange` hat eine Bildlaufleiste auch die Eigenschaft `LargeChange`. Mit dieser Eigenschaft kann eine zweite Schrittweite eingestellt werden, die immer dann verwendet wird, wenn der Benutzer auf den Zwischenraum zwischen einer der beiden Schaltflächen und dem Bildlauffeld klickt. Das Bildlauffeld ist der kleine Schieberegler zwischen den beiden Schaltflächen. Für die Eigenschaft `LargeChange` wurde jeweils der Wert Zehn zugewiesen.

16

Die Werte der Bildlaufleisten repräsentieren einen bestimmten Farbwert der Farben Rot, Grün und Blau. Die Mischfarbe, die aus diesen drei Farbwerten entsteht, wird als Hintergrundfarbe für die Bezeichnung verwendet. Dazu werden die Ereignisprozeduren aus Listing 16.23 benötigt.

```
Private Sub ScrollBar1_Change()
   Label5.Caption = ScrollBar1.Value
   Label1.BackColor = _
      RGB(ScrollBar1.Value, ScrollBar2.Value, ScrollBar3.Value)
End Sub
```

```
Private Sub ScrollBar2_Change()
   Label6.Caption = ScrollBar2.Value
   Label1.BackColor = _
      RGB(ScrollBar1.Value, ScrollBar2.Value, ScrollBar3.Value)
End Sub

Private Sub ScrollBar3_Change()
   Label7.Caption = ScrollBar3.Value
   Label1.BackColor = _
      RGB(ScrollBar1.Value, ScrollBar2.Value, ScrollBar3.Value)
End Sub
```

Listing 16.23 Ereignisprozeduren für die Bildlaufleisten

In den Bezeichnungen hinter den Bildlaufleisten werden die aktuellen Werte angezeigt, die durch die Bildlaufleisten eingestellt wurden. Dazu wird jeweils der Wert der Eigenschaft `Value` der Bildlaufleisten der Eigenschaft `Caption` der jeweiligen Bezeichnung zugewiesen. In allen drei Ereignisprozeduren wird zudem die Hintergrundfarbe der Bezeichnung über die Bildlaufleisten verändert. Die Hintergrundfarbe wird durch die Funktion `RGB()` festgelegt, die als Argumente die Werte der Bildlaufleisten erhält und mit diesen Werten eine Mischfarbe erstellt.

16.9 Anzeige

Das Steuerelement »Anzeige« dient der Darstellung von Bilddateien in einer UserForm. Dabei werden die gängigsten Bildformate von Grafikdateien unterstützt, wie Bitmap-Dateien (**.bmp*, **.dib*), GIF-Dateien (**.gif*), JPEG-Dateien (**.jpg*), Meta-Dateien (**.wmf*, **.emf*) und Icon-Dateien (**.ico*, **.cur*). Das Steuerelement »Anzeige« kann jedoch mehr, als nur eine Bilddatei anzeigen. Zum Beispiel lässt sich das angezeigte Bild ausrichten, vergrößern, verkleinern oder verzerren. Die UserForm `frmImage`, die in Abbildung 16.11 dargestellt ist, demonstriert diese Eigenschaften.

Neben dem Steuerelement »Anzeige«, das ein Bild mit floralem Muster anzeigt, befinden sich auf der UserForm `frmImage` noch ein paar Optionsfelder, mit denen die Eigenschaften der Anzeige verändert werden können. In der Standardeinstellung wird ein Bild immer zentriert im Steuerelement »Anzeige« dargestellt, sofern das Bild kleiner ist als das Steuerelement selbst. Neben der zentrierten Darstellung gibt es noch vier weitere Ausrichtungen, die mit jeweils einem Optionsfeld eingestellt werden können. Ist das dargestellte Bild kleiner

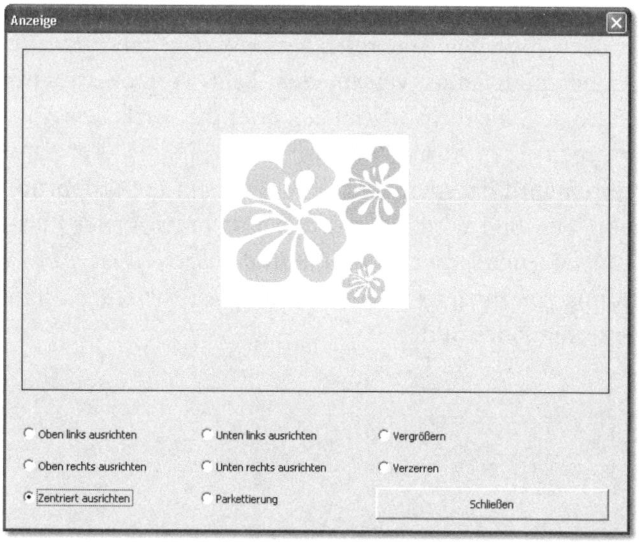

Abbildung 16.11 UserForm frmImage mit Anzeige

als das Steuerelement »Anzeige«, so ist eine Parkettierung möglich, oder wie es auch genannt wird, eine Kachelung. Dabei werden mehrere Kopien des Bildes wie die Fliesen im Bad aneinander gereiht, bis das gesamte Steuerelement »Anzeige« ausgefüllt ist. Die Auswirkungen der Parkettierung können Sie in Abbildung 16.12 betrachten.

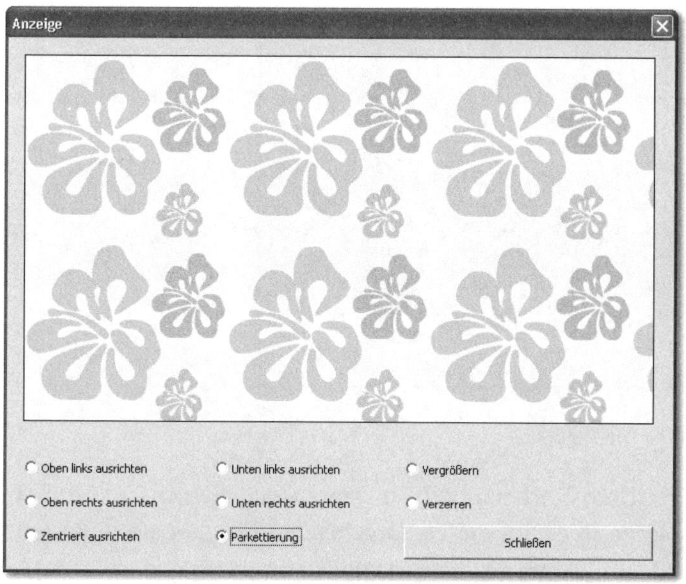

Abbildung 16.12 Parkettierung des Steuerelements »Anzeige«

Die letzten beiden Optionsfelder *Vergrößern* und *Verzerren* versuchen ebenfalls, das dargestellte Bild mit der Größe des Steuerelements »Anzeige« in Einklang zu bringen. Die Ansätze sind dabei jedoch verschieden. Beim Vergrößern wird das Bild proportional vergrößert, bis die horizontalen oder die vertikalen Ausmaße des Bildes den entsprechenden Ausmaßen des Steuerelements »Anzeige« entsprechen. Beim Verzerren wird dagegen keine Rücksicht auf die Proportionen des Bildes genommen. Das Bild wird in vertikaler und horizontaler Richtung gestreckt, bis das ganze Steuerelement mit dem Bild ausgefüllt ist. Abbildung 16.13 und Abbildung 16.14 zeigen den Unterschied zwischen dem Vergrößern und dem Verzerren eines Bildes.

Abbildung 16.13 Vergrößern eines Bildes

Abbildung 16.14 Verzerren eines Bildes

Nach diesen theoretischen Vorbemerkungen zum Steuerelement »Anzeige«, lassen Sie uns nun einen Blick auf die entsprechenden Eigenschaften werfen, die im Programmtext von Listing 16.24 verwendet werden.

```
Private Sub UserForm_Initialize()
   Image1.Picture = LoadPicture("D:\Bilder\tapete.gif")
End Sub

Private Sub OptionButton1_Click()
   Image1.PictureSizeMode = fmPictureSizeModeClip
   Image1.PictureTiling = False
   Image1.PictureAlignment = fmPictureAlignmentTopLeft
End Sub

Private Sub OptionButton2_Click()
   Image1.PictureSizeMode = fmPictureSizeModeClip
   Image1.PictureTiling = False
   Image1.PictureAlignment = fmPictureAlignmentTopRight
End Sub

Private Sub OptionButton3_Click()
   Image1.PictureSizeMode = fmPictureSizeModeClip
   Image1.PictureTiling = False
   Image1.PictureAlignment = fmPictureAlignmentCenter
End Sub

Private Sub OptionButton4_Click()
   Image1.PictureSizeMode = fmPictureSizeModeClip
   Image1.PictureTiling = False
   Image1.PictureAlignment = fmPictureAlignmentBottomLeft
End Sub

Private Sub OptionButton5_Click()
   Image1.PictureSizeMode = fmPictureSizeModeClip
   Image1.PictureTiling = False
   Image1.PictureAlignment = fmPictureAlignmentBottomRight
End Sub

Private Sub OptionButton6_Click()
   Image1.PictureSizeMode = fmPictureSizeModeClip
   Image1.PictureTiling = True
End Sub

Private Sub OptionButton7_Click()
```

```
    Image1.PictureTiling = False
    Image1.PictureSizeMode = fmPictureSizeModeZoom
End Sub

Private Sub OptionButton8_Click()
    Image1.PictureTiling = False
    Image1.PictureSizeMode = fmPictureSizeModeStretch
End Sub
```

Listing 16.24 Programmtext der UserForm frmImage

Das Wichtigste ist natürlich, dass erst einmal ein Bild für das Steuerelement »Anzeige« geladen wird. Dies geschieht in der Ereignisprozedur `UserForm_Initialize()`, also beim Laden der UserForm. In der Eigenschaft `Picture` des Steuerelements »Anzeige« sind Pfad und Dateiname der anzuzeigenden Bilddatei gespeichert. Allerdings kann dieser Eigenschaft nicht einfach eine Zeichenfolge mit den entsprechenden Informationen zugewiesen werden. Stattdessen muss die Funktion `LoadPicture()` verwendet werden, die als Argument den Pfad und den Dateinamen der Bilddatei erwartet.

Die Ausrichtung der Bilddatei innerhalb des Steuerelements »Anzeige« erfolgt mit der Eigenschaft `PictureAlignment`. Für diese Eigenschaft gibt es eine Reihe von vordefinierten Konstanten, zum Beispiel `fmPictureAlignmentCenter`, um das Bild zentriert darzustellen. Da die Eigenschaft `PictureAlignment` mit anderen Eigenschaften, wie `PictureTiling` und `PictureSizeMode`, gemeinsam verwendet werden kann, werden für die beiden letztgenannten Eigenschaften die Standardwerte `False` und `fmPictureSizeModeClip` eingestellt, um einen gegenseitigen Einfluss auszuschließen. Auf diese Weise können Sie die Auswirkungen der Eigenschaft `PictureAlignment` ohne Nebeneffekte betrachten.

Die bereits erwähnte Eigenschaft `PictureTiling` ist für die Parkettierung zuständig. Hat die Eigenschaft den Wert `True`, dann wird eine Parkettierung durchgeführt, sofern das Bild kleiner ist als das Steuerelement »Anzeige«. Bei `False` wird das Bild nur einmal angezeigt.

Schließlich wäre da noch die Eigenschaft `PictureSizeMode`, die sich auf die Größe des anzuzeigenden Bildes bezieht. In der Standardeinstellung hat diese Eigenschaft den Wert der vordefinierten Konstante `fmPictureSizeModeClip`, die das Bild in Originalgröße anzeigt. Ist dabei das Bild größer als das Steuerelement »Anzeige«, so ist nur ein entsprechender Bildausschnitt zu sehen. Hat die Eigenschaft `PictureSizeMode` dagegen den Wert `fmPictureSizeModeZoom`, so wird die Größe des Bildes an die Größe des Steuerelements angepasst.

Haben Bild und Steuerelement nicht die gleichen Proportionen, dann wird das Bild solange vergrößert oder verkleinert, bis das Bild das Steuerelement vertikal oder horizontal ausfüllt. Schließlich gibt es für die Eigenschaft `PictureSizeMode` noch die Konstante `fmPictureSizeModeStretch`, mit der das Bild an die Proportionen des Steuerelements »Anzeige« angepasst wird, bis dieses das Steuerelement ganz ausfüllt. Dass es dabei zu Verzerrungen kommt, ist natürlich vorhersehbar. Generell ist bei pixelorientierten Grafikformaten eine Skalierung immer problematisch, so dass Sie sich gut überlegen sollten, ob Sie die Konstanten `fmPictureSizeModeZoom` und `fmPictureSizeModeStretch` verwenden wollen.

16.10 Aufgaben und Übungen

1. Erstellen Sie drei UserForms, die so miteinander verkettet sind, dass beim Schließen einer UserForm jeweils die nächste UserForm angezeigt wird.
2. Erstellen Sie drei UserForms, die so miteinander verkettet sind, dass von jeder UserForm aus sowohl der Vorgänger als auch der Nachfolger aufgerufen werden kann.
3. Erstellen Sie eine Prozedur, welche die Namen aller geladenen UserForms im Direktfenster ausgibt. Verwenden Sie dazu die `UserForms`-Auflistung.
4. Erstellen Sie einen Prozedur, die alle geladenen UserForms aus dem Arbeitsspeicher entfernt. Verwenden Sie dazu die `UserForms`-Auflistung.
5. Erstellen Sie zwei UserForms mit je zwei Textfeldern. Der eingegebene Text in einem Textfeld einer UserForm soll jeweils in dem zweiten Textfeld der anderen UserForm angezeigt werden. Zwischen den UserForms soll mit einer Schaltfläche hin- und hergeschaltet werden können.
6. Erstellen Sie eine UserForm mit einem Kontrollkästchen, das im aktivierten Zustand den Zugriff auf drei Optionsfelder ermöglicht.
7. Erstellen Sie eine Prozedur, welche die Reihenfolge von Listeneinträgen in einem Listenfeld umkehrt, so dass der erste Listeneintrag der letzte wird, der zweite der vorletzte und so weiter.
8. Erstellen Sie eine UserForm, die ein Listenfeld und ein Kombinationsfeld enthält. Jedes Mal, wenn ein Eintrag im Kombinationsfeld ausgewählt wird, soll dieser als neuer Eintrag im Listenfeld eingefügt werden.

9. Erstellen Sie eine UserForm, die zwei Umschaltfelder enthält. Im Ausgangszustand soll die Eigenschaft `Value` des einen Umschaltfelds den Wert `True` und für das andere Umschaltfeld den Wert `False` enthalten. Beim Anklicken des jeweils »nicht gedrückten« Umschaltfelds soll sich der Zustand der beiden Umschaltfelder ändern. Beim Anklicken eines »gedrückten« Umschaltfelds soll gar nichts passieren.
10. Erstellen Sie eine UserForm mit zwei Bildlaufleisten, deren Zahlenwerte miteinander multipliziert werden. Die einzelnen Werte der Bildlaufleisten sowie das Ergebnis sollen in Bezeichnungen angezeigt werden.

17 Formulare

So wie UserForms enthalten auch Formulare Steuerelemente. Dabei stehen für Formulare sogar zwei Sätze von Steuerelementen zur Verfügung. In diesem Kapitel erfahren Sie, welche die Unterschiede zwischen den beiden Sätzen von Steuerelementen sind und in welchen Situationen die jeweiligen Sätze angewendet werden.

Oft wird der Begriff »Formular« auch für UserForms verwendet, die Sie bereits im vorangegangenen Kapitel kennen gelernt haben. Ich bevorzuge jedoch den Begriff »Formular« für Arbeitsblätter, die Steuerelemente enthalten.

Steuerelemente lassen sich also in Arbeitsblätter integrieren, so dass für den Benutzer komfortable Masken zur Dateneingabe oder andere Möglichkeiten der Interaktion erstellt werden können. Wie bereits erwähnt, stellt Microsoft Office Excel 2003 zu diesem Zweck zwei völlig unterschiedliche Sätze von Steuerelementen zur Verfügung. Die Steuerelemente unterscheiden sich dabei weniger in Aussehen und Handhabung, denn ein Textfeld oder eine Befehlsschaltfläche verhält sich aus Sicht des Benutzers immer gleich, unabhängig davon, aus welchem Satz von Steuerelementen das Textfeld oder die Befehlsschaltfläche entnommen wurde. Die Unterschiede liegen vielmehr in der Programmierbarkeit. Diese Unterschiede herauszuarbeiten, ist Gegenstand dieses Kapitels.

17.1 ActiveX-Steuerelemente

Die ActiveX-Steuerelemente haben Sie bereits ausführlich in Kapitel 16, *UserForms,* kennen gelernt. Sie können diese Steuerelemente nicht nur in UserForms, sondern auch in Tabellenblättern einfügen und verwenden. Die Werkzeugsammlung des VBE wird dabei ersetzt durch die Symbolleiste **Steuerelement-Toolbox** von Microsoft Office Excel 2003. Abbildung 17.1 zeigt Ihnen diese Symbolleiste.

17

Abbildung 17.1 Die Symbolleiste »Steuerelement-Toolbox«

Sie können die Symbolleiste über den Menübefehl **Ansicht · Symbolleisten · Steuerelement-Toolbox** einblenden. Die Symbolleiste **Steuerelement-Toolbox** wird unterhalb der Arbeitsblätter auf der linken Seite angezeigt.

Tipp: Symbolleisten identifizieren

Wenn Sie bei der Vielzahl von Symbolleisten in Microsoft Office Excel 2003 mal nicht wissen, welche Symbolleiste die richtige ist, dann gibt es eine ganz einfache Möglichkeit, das herauszufinden: Blenden Sie die entsprechende Symbolleiste im Menü **Ansicht · Symbolleisten** aus und anschließend wieder ein und stellen Sie dabei fest, an welcher Stelle es Veränderungen gegeben hat.

Das Einfügen von ActiveX-Steuerelementen in ein Tabellenblatt gestaltet sich etwas anders als das Einfügen in eine UserForm. ActiveX-Steuerelemente können nur dann in einem Tabellenblatt eingefügt und editiert werden, wenn der Entwurfsmodus aktiviert ist. Der Entwurfsmodus wird automatisch aktiviert, sobald Sie eine Schaltfläche in der Symbolleiste **Steuerelement-Toolbox** anklicken, die ein Steuerelement repräsentiert. Sie können den Entwurfsmodus aber auch explizit durch einen Klick auf die linke Schaltfläche in der Symbolleiste aktivieren. Den aktivierten Entwurfsmodus erkennen Sie daran, dass die linke Schaltfläche orangefarben hinterlegt ist.

Nachdem der Entwurfsmodus aktiviert ist, können Sie Steuerelemente in das Tabellenblatt einfügen. Aber auch hier gibt es eine Einschränkung gegenüber der Werkzeugsammlung. So können Sie keine Steuerelemente per Drag-and-Drop einfügen. Sie müssen also ein Steuerelement durch Anklicken der entsprechenden Schaltfläche auswählen und im Tabellenblatt mit gedrückter linker Maustaste ein Steuerelement in der gewünschten Größe aufziehen.

Um die Eigenschaften eines ActiveX-Steuerelements zu verändern, wählen Sie ein Steuerelement in dem Tabellenblatt aus und klicken dann auf die Schaltfläche *Eigenschaften* in der Symbolleiste **Steuerelement-Toolbox**. Es handelt sich dabei um die zweite Schaltfläche von links. Daraufhin wird das Eigenschaftenfenster eingeblendet, das Sie bereits aus dem VBE kennen. Das Eigenschaftenfenster für ein Textfeld ist in Abbildung 17.2 zu sehen.

Im Eigenschaftenfenster können Sie wie gewohnt die Eigenschaften eines Steuerelements einstellen.

Neben der Einstellung von Eigenschaften müssen für die ActiveX-Steuerelemente auch Ereignisprozeduren geschrieben werden, damit die Steuerelemente sinnvolle Aufgaben übernehmen können. Die Ereignisprozeduren werden nach wie vor im Code-Fenster des VBE eingegeben. Sie gelangen an das entsprechende Code-Fenster, indem Sie einen Doppelklick auf das Steuerelement im Tabellenblatt ausführen, oder indem Sie ein Steuerelement markieren und anschließend die Schaltfläche *Code anzeigen* in der Symbolleiste **Steuerele-**

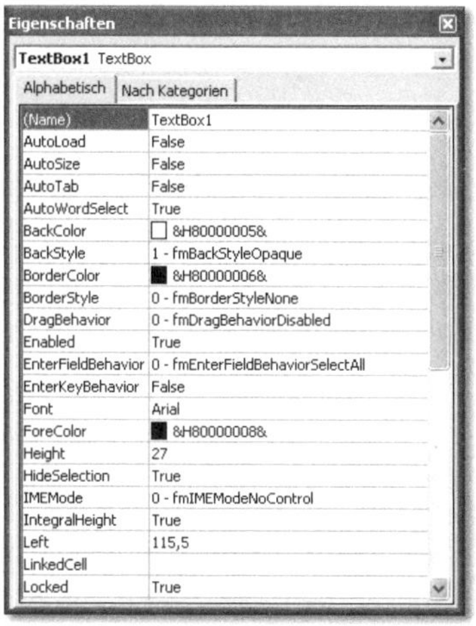

Abbildung 17.2 Das Eigenschaftenfenster

ment-Toolbox anklicken. Die Schaltfläche *Code anzeigen* ist die dritte Schaltfläche von links.

Da sich die Steuerelemente nicht in einer UserForm, sondern in einem Tabellenblatt befinden, werden auch deren Ereignisprozeduren im Code-Fenster des entsprechenden Tabellenblatts eingegeben. Ist das Code-Fenster des Tabellenblatts geöffnet, dann können Sie aus dem linken Listenfeld des Code-Fensters ein Steuerelement und aus dem rechten Listenfeld das gewünschte Ereignis auswählen und mit der Programmierung der Ereignisprozedur beginnen.

Damit die ActiveX-Steuerelemente in dem Tabellenblatt verwendet werden können, muss der Entwurfsmodus beendet werden. Den Entwurfsmodus beenden Sie, indem Sie auf die Schaltfläche *Entwurfsmodus beenden* klicken. Es handelt sich bei dieser Schaltfläche wiederum um die linke Schaltfläche in der Symbolleiste **Steuerelement-Toolbox**. Während im Entwurfsmodus das Anklicken eines Steuerelements bewirkt, dass dieses markiert wird, wird bei beendetem Entwurfsmodus das Auslösen von Ereignissen durch die Steuerelemente möglich. Wenn Sie nun ein Steuerelement anklicken, zum Beispiel eine Befehlsschaltfläche, dann wird das Ereignis *Click* ausgelöst.

Die Verwendung von ActiveX-Steuerelementen in Formularen eignet sich für die meisten Applikationen, vor allem dann, wenn Ereignisse verarbeitet werden sollen, also eine ereignisgesteuerte Programmierung zugrunde liegt. Ebenfalls für die Verwendung von ActiveX-Steuerelementen spricht, dass diese sehr viele Eigenschaften besitzen, mit denen das Aussehen und die Charakteristik der Steuerelemente verändert werden können. Auf diese Weise können ActiveX-Steuerelemente an individuelle Lösungen angepasst werden. ActiveX-Steuerelemente können auch auf Webseiten, so genannten Online-Formularen, verwendet werden. In diesem Fall werden die Prozeduren nicht mit VBA, sondern mit einer Scriptsprache wie VBScript oder JavaScript geschrieben.

Die Liste der Vorteile von ActiveX-Steuerelementen ist ziemlich lang, dennoch gibt es einen gravierenden Nachteil: Sie können ActiveX-Steuerelemente nicht in Diagrammblättern oder XLM-Makroarbeitsblättern verwenden. In diesen Arbeitsblättern können nur Formular-Steuerelemente benutzt werden, die ich Ihnen im Folgenden vorstellen möchte.

17.2 Formular-Steuerelemente

Obwohl die Formular-Steuerelemente den ActiveX-Steuerelementen optisch sehr ähnlich sind, unterliegen sie einem völlig anderen Programmierkonzept. Doch bevor ich auf dieses Programmierkonzept eingehe, werde ich Ihnen zunächst einmal zeigen, wie Formular-Steuerelemente in ein Arbeitsblatt eingefügt werden.

Die Formular-Steuerelemente befinden sich auf der Symbolleiste **Formular**, die Sie über den Menübefehl **Ansicht · Symbolleisten · Formular** einblenden können. Die Symbolleiste **Formular**, die Sie in Abbildung 17.3 sehen können, wird ebenfalls unter den Arbeitsblättern eingeblendet, und zwar rechts neben der Symbolleiste **Steuerelement-Toolbox**, sofern diese vorhanden ist.

Abbildung 17.3 Die Symbolleiste »Formular«

Das Einfügen der Formular-Steuerelemente funktioniert genauso wie bei ActiveX-Steuerelementen auch, allerdings muss dazu nicht in einen speziellen Entwurfsmodus gewechselt werden. Sie können also gleich damit beginnen, Formular-Steuerelemente in das Arbeitsblatt einzufügen. Direkt nach dem Einfügen eines Steuerelements ist dieses markiert, und Sie können die Steuerelementeigenschaften einstellen. Dies geschieht jedoch nicht über das Eigenschaftenfenster, so wie bei ActiveX-Steuerelementen, sondern über das Dialogfenster **Steuerelement formatieren**. Das Dialogfenster **Steuerelement formatieren** für eine Schaltfläche ist in Abbildung 17.4 zu sehen.

Art und Anzahl der Registerkarten in dem Dialogfenster **Steuerelement formatieren** sind natürlich abhängig von dem jeweiligen Steuerelement. Es gibt zwei Möglichkeiten, das Dialogfenster **Steuerelement formatieren** aufzurufen: entweder direkt nach dem Einfügen des Steuerelements, indem Sie auf die Schaltfläche *Steuerelementeigenschaften* in der Symbolleiste **Formular** klicken, oder

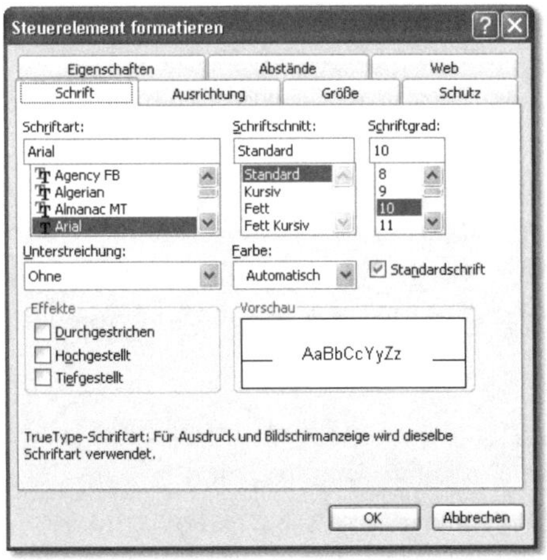

Abbildung 17.4 Das Dialogfenster »Steuerelement formatieren«

indem Sie mit der rechten Maustaste auf das Steuerelement klicken und aus dem Kontextmenü den Menübefehl **Steuerelement formatieren...** ausführen.

Wenn Sie die Formatierung eines Steuerelements abgeschlossen haben, muss dem Steuerelement noch eine Prozedur zugewiesen werden. Das geschieht über das Dialogfenster **Makro zuweisen**, das in Abbildung 17.5 zu sehen ist.

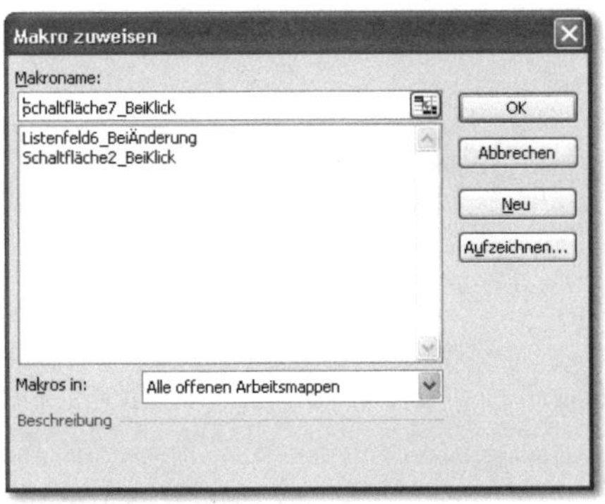

Abbildung 17.5 Das Dialogfenster »Makro zuweisen«

Sofern vorhanden, können Sie nun dem Steuerelement ein Makro, oder besser gesagt eine Prozedur, zuweisen, die immer dann ausgeführt wird, wenn der Benutzer das Steuerelement verwendet. Aus dem Listenfeld können Sie entweder eine bestehende Prozedur auswählen und anschließend auf die Schaltfläche **OK** klicken, oder Sie verwenden die Schaltfläche **Neu**, um eine neue Prozedur zu erstellen. Wenn Sie auf die Schaltfläche **Neu** klicken, wird ein Prozedurrumpf in einem Standardmodul des VBE erstellt. Als Prozedurname wird dabei der Eintrag verwendet, den Sie in das Textfeld *Makroname* eingegeben haben. Um zu einem späteren Zeitpunkt die Prozedur eines Steuerelements zu bearbeiten, gehen Sie wie folgt vor: Zuerst müssen Sie mit der rechten Maustaste das Steuerelement anklicken, um es zu selektieren. Da es keinen Entwurfsmodus gibt, wird das Anklicken eines Formular-Steuerelements mit der rechten Maustaste immer als Markieren des Steuerelements interpretiert. Nachdem Sie also das Steuerelement markiert haben, klicken Sie in der Symbolleiste **Formular** auf die Schaltfläche *Code bearbeiten*, um das Code-Fenster mit der entsprechenden Prozedur zu öffnen.

Worin liegen nun die Vor- und Nachteile der Formular-Steuerelemente? Einer der Hauptvorteile besteht darin, dass Formular-Steuerelemente auf allen Arbeitsblättern verwendet werden können, also auch auf Diagramm- und Makroarbeitsblättern. Außerdem sind Formular-Steuerelemente mit früheren Versionen von Microsoft Excel kompatibel, und zwar mit allen Versionen ab Microsoft Excel 5.0. Dafür müssen jedoch Einschränkungen bei der Programmierbarkeit solcher Steuerelemente in Kauf genommen werden. Formular-Steuerelemente können keine Ereignisse verarbeiten und können bei der Verwendung auf Webseiten keine Skripte ausführen. Hinzu kommt noch, dass nur sehr wenige Eigenschaften von Formular-Steuerelementen konfiguriert werden können.

Tipp: Welche Steuerelemente verwenden?

Sofern es nicht handfeste Gründe gibt, Formular-Steuerelemente zu verwenden, sollten Sie immer auf die ActiveX-Steuerelemente zurückgreifen. Diese bieten nicht nur die Möglichkeit, auf Ereignisse zu reagieren, sondern lassen sich auch noch vielfältig formatieren.

17.3 Aufgaben und Übungen

1. Was sind die Vorteile von ActiveX-Steuerelementen?
2. Was sind die Nachteile von ActiveX-Steuerelementen?
3. Was sind die Vorteile von Formular-Steuerelementen?
4. Was sind die Nachteile von Formular-Steuerelementen?
5. Wo können ActiveX-Steuerelemente überall eingesetzt werden?
6. Wo können Formular-Steuerelemente überall eingesetzt werden?
7. Wozu dient der Entwurfsmodus?
8. Wo finden sich die ActiveX-Steuerelemente beziehungsweise die Formular-Steuerelemente?

9. Wo werden die Eigenschaften von ActiveX-Steuerelementen beziehungsweise von Formular-Steuerelementen eingestellt?
10. Wo befindet sich der Programmtext von Prozeduren, die mit Formular-Steuerelementen verbunden sind?

Teil VI
Lösungen

A Lösungen

A.1 Kapitel 2: Basiswissen

1. Was unterscheidet VBA von anderen Programmiersprachen?

VBA ist keine eigenständige Programmiersprache, sondern ist immer in eine Host-Applikation integriert. Außerdem lassen sich mit VBA keine ausführbaren Dateien kompilieren.

2. Nennen Sie einige Merkmale der Programmiersprache VBA.

VBA ist objektorientiert und ermöglicht eine ereignisgesteuerte Programmierung. Des Weiteren ist eine visuelle Programmierung von Formularen möglich.

3. Was ist eine Host-Applikation?

Als Host-Applikation wird diejenige Applikation bezeichnet, in die VBA integriert ist.

4. Welche Typen von Komponenten kann ein VBA-Projekt enthalten?

Es gibt vier Typen von Komponenten, die in einem VBA-Projekt enthalten sein können: Microsoft Excel-Objekte, Formulare, Standardmodule und Klassenmodule.

5. Nennen Sie die Komponenten des Typs Microsoft Excel-Objekte.

Zu den Komponenten des Typs Microsoft Excel-Objekte gehören Tabellenblätter, Diagrammblätter und die Arbeitsmappe selbst als Standardobjekt *DieseArbeitsmappe*.

6. Was versteht man unter einer Prozedur im Allgemeinen?

Eine Prozedur ist eine logische Einheit, die mehrere Anweisungen zusammenfasst. Die Gesamtheit der Anweisungen einer Prozedur kann über den Prozedurnamen angesprochen werden.

7. Was versteht man unter einer Ereignisprozedur?

Eine Ereignisprozedur ist eine Prozedur, die immer dann aufgerufen wird, wenn ein bestimmtes Ereignis ausgelöst wird. Ereignisse werden meistens durch Aktionen des Benutzers ausgelöst, zum Beispiel durch das Anklicken einer Schaltfläche oder durch das Aktivieren eines Tabellenblatts.

8. Nennen Sie die Möglichkeiten, eine allgemeine Prozedur auszuführen.

Eine allgemeine Prozedur kann auf verschiedene Arten ausgeführt werden. Im Visual Basic Editor kann die Prozedur mit der Taste [F5] oder den entsprechenden Befehlen des Menüs **Ausführen** oder der Symbolleiste **Voreinstellung** gestartet werden. Des Weiteren kann eine allgemeine Prozedur auch aus einer anderen Prozedur aufgerufen werden. Diese Möglichkeit schließt den Aufruf aus einer Ereignisprozedur mit ein. Schließlich lässt sich eine allgemeine Prozedur auch mit einem Steuerelement der Symbolleiste **Formular** verknüpfen oder über einen Menübefehl oder eine Symbolleistenschaltfläche aufrufen.

9. Was ist ein anwendungsspezifisches Add-In?

Ein anwendungsspezifisches Add-In für Microsoft Office Excel 2003 ist eine spezielle Arbeitsmappe, die ein eigenes VBA-Projekt enthält. Das Add-In kann in Microsoft Office Excel 2003 eingebunden werden, um die Funktionalität zu erweitern. Anwendungsspezifisch bedeutet, dass das Add-In nur in der Applikation verwendet werden kann, für die es erstellt wurde.

10. Wie läuft der Kompilierungsvorgang bei einem VBA-Programm ab?

Die Kompilierung eines VBA-Programms erfolgt implizit, sobald eine Prozedur – Ereignisprozedur oder allgemeine Prozedur – aufgerufen wird. Während des Kompilierungsvorgangs findet eine syntaktische Prüfung der Anweisungen der Prozedur statt. Sofern die Anweisungen der Syntax der Programmiersprache VBA entsprechen, wird mit der Ausführung der Prozedur begonnen. Andernfalls werden der Kompilierungsvorgang und die Ausführung der Prozedur mit einer Fehlermeldung abgebrochen.

A.2 Kapitel 3: Visual Basic Editor

1. Nennen Sie alle Teilfenster des Visual Basic Editors und beschreiben Sie kurz deren Funktionen.

Die Teilfenster des Visual Basic Editors sind: Projekt-Explorer, Eigenschaftenfenster, Code-Fenster, Objektkatalog, Direktfenster, Lokal-Fenster und das Überwachungsfenster. Mit dem Projekt-Explorer werden die VBA-Projekte verwaltet. Es können Komponenten hinzugefügt, exportiert, importiert oder entfernt werden. Im Eigenschaftenfenster werden die Eigenschaften von Objekten, Komponenten und Steuerelementen angezeigt und editiert. Das Code-Fenster dient der Eingabe des Programmtextes. Der Objektkatalog zeigt die verfügbaren Objekte, Klassen, Ereignisse, Eigenschaften und Konstanten der eingebundenen Bibliotheken an. Im Direktfenster können Anweisungen ausgeführt und Ergebnisse von Ausdrücken und Prozeduren angezeigt werden. Das Lokalfenster dient der Überwachung von lokalen Variablen der jeweils ausgeführten Prozedur, während das Überwachungsfenster verschiedene Ausdrücke des gesamten VBA-Projekts überwachen und deren Ergebnisse anzeigen kann.

2. Beschreiben Sie den Vorgang, wie ein Standardmodul aus einer Arbeitsmappe exportiert und in eine andere Arbeitsmappe importiert wird.

Öffnen Sie zunächst die Arbeitsmappe, die das VBA-Projekt mit dem Standardmodul enthält, das exportiert werden soll. Starten Sie nun den Visual Basic Editor. Im Projekt-Explorer des VBE klicken Sie mit der rechten Maustaste auf das zu exportierende Standardmodul und wählen im Kontextmenü den Menübefehl **Datei exportieren...** aus. Geben Sie nun im Dialogfenster **Datei exportieren** einen Dateinamen und einen Speicherpfad an und schließen Sie das Dialogfenster mit der Schaltfläche **Speichern**. Damit wäre der Exportvorgang abgeschlossen. Um das Standardmodul zu importieren, öffnen Sie in Microsoft Office Excel 2003 nun diejenige Arbeitsmappe, in deren VBA-Projekt das Standardmodul importiert werden soll. Wechseln Sie zurück zum VBE und klicken Sie im Projekt-Explorer mit der rechten Maustaste auf eine Komponente des entsprechenden VBA-Projekts. Aus dem Kontextmenü wählen Sie nun den Menübefehl **Datei importieren...** aus. In dem sich daraufhin öffnenden Dialogfenster **Datei importieren** wählen Sie die zuvor exportierte Datei aus und klicken auf die Schaltfläche **Öffnen**.

3. *Zählen Sie die Komponenten auf, die exportiert werden können, und geben Sie jeweils die Dateiendung der Komponentendatei an.*

Es können folgende Komponenten exportiert werden: DieseArbeitsmappe (**.cls*), Tabellenblatt (**.cls*), Diagrammblatt (**.cls*), Formular (**.frm*), Standardmodul (**.bas*) und Klassenmodul (**.cls*).

4. *Was versteht man unter dem Codenamen eines Objekts?*

Der Codename ist eine Eigenschaft, über die ein Objekt, zum Beispiel ein Tabellen- oder Diagrammblatt, eindeutig referenziert werden kann. Der Codename kann nur durch den VBA-Programmierer und nicht durch den Benutzer geändert werden.

5. *Worin unterscheiden sich die Eigenschaften `(Name)` und `Name` eines Tabellenblatts?*

Die Eigenschaft `Name` eines Tabellenblatts ist diejenige Eigenschaft, die den Namen eines Tabellenblatts bestimmt und dem Benutzer an verschiedenen Stellen präsentiert wird, wie zum Beispiel am Registerfalz des Tabellenblatts in der Arbeitsmappe. Dagegen ist die Eigenschaft `(Name)`, die den Codenamen des Tabellenblatts repräsentiert, für den Benutzer unsichtbar und kann nur vom Programmierer geändert werden.

6. *Wie wird eine bestimmte Prozedur innerhalb des Code-Fensters ausgewählt?*

Das Code-Fenster enthält zwei Listenfelder, über die eine Prozedur selektiert werden kann. Bei Ereignisprozeduren wird im linken Listenfeld zunächst das Objekt und dann im rechten Listenfeld das Ereignis ausgewählt. Für allgemeine Prozeduren wird im linken Listenfeld der Eintrag *(Allgemein)* und im rechten Listenfeld die Prozedur ausgewählt.

7. *Welche Anzeigeoptionen bietet das Code-Fenster?*

Die Ansicht des Code-Fensters kann zwischen Prozeduransicht und vollständiger Modulansicht wechseln. In der Prozeduransicht wird jeweils nur eine Prozedur im Code-Fenster angezeigt. Bei der vollständigen Modulansicht werden alle Prozeduren hintereinander, jeweils durch eine graue Linie getrennt, angezeigt. Als weitere Option, die Ansicht des Code-Fensters zu verändern, muss der Fensterteiler erwähnt werden. Der Fensterteiler ermöglicht die gleichzeitige Ansicht von zwei Prozeduren.

8. *Welche Teilfenster des Visual Basic Editors können zur Überwachung von Variablen benutzt werden?*

Die Werte von Variablen können im Direktfenster, im Lokal-Fenster, im Überwachungsfenster und im Code-Fenster überwacht werden.

9. *Worin unterscheiden sich Lokal-Fenster und Überwachungsfenster?*

Im Direktfenster werden nur die Variablen der aktuellen Prozedur angezeigt, während im Überwachungsfenster beliebige Ausdrücke angezeigt werden können, die zudem nicht auf die aktuell ausgeführte Prozedur beschränkt sind. Während jedoch im Lokal-Fenster die Variablen automatisch angezeigt werden, müssen die zu überwachenden Variablen und Ausdrücke im Überwachungsfenster erst hinzugefügt werden. Außerdem bietet das Überwachungsfenster die Möglichkeit, Unterbrechungen der Programmausführung herbeizuführen, in Abhängigkeit von den Werten der überwachten Ausdrücke.

10. *Beschreiben Sie die Verfahren zum Setzen beziehungsweise zum Löschen von Haltepunkten.*

Haltepunkte werden im Code-Fenster gesetzt. Dazu wird der Schreibcursor innerhalb der Programmzeile platziert, in der der Haltepunkt gesetzt werden soll. Danach wird die Taste [F9] gedrückt, und der Haltepunkt ist gesetzt. Befindet sich der Schreibcursor in einer Programmzeile, in der bereits ein Haltepunkt gesetzt ist, dann wird durch erneutes Drücken der Taste [F9] der Haltepunkt gelöscht. Um alle Haltepunkte auf einmal zu löschen, kann die Tastenkombination [Strg] + [⇧] + [F9] verwendet werden.

A.3 Kapitel 4: Variablen und Konstanten

1. *Nennen Sie alle Datentypen der Programmiersprache VBA.*

`Byte`, `Boolean`, `Integer`, `Long`, `Single`, `Double`, `Currency`, `Decimal`, `Date`, `Object`, `String` (variabler und fester Länge), und `Variant`.

2. *Welche Merkmale zeichnen den Datentyp `Variant` gegenüber allen anderen Datentypen aus?*

Variablen, die mit dem Datentyp `Variant` deklariert wurden, können Werte jedes anderen Datentyps speichern, mit Ausnahme von Werten des Datentyps `String` mit fester Länge und von Werten benutzerdefinierter Datentypen. Des Weiteren zeichnet sich der Datentyp `Variant` gegenüber den anderen Datentypen dadurch aus, dass dieser Datentyp einen Unterdatentyp besitzt, der den Datentyp des zugewiesenen Wertes repräsentiert.

3. *Erklären Sie den Unterschied zwischen Variablen des Datentyps* `String` *mit fester Länge und Variablen des Datentyps* `String` *mit variabler Länge.*

Der Hauptunterschied zwischen Variablen des Datentyps `String` mit fester Länge und Variablen des Datentyps `String` mit variabler Länge liegt im Speicherbedarf dieser Variablen. Variablen des Datentyps `String` mit fester Länge besitzen immer denselben Speicherbedarf, der sich aus der maximalen Anzahl von Zeichen errechnet, die in solch einer Variablen gespeichert werden können. Der Speicherbedarf ist dabei unabhängig von der Anzahl der Zeichen, die der Variablen tatsächlich zugewiesen werden. Wird einer solchen Variablen eine Zeichenfolge zugewiesen, die länger ist als die festgelegte Länge, so werden die überzähligen Zeichen abgeschnitten. Bei Variablen des Datentyps `String` mit variabler Länge berechnet sich der Speicherbedarf aus den tatsächlich zugewiesenen Zeichen.

4. *Erklären Sie den Unterschied zwischen impliziter und expliziter Deklaration.*

Die explizite Deklaration von Variablen in VBA geschieht mit dem Schlüsselwort `Dim` und einer eventuellen Angabe eines Datentyps. Dadurch ist es möglich, Namenskonflikte und Schreibfehler bei den Bezeichnungen von Variablen schon während der Kompilierung zu erkennen und die Einhaltung der korrekten Datentypen zu überwachen. Bei der impliziten Deklaration wird eine Variable im Programmtext verwendet, ohne zuvor bekannt gemacht worden zu sein. Bei der impliziten Deklaration können nicht alle Datentypen einer Variablen zugewiesen werden.

5. *Deklarieren Sie die folgenden Variablen innerhalb einer Prozedur namens* `Deklarationen()`*. Benutzen Sie dabei das jeweils korrekte Präfix.*

- *Variable1: Datentyp* `String`*, explizite Deklaration*
- *Variable2: Datentyp* `Long`*, implizite Deklaration*
- *Variable3: Datentyp* `Variant`*, implizite Deklaration*
- *Variable4: Datentyp* `Variant`*, explizite Deklaration*
- *Variable5: Datentyp* `Currency`*, implizite Deklaration*
- *Variable6: Datentyp* `Boolean`*, explizite Deklaration*

```
Sub Deklarationen()
    Dim strVariable1 As String
    Dim varVariable4 As Variant
    Dim boolVariable6 As Boolean
    lngVariable2& = 0
```

```
    varVariable3 = 0
    curVariable5@ = 0
End Sub
```

Listing A.1 Deklaration von Variablen

6. *Erklären Sie den Unterschied zwischen Variablen, die auf Modulebene beziehungsweise auf Prozedurebene deklariert wurden.*

Eine Variable, die auf Modulebene deklariert wurde, ist in allen Prozeduren sichtbar, während eine auf Prozedurebene deklarierte Variable nur in der jeweiligen Prozedur verwendet werden kann. Wird die Prozedur verlassen, so verschwindet auch diese Variable, während eine auf Modulebene deklarierte Variable den Wert behält, auch wenn eine Prozedur beendet wurde.

7. *Welche Typen von Literalen kennen Sie? Wie werden diese Literale voneinander unterschieden?*

Es gibt Zeichenfolgenliterale, numerische Literale und Datums- und Zeitliterale. Zeichenfolgenliterale werden in doppelten Anführungszeichen eingeschlossen, während Datums- und Zeitliterale durch das Zeichen # eingeschlossen werden. Numerische Literale erhalten keine besondere Kennzeichnung.

8. *Deklarieren Sie die folgenden Datenfelder in einer Prozedur namens* `Datenfeld_Deklarationen()`. *Benutzen Sie dabei das jeweils korrekte Präfix.*
   - *Datenfeld1: Datentyp* `Integer`, *sieben Spalten, drei Zeilen*
   - *Datenfeld2: Datentyp* `String`, *eine Spalte, zehn Zeilen, sechs Ebenen*
   - *Datenfeld3: Datentyp* `Byte`, *Index von 10 bis 12*
   - *Datenfeld4: Datentyp* `Currency`, *vier Spalten, zwei Zeilen*

```
Sub Datenfeld_Deklarationen()
    Dim intDatenfeld1(6, 2) As Integer
    Dim strDatenfeld2(0, 9, 5) As String
    Dim bytDatenfeld3(10 To 12) As Byte
    Dim curDatenfeld4(3, 1) As Currency
End Sub
```

Listing A.2 Deklaration von Datenfeldern

9. *Berechnen Sie den Speicherbedarf der folgenden Datenfelder.*
   - `Dim intDatenfeld1(9, 5, 6) As Integer`
   - `Dim lngDatenfeld2(2, 2) As Long`
   - `Dim dateDatenfeld3(5, 3 To 7, 23 To 25) As Date`
   - `Dim curDatenfeld4(100, -10 To 10) As Currency`

`intDatenfeld1`: 10 Spalten mal 6 Zeilen mal 7 Ebenen ergibt 420 Felder. Der Speicherbedarf eines Wertes des Datentyps `Integer` beträgt 2 Byte. Somit beträgt der Speicherbedarf für das Datenfeld 420 Felder mal 2 Byte gleich 840 Byte.

`lngDatenfeld2`: 3 Spalten mal 3 Zeilen ergibt 9 Felder. Der Speicherbedarf eines Wertes des Datentyps `Long` beträgt 4 Byte. Somit beträgt der Speicherbedarf für das Datenfeld 9 Felder mal 4 Byte gleich 36 Byte.

`dateDatenfeld3`: 6 Spalten mal 5 Zeilen mal 3 Ebenen ergibt 90 Felder. Der Speicherbedarf eines Wertes des Datentyps `Date` beträgt 8 Byte. Somit beträgt der Speicherbedarf für das Datenfeld 90 Felder mal 8 Byte gleich 720 Byte.

`curDatenfeld4`: 101 Spalten mal 20 Zeilen ergibt 2.020 Felder. Der Speicherbedarf eines Wertes des Datentyps `Currency` beträgt 8 Byte. Somit beträgt der Speicherbedarf für das Datenfeld 2.020 Felder mal 8 Byte gleich 16.160 Byte.

10. *Welches sind die Hauptunterscheidungsmerkmale zwischen Variablen und Konstanten? Worin liegen die Gemeinsamkeiten?*

Wie Variablen, so besitzen auch Konstanten einen Bezeichner und einen Datentyp. Konstanten müssen mit dem Schlüsselwort `Const` deklariert werden und nicht mit dem Schlüsselwort `Dim`, wie bei Variablen üblich. Bei der Deklaration einer Konstanten wird auch gleich deren Wert zugewiesen, der von da an nicht mehr verändert werden kann.

A.4 Kapitel 5: Operatoren

1. *Was versteht man unter binären und unären Operatoren?*

Binäre Operatoren verbinden zwei Ausdrücke, die auf der linken und rechten Seite des Operators stehen. Bei unären Operatoren befindet sich nur ein Ausdruck auf der rechten Seite des Operators.

2. *Nennen Sie alle unären Operatoren der Programmiersprache VBA.*

In der Programmiersprache VBA gibt es zwei unäre Operatoren, nämlich den Negationsoperator aus der Gruppe der arithmetischen Operatoren und den Negationsoperator aus der Gruppe der logischen Operatoren.

3. *Welche Arten der Division können in der Programmiersprache VBA durchgeführt werden? Worin unterscheiden sich diese Arten der Division?*

In der Programmiersprache VBA sind drei Arten der Division implementiert, nämlich die Division, die Ganzzahldivision und der Modulo. Die Division liefert als Ergebnis den Quotienten zweier numerischer Ausdrücke. Die Ganzzahldivision bestimmt dagegen nur den ganzzahligen Anteil einer Division, ein eventuell auftretender Rest wird dabei ignoriert. Das Gegenstück zur Ganzzahldivision ist der Modulo, der den Rest berechnet, der nach einer Ganzzahldivision übrig bleibt.

4. *Benennen Sie die folgenden Vergleichsoperatoren:* <, >= *und* <>

Kleiner als, größer oder gleich, ungleich.

5. *Geben Sie die Wahrheitswerttabellen für die folgenden Ausdrücke an:* `A Imp (A Xor B)` *und* `Not(A And (A Or B))`

Ausdruck A	**Ausdruck** B	A Xor B	A Imp (A Xor B)
False	False	False	True
False	True	True	True
True	False	True	True
True	True	False	False

Tabelle A.1 Wahrheitswerttabelle für A Imp (A Xor B)

A	B	A Or B	A And (A Or B)	Not(A And (A Or B))
False	False	False	False	True
False	True	True	False	True
True	False	True	True	False
True	True	True	True	False

Tabelle A.2 Wahrheitswerttabelle für Not (A And (A Or B))

6. *Formulieren Sie für die folgenden Aussagen einen passenden Ausdruck: Das Doppelte von A ist kleiner als die Summe von B und zwei und mindestens so groß wie die Hälfte von C.*

Der Ausdruck lautet: `(2 * A < B + 2) And (2 * A >= C / 2)`

7. *Was versteht man unter Operatorvorrang?*

Der Operatorvorrang bestimmt, welche Teilausdrücke eines Ausdrucks zuerst ausgewertet werden. Entscheidend ist dafür, welche Operatoren in den einzelnen Teilausdrücken vorhanden sind. Zwischen den Operatorengruppen, aber auch zwischen den einzelnen Operatoren innerhalb einer Operatorengruppe gibt es eine Hierarchie, die als Operatorvorrang bezeichnet wird.

8. *Geben Sie die beiden Operatoren mit der höchsten beziehungsweise mit der niedrigsten Rangfolge an.*

Der Operator mit der höchsten Rangfolge ist der Potenzoperator aus der Gruppe der arithmetischen Operatoren. Der Operator mit der niedrigsten Rangfolge ist der Implikationsoperator aus der Gruppe der logischen Operatoren.

9. *Berechnen Sie ohne technische Hilfsmittel das Ergebnis des Ausdrucks* `36 + 12 / 4 < 1234 / 35 - 8 Or 6577 Mod 223 + 125 > 52`*. Vereinfachen Sie den Ausdruck bei jedem Rechenschritt in der Art, dass das Ergebnis eines Teilausdrucks in den Gesamtausdruck eingesetzt wird.*

```
36 + 12 / 4 < 1234 / 35 - 8 Or 6577 Mod 223 + 125 > 52 =
36 + 3 < 1234 / 35 - 8 Or 6577 Mod 223 + 125 > 52 =
39 < 1234 / 35 - 8 Or 6577 Mod 223 + 125 > 52 =
39 < 35,2571428571429 - 8 Or 6577 Mod 223 + 125 > 52 =
39 < 27,2571428571429 Or 6577 Mod 223 + 125 > 52 =
39 < 27,2571428571429 Or 110 + 125 > 52 =
39 < 27,2571428571429 Or 235 > 52 =
False Or 235 > 52 =
False Or True = True
```

10. *Setzen Sie in dem folgenden Ausdruck runde Klammern, so dass das Ergebnis 334084 herauskommt:* `34 ^ -3 + 5 / 1 + 12 Mod 11 ^ 2`

Der Ausdruck lautet: `(34 ^ (-3 + 5) / (1 + 12 Mod 11)) ^ 2 = 334084`

A.5 Kapitel 6: Schleifen

1. *Um welchen Schleifentyp handelt es sich bei einer* `For ... Next`*-Schleife? Beschreiben Sie kurz diesen Schleifentyp.*

Bei der `For ... Next`-Schleife handelt es sich um eine Zählschleife. Bei Zählschleifen wird die Anzahl der Schleifendurchläufe bereits zur Entwicklungszeit festgelegt. Der aktuelle Stand der Schleifendurchläufe wird in einer Zählvariablen festgehalten.

2. *Berechnen Sie die Anzahl der Schleifendurchläufe für eine* `For ... Next`*-Schleife mit den folgenden Angaben:*
   - `Anfang` = *11*, `Ende` = *47* ***und*** `Schritt` = *2*
   - `Anfang` = *1*, `Ende` = *100* ***und*** `Schritt` = *3*
   - `Anfang` = *0.35*, `Ende` = *15.55*, `Schritt` = *0.85*

Anzahl der Schleifendurchläufe: 19, 34 und 18

3. *Was versteht man unter dem Begriff »verschachtelte Schleifen«?*

Bei verschachtelten Schleifen enthält der Schleifenkörper einer Schleife eine oder mehrere weitere Schleifen, meist des gleichen Schleifentyps.

4. *Was sind Endlosschleifen? Wie können Endlosschleifen beendet werden?*

Endlosschleifen sind Schleifenkonstrukte, bei denen keine gültige Abbruchbedingung erreicht wird. Somit wird die Ausführung der Schleife nicht beendet. Ein Abbruch der Schleifenausführung kann in so einem Fall nur durch den

Benutzer geschehen, der die gesamte Programmausführung unterbricht. Dazu kann der Benutzer entweder die Taste [Esc] oder die Tastenkombination [Strg] + [Pause] verwenden.

5. *Wie ist das Funktionsprinzip einer `For Each ... Next`-Schleife? Welches sind die typischen Anwendungsbereiche für diesen Schleifentyp?*

Eine `For Each ... Next`-Schleife verarbeitet nacheinander alle Elemente einer Gruppe von Elementen. Als Gruppen werden Datenfelder oder Auflistungen verwendet. Die Elemente dieser Gruppen sind dabei einzelne Speicherplätze eines Datenfelds oder Objekte der Auflistung.

6. *Schreiben Sie eine Prozedur `Zahlen()`, die ein zweidimensionales Datenfeld `intZahl(2, 2)` verwendet. Weisen Sie den Speicherplätzen des Datenfelds die Zahlen Eins bis Neun in der Art zu, dass bei der Ausgabe der Werte der Speicherplätze in einer `For Each ... Next`-Schleife die Zahlen in der richtigen Reihenfolge ausgeben werden.*

```
Sub Zahlen()
   Dim varElement As Variant
   Dim intZahl(2, 2) As Integer
   intZahl(0, 0) = 1
   intZahl(1, 0) = 2
   intZahl(2, 0) = 3
   intZahl(0, 1) = 4
   intZahl(1, 1) = 5
   intZahl(2, 1) = 6
   intZahl(0, 2) = 7
   intZahl(1, 2) = 8
   intZahl(2, 2) = 9
   For Each varElement In intZahl
      Debug.Print varElement
   Next varElement
End Sub
```

Listing A.3 Zahlen in der richtigen Reihenfolge ausgeben

7. *Geben Sie alle möglichen Schleifenrümpfe an, die mit einer `Do ... Loop`-Schleife gebildet werden können. Verwenden Sie als Abbruchbedingung den allgemeinen Ausdruck `Bedingung`.*

```
Do Until Bedingung

Loop
```

Listing A.4 Schleifenrumpf einer Do ... Loop-Schleife (Möglichkeit I)

```
Do While Bedingung

Loop
```

Listing A.5 Schleifenrumpf einer Do ... Loop-Schleife (Möglichkeit II)

```
Do

Loop Until Bedingung
```

Listing A.6 Schleifenrumpf einer Do ... Loop-Schleife (Möglichkeit III)

```
Do

Loop While Bedingung
```

Listing A.7 Schleifenrumpf einer Do ... Loop-Schleife (Möglichkeit IV)

8. *Welche Unterschiede gibt es zwischen Abbruchbedingungen, die mit dem Schlüsselwort `While` beziehungsweise mit dem Schlüsselwort `Until` gebildet werden?*

Wird die Abbruchbedingung einer `Do ... Loop`-Schleife mit dem Schlüsselwort `While` gebildet, dann wird die Schleife so lange ausgeführt, bis der Ausdruck `Bedingung` den Wert von `True` nach `False` ändert. Genau anders herum verhält es sich bei einer Abbruchbedingung mit dem Schlüsselwort `Until`. Hier wird die Schleife ausgeführt, solange der Wert von Bedingung `False` ist. Ändert sich der Wert von `Bedingung` von `False` nach `True`, wird die Ausführung der Schleife abgebrochen.

9. *Zählen Sie alle Anweisungen auf, mit denen die Ausführung einer Schleife vorzeitig beendet werden kann. Wie sind diese Anweisungen einzusetzen?*

Je nach Schleifenkonstrukt kann die Ausführung einer Schleife mit den Anweisungen `Exit For` und `Exit Do` unterbrochen werden. Die Anweisungen können innerhalb einer Schleife beliebig platziert werden.

10. *Mit welchem Schleifentyp ist die `While ... Wend`-Schleife verwandt?*

Die `While ... Wend`-Schleife ist funktional mit der `Do ... Loop`-Schleife verwandt, bei der das Schlüsselwort `While` im Schleifenkopf zur Formulierung der Abbruchbedingung verwendet wird.

A.6 Kapitel 7: Verzweigungen

1. *Welche formalen Unterschiede bestehen zwischen der Zeilenvariante und der Blockvariante einer `If ... Then ... Else`-Anweisung?*

Die Blockvariante erstreckt sich über mehrere Zeilen, während die Zeilenvariante nur aus einer Zeile besteht. Darüber hinaus verfügt die Blockvariante über die Anweisung `End If`, die das Ende des Anweisungsblocks markiert. Außerdem kann in der Blockvariante das Schlüsselwort `ElseIf` verwendet werden.

2. *In welchen Fällen können die Anweisungen des `Then`-Zweigs einer `If ... Then ... Else`-Anweisung in der Zeilenvariante weggelassen werden?*

Die Anweisungen des `Then`-Zweigs können nur dann weggelassen werden, wenn das Schlüsselwort `Else` verwendet wird. Dabei spielt es keine Rolle, ob im `Else`-Zweig weitere Anweisungen verwendet werden.

3. *In welchem Fall wird die `Else`-Anweisung einer `If ... Then ... Else`-Anweisung in der Blockvariante ausgeführt?*

Der `Else`-Zweig einer `If ... Then ... Else`-Anweisung in der Blockvariante wird nur dann ausgeführt, wenn alle Bedingungen der vorangegangenen `If`- und `ElseIf`-Zweige zu `False` ausgewertet wurden.

4. *Schreiben Sie eine Prozedur `Postleitzahlen()`, die als Argument eine Postleitzahl erwartet und mit Hilfe der `If ... Then ... Else`-Anweisung den Postleitzahlenbereich ausgibt.*

```
Sub Postleitzahlen(lngPostleitzahl As Long)
   If lngPostleitzahl < 10000 Then
      Debug.Print "Postleitzahlenbereich 0"
   ElseIf lngPostleitzahl < 20000 Then
      Debug.Print "Postleitzahlenbereich 1"
   ElseIf lngPostleitzahl < 30000 Then
      Debug.Print "Postleitzahlenbereich 2"
   ElseIf lngPostleitzahl < 40000 Then
      Debug.Print "Postleitzahlenbereich 3"
   ElseIf lngPostleitzahl < 50000 Then
      Debug.Print "Postleitzahlenbereich 4"
   ElseIf lngPostleitzahl < 60000 Then
      Debug.Print "Postleitzahlenbereich 5"
   ElseIf lngPostleitzahl < 70000 Then
      Debug.Print "Postleitzahlenbereich 6"
   ElseIf lngPostleitzahl < 80000 Then
      Debug.Print "Postleitzahlenbereich 7"
   ElseIf lngPostleitzahl < 90000 Then
      Debug.Print "Postleitzahlenbereich 8"
   ElseIf lngPostleitzahl < 100000 Then
      Debug.Print "Postleitzahlenbereich 9"
   End If
End Sub
```

Listing A.8 Die Prozedur Postleitzahlen()

5. *Aus welchen Gründen sollten Sie die `Case Else`-Anweisung immer verwenden? Wie verhält es sich bei der `Else`-Anweisung der `If ... Then ... Else`-Anweisung?*

In der `Select Case`-Anweisung sollte der `Case Else`-Zweig immer verwendet werden, um auf unvorhergesehene Werte von `Testausdruck` reagieren zu können, die nicht in den Ausdruckslisten der `Case`-Anweisungen verarbeitet werden. Bei der `If ... Then ... Else`-Anweisung ist das anders, da der Ausdruck `Bedingung` nur die Werte `True` oder `False` annehmen kann, wobei der `Else`-Zweig nur im Falle des Wertes `False` ausgeführt wird. Es muss jedoch für diesen Wert kein `Else`-Zweig implementiert werden.

7. *Erläutern Sie die Funktion der Schlüsselwörter `Is` und `To` in den Ausdruckslisten der `Select Case`-Anweisung.*

Mit dem Schlüsselwort `To` lassen sich in einer Ausdrucksliste Wertebereiche definieren, wobei eine Unter- und eine Obergrenze angegeben werden muss. Mit dem Schlüsselwort `Is` lassen sich Vergleiche von Werten von `Testausdruck` mit anderen Ausdrücken durchführen.

8. *Schreiben Sie eine Prozedur `Postleitzahlen()`, die als Argument eine Postleitzahl erwartet und mit Hilfe einer `Select Case`-Anweisung den Postleitzahlenbereich ausgibt.*

```
Sub Postleitzahlen1(lngPostleitzahl As Long)
   Select Case lngPostleitzahl
      Case Is < 10000
         Debug.Print "Postleitzahlenbereich 0"
      Case Is < 20000
         Debug.Print "Postleitzahlenbereich 1"
      Case Is < 30000
         Debug.Print "Postleitzahlenbereich 2"
      Case Is < 40000
         Debug.Print "Postleitzahlenbereich 3"
      Case Is < 50000
         Debug.Print "Postleitzahlenbereich 4"
      Case Is < 60000
         Debug.Print "Postleitzahlenbereich 5"
      Case Is < 70000
         Debug.Print "Postleitzahlenbereich 6"
      Case Is < 80000
         Debug.Print "Postleitzahlenbereich 7"
      Case Is < 90000
         Debug.Print "Postleitzahlenbereich 8"
      Case Is < 100000
```

```
        Debug.Print "Postleitzahlenbereich 9"
    End Select
End Sub
```

Listing A.9 Die Prozedur Postleitzahlen()

9. *Was ist der Unterschied zwischen einer bedingten und einer unbedingten Verzweigung?*

Bei einer bedingten Verzweigung erfolgt die Verzweigung nur, wenn eine bestimmte Bedingung erfüllt ist. Die unbedingten Verzweigungen sind jedoch an keine Bedingung geknüpft, so dass die Programmausführung bei Erreichen einer unbedingten Verzweigung auf jeden Fall die Verzweigung ausführt.

10. *Was ist der Unterschied zwischen einer Zeilenmarke und einer Zeilennummer? Wie muss eine Zeilenmarke beziehungsweise eine Zeilennummer aufgebaut sein?*

Eine Zeilennummer besteht aus einer beliebigen Ziffernfolge, die in der ersten Spalte einer Programmzeile beginnt. Zeilenmarken werden dagegen aus Ziffern und Buchstaben aufgebaut, wobei das erste Zeichen einer Zeilenmarke immer ein Buchstabe sein muss. Groß- und Kleinschreibung spielen bei Zeilenmarken keine Rolle. Eine Zeilenmarke wird mit einem Doppelpunkt abgeschlossen.

A.7 Kapitel 8: Prozeduren und Funktionen

1. *Welche Typen von Prozeduren gibt es in VBA?*

Es gibt vier verschiedene Arten von Prozeduren in der Programmiersprache VBA: `Sub`-Prozeduren, `Function`-Prozeduren, Ereignisprozeduren und Eigenschaftsprozeduren.

2. *Was ist ein Prozedurrumpf?*

Der Prozedurrumpf besteht aus der Kopf- und der Fußzeile einer Prozedur. Kopf- und Fußzeile markieren den Anfang und das Ende einer Prozedur.

3. *Welche Regeln gelten für die Erstellung von Prozedurnamen?*

Die Bezeichner von Prozedurnamen müssen mit einem Buchstaben beginnen und dürfen als weitere Zeichen Buchstaben, Zahlen und den Unterstrich enthalten. Prozedurnamen dürfen nicht länger als 255 Zeichen sein und nicht einem Schlüsselwort der Programmiersprache VBA entsprechen.

4. *Schreiben Sie eine Prozedur `Meldung()`, die als Argument eine Zeichenfolge `strMeldung` erwartet und diese Zeichenfolge in einem Meldungsfenster ausgibt.*

```
Sub Meldung(strMeldung As String)
    MsgBox strMeldung
End Sub
```

Listing A.10 Die Prozedur Meldung()

5. *Erklären Sie den Unterschied zwischen der Übergabe eines Arguments als Wert und als Referenz. Welche Übergabeart wird standardmäßig bei der Übergabe von Argumenten verwendet?*

Standardmäßig werden in VBA Argumente als Referenz übergeben. Bei der Übergabe eines Arguments als Referenz wird nicht der Wert der entsprechenden Variablen übergeben, sondern die Adresse des Speicherplatzes, an welcher der Wert der Variablen steht. Änderungen an der Argumentvariablen wirken sich damit auch auf die Variable aus, die als Argument übergeben wurde. Um diesen Umstand zu vermeiden, kann eine Variable auch als Wert übergeben werden, wobei tatsächlich nur der Wert der Variablen an die Prozedur übergeben wird. Auf diese Weise besteht keine Verbindung mehr zwischen der Argumentvariablen und der übergebenen Variablen.

6. *Beschreiben Sie den Gültigkeitsbereich von Prozeduren, die mit `Public` beziehungsweise mit `Private` deklariert wurden. Welche Rolle spielt dabei die Anweisung `Option Private Module`?*

Eine mit `Public` deklarierte Prozedur kann von allen Modulen desselben VBA-Projektes und auch von anderen VBA-Projekten aus aufgerufen werden. Mit der Anweisung `Option Private Module` kann der Zugriff aus anderen VBA-Projekten auf Prozeduren, die mit `Public` deklariert wurden, unterbunden werden. Eine mit `Private` deklarierte Prozedur kann nur von anderen Prozeduren aufgerufen werden, die sich in demselben Modul befinden.

7. *Was sind die Hauptunterschiede zwischen Prozeduren und Funktionen?*

Prozeduren und Funktionen werden durch unterschiedliche Schlüsselwörter eingeleitet. Bei Prozeduren wird das Schlüsselwort `Sub` und bei Funktionen das Schlüsselwort `Function` verwendet. Funktionen geben außerdem einen Wert zurück und müssen dazu einen Datentyp besitzen. Der Rückgabewert einer Funktion wird dabei durch den Funktionsnamen repräsentiert.

8. *Schreiben Sie eine Funktion `Verdoppelt()`, die als Argument eine Zahl `intZahl` erwartet und als Resultat das Doppelte dieser Zahl zurückgibt. Was ist bei der Programmierung dieser Funktion besonders zu beachten?*

Bei der Implementierung der Funktion muss darauf geachtet werden, dass durch die Verdopplung der übergebenen Zahl der Wertebereich des Datentyps Integer überschritten werden kann. Deshalb sollte die Funktion `Verdoppelt()` den Datentyp `Long` besitzen.

```
Function Verdoppelt(intZahl As Integer) As Long
   Verdoppelt = intZahl * 2
End Function
```

Listing A.11 Die Funktion Verdoppelt()

9. *Was ist zu beachten, wenn Sie eine* `Sub`*-Prozedur mit dem Schlüsselwort* `Call` *aufrufen?*

Sofern die `Sub`-Prozedur Argumente benötigt, müssen Sie diese Argumente bei Verwendung des Schlüsselwortes `Call` in runde Klammern setzen.

10. *Was ist zu beachten, wenn Sie eine* `Function`*-Prozedur mit dem Schlüsselwort* `Call` *aufrufen?*

Der Aufruf einer `Function`-Prozedur mit dem Schlüsselwort `Call` ist durchaus zulässig, jedoch kann in diesem Fall nicht der Rückgabewert der Funktion abgefragt werden.

A.8 Kapitel 9: Integrierte Funktionen

1. *Erstellen Sie ein Meldungsfenster, das die Schaltflächen **Ja** und **Nein** sowie das Ausrufungszeichen-Symbol anzeigt. Geben Sie sowohl die verwendeten Konstanten wie auch den numerischen Wert der Summe der Konstanten an.*

```
MsgBox "Meldungsfenster", vbYesNo + vbExclamation
```

Die Summe der Konstanten `vbYesNo` und `vbExclamation` beträgt 52.

2. *Welche Eigenschaften besitzt ein Meldungsfenster, wenn dem Argument* `Buttons` *der Wert 594193 übergeben wurde?*

Um die Eigenschaften eines solchen Meldungsfensters herauszufinden, subtrahieren Sie von dem Wert 594193 jeweils den größtmöglichen Wert der Eigenschaften ab, bis der Wert Null ist. Somit ergeben sich folgende Eigenschaften: `vbMsgBoxRight + vbMsgBoxSetForeground + vbSystemModal + vbDefaultButton2 + vbCritical + vbOKCancel`

3. *Erklären Sie die Verwendung des Arguments* `Default` *der Funktion* `InputBox()`.

Mit der Funktion `InputBox()` kann eine Eingabe vom Benutzer abgefragt werden. Das Argument `Default` kann dabei verwendet werden, um dem Benutzer eine mögliche Eingabe vorzugeben.

4. *Was ist bei der Verwendung der Argumente* `Xpos` *und* `Ypos` *der Funktion* `InputBox()` *zu beachten?*

Die Argumente `Xpos` und `Ypos` werden dazu verwendet, das Eingabefenster auf dem Bildschirm zu positionieren. Allerdings ist eine pixelgenaue Positionierung nicht möglich, da die Größe der Pixel hardwareabhängig ist.

5. *Was ist der Unterschied zwischen integrierten und abgeleiteten Funktionen?*

Integrierte Funktionen sind elementare Funktionen, die nicht durch andere Funktionen ersetzt werden können. Abgeleitete Funktionen können dagegen durch integrierte Funktionen dargestellt werden.

6. *Nennen Sie die Funktionen, mit denen die aktuelle Uhrzeit und das aktuelle Datum bestimmt werden können.*

Es handelt sich dabei um die Funktionen `Date` (Systemdatum), `Time` (Systemzeit) und `Now` (Systemdatum/Systemzeit).

7. *Schreiben Sie eine Prozedur, die den Datums- und Zeitwert der Gleitkommazahl 38450,6155092593 ermittelt.*

```
Sub Zeitwert()
    Debug.Print CDate(38450.6155092593)
End Sub
```

Listing A.12 Prozedur zur Ermittlung eines Datums- und Zeitwertes

8. *Schreiben Sie eine Prozedur, welche die Einzelangaben Tag, Wochentagsname, Monat, Monatsname und Jahr aus dem Datumswert 38450,6155092593 ermittelt.*

```
Sub Datumsangaben()
    Debug.Print Day(38450.6155092593)
    Debug.Print WeekdayName(Weekday(38450.6155092593, vbMonday))
    Debug.Print Month(38450.6155092593)
    Debug.Print MonthName(Month(38450.6155092593))
    Debug.Print Year(38450.6155092593)
End Sub
```

Listing A.13 Prozedur zur Ermittlung von Datumsangaben

9. *Wandeln Sie den Datums- und Zeitwert 25.05.2005 17:34:22 in eine Gleitkommazahl um.*

Den Datums- und Zeitwert können Sie mit dem Ausdruck `CDbl(CDate("25.05.2005 17:34:22"))` in eine Gleitkommazahl umwandeln. Das Ergebnis dieser Umwandlung ist 38497,7321990741.

10. *Geben Sie die Zeichennummern für die folgenden Zeichen an: @, W, ß, # und |.*

Mit der Funktion `Asc` lassen sich die Zeichennummern der Zeichen bestimmen. Es ergeben sich die Zeichennummern 64, 87, 223, 35 und 124.

A.9 Kapitel 10: Objekte und Klassen

1. *Aus welchen Komponenten setzen sich Objekte zusammen? Beschreiben Sie kurz diese Komponenten.*

Objekte setzen sich aus Eigenschaften und Methoden zusammen. Eigenschaften speichern die Merkmalsausprägungen eines Objekts und mit Methoden lassen sich Operationen auf Objekte ausführen.

2. Welche Funktion haben Objektvariablen?

In Objektvariablen werden Verweise auf Objekte gespeichert.

3. Wie wird eine Objektvariable deklariert und initialisiert?

Eine Objektvariable wird mit dem Schlüsselwort `Dim` deklariert. Als Datentyp der Objektvariablen kann entweder der allgemeine Objektdatentyp `Object` oder ein spezieller Objektdatentyp verwendet werden. Um eine Objektvariable zu initialisieren, muss das Schlüsselwort `Set` verwendet werden. Auf das Schlüsselwort `Set` folgt der Bezeichner der Objektvariablen und darauf der Zuweisungsoperator. Auf der rechten Seite des Zuweisungsoperators ist das Objekt angegeben, das an die Objektvariable zugewiesen werden soll.

4. Was ist der Unterschied zwischen Objektvariablen des allgemeinen Objektdatentyps `Object` und Objektvariablen eines speziellen Objektdatentyps?

Objektvariablen, die mit dem allgemeinen Objektdatentyp `Object` deklariert wurden, können Verweise zu jedem beliebigen Objekt speichern. Dagegen können Objektvariablen, die mit einem speziellen Objektdatentyp deklariert wurden, nur Verweise auf Objekte speichern, die diesem Objektdatentyp entsprechen.

5. Schreiben Sie die Prozedur aus Listing 10.9 ohne `With`-Anweisung unter Verwendung der vollständigen Objekthierarchie neu.

```
Sub Tabellenblatt5()
    Application.ActiveWorkbook.Worksheets(1).Name = _
        "Absolut neuer Name"
    Application.ActiveWorkbook.Worksheets(1).Range("C1").Value = _
        Application.ActiveWorkbook.Worksheets(1).Name
    Debug.Print _
        Application.ActiveWorkbook.Worksheets(1).Range("C1").Value
End Sub
```

Listing A.14 Angabe der vollständigen Objekthierarchie

6. Was sind Klassen?

In Klassen werden die Eigenschaften und Methoden von Objekten deklariert. Alle Objekte werden von Klassen abgeleitet.

7. Wie werden Objekte aus Klassen erzeugt?

Die Erzeugung eines Objekts aus einer Klasse läuft in zwei Schritten ab. Zunächst einmal wird eine Objektvariable deklariert, die als speziellen Objektdatentyp den Namen der Klasse enthält. Als Nächstes wird nun die Objektvariable mit einem Verweis auf ein neues Objekt initialisiert. Dazu wird die `Set`-Anweisung verwendet. Auf der rechten Seite des Zuweisungsoperators steht das Schlüsselwort `New`, gefolgt von dem Namen der Klasse.

8. *Aus welchem Grund werden Variablen, die in Klassenmodulen die Werte von Eigenschaften speichern, mit dem Schlüsselwort* `Private` *deklariert?*

Durch die Verwendung des Schlüsselworts `Private` wird verhindert, dass Prozeduren außerhalb des Klassenmoduls auf diese Variablen zugreifen und damit die Eigenschaften eines Objekts verändern können.

9. *Welche Typen von Eigenschaftsprozeduren kennen Sie? Erläutern Sie kurz deren Funktionsweise.*

Es gibt drei Typen von Eigenschaftsprozeduren, nämlich `Property Let`, `Property Set` und `Property Get`. Mit `Property Let` kann ein Wert an eine Eigenschaft zugewiesen werden. Mit der Eigenschaftsprozedur `Property Set` wird ebenfalls eine Zuweisung an eine Eigenschaft vorgenommen, jedoch wird nicht ein Wert, sondern ein Verweis auf ein Objekt zugewiesen. Um eine Eigenschaft auszulesen, wird die Eigenschaftsprozedur `Property Get` verwendet.

10. *Erweitern Sie die Klasse* `Fenster` *um eine Eigenschaft, die anzeigt, ob das Fenster sauber oder schmutzig ist. Erstellen Sie des Weiteren eine Methode, die das Fenster reinigt, wenn es schmutzig ist. Erweitern Sie außerdem die Methode Statusabfrage so, dass angezeigt wird, ob das Fenster sauber oder schmutzig ist.*

```
Private strSauberStatus As String

Property Get SauberStatus() As String
   SauberStatus = strSauberStatus
End Property

Property Let SauberStatus(ByVal strStatus As String)
   If strStatus = "sauber" Or strStatus = "schmutzig" Then
      strSauberStatus = strStatus
   Else
      Exit Property
   End If
End Property

Sub Fenster_Putzen()
   Me.SauberStatus = "sauber"
End Sub

Sub Statusabfrage()
   Debug.Print "-----------------------------------"
   Debug.Print "Das Fenster ist " & Me.FensterStatus
   Debug.Print "Der Rollladen ist " & Me.RollladenStatus
```

```
    Debug.Print "Der Fenster ist " & Me.SauberStatus
    Debug.Print "----------------------------------"
End Sub
```

Listing A.15 Erweiterungen der Klasse »Fenster«

A.10 Kapitel 11: Ereignisprozeduren

1. Was sind Ereignisse?

Ereignisse sind Zustandsänderungen, die während der Programmausführung auftreten und meist durch den Benutzer ausgelöst werden.

2. Was sind Ereignisprozeduren?

Ereignisprozeduren sind Prozeduren, die beim Eintreten eines bestimmten Ereignisses implizit aufgerufen werden. Dadurch kann auf das Eintreten eines Ereignisses reagiert werden. Das Schreiben von Ereignisprozeduren wird auch als ereignisgesteuerte Programmierung bezeichnet.

3. Wie werden Ereignisprozeduren aufgerufen?

Ereignisprozeduren werden implizit durch das Betriebssystem aufgerufen, sobald das dazu gehörige Ereignis eintritt. Ein expliziter Aufruf einer Ereignisprozedur, zum Beispiel aus einer anderen Prozedur heraus, ist nicht möglich.

4. Beschreiben Sie kurz den Ablauf zum Erstellen einer Ereignisprozedur für das Objekt `Workbook`.

Um eine Ereignisprozedur für das Objekt `Workbook` zu erstellen, muss zunächst einmal das Code-Fenster für die Komponente *DieseArbeitsmappe* geöffnet werden. Im linken Listenfeld des Code-Fensters kann nun der Eintrag `Workbook` ausgewählt werden. Daraufhin aktualisiert sich der Inhalt des rechten Listenfelds. Hier können nun die Ereignisse des `Workbook`-Objekts ausgewählt werden. Sobald eine Auswahl getroffen wurde, wird der Prozedurrumpf der entsprechenden Ereignisprozedur in das Code-Fenster eingefügt und die Ereignisprozedur kann vervollständigt werden.

5. Welcher Aspekt muss bei der Erstellung von Ereignisprozeduren für das `Chart`-Objekt besonders berücksichtigt werden?

Bei der Erstellung von Ereignisprozeduren für das `Chart`-Objekt muss unterschieden werden, ob das `Chart`-Objekt ein Diagrammblatt oder ein eingebettetes Diagramm repräsentiert. Danach entscheidet es sich, auf welche Weise die Ereignisprozeduren erstellt werden müssen.

6. Erstellen Sie für ein bestimmtes Tabellenblatt eine Ereignisprozedur, die eine Meldung ausgibt, sobald Daten auf diesem Tabellenblatt geändert werden.

```
Private Sub Worksheet_Change(ByVal Target As Range)
   MsgBox "Es wurden Daten geändert."
End Sub
```

Listing A.16 Ereignisprozedur für das Ereignis »Change« des Worksheet-Objekts

7. *Wozu dient die Anweisung* `WithEvents`*? Wo kann diese Anweisung ausschließlich verwendet werden?*

Mit der Anweisung `WithEvents` werden Objektvariablen deklariert, die für die Verarbeitung von Ereignissen bestimmter Objekte benötigt werden. `WithEvents` kann ausschließlich in Klassenmodulen verwendet werden.

8. *Beschreiben Sie kurz den Ablauf zum Erstellen einer Ereignisprozedur für das Objekt* `Application`.

Zunächst einmal müssen die Ereignisse für das `Application`-Objekt aktiviert werden. Dazu wird ein Klassenmodul angelegt, in dem mit der Anweisung `WithEvents` eine Objektvariable vom Objektdatentyp `Application` deklariert wird. Nun können im Klassenmodul die Ereignisprozeduren erstellt werden. Dazu wird im linken Listenfeld des Code-Fensters des Klassenmoduls die soeben deklarierte Objektvariable ausgewählt. Danach kann im rechten Listenfeld das gewünschte Ereignis ausgewählt und die Ereignisprozedur erstellt werden. Um die Ereignisprozedur zu aktivieren, wird in einem Standardmodul ein Objekt der Klasse erzeugt, die durch das Klassenmodul repräsentiert wird. Schließlich wird in dem Standardmodul noch eine Prozedur eingefügt, mit der die Objektvariable, die im Klassenmodul deklariert wurde, initialisiert wird. Natürlich muss die Objektvariable mit dem `Application`-Objekt initialisiert werden.

9. *Erstellen Sie eine Ereignisprozedur für das* `Application`*-Objekt, die eine Meldung ausgibt, sobald eine neue Arbeitsmappe erstellt wird.*

```
'Im Klassenmodul ApplicationEvents
Public WithEvents appEvents As Application

Private Sub appEvents_NewWorkbook(ByVal Wb As Workbook)
   MsgBox "Eine neue Arbeitsmappe wurde erstellt."
End Sub

'Im Standardmodul
Dim apeObject As New ApplicationEvents
```

```
Sub Initialisiere_appEvents()
   Set apeObject.appEvents = Application
End Sub
```

Listing A.17 Ereignisprozedur für das Application-Objekt

10. *Welchem Ereignis des* `Application`*-Objekts entspricht das Ereignis* `Change` *des* `Worksheet`*-Objekts? Was sind die grundlegenden Unterschiede zwischen den beiden Ereignissen?*

Das entsprechende Ereignis des `Application`-Objekts ist das Ereignis `SheetChange`. Während mit dem Ereignis `Change` eines `Worksheet`-Objekts nur ein bestimmtes Tabellenblatt überwacht werden kann, werden mit dem Ereignis `SheetChange` des `Application`-Objekts alle Arbeitsblätter überwacht.

A.11 Kapitel 12: Arbeitsmappen und Arbeitsblätter

1. *Erklären Sie den Unterschied zwischen der* `Workbooks`*-Auflistung und dem* `Workbook`*-Objekt.*

Ein `Workbook`-Objekt repräsentiert eine Arbeitsmappe in Microsoft Office Excel 2003. Es können jedoch mehrere Arbeitsmappen gleichzeitig offen sein, so dass auch mehrere `Workbook`-Objekte existieren. Alle `Workbook`-Objekte werden in der `Workbooks`-Auflistung gespeichert.

2. *Erstellen Sie eine Prozedur, welche die Anzahl der geöffneten Arbeitsmappen und den Wert der globalen Option für die Anzahl von Tabellenblättern in einer neuen Arbeitsmappe im Direktfenster ausgibt.*

```
Sub Workbooks_Worksheets()
   Debug.Print "Anzahl der geöffneten Arbeitsmappen: " & _
      Application.Workbooks.Count
   Debug.Print _
      "Anzahl Tabellenblätter in einer neuen Arbeitsmappe: " _
      & Application.SheetsInNewWorkbook
End Sub
```

Listing A.18 Beispiel Workbooks.Count und SheetsInNewWorkbook

3. *Erstellen Sie eine Prozedur, welche die Namen aller geöffneten Arbeitsmappen im Direktfenster ausgibt.*

```
Sub Geoeffnete_Arbeitsmappen()
   Dim wkbWorkbook As Workbook
   For Each wkbWorkbook In Workbooks
      Debug.Print wkbWorkbook.Name
```

```
    Next wkbWorkbook
End Sub
```

Listing A.19 Prozedur zum Ausgeben der geöffneten Arbeitsmappen

4. *Erstellen Sie eine Prozedur, die immer genau so viele Tabellenblätter in eine Arbeitsmappe einfügt, dass sich als Gesamtzahl der Tabellenblätter 255 ergibt.*

```
Sub Max_Tabellenblaetter()
    ThisWorkbook.Worksheets.Add Count:=255 - _
        ThisWorkbook.Worksheets.Count
End Sub
```

Listing A.20 Einfügen der maximalen Anzahl von Tabellenblättern

5. *Erstellen Sie eine Prozedur, die alle Tabellenblätter aus einer Arbeitsmappe löscht bis auf das aktive Tabellenblatt.*

```
Sub Aktives_Tabellenblatt_nicht_loeschen()
    Dim wksWorksheet As Worksheet
    Application.DisplayAlerts = False
    For Each wksWorksheet In Worksheets
        If wksWorksheet.Name <> ActiveSheet.Name Then
            wksWorksheet.Delete
        End If
    Next wksWorksheet
    Application.DisplayAlerts = True
End Sub
```

Listing A.21 Nur das aktive Tabellenblatt wird nicht gelöscht.

6. *Erstellen Sie eine Prozedur, welche die Tabellenblätter einer Arbeitsmappe nach dem Schema x.Tabellenblatt, x-1.Tabellenblatt, ... 2.Tabellenblatt, 1.Tabellenblatt benennt.*

```
Sub Tabellenblaetter_umbenennen()
    Dim intCounter As Integer
    Dim wksWorksheet As Worksheet
    intCounter = ActiveWorkbook.Worksheets.Count
    For Each wksWorksheet In ActiveWorkbook.Worksheets
        wksWorksheet.Name = intCounter & ". Tabellenblatt"
        intCounter = intCounter - 1
    Next wksWorksheet
End Sub
```

Listing A.22 Die Tabellenblätter werden abwärts nummeriert.

7. Erstellen Sie eine Prozedur, die jeweils das erste und das letzte Tabellenblatt in einer Arbeitsmappe markiert.

```
Sub Erstes_und_letztes_Tabellenblatt_markieren()
   ActiveWorkbook.Worksheets(Array(1, _
      ActiveWorkbook.Worksheets.Count)).Select
End Sub
```

Listing A.23 Das erste und das letzte Tabellenblatt werden markiert.

8. Erstellen Sie eine Prozedur, die alle nicht markierten Tabellenblätter in einer Arbeitsmappe im Direktfenster ausgibt.

```
Sub Nicht_markierte_Tabellenblaetter_ausgeben()
   Dim boolFound As Boolean
   Dim wksWorksheet As Worksheet
   Dim wksSelectedSheet As Worksheet
   For Each wksWorksheet In ActiveWorkbook.Worksheets
      boolFound = False
      For Each wksSelectedSheet In _
         ActiveWorkbook.Windows(1).SelectedSheets
         If wksWorksheet.Name = wksSelectedSheet.Name Then
            boolFound = True
         End If
      Next wksSelectedSheet
      If boolFound = False Then Debug.Print wksWorksheet.Name
   Next wksWorksheet
End Sub
```

Listing A.24 Nicht markierte Tabellenblätter werden ausgegeben.

9. Erstellen Sie eine Prozedur, in der ein Tabellenblatt aus einer Arbeitsmappe in eine andere kopiert wird. Dabei können Sie davon ausgehen, dass beide Arbeitsmappen bereits geöffnet sind.

```
Sub Tabellenblatt_in_andere_Arbeitsmappe_kopieren()
   Application.ScreenUpdating = False
   Workbooks("Mappe1").Worksheets(1).Copy _
      After:=Workbooks("Mappe5").Worksheets( _
      Workbooks("Mappe5").Worksheets.Count)
   Application.ScreenUpdating = True
End Sub
```

Listing A.25 Kopieren eines Tabellenblatts in eine andere Arbeitsmappe

10. *Erstellen Sie eine Prozedur, welche die fünf Tabellenblätter einer Arbeitsmappe so verschiebt, dass sich die Reihenfolge Tabelle4, Tabelle2, Tabelle5, Tabelle1, Tabelle3 ergibt. Verwenden Sie dabei möglichst wenig Verschiebungen.*

```
Sub Tabellenblaetter_verschieben()
   ActiveWorkbook.Worksheets("Tabelle1").Move _
      After:=ActiveWorkbook.Worksheets("Tabelle5")
   ActiveWorkbook.Worksheets("Tabelle3").Move _
      After:=ActiveWorkbook.Worksheets("Tabelle1")
   ActiveWorkbook.Worksheets("Tabelle2").Move _
      After:=ActiveWorkbook.Worksheets("Tabelle4")
End Sub
```

Listing A.26 Verschieben von Tabellenblättern

A.12 Kapitel 13: Zellen und Zellbereiche

1. *Welche Bezugsarten gibt es in Microsoft Office Excel 2003? Worin unterscheiden sich diese Bezugsarten?*

In Microsoft Office Excel 2003 gibt es die Bezugsarten A1-Bezugsart und Z1S1-Bezugsart. Diese beiden Bezugsarten unterscheiden sich in der Art und Weise, wie die Zellen eines Tabellenblatts adressiert werden. In der A1-Bezugsart werden Spalten durch eine Buchstabenkombination und Zeilen durch eine Zeilennummer angesprochen. Bei der Z1S1-Bezugsart werden sowohl Zeilen als auch Spalten durch eine Nummer adressiert.

2. *Erstellen Sie eine Prozedur zum Einfügen von Spalten, bei der die Spaltennamen der einzufügenden Spalten als Argumente übergeben werden.*

```
Sub Spalten_einfuegen(strName As String)
   ActiveSheet.Columns(strName).Insert
End Sub
```

Listing A.27 Einfügen von Spalten durch Angabe des Spaltennamens

3. *Erstellen Sie eine Prozedur zum Einfügen von Zeilen, bei der die Zeilennummern der einzufügenden Zeilen als Argumente übergeben werden.*

```
Sub Zeilen_einfuegen(lngNumber As Long)
   ActiveSheet.Rows(lngNumber).Insert
End Sub
```

Listing A.28 Einfügen von Zeilen durch Angabe der Zeilennummer

4. *Erstellen Sie eine Prozedur, mit der Spalten sowohl aus- als auch eingeblendet werden können. Verwenden Sie zur Adressierung der Spalten Spaltennummern.*

```
Sub Spalten_einblenden_ausblenden(intNumber As Integer)
   ActiveSheet.Columns(intNumber).Hidden = _
      Not ActiveSheet.Columns(intNumber).Hidden
End Sub
```

Listing A.29 Ein- und Ausblenden einer Spalte

5. *Erstellen Sie eine Prozedur, die alle Zellen markiert, die sich aus der Schnittmenge der Spalten B:F sowie der Zeilen 2:8 ergeben.*

```
Sub Schnittbereich_markieren()
   ActiveSheet.Range("B:F 2:8").Select
End Sub
```

Listing A.30 Markieren des Schnittbereiches zweier Zellbereiche

6. *Erstellen Sie eine Prozedur, bei der in einer Schleife nacheinander die Zellbereiche C1:F1, C2:F2, ... C10:F10 markiert werden.*

```
Sub Zellbereiche_markieren()
   Dim intRow As Integer
   For intRow = 1 To 10
      Range(Cells(intRow, 3), Cells(intRow, 6)).Select
      Debug.Print Selection.Address(False, False)
   Next intRow
End Sub
```

Listing A.31 Sequentielles Markieren von Zellbereichen

7. *Erstellen Sie eine Prozedur, die alle Zellen markiert, die leer sind.*

```
Sub Leere_Zellen_markieren()
   ActiveSheet.Cells.SpecialCells(xlCellTypeBlanks).Select
End Sub
```

Listing A.32 Die leeren Zellen eines Tabellenblatts werden markiert.

8. *Erstellen Sie eine Prozedur, die alle Zellen markiert, die alphanumerische Werte enthalten.*

```
Sub Zellen_mit_alphanumerischen_Zeichen()
   ActiveSheet.Cells.SpecialCells(xlCellTypeConstants, _
      xlTextValues).Select
End Sub
```

Listing A.33 Zellen mit alphanumerischen Werten werden markiert.

9. *Erstellen Sie eine Prozedur, die in den Zellen B1 bis B56 jeden Wert der aktuellen Farbpalette ausgibt.*

```
Sub Farbpalette()
   Dim intIndex As Integer
   For intIndex = 1 To 56
    ActiveSheet.Cells(intIndex, 2).Interior.ColorIndex = intIndex
   Next intIndex
End Sub
```

Listing A.34 Einfärben der Zellen B1 bis B56

10. *Erstellen Sie eine Prozedur, die für den ausgewählten Zellbereich die folgenden Formatierungen vornimmt: Schriftart Helvetica, 10 Punkt, schattiert und Fettdruck.*

```
Sub Zelle_Schriftart_formatieren()
   With Selection.Font
      .Name = "Helvetica"
      .Size = 10
      .Bold = True
      .Shadow = True
   End With
End Sub
```

Listing A.35 Formatieren der Schriftart für einen ausgewählten Zellbereich

A.13 Kapitel 14: Diagramme

1. *Erstellen Sie eine Prozedur, die für die Datentabelle aus Abbildung 14.1 ein Diagramm auf einem Diagrammblatt erstellt, und zwar mit dem Diagrammtyp Zylinderbalken (gruppiert).*

```
Sub Diagramm_erstellen()
   Dim chtChart As Chart
   Set chtChart = ActiveWorkbook.Charts.Add
   chtChart.ChartType = xlCylinderBarClustered
   chtChart.SetSourceData _
      Source:=Worksheets("Datentabelle").Range("B2:F6")
   Set chtChart = Nothing
End Sub
```

Listing A.36 Erstellen eines Zylinderbalkendiagramms

2. *Erstellen Sie eine Prozedur, die das Diagrammblatt aus Aufgabe 1 mit dem Namen Viehbestand benennt.*

```
Sub Diagrammblatt_benennen()
   ActiveWorkbook.Charts(1).Name = "Viehbestand"
End Sub
```

Listing A.37 Benennen eines Diagrammblatts

3. *Erstellen Sie eine Prozedur, die für die Datentabelle aus Abbildung 14.1 ein eingebettetes Diagramm auf dem Tabellenblatt Tabelle2 erstellt, und zwar mit dem Diagrammtyp Zylinderbalken (gruppiert).*

```
Sub Eingebettetes_Diagramm_erstellen()
   Dim choChartObject As ChartObject
   Set choChartObject = _
   Worksheets("Tabelle2").ChartObjects.Add(60, 90, 400, 200)
   choChartObject.Chart.ChartType = xlCylinderBarClustered
   choChartObject.Chart.SetSourceData _
      Source:=Worksheets("Datentabelle").Range("B2:F6")
   Set choChartObject = Nothing
End Sub
```

Listing A.38 Ein eingebettetes Diagramm erstellen

4. *Erstellen Sie eine Prozedur, die das eingebettete Diagramm aus Aufgabe 3 mit dem Namen Viehbestand benennt.*

```
Sub Eingebettetes_Diagramm_benennen()
   Worksheets("Tabelle2").ChartObjects(1).Name = "Viehbestand"
End Sub
```

Listing A.39 Benennen eines eingebetteten Diagramms

5. *Erstellen Sie eine Prozedur, welche die Diagrammfläche des Diagramms aus Aufgabe 1 grau einfärbt.*

```
Sub Diagrammflaeche_einfaerben()
   ActiveWorkbook.Charts("Viehbestand").ChartArea _
      .Interior.ColorIndex = 15
End Sub
```

Listing A.40 Einfärben der Diagrammfläche eines Diagrammblatts

6. *Erstellen Sie eine Prozedur, welche die Zeichenfläche des Diagramms aus Aufgabe 1 auf das ganze Diagrammblatt ausdehnt. Entfernen Sie außerdem die Legende mit der Eigenschaft* `HasLegend` *des* `Chart`*-Objekts.*

```
Sub Zeichenflaeche_und_Legende()
    With ActiveWorkbook.Charts("Viehbestand")
        .HasLegend = False
        .PlotArea.Height = .ChartArea.Height
        .PlotArea.Width = .ChartArea.Width
    End With
End Sub
```

Listing A.41 Zeichnungsfläche und Legende werden manipuliert

7. *Erstellen Sie eine Prozedur, welche die Achsen des Diagramms aus Aufgabe 1 so formatiert, dass die Hilfsgitterlinien angezeigt werden.*

```
Sub Hilfsgitterlinien_anzeigen()
    With ActiveWorkbook.Charts("Viehbestand")
        .Axes(xlCategory).HasMinorGridlines = True
        .Axes(xlValue).HasMinorGridlines = True
    End With
End Sub
```

Listing A.42 Die Hilfsgitterlinien werden angezeigt.

8. *Erstellen Sie eine Prozedur, die für das eingebettete Diagramm aus Aufgabe 3 die Angaben zu Größe und Position im Direktfenster ausgibt.*

```
Sub Groesse_und_Position()
    With ActiveWorkbook.Worksheets("Tabelle2")
        Debug.Print "Höhe: " & .ChartObjects(1).Height
        Debug.Print "Breite: " & .ChartObjects(1).Width
        Debug.Print "Links: " & .Shapes(.ChartObjects(1).Name).Left
        Debug.Print "Oben: " & .Shapes(.ChartObjects(1).Name).Top
    End With
End Sub
```

Listing A.43 Größe und Position eines eingebetteten Diagramms ausgeben

9. *Erstellen Sie eine Prozedur, die alle eingebetteten Diagramme von einem Tabellenblatt entfernt.*

```
Sub Eingebettete_Diagramme_entfernen()
    Dim chtChartObject As ChartObject
    For Each chtChartObject In _
        ActiveWorkbook.Worksheets("Tabelle2").ChartObjects
        chtChartObject.Delete
```

```
   Next chtChartObject
End Sub
```

Listing A.44 Entfernen aller eingebetteten Diagramme von einem Tabellenblatt

10. Erstellen Sie eine Prozedur, die alle eingebetteten Diagramme aus einer Arbeitsmappe entfernt.

```
Sub Alle_eingebetteten_Diagramme_entfernen()
   Dim chtChartObject As ChartObject
   Dim intIndex As Integer
   For intIndex = 1 To Sheets.Count
      Sheets(intIndex).Activate
      For Each chtChartObject In ActiveSheet.ChartObjects
         chtChartObject.Delete
      Next chtChartObject
   Next intIndex
End Sub
```

Listing A.45 Entfernen aller eingebetteten Diagramme aus einer Arbeitsmappe

A.14 Kapitel 15: Berechnungen und Filter

1. Erstellen Sie eine Prozedur, welche die Werte des Zellbereichs C1:C10 in den Zellbereich F1:O1 überträgt.

```
Sub Zellwerte_uebertragen()
   Dim intIndex As Integer
   For intIndex = 1 To 10
      ActiveSheet.Cells(1, 5 + intIndex).Value = _
         ActiveSheet.Cells(intIndex, 3).Value
   Next intIndex
End Sub
```

Listing A.46 Die Zellwerte werden übertragen.

2. Erstellen Sie eine Prozedur, welche den Zellbereich A1:E10 in den Zellbereich A12:J17 überführt. Dabei soll jeweils eine Zeile des ersten Zellbereichs zu einer Spalte des zweiten Zellbereichs werden.

```
Sub Zellwerte_uebertragen2()
   Dim intRow As Integer
   Dim intColumn As Integer
   For intColumn = 1 To 5
      For intRow = 1 To 10
         ActiveSheet.Cells(11 + intColumn, intRow).Value = _
```

```
            ActiveSheet.Cells(intRow, intColumn).Value
      Next intRow
   Next intColumn
End Sub
```

Listing A.47 Die Zellwerte werden übertragen.

3. *Erstellen Sie eine Prozedur, die für jede Zeile und für jede Spalte des Zellbereichs A1:E10 das arithmetische Mittel errechnet. Verwenden Sie zur Berechnung nur die Eigenschaft* `Value` *des* `Range`*-Objekts. Beachten Sie, dass nicht jede Zelle des angegebenen Zellbereichs einen Wert enthalten muss.*

```
Sub Arithmetisches_Mittel_berechnen()
   Dim intRow As Integer
   Dim intColumn As Integer
   Dim dblValue As Double
   Dim intCounter As Integer
   On Error Resume Next
   'Arithmetisches Mittel für Spalten
   For intColumn = 1 To 5
      intCounter = 0
      dblValue = 0
      For intRow = 1 To 10
         If ActiveSheet.Cells(intRow, intColumn).Value <> 0 Then
            intCounter = intCounter + 1
            dblValue = dblValue + _
               ActiveSheet.Cells(intRow, intColumn).Value
         End If
      Next intRow
      ActiveSheet.Cells(intRow + 1, intColumn).Value = _
         dblValue / intCounter
    Next intColumn
    'Arithmetisches Mittel für Zeilen
    For intRow = 1 To 10
      intCounter = 0
      dblValue = 0
      For intColumn = 1 To 5
         If ActiveSheet.Cells(intRow, intColumn).Value <> 0 Then
            intCounter = intCounter + 1
            dblValue = dblValue + _
               ActiveSheet.Cells(intRow, intColumn).Value
         End If
      Next intColumn
```

```
      ActiveSheet.Cells(intRow, intColumn + 1).Value = _
         dblValue / intCounter
   Next intRow
End Sub
```

Listing A.48 Das arithmetische Mittel wird für Zeilen und Spalten berechnet.

4. *Erstellen Sie eine Prozedur, die in der Zelle A1 die Formel =QUADRATESUMME(B1:D1) verwendet.*

```
Sub Funktion_QUADRATESUMME()
   ActiveSheet.Range("A1").FormulaLocal = "=QUADRATESUMME(B1:D1)"
End Sub
```

Listing A.49 Erstellen einer Tabellenfunktion in einer Zelle

5. *Erstellen Sie eine Prozedur, die in der Zelle A1 das Ergebnis der Methode `SumSq` des `WorksheetFunction`-Objekts für den Zellbereich B1:D1 ausgibt.*

```
Sub Tabellenfunktion_SumSq()
   ActiveSheet.Range("A1").Value = Application _
      .WorksheetFunction.SumSq(ActiveSheet.Range("B1:D1"))
End Sub
```

Listing A.50 Verwendung der Methode SumSq des WorksheetFunction-Objekts

6. *Erstellen Sie eine Prozedur, die alle Formeln in einem Tabellenblatt entfernt.*

```
Sub Formeln_entfernen()
   Dim rngCell As Range
   On Error Resume Next
   For Each rngCell In _
      ActiveSheet.Cells.SpecialCells(xlCellTypeFormulas)
      rngCell.FormulaLocal = ""
   Next rngCell
End Sub
```

Listing A.51 Alle Formeln eines Tabellenblatts werden entfernt.

7. *Erstellen Sie einen Prozedur, die den AutoFilter für die Datentabelle aus Abbildung 15.5 nur für die Spalten Personal-Nr., Nachname und Vorname aktiviert.*

```
Sub AutoFilter_aktivieren()
   If Worksheets("AutoFilter").AutoFilterMode = False Then
      Range("B2:D2").AutoFilter
   End If
End Sub
```

Listing A.52 Der AutoFilter wird nur für drei Spalten aktiviert.

8. *Erstellen Sie eine Prozedur, die mit dem AutoFilter die Spalte Nachname der Datentabelle aus Abbildung 15.5 nach dem Eintrag Müller filtert.*

```
Sub AutoFilter_Nachname()
   Range("B2").AutoFilter Field:=2, Criteria1:="Müller"
End Sub
```

Listing A.53 Filtern nach dem Nachnamen Müller

9. *Erstellen Sie eine Prozedur, die einen Spezialfilter auf die Datentabelle aus Abbildung 15.5 mit den folgenden Filterkriterien anwendet. Wie sind die Filterkriterien zu interpretieren?*

Abteilung
Forschung
Verwaltung

```
Sub Spezialfilter_anwenden()
   Dim rngDataTable As Range
   Dim rngCriteria As Range
   Dim rngCopyResult As Range
   Worksheets("Spezialfilter").Activate
   Set rngDataTable = Range("B2:F14")
   Set rngCriteria = Range("D16:D18")
   Set rngCopyResult = Range("B19:F19")
   rngDataTable.AdvancedFilter Action:=xlFilterCopy, _
      CriteriaRange:=rngCriteria, CopyToRange:=rngCopyResult, _
      Unique:=False
   Set rngCopyResult = Nothing
   Set rngCriteria = Nothing
   Set rngDataTable = Nothing
End Sub
```

Listing A.54 Anwenden eines Spezialfilters

Die Filterkriterien sind so zu interpretieren, dass aus der Spalte *Abteilung* alle Einträge gefiltert werden, die *Forschung* oder *Verwaltung* xxxs.o.xxxlauten.

10. *Erstellen Sie eine Prozedur, die einen Spezialfilter auf die Datentabelle aus Abbildung 15.5 mit den folgenden Filterkriterien anwendet. Wie sind diese Filterkriterien zu interpretieren?*

Abteilung	Gruppe
Forschung	
	A01

```
Sub Spezialfilter_anwenden2()
   Dim rngDataTable As Range
   Dim rngCriteria As Range
   Dim rngCopyResult As Range
   Worksheets("Spezialfilter").Activate
   Set rngDataTable = Range("B2:F14")
   Set rngCriteria = Range("D16:E18")
   Set rngCopyResult = Range("B19:F19")
   rngDataTable.AdvancedFilter Action:=xlFilterCopy, _
      CriteriaRange:=rngCriteria, CopyToRange:=rngCopyResult, _
      Unique:=False
   Set rngCopyResult = Nothing
   Set rngCriteria = Nothing
   Set rngDataTable = Nothing
End Sub
```

Listing A.55 Anwenden eines Spezialfilters

Die Filterkriterien sind so zu interpretieren, dass alle Datensätze gefiltert werden, bei denen entweder der Wert *Forschung* in der Spalte *Abteilung* oder der Wert *A01* in der Spalte *Gruppe* steht.

A.15 Kapitel 16: UserForms

1. *Erstellen Sie drei UserForms, die so miteinander verkettet sind, dass beim Schließen einer UserForm jeweils die nächste UserForm angezeigt wird.*

Es werden drei UserForms benötigt, die jeweils eine Schaltfläche besitzen.

```
'In UserForm1
Private Sub CommandButton1_Click()
   Unload UserForm1
   UserForm2.Show
End Sub

'In UserForm2
Private Sub CommandButton1_Click()
   Unload UserForm2
```

```
   UserForm3.Show
End Sub

'In UserForm3
Private Sub CommandButton1_Click()
   Unload UserForm3
End Sub
```

Listing A.56 Ereignisprozeduren der Befehlsschaltflächen

2. *Erstellen Sie drei UserForms, die so miteinander verkettet sind, dass von jeder UserForm aus sowohl der Vorgänger als auch der Nachfolger aufgerufen werden kann.*

Für diese Aufgabe werden drei UserForms benötigt, die jeweils zwei Befehlsschaltflächen enthalten. Mit einer Befehlsschaltfläche kann die nachfolgende UserForm aufgerufen werden und mit der anderen Befehlsschaltfläche die vorhergehende.

```
'In UserForm1
Private Sub CommandButton1_Click()
   Unload UserForm1
   UserForm2.Show
End Sub

Private Sub CommandButton2_Click()
   Unload UserForm1
   UserForm3.Show
End Sub

'In UserForm2
Private Sub CommandButton1_Click()
   Unload UserForm2
   UserForm3.Show
End Sub

Private Sub CommandButton2_Click()
   Unload UserForm2
   UserForm1.Show
End Sub

'In UserForm3
Private Sub CommandButton1_Click()
```

```
    Unload UserForm3
    UserForm1.Show
End Sub

Private Sub CommandButton2_Click()
    Unload UserForm3
    UserForm2.Show
End Sub
```

Listing A.57 Zyklisch verkettete UserForms

3. *Erstellen Sie eine Prozedur, welche die Namen aller geladenen UserForms im Direktfenster ausgibt. Verwenden Sie dazu die `UserForms`-Auflistung.*

```
Sub UserForms_auflisten()
    Dim frmUserForm As UserForm
    For Each frmUserForm In UserForms
        Debug.Print frmUserForm.Caption
    Next frmUserForm
End Sub
```

Listing A.58 Alle geladenen UserForms werden aufgelistet.

4. *Erstellen Sie einen Prozedur, die alle geladenen UserForms aus dem Arbeitsspeicher entfernt. Verwenden Sie dazu die `UserForms`-Auflistung.*

```
Sub UserForms_entladen()
    Dim frmUserForm As UserForm
    For Each frmUserForm In UserForms
        Unload frmUserForm
    Next frmUserForm
End Sub
```

Listing A.59 Alle geladenen UserForms werden aus dem Speicher entfernt.

5. *Erstellen Sie zwei UserForms mit je zwei Textfeldern. Der eingegebene Text in einem Textfeld einer UserForm soll jeweils in dem zweiten Textfeld der anderen UserForm angezeigt werden. Zwischen den UserForms soll mit einer Schaltfläche hin- und hergeschaltet werden können.*

```
'In UserForm1
Private Sub CommandButton1_Click()
    Unload UserForm1
    UserForm2.Show
End Sub
```

```
Private Sub TextBox1_Change()
   UserForm2.TextBox2.Text = UserForm1.TextBox1.Text
End Sub

'In UserForm2
Private Sub CommandButton1_Click()
   Unload UserForm2
   UserForm1.Show
End Sub

Private Sub TextBox1_Change()
   UserForm1.TextBox2.Text = UserForm2.TextBox1.Text
End Sub
```

Listing A.60 Austausch der Textinformationen zwischen zwei UserForms

6. *Erstellen Sie eine UserForm mit einem Kontrollkästchen, das im aktivierten Zustand den Zugriff auf drei Optionsfelder ermöglicht.*

```
Private Sub UserForm_Initialize()
   CheckBox1.Value = True
End Sub

Private Sub CheckBox1_Click()
   If CheckBox1.Value = True Then
      OptionButton1.Enabled = True
      OptionButton2.Enabled = True
      OptionButton3.Enabled = True
   Else
      OptionButton1.Enabled = False
      OptionButton2.Enabled = False
      OptionButton3.Enabled = False
   End If
End Sub
```

Listing A.61 Aktivieren der Optionsfelder mit einem Kontrollkästchen

7. *Erstellen Sie eine Prozedur, welche die Reihenfolge von Listeneinträgen in einem Listenfeld umkehrt, so dass der erste Listeneintrag der letzte wird, der zweite der vorletzte und so weiter.*

```
Private Sub UserForm_Initialize()
   ListBox1.AddItem "Eintrag 1"
   ListBox1.AddItem "Eintrag 2"
```

```
    ListBox1.AddItem "Eintrag 3"
    ListBox1.AddItem "Eintrag 4"
    ListBox1.AddItem "Eintrag 5"
    Call Eintraege_umkehren
End Sub

Sub Eintraege_umkehren()
    Dim intIndex As Integer
    For intIndex = ListBox1.ListCount - 1 To 0 Step -1
        ListBox1.AddItem ListBox1.List(intIndex), _
            ListBox1.ListCount
        ListBox1.RemoveItem intIndex
    Next intIndex
End Sub
```

Listing A.62 Umkehren der Einträge in einem Listenfeld

8. *Erstellen Sie eine UserForm, die ein Listenfeld und ein Kombinationsfeld enthält. Jedes Mal, wenn ein Eintrag im Kombinationsfeld ausgewählt wird, soll dieser als neuer Eintrag im Listenfeld eingefügt werden.*

```
Private Sub UserForm_Initialize()
    ComboBox1.AddItem "Eintrag 1"
    ComboBox1.AddItem "Eintrag 2"
    ComboBox1.AddItem "Eintrag 3"
    ComboBox1.AddItem "Eintrag 4"
    ComboBox1.AddItem "Eintrag 5"
End Sub

Private Sub ComboBox1_Change()
    ListBox1.AddItem ComboBox1.List(ComboBox1.ListIndex)
End Sub
```

Listing A.63 Einfügen von ausgewählten Einträgen in ein Listenfeld

9. *Erstellen Sie eine UserForm, die zwei Umschaltfelder enthält. Im Ausgangszustand soll die Eigenschaft `Value` des einen Umschaltfelds den Wert `True` und für das andere Umschaltfeld den Wert `False` enthalten. Beim Anklicken des jeweils nicht gedrückten Umschaltfelds soll sich der Zustand der beiden Umschaltfelder ändern. Beim Anklicken eines gedrückten Umschaltfelds soll gar nichts passieren.*

```
Private Sub UserForm_Initialize()
    ToggleButton1.Enabled = False
End Sub
```

```
Private Sub ToggleButton1_Click()
   If ToggleButton1.Value = True Then
      ToggleButton1.Enabled = False
      ToggleButton2.Value = False
      ToggleButton2.Enabled = True
   End If
End Sub

Private Sub ToggleButton2_Click()
   If ToggleButton2.Value = True Then
      ToggleButton2.Enabled = False
      ToggleButton1.Value = False
      ToggleButton1.Enabled = True
   End If
End Sub
```

Listing A.64 Umschalten von Umschaltfeldern

10. *Erstellen Sie eine UserForm mit zwei Bildlaufleisten, deren Zahlenwerte miteinander multipliziert werden. Die einzelnen Werte der Bildlaufleisten sowie das Ergebnis sollen in Bezeichnungen angezeigt werden.*

```
Private Sub ScrollBar1_Change()
   Label1.Caption = ScrollBar1.Value
   Label3.Caption = ScrollBar1.Value * ScrollBar2.Value
End Sub

Private Sub ScrollBar2_Change()
   Label2.Caption = ScrollBar2.Value
   Label3.Caption = ScrollBar1.Value * ScrollBar2.Value
End Sub
```

Listing A.65 Multiplikation der Werte zweier Bildlaufleisten

A.16 Kapitel 17: Formulare

1. *Was sind die Vorteile von ActiveX-Steuerelementen?*

ActiveX-Steuerelemente ermöglichen eine ereignisgesteuerte Programmierung und können durch zahlreiche Eigenschaften angepasst werden. Außerdem lassen sich ActiveX-Steuerelemente auf Webseiten und Online-Formularen verwenden.

2. Was sind die Nachteile von ActiveX-Steuerelementen?

ActiveX-Steuerelemente lassen sich nicht in Diagrammblättern oder XLM-Makroarbeitsblättern einsetzen.

3. Was sind die Vorteile von Formular-Steuerelementen?

Formular-Steuerelemente lassen sich auf allen Arbeitsblättern verwenden, auch auf Diagrammblättern und XLM-Makroarbeitsblättern. Außerdem sind die Steuerelemente kompatibel mit früheren Versionen von Microsoft Excel, und zwar bis einschließlich Microsoft Excel 5.0.

4. Was sind die Nachteile von Formular-Steuerelementen?

Mit Formular-Steuerelementen ist keine ereignisgesteuerte Programmierung möglich. Zudem sind die Möglichkeiten zur Anpassung der Steuerelemente an individuelle Lösungen eingeschränkt. Bei der Verwendung auf Webseiten können Formular-Steuerelemente keine Webskripte ausführen.

5. Wo können ActiveX-Steuerelemente überall eingesetzt werden?

Auf Tabellenblättern, in UserForms, auf Webseiten und Online-Formularen.

6. Wo können Formular-Steuerelemente überall eingesetzt werden?

Auf Tabellenblättern, auf Diagrammblättern, auf XLM-Makroarbeitsblättern und auf Webseiten.

7. Wozu dient der Entwurfsmodus?

Der Entwurfsmodus dient bei ActiveX-Steuerelementen dazu, diese auf UserForms oder Tabellenblättern einzufügen, ohne dass dadurch Ereignisse ausgelöst und verarbeitet werden.

8. Wo finden sich die ActiveX-Steuerelemente beziehungsweise die Formular-Steuerelemente?

Die ActiveX-Steuerelemente befinden sich im VBE in der Werkzeugsammlung und in Microsoft Office Excel 2003 auf der Symbolleiste **Steuerelement-Toolbox**. Die Formular-Steuerelemente befinden sich auf der Symbolleiste **Formular**, ebenfalls in Microsoft Office Excel 2003.

9. Wo werden die Eigenschaften von ActiveX-Steuerelementen beziehungsweise von Formular-Steuerelementen eingestellt?

Die Eigenschaften von ActiveX-Steuerelementen werden im Eigenschaftenfenster eingestellt. Bei den Formular-Steuerelementen wird das Dialogfenster **Steuerelement formatieren** verwendet.

10. Wo befindet sich der Programmtext von Prozeduren, die mit Formular-Steuerelementen verbunden sind?

Der Programmtext kann sich in einer beliebigen, geöffneten Arbeitsmappe befinden. Prozeduren, die mit Formular-Steuerelementen verbunden werden, unterscheiden sich in nichts von anderen Prozeduren, die Sie im VBE erstellen.

B Inhalt der CD-ROM

Neben allen Beispielmakros finden Sie auf der CD u. a. folgende Tools zur VBA-Programmierung

ApiViewer
Tool zur Anzeige der API-Definitionen von Windows.

CommandBar CodeMaker
Mit dem CommandBar CodeMaker können Sie auf Knopfdruck VBA-Programmcode für die Erstellung einer Symbolleiste generieren. Sie stellen dazu wie gewohnt im Excel-Dialogfenster Anpassen ihre Symbolleiste zusammen und lassen diese anschliessend in VBA-Code umwandeln. Der CommandBar CodeMaker verfügt über verschiedene Optionen, mit denen Sie Umfang und Struktur des zu generierenden Codes nach Ihren Wünschen bestimmen können. Das Tool berücksichtigt ganze Menüstrukturen sowie von Ihnen bearbeitete Symbole.

XLock
XLock ist ein einzigartiges Tool zum Herausfinden, von welchem Benutzer eine bestimmte Exceldatei gerade bearbeitet wird oder wer eine bestimmte Exceldatei zuletzt benutzt hat. XLock ist so einfach, dass es ganz ohne Benutzeroberfläche auskommt. Ziehen Sie einfach die zu analysierende Datei auf das Programmsymbol von XLock. XLock funktioniert ohne bestehende Excel-Installation. Es werden zudem weder DLLs noch ActiveX-Controls benötigt! Also genau das richtige Werkzeug für Computer ohne Microsoft Office, wie beispielsweise einem LAN-Server oder einer Netzwerk-Überwachungsstation.

XLSFileUsers
Das Tool XLSFileUsers erstellt eine Liste der Arbeitsmappendateien eines Ordners und gibt zu jeder Datei an, ob die sie momentan bearbeitet wird oder nicht. Im Falle einer Bearbeitung wird der Name des aktuellen Bearbeiters angezeigt, andernfalls der Name des Benutzers, welcher die Datei zuletzt geöffnet hat. Das Tool kann aber noch mehr: Es findet zu jeder Datei heraus, ob die sie ein Kennwort verwendet, ob sie schreibgeschützt ist und ob sie mit einem anderen Programm als Microsoft Excel geöffnet ist. Das Tool kann auch ohne Excel eingesetzt werden.

XLSFileUsers ist mit dem Tool XLock vergleichbar, nur dass XLSFileUsers eine komfortable Benutzeroberfläche besitzt und nicht nur eine, sondern alle Dateien eines gesamten Ordners verarbeitet. Beachten Sie bitte, das XLSFileUsers nicht mehr weiterentwickelt wird. Der Nachfolger dieses Tools ist EFEX.

EFEX
EFEX ist der Nachfolger des Tools XLSFileUsers. Bedienung und Benutzeroberfläche sind weitgehend gleich geblieben. EFEX bietet aber erheblich mehr Funktionalität. Das Tool ist ein ausgereifter Datei-Explorer mit Spezialfunktionen für Exceldateien. Es stehen neue Funktionen zur Verfügung: Erkennen von Schreibschutzkennwörtern, Unterhalt von Ordnern (anlegen, umbenennen, verschieben, kopieren, löschen und leeren), Auto-Aktualisierung der Dateiliste, Favoriten-Liste, Verlauf-Liste und vieles mehr.

CommandBar Icon Browser
Es gibt eine Vielzahl frei erhältlicher Utilities, mit denen man die Symbole der Office-Symbolleisten anzeigen kann. Der CommandBar Icon Browser ist eines davon. Sie können die verfügbaren Symbole durchsuchen, die FaceID abfragen und ein Symbol in die Zwischenablage kopieren.

Code Cleaner
Ein sehr gutes Tool zum Aufräumen von VBA-Projekten. Dieses Excel-Add-In löscht nicht den aktuellen VBA-Programmcode aus einer Arbeitsmappe sondern entfernt alte, früher gelöschte Prozeduren und Module aus der Arbeitsmappen-Datei. Bei größeren VBA-Projekten, die laufend erweitert und geändert werden, kann das Entfernen von bereits gelöschtem Programmcode zu einer erheblich kleineren Exceldatei führen (eine Reduktion um 200 KB und mehr ist keine Seltenheit).

Code Documentor
Ein für VBA-Programmierer äußerst nützliches Add-In zum Erstellen von Berichten zu einem VBA-Projekt (Dokumentation). Listet unter anderem Modulnamen und Projekt-Komponenten auf, zeigt die Anzahl Codezeilen, Prozeduren, DLL-Deklarationen usw. und berechnet die Größe der einzelnen Code-Module in KB.

DSOFile
Die Datei DSOFile enthält die Komponente »Microsoft OLE Document Property Reader« (DSOFile.dll), mit der man in VB- und VBA-Programmen auf die Dokument-Eigenschaften von Office-Dokumenten zugreifen kann. In der Datei DSOFile.exe ist zudem ein Codebeispiel für Visual Basic (Version 4.0/5.0/6.0) enthalten. Der Programmcode kann praktisch unverändert im VBA-Editor verwendet werden.

OLE Viewer
Das Utility OLE Viewer ist mit dem im VBA-Editor integrierten Objektkatalog vergleichbar. Es bietet allerdings eine Reihe zusätzlicher Funktionen, die insbesondere für professionelle VBA-Programmierer interessant sind, welche sich häufig mit OLE Automation beschäftigen.

XL Macro Translations
Dieses Dokument enthält eine Aufstellung sämtlicher Befehle und Funktionen der Excel 4-Makrosprache, und zwar in neun verschiedenen Sprachen, die zu Excel 4-Zeiten angeboten wurden (damals war die Makrosprache abhängig von der Sprache der Excel-Version). Es gibt Übersetzungen für Deutsch, Englisch, Französisch, Spanisch, Portugiesisch (Brasilien), Niederländisch, Finnisch, Italienisch und Schwedisch.

XL Macro Language (XLM)
Diese Hilfedatei stellt die offizielle Referenz der Excel 4-Makrosprache dar. In der zip-Datei ist die Datei MacrFunc.hlp enthalten, welche praktisch mit der oft anzutreffenden Datei Xlmacr8.hlp identisch ist. MacrFunc.hlp besitzt allerdings zusätzlich eine alphabetische Übersicht der Funktionen sowie eine Gliederung nach Kategorien.

XL Makrosprache (XLM Deutsch)
In der Hilfedatei Xlmacr8ge.hlp ist die deutsche Übersetzung der offiziellen Referenz der Excel 4-Makrosprache enthalten. Weitere Informationen siehe unter XL Macro Language (XLM).

Excel File Format
Dieses Dokument enthält eine hervorragende Beschreibung des von Excel-Arbeitsmappen verwendeten Dateiformates BIFF (Binary Interchange File Format). Obwohl ein paar Kapitel noch leer sind, handelt es sich zweifellos um die beste

BIFF-Dokumentation, die es überhaupt gibt.

Activity 2004

Activity unterstützt den Mitarbeiter bei der täglichen Erfassung seiner Arbeitszeit. Dies kann als zusätzlich zu einer Stechuhr erfolgen oder als alleinige Überwachung.

Aktienverwaltung

Mit der Freeware-Version der Aktienverwaltung können gleichzeitig Aktien und Investmentfonds verwaltet werden.

CellHighlighter

Dieses Add-In könnte für Anwender, die häufig mit Formeln arbeiten, sehr nützlich sein.

Einkommenssteuerberechnung

Mit Hilfe dieses Excel-Add-Ins erweitern Sie Excel in einfachster Weise um eine Formel zur Berechnung der Einkommenssteuer nach §34 EStG.

Fondmanager

Der Excel Fond- und Depotmanager erleichtert die Überwachung von Fonds und Aktien durch automatische Gewinnermittlung nach Eingabe von Kaufkurs, Aufgabeaufschlag und täglichen Kursdaten.

Kontomanager

Dieses Tool von Sascha Jakob unterstützt bei der Kontrolle von Aus- und Eingängen eines Kontos. Nach der Eingabe eines Startguthabens wird kontinuierlich der Kontostand in Euro berechnet und angezeigt.

MSN Money Aktienkurse aus Excel abrufen

Mit diesem Add-In für Microsoft Excel 2002 und Microsoft Office Excel 2003 können Sie die neuesten Aktienkurse von der MSN Money-Website abrufen. So sammeln Sie ganz einfach die für Sie interessanten Informationen und aktualisieren die Kursdaten bequem.

SyntaxHighlighter

Der SyntaxHighlighter eignet sich dazu, VB/VBA-, Delphi-, C/C++-, Perl- oder VB.NET-Quellcode im HTML-Format darzustellen. Dies können Sie z.B. dazu nutzen, um Beispiele auf Webseiten, gemäß dem gewählten Syntaxschema, grafisch hervorzuheben.

Excel 2002 Add-In: MSN MoneyCentral Aktienkurse

Mit diesem Add-In für Excel 2002 können Sie die neuesten Aktienkurse von der MSN MoneyCentral-Website abrufen. Außerdem können Sie mit diesem Add-In leicht die für Sie interessanten Aktieninformationen sammeln und auswerten.

Office 2003/XP Add-in: Remove Hidden Data

Microsoft hat ein kostenloses Tool veröffentlicht, mit dem Dokumente, die mit Word, Excel oder PowerPoint erstellt wurden, von versteckten Daten gesäubert werden können. Das Tool »Remove Hidden Data« arbeitet mit den Microsoft-Office-Versionen 2002 und 2003 zusammen.

Das Tool, das als Add-In in das Datei-Menü der Office-Programme integriert wird, entfernt Kommentare, Smart Tags, eingefügte Objekte, Hyperlinks, Bookmarks und in Hintergrundfarbe formatierten Text. Bei der Ausführung fragt das Tool nach einem neuen Dateinamen für das bereinigte Office-Dokument. Gleichzeitig wird eine Datei mit Informationen über die gelöschten Daten angelegt.

Index